목차

문제편

제**1**회 적중 동형 모의고사   007

제**2**회 적중 동형 모의고사   015

제**3**회 적중 동형 모의고사   023

제**4**회 적중 동형 모의고사   031

제**5**회 적중 동형 모의고사   039

제**6**회 적중 동형 모의고사   047

제**7**회 적중 동형 모의고사   055

제**8**회 적중 동형 모의고사   063

해설편

제1회 문제 및 해설   072

제2회 문제 및 해설   082

제3회 문제 및 해설   095

제4회 문제 및 해설   108

제5회 문제 및 해설   121

제6회 문제 및 해설   134

제7회 문제 및 해설   147

제8회 문제 및 해설   159

2025 양승우 행정법총론 적중 동형 모의고사

PART 1
문제편

양승우
행정법총론

2025 대비 제1회 적중 동형 모의고사

| 행정법총론 |

응시번호

성명

문제책형
가

응시자 주의사항

1. **시험시작 전 시험문제를 열람하는 행위나 시험종료 후 답안을 작성하는 행위를 한 사람**은 「공무원임용시험령」 제51조에 의거 **부정행위자**로 처리됩니다.
2. **답안지 책형 표기는 시험시작 전** 감독관의 지시에 따라 **문제책 앞면에 인쇄된 문제책형을 확인**한 후, 답안지 책형란에 해당책형(1개)을 '●'로 **표기**하여야 합니다.
3. 답안은 문제책 표지의 과목 순서에 따라 답안지에 인쇄된 순서(제1·2·3·4·5과목)에 맞추어 **표기**해야 하며, 과목 순서를 바꾸어 표기한 경우에도 **문제책 표지의 과목 순서대로 채점**되므로 유의하시기 바랍니다.
4. 시험이 시작되면 문제를 주의 깊게 읽은 후, **문항의 취지에 가장 적합한 하나의 정답만을 고르며,** 문제내용에 관한 질문은 할 수 없습니다.
5. **답안을 잘못 표기하였을 경우에는 답안지를 교체하여 작성**하거나 **수정할 수 있으며,** 표기한 답안을 수정할 때는 **응시자 본인이 가져온 수정테이프만을 사용**하여 해당 부분을 완전히 지우고 부착된 수정테이프가 떨어지지 않도록 손으로 눌러주어야 합니다.**(수정액 또는 수정스티커 등은 사용 불가)**
   - 불량한 수정테이프의 사용과 불완전한 수정처리로 발생하는 모든 문제는 응시자 본인에게 책임이 있습니다.
6. **시험시간 관리의 책임은 응시자 본인에게 있습니다.**
   ※ 문제책은 시험종료 후 가지고 갈 수 있습니다.

정답공개 및
가산점 등록 안내

1. 정답공개 및 이의제기: 사이버국가고시센터(www.gosi.kr)
   - 구체적인 이의제기 방법은 정답가안 공개 시, 공개 예정
2. 가산점 등록방법: 사이버국가고시센터(www.gosi.kr)→[원서접수→가산점 등록 / 확인]

행정법총론: **가**

행정법총론

문 1. 주장·증명책임과 관련하여 다음 중 옳지 않은 것은? (다툼이 있는 경우 판례에 의함)

① 항고소송은 그 특성에 따라 해당 처분의 적법성을 주장하는 피고에게 적법사유에 대한 증명책임이 있으나, 예외적으로 행정처분의 당연무효를 주장하여 무효확인을 구하는 행정소송에서는 원고에게 행정처분이 무효인 사유를 주장·증명할 책임이 있다.
② 무효확인을 구하는 뜻에서 행정처분의 취소소송에서는 피고에게 적법사유에 대한 증명책임이 있다.
③ 행정처분의 무효확인을 구하는 소에서 해당 행정처분의 취소를 구할 수 있는 경우, 무효사유가 증명되지 아니한 때에 법원은 취소사유에 해당하는 위법이 있는지도 심리하여야 한다.
④ 조세행정소송에서 위법사유로 무엇을 주장하는지 또는 무효사유의 주장에 취소사유를 주장하는 취지가 포함되어 있는지에 따라 증명책임이 분배된다.

문 2. 직권취소에 대한 설명으로 옳은 것은? (다툼이 있는 경우 판례에 의함)

① 법률에서 직권취소에 대한 근거를 두고 있는 경우에는 이해관계인이 처분청에 대하여 위법을 이유로 행정행위의 취소를 요구할 신청권을 갖는다고 보아야 한다.
② 행정행위를 한 행정청은 그 행정행위에 하자가 있는 경우에는 원칙적으로 별도의 법적 근거가 없더라도 스스로 그 행정행위를 직권으로 취소할 수 있다.
③ 직권취소는 행정행위의 성립상의 하자를 이유로 하는 것이므로, 개별법에 특별한 규정이 없는 한 「행정절차법」에 따른 절차규정이 적용되지 않는다.
④ 행정행위의 위법 여부에 대하여 취소소송이 이미 진행 중인 경우 처분청은 위법을 이유로 그 행정행위를 직권취소할 수 없다.

문 3. 공법관계와 사법관계의 구별과 관련된 판례의 내용 중 옳지 않은 것은?

① 국가나 지방자치단체에 근무하는 청원경찰에 대한 징계처분의 시정을 구하는 소송은 행정소송에 해당한다.
② 일반재산(구 잡종재산)인 국유림을 대부하는 행위는 법률이 대부계약의 취소사유나 대부료의 산정방법 등을 정하고 있고, 대부료의 징수에 관하여 「국세징수법」 중 체납처분에 관한 규정을 준용하도록 정하고 있더라도 사법관계로 파악된다.
③ 구 「공익사업을 위한 토지 등의 취득 및 보상에 관한 법률」상 환매권의 존부에 관한 확인을 구하는 소송 및 환매금액의 증감을 구하는 소송은 민사소송이다.
④ 국세환급금결정이나 이 결정을 구하는 신청에 대한 환급거부결정은 행정청의 공행정작용으로서 항고소송의 대상이 된다.

문 4. 「행정기본법」상 처분에 대한 내용으로 옳지 않은 것은?

① 법령 등을 위반한 행위 후 법령 등의 변경에 의하여 그 행위가 법령 등을 위반한 행위에 해당하지 아니하거나 제재처분 기준이 가벼워진 경우로서 해당 법령 등에 특별한 규정이 없는 경우에는 변경된 법령 등을 적용한다.
② 행정청은 처분에 재량이 있는 경우 법률이 정하는 바에 따라 완전히 자동화된 시스템으로 처분할 수 있다.
③ 행정청은 재량이 있는 처분을 할 때에는 관련 이익을 정당하게 형량하여야 하며, 그 재량권의 범위를 넘어서는 아니 된다.
④ 처분은 권한이 있는 기관이 취소 또는 철회하거나 기간의 경과 등으로 소멸되기 전까지는 유효한 것으로 통용된다.

문 5. 행정상 손실보상에 대한 설명으로 옳은 것은? (다툼이 있는 경우 판례에 의함)
① 토지소유자가 사업시행자에게 잔여지 매수청구의 의사표시를 하였다면, 그 의사표시는 특별한 사정이 없는 한 관할 토지수용위원회에 한 잔여지 수용청구의 의사표시로 볼 수 있다.
② 공익사업시행으로 인한 개발이익은 완전보상의 범위에 포함되는 피수용토지의 객관적 가치 내지 피수용자의 손실에 해당한다.
③ 동일한 토지소유자에 속하는 일단의 토지의 일부가 취득됨으로써 잔여지의 가격이 감소한 때에는 잔여지를 종래의 목적으로 사용하는 것이 가능한 경우라도 그 잔여지는 손실보상의 대상이 된다.
④ 「공익사업을 위한 토지 등의 취득 및 보상에 관한 법률」상 보상 대상이 되는 '기타 토지에 정착한 물건에 대한 소유권 그 밖의 권리를 가진 관계인'에는 수거·철거권 등 실질적 처분권을 가진 자는 포함되지 않는다.

문 6. 집행정지결정에 대해서 가장 옳지 않은 것은? (다툼이 있는 경우 판례에 의함)
① 집행정지결정의 효력은 결정 주문에서 정한 기간까지 존속하다가 그 기간이 만료되면 장래에 향하여 소멸한다.
② 항고소송을 제기한 원고가 본안소송에서 패소확정판결을 받았더라도 집행정지결정의 효력이 소급하여 소멸하지 않는다.
③ 본안 확정판결로 해당 제재처분이 적법하다는 점이 확인되었더라도 제재처분의 상대방이 집행정지를 통해 집행정지가 이루어지지 않은 경우와 비교하여 제재를 덜 받게 되는 결과가 초래될 수 밖에 없다.
④ 처분상대방이 집행정지결정을 받지 못했으나 본안소송에서 해당 제재처분이 위법하다는 것이 확인되어 취소하는 판결이 확정되면, 처분청은 그 제재처분으로 처분상대방에게 초래된 불이익한 결과를 제거하기 위하여 필요한 조치를 취하여야 한다.

문 7. 협의의 소의 이익에 대한 설명으로 옳은 것은? (다툼이 있는 경우 판례에 의함)
① 취임승인이 취소된 학교법인의 정식이사들에 대해 원래 정해져 있던 임기가 만료되면 그 임원취임승인취소처분의 취소를 구할 소의 이익이 없다.
② 지방의회 의원의 제명의결 취소소송 계속 중 임기만료로 지방의원으로서의 지위를 회복할 수 없는 자는 제명의결의 취소를 구할 소의 이익이 없다.
③ 수형자의 영치품에 대한 사용신청 불허처분 후 수형자가 다른 교도소로 이송된 경우 원래 교도소로의 재이송 가능성이 소멸되었으므로 그 불허처분의 취소를 구할 소의 이익이 없다.
④ 법인세 과세표준과 관련하여 과세관청이 법인의 소득처분 상대방에 대한 소득처분을 경정하면서 증액과 감액을 동시에 한 결과 전체로서 소득처분 금액이 감소된 경우, 법인이 소득금액변동통지의 취소를 구할 소의 이익이 없다.

문 8. 양벌규정에 대한 설명으로 옳지 않은 것은? (다툼이 있는 경우 판례에 의함)
① 양벌규정은 행위자에 대한 처벌규정임과 동시에 그 위반행위의 이익귀속주체인 영업주에 대한 처벌규정이다.
② 양벌규정에 의해 영업주를 처벌하는 경우, 금지위반 행위자인 종업원을 처벌할 수 없는 경우에도 영업주만 따로 처벌할 수 있다.
③ 법인 대표자의 법규위반행위에 대한 법인의 책임은 법인 자신의 법규위반행위로 평가될 수 있는 행위에 대한 법인의 직접책임이다.
④ 양벌규정에 의한 법인의 처벌은 어디까지나 제재처분이지 형벌과는 구별된다.

문 9. 「행정소송법」상 당사자소송에 대한 설명으로 가장 옳은 것은?

① 부가가치세법령상 납세의무자에 대한 국가의 부가가치세 환급세액 지급의무는 부당이득 반환의무이므로 그 지급청구는 당사자소송이 아니라 민사소송의 절차에 따라야 한다.
② 재개발조합은 공법인이므로 재개발조합과 조합장 사이의 선임·해임 등을 둘러싼 법률관계는 공법상 법률관계이고 그 조합장의 지위를 다투는 소송은 공법상 당사자소송이다.
③ 명예퇴직한 법관이 미지급 명예퇴직수당액에 대하여 가지는 권리는 공법상 법률관계에 관한 권리이므로 그 지급을 구하는 소송은 당사자소송에 해당한다.
④ 납세의무부존재확인의 소는 당사자소송이고 항고소송의 성격을 가지므로 해당 과세처분 관할 행정청이 피고가 된다.

문 10. 취소소송에서의 처분사유의 추가·변경에 대한 설명으로 옳은 것은? (다툼이 있는 경우 판례에 의함)

① 처분청은 원고의 권리방어가 침해되지 않는 한도 내에서 당해 취소소송의 대법원 확정판결이 있기 전까지 처분사유의 추가·변경을 할 수 있다.
② 외국인 갑(甲)이 법무부장관에게 귀화신청을 하였으나 법무부장관이 '품행 미단정'을 불허사유로 「국적법」상의 요건을 갖추지 못하였다며 신청을 받아들이지 않는 처분을 하였는데, 법무부장관이 갑을 '품행 미단정'이라고 판단한 이유에 대하여 제1심 변론절차에서 「자동차 관리법」 위반죄로 기소유예를 받은 전력 등을 고려하였다고 주장한 후, 제2심 변론절차에서 불법 체류전력 등의 제반사정을 추가로 주장할 수 있다.
③ 추가 또는 변경된 사유가 당초의 처분시 그 사유를 명기하지 않았을 뿐 처분시에 이미 존재하고 있었고 당사자도 그 사실을 알고 있었다면 당초의 처분사유와 동일성이 인정된다.
④ 처분사유의 추가·변경이 절차적 위법성을 치유하는 것인데 반해, 처분이유의 사후제시는 처분의 실체법상의 적법성을 확보하기 위한 것이다.

문 11. 다음 중 단계별 행정행위에 관한 판례의 태도로서 가장 옳지 않은 것은?

① 폐기물처리업에 대하여 관할 관청의 사전 적정통보를 받고 막대한 비용을 들여 허가요건을 갖춘 다음 허가신청을 하였음에도 청소업자의 난립으로 효율적인 청소업무의 수행에 지장이 있다는 이유로 한 불허가처분이 신뢰보호의 원칙에 반하여 재량권을 남용한 위법한 처분이다.
② 폐기물처리업 사업계획에 대하여 적정통보를 한 것만으로 그 사업부지 토지에 대한 국토이용계획변경신청을 승인하여 주겠다는 취지의 공적인 견해표명을 한 것으로 볼 수 없다.
③ 행정청이 내인가를 한 다음 이를 취소하는 행위는 인가신청을 거부하는 처분으로 보아야 한다.
④ 구「주택건설촉진법」에 의한 주택건설사업계획 사전결정이 있는 경우 주택건설계획 승인처분은 사전결정에 기속되므로 다시 승인 여부를 결정할 수 없다.

문 12. 「행정심판법」에 대한 설명으로 옳지 않은 것은? (다툼이 있는 경우 판례에 의함)

① 심판청구에 대하여 일부 인용하는 재결이 있는 경우에도 그 재결 및 같은 처분에 대하여 다시 행정심판을 청구할 수 없다.
② 행정처분이 있음을 안 날부터 90일을 넘겨 행정심판을 청구하였다가 각하재결을 받은 후 그 재결서를 송달받은 날부터 90일 내에 원래의 처분에 대하여 취소소송을 제기한 경우, 취소소송의 제소기간을 준수한 것으로 볼 수 없다.
③ 행정심판의 재결이 확정되었다 하더라도 처분의 기초가 된 사실관계나 법률적 판단이 확정되는 것은 아니므로, 당사자들이나 법원이 이에 기속되어 모순되는 주장이나 판단을 할 수 없게 되는 것은 아니다.
④ 행정청은 당초 처분사유와 기본적 사실관계가 동일하지 아니한 처분사유를 행정소송 계속중에는 추가·변경할 수 없으나 행정심판 단계에서는 추가·변경할 수 있다.

문 13. 항고소송의 판결에 대한 설명으로 옳은 것은? (다툼이 있는 경우 판례에 의함)

① 취소소송에서 법원은 사실심변론종결 당시에 존재하는 사실 및 법률상태를 기준으로 처분의 위법 여부를 판단하여야 한다.
② 「행정소송법」제4조 제1호에서 취소소송을 행정청의 위법한 처분 등을 취소 또는 변경하는 소송으로 정의하고 있는데, 여기에서 '변경'은 소극적 변경뿐만 아니라 적극적 변경까지 포함하는 의미로 본다.
③ 처분의 취소소송에서 청구를 기각하는 확정판결의 기판력은 다시 그 처분에 대해 무효확인을 구하는 소송에 대해서는 미치지 않는다.
④ 소청심사결정의 취소를 구하는 소송에서 소청심사단계에서 이미 주장된 사유만을 행정소송에서 판단대상으로 삼을 것이 아니고 소청심사결정 후에 생긴 사유가 아닌 이상 소청심사단계에서 주장하지 않은 사유도 행정소송에서 주장하는 것이 가능하다.

문 14. 행정행위의 부관에 대한 설명으로 옳지 않은 것은?

① 행정처분과 실제적 관련성이 없어서 부관으로는 붙일 수 없는 부담을 사법상 계약의 형식으로 행정처분의 상대방에게 부과하였더라도 이는 법치행정의 원리에 반하는 것은 아니다.
② 기속행위도 법률에서 명시적으로 부관을 허용하고 있으면 부관을 붙일 수 있다.
③ 부담의 경우에는 다른 부관과는 달리 행정행위의 불가분적인 요소가 아니고 그 존속이 본체인 행정행위의 존재를 전제로 하는 것일 뿐이므로 부담 그 자체로서 행정쟁송의 대상이 될 수 있다.
④ 부관의 사후변경은 법률에 명문의 규정이 있거나 그 변경이 미리 유보되어 있는 경우 또는 상대방의 동의가 있는 경우에 한하여 허용되는 것이 원칙이지만, 사정변경으로 인하여 당초에 부담을 부가한 목적을 달성할 수 없게 된 경우에도 그 목적달성에 필요한 범위 내에서 예외적으로 허용된다.

문 15. 다음 중 옳지 않은 것은? (다툼이 있는 경우 판례에 의함)

① 교원소청심사위원회 결정의 기속력은 결정의 주문에 포함된 사항뿐 아니라 그 전제가 된 요건사실의 인정과 판단, 즉 처분 등의 구체적 위법사유에 관한 판단에까지 미친다.
② 교원소청심사위원회가 임용기간이 만료된 교원에 대한 재임용거부처분을 취소하는 결정을 한 경우, 학교법인 등에 해당 교원을 재임용하여야 하는 의무를 부과하거나 또는 그 교원이 바로 재임용되는 것과 같은 법적 효과가 인정된다.
③ 조례가 법률 등 상위법령에 위배된다는 사정은 그 조례를 위법하여 무효라고 선언한 대법원의 판결이 선고되기 전에는 객관적으로 명백한 것이라 할 수 없으므로, 이러한 조례에 근거한 행정처분의 하자는 무효사유가 아니다.
④ 행정규칙의 내용이 상위법령에 반하는 것이라면 당연무효이고, 행정내부적 효력도 인정될 수 없다.

문 16. 다음 중 가장 옳지 않은 것은?

① 배출시설 설치허가의 신청이 구「대기환경보전법」에서 정한 허가기준에 부합하고 동 법령상 허가제한사유에 해당하지 아니하는 한 환경부장관은 원칙적으로 허가를 하여야 한다.
② 구「주택건설촉진법」에 의한 주택건설사업계획의 승인의 경우 승인 받으려는 주택건설사업계획에 관계 법령이 정하는 제한사유가 없는 경우에도 공익상 필요가 있으면 처분권자는 그 승인을 받기 위한 신청에 대하여 불허가결정을 할 수 있다.
③ 재량행위와 기속행위의 구분기준에 관한 효과재량설에 따르면 수익적 행정행위는 법규상 또는 해석상 특별한 기속이 없는 한 재량행위이다.
④ 판례는 내용증명우편이나 보통우편과는 달리 등기우편의 방법으로 발송되었다는 사실만으로는 그 우편물이 상당한 기간 내에 도달하였다고 추정할 수 없고, 송달의 효력을 주장하는 측에서 증거에 의하여 이를 입증하여야 한다고 본다.

문 17. 「행정절차법」상 의견청취에 대한 설명으로 옳지 않은 것은? (다툼이 있는 경우 판례에 의함)

① 허가영업의 양도에 따른 영업자지위승계신고를 수리하는 처분을 할 경우에는 행정청은 종전의 영업자에 대하여 의견청취절차를 거친 후 처분을 하여야 한다.
② 청문 주재자는 당사자 등의 전부 또는 일부가 정당한 사유 없이 청문기일에 출석하지 아니하거나 의견서를 제출하지 아니한 경우에도 이들에게 다시 의견진술 및 증거제출의 기회를 주지 아니하고 청문을 마칠 수 없다.
③ 행정청이 당사자와 도시계획사업의 시행과 관련한 협약을 체결하면서 관계 법령 및 「행정절차법」에 규정된 청문의 실시 등 의견청취절차를 배제하는 조항을 두었다고 하더라도, 이러한 협약의 체결로 청문의 실시에 관한 규정의 적용을 배제할 수 있다고 볼 만한 법령상의 규정이 없는 한, 청문의 실시에 관한 규정의 적용이 배제된다거나 청문을 실시하지 않아도 되는 예외적인 경우에 해당한다고 할 수 없다.
④ 청문에서 당사자 등이 의견서를 제출한 경우에는 그 내용을 출석하여 진술한 것으로 본다.

문 18. 사인의 공법행위에 관한 설명 중 옳은 것은? (다툼이 있는 경우 판례에 의함)

① 「행정절차법」에 따르면 행정청은 신청을 받았을 때에는 다른 법령 등에 특별한 규정이 있는 경우를 제외하고는 그 접수를 보류 또는 거부하거나 부당하게 되돌려 보내서는 아니 되며, 그 신청에 구비서류의 미비 등 흠이 있는 경우에는 보완에 필요한 상당한 기간을 정하여 지체 없이 신청인에게 보완을 요구하여야 한다.
② 신청인이 신청서의 접수에 앞서 담당 공무원에게 신청서 및 그 구비서류의 내용검토를 부탁하였고, 공무원이 그 내용을 개략적으로 검토한 후 구비서류 내용을 보완하여야 한다는 취지로 말하자 신청인이 신청서를 접수시키지 않은 경우, 신청인이 검토를 부탁한 행위는 명시적이고 확정적인 신청의 의사표시로 볼 수 있고, 구비서류의 보완을 요청한 행위를 신청거부로 보아야 한다.
③ 서울대공원 시설을 기부채납한 자가 무상사용기간 만료 후 확약 사실에 근거하여 10년의 유상사용허가를 신청하였으나 서울대공원 관리사업소장이 신청서를 반려하고 대신에 1년의 임시사용허가처분을 통보하였다면, 이는 10년의 유상사용허가신청에 대한 거부처분이 아니라 부작위로 보아야 한다.
④ 구 「유통산업발전법」상 대규모점포의 개설 등록은 변형된 허가 또는 완화된 허가에 해당하며, 이른바 '수리를 요하는 신고'로 볼 수는 없다.

문 19. 「개인정보보호법」에 대한 설명으로 옳은 것은? (다툼이 있는 경우 판례에 의함)

① 개인정보 보호위원회는 재적위원 과반수의 출석과 출석위원 3분의 2 이상의 찬성으로 의결한다.
② 개인정보 보호위원회는 위원장 1명, 비상임위원 1명을 포함한 15명 이내의 위원으로 구성하되, 비상임위원은 정무직 공무원으로 임명한다.
③ 개인정보 단체소송의 원고는 변호사를 소송대리인으로 선임할 수 있다.
④ 개인정보처리자의 고의 또는 중대한 과실로 인하여 개인정보가 분실·도난·유출·위조·변조 또는 훼손된 경우로서 정보주체에게 손해가 발생한 때에는 법원은 그 손해액의 5배를 넘지 아니하는 범위에서 손해배상액을 정할 수 있다.

문 20. 과징금 부과처분에 대한 설명으로 옳지 않은 것은? (다툼이 있는 경우 판례에 의함)

① 「독점규제 및 공정거래에 관한 법률」상의 과징금은 법이 규정한 범위 내에서 그 부과처분 당시까지 부과관청이 확인한 사실을 기초로 일의적으로 확정되어야 할 것이지, 추후에 부과금 산정기준이 되는 새로운 자료가 나왔다고 하여 새로운 부과처분을 할 수 있는 것은 아니다.
② 영업정지에 갈음하여 부과되는 이른바 변형된 과징금의 부과 여부는 통상 행정청의 재량행위이다.
③ 과징금 부과처분에는 원칙적으로 행정절차법이 적용되지 않는다.
④ 행정상 의무위반행위자에 대하여 과징금을 부과하는 경우 원칙적으로 위반자의 고의 또는 과실을 요하지 않는다.

양승우
행정법총론

2025 대비 제2회 적중 동형 모의고사

| 행정법총론 |

응시번호

성명

문제책형
가

응시자 주의사항

1. **시험시작 전 시험문제를 열람하는 행위나 시험종료 후 답안을 작성하는 행위를 한 사람**은 「공무원임용시험령」 제51조에 의거 **부정행위자**로 처리됩니다.
2. **답안지 책형 표기는 시험시작 전** 감독관의 지시에 따라 **문제책 앞면에 인쇄된 문제책형을 확인**한 후, **답안지 책형란에 해당책형(1개)**을 '●'로 **표기**하여야 합니다.
3. **답안은 문제책 표지의 과목 순서에 따라 답안지에 인쇄된 순서(제1·2·3·4·5과목)에 맞추어 표기**해야 하며, 과목 순서를 바꾸어 표기한 경우에도 **문제책 표지의 과목 순서대로 채점**되므로 유의하시기 바랍니다.
4. 시험이 시작되면 문제를 주의 깊게 읽은 후, **문항의 취지에 가장 적합한 하나의 정답만을 고르며**, 문제내용에 관한 질문은 할 수 없습니다.
5. **답안을 잘못 표기하였을 경우에는 답안지를 교체하여 작성하거나 수정할 수 있으며**, 표기한 답안을 수정할 때는 **응시자 본인이 가져온 수정테이프만을 사용**하여 해당 부분을 완전히 지우고 부착된 수정테이프가 떨어지지 않도록 손으로 눌러주어야 합니다.**(수정액 또는 수정스티커 등은 사용 불가)**
   - 불량한 수정테이프의 사용과 불완전한 수정처리로 발생하는 모든 문제는 응시자 본인에게 책임이 있습니다.
6. **시험시간 관리의 책임은 응시자 본인에게 있습니다.**
   ※ 문제책은 시험종료 후 가지고 갈 수 있습니다.

정답공개 및
가산점 등록 안내

1. 정답공개 및 이의제기: 사이버국가고시센터(www.gosi.kr)
   - 구체적인 이의제기 방법은 정답가안 공개 시, 공개 예정
2. 가산점 등록방법: 사이버국가고시센터(www.gosi.kr)→[원서접수→가산점 등록/확인]

행정법총론

문 1. 교원에 대한 징계처분에 관한 설명 중 옳지 않은 것은? (다툼이 있는 경우 판례에 의함)

① 각급학교 교원이 징계처분을 받은 때에는 교원소청심사위원회(이하 '위원회'라 함)에 소청심사를 청구할 수 있고, 위원회가 그 심사청구를 기각하거나 원 징계처분을 변경하는 결정을 한 때에는 법원에 행정소송을 제기할 수 있다.
② 국·공립학교 교원에 대한 징계처분의 경우에는 원 징계처분 자체가 행정처분이므로 그에 대하여 위원회에 소청심사를 청구하고 위원회의 기각결정이 있은 후 그에 불복하는 행정소송이 제기되더라도 그 심판대상은 원 징계처분이 되는 것이 원칙이지만 사립학교 교원에 대한 징계처분의 경우에는 학교법인 등의 징계처분은 행정처분이 아니므로 그에 대한 소청심사청구에 따라 위원회가 한 결정이 행정처분이고, 행정소송에서의 심판대상은 학교법인 등의 원 징계처분이 아니라 위원회의 결정이 되며, 따라서 피고도 행정청인 위원회가 된다.
③ 위원회가 사립학교 교원의 심사청구를 인용하거나 원 징계처분을 변경하는 결정을 한 때에는 징계권자는 이에 기속되고 위원회의 결정에 불복할 수 없다.
④ 국·공립학교 교원의 심사청구를 인용하거나 원 징계처분을 변경하는 위원회의 결정은 징계권자에 대하여 기속력을 가지고 이는 그 결정의 주문에 포함된 사항뿐 아니라 그 전제가 된 요건사실의 인정과 판단에까지 미친다.

문 2. 다음 중 옳지 않은 것은? (다툼이 있는 경우 판례에 의함)

① 재개발조합설립인가신청에 대한 행정청의 조합설립인가처분은 설권적 처분의 성질을 갖는다.
② 오로지 재개발조합설립을 위한 동의정족수를 충족하게 하거나 재개발사업 진행 과정에서 주도적 지위를 차지하기 위한 목적으로 형식적인 증여, 매매 등을 원인으로 하여 밀접한 관계에 있는 사람 등의 명의로 과소지분에 관한 소유권이전등기를 마치는 방식을 통하여 인위적으로 토지 등 소유자 수를 늘리고 그들로 하여금 조합설립에 동의하는 의사표시를 하도록 하는 것은 탈법행위에 해당한다.
③ 기존 토지 등 소유자들의 신뢰보호를 위해서, 설령 탈법행위로 늘어난 토지 등 소유자들이 있다고 하더라도 동의정족수를 산정함에 있어 전체 토지 등 소유자 및 동의자 수에서 제외할 수는 없다.
④ 과소지분의 형식적 이전을 통해 인위적으로 부풀린 토지 등 소유자들로 하여금 조합설립에 동의하는 의사표시를 하도록 하는 것이 탈법행위에 해당한다고 보기 위해서는 관련 사정을 종합하여 개별사안에 따라 구체적으로 판단하여야 한다.

문 3. 행정의 실효성 확보수단에 관한 설명 중 옳지 않은 것은? (다툼이 있는 경우 판례에 의함)

① 수용목적물인 토지나 가옥의 인도의무는 대체적 작위의무라 할 수 없으므로 그 인도의무 불이행에 대해서는 행정대집행을 할 수 없다.
② 하나의 행위가 2 이상의 질서위반행위에 해당하는 경우에는 각 질서위반행위에 대하여 정한 과태료 중 가장 중한 과태료를 부과한다. 이 경우를 제외하고 2 이상의 질서위반행위가 경합하는 경우에는 가장 중한 과태료에 그 1/2을 가산한다. 다만, 다른 법령(지방자치단체의 조례를 포함한다.)에 특별한 규정이 있는 경우에는 그 법령으로 정하는 바에 따른다.
③ 「건축법」상 이행강제금은 과거의 일정한 법률위반행위에 대한 제재로서의 형벌이 아니라 장래의 의무이행의 확보를 위한 강제수단일 뿐이어서 범죄에 대하여 국가가 형벌권을 실행하는 과벌에 해당하지 않으므로 헌법 제13조 제1항이 금지하는 동일한 범죄에 대한 거듭된 '처벌'에 해당되지 않는다.
④ 세무조사결정은 납세의무자의 권리·의무에 직접 영향을 미치는 공권력의 행사에 따른 행정작용으로서 항고소송의 대상이 된다.

문 4. 국가배상에 대한 판례의 입장으로 옳지 않은 것은?
① 국회의원의 입법행위는 그 입법 내용이 헌법의 문언에 명백히 위배됨에도 불구하고 국회가 굳이 당해 입법을 한 것과 같은 특수한 경우가 아닌 한 국가배상법 제2조 제1항 소정의 위법행위에 해당된다고 볼 수 없다.
② 일반적으로 공무원이 관계법규를 알지 못하거나 필요한 지식을 갖추지 못하고 법규의 해석을 그르쳐 행정처분을 하였다면 그가 법률전문가가 아닌 행정직 공무원이라고 하여 과실이 없다고는 할 수 없다.
③ 법령의 규정을 따르지 아니한 법관의 재판상 직무행위는 곧바로 국가배상법 제2조 제1항에서 규정하고 있는 위법행위가 되어 국가의 손해배상책임이 발생한다.
④ 영업허가취소처분이 행정심판에 의하여 재량권의 일탈을 이유로 취소되었다고 하더라도 그 처분이 당시 시행되던 「공중위생법 시행규칙」에 정해진 행정처분의 기준에 따른 것인 이상 그 영업허가취소처분을 한 행정청 공무원에게 그와 같은 위법한 처분을 한 데 있어 직무집행상의 과실이 있다고 할 수는 없다.

문 5. 「행정조사기본법」에 대한 내용으로 가장 옳은 것은?
① 행정기관의 장은 법령 등에 특별한 규정이 있는 경우를 제외하고는 행정조사의 결과를 확정한 날부터 10일 이내에 그 결과를 조사대상자에게 통지하여야 한다.
② 유사하거나 동일한 사안에 대하여 서로 다른 기관이 공동으로 조사하는 것은 원칙적으로 허용되지 않는다.
③ 행정조사의 기본원칙은 군사시설·군사기밀보호 및 방위사업에 관한 사항에 대하여도 적용된다.
④ 행정조사를 실시한 행정기관의 장은 이미 조사를 받은 조사대상자에 대하여 위법행위가 의심되는 새로운 증거를 확보한 경우에도 동일한 사안에 대하여 동일한 조사대상자를 재조사 하여서는 안 된다.

문 6. 행정법상의 확약 및 공법상 계약에 대한 설명 중 가장 옳지 않은 것은? (단, 다툼이 있는 경우 판례에 따름)
① 서울특별시립무용단 단원의 위촉은 사법상의 계약이라고 할 것이고, 따라서 그 단원의 해촉에 대하여는 민사소송을 청구할 수 있다.
② 어업권면허에 선행하는 우선순위결정은 행정청이 우선권자로 결정된 자의 신청이 있으면 어업권면허처분을 하겠다는 것을 약속하는 행위로서 강학상 확약에 불과하고 행정처분은 아니므로, 우선순위결정에 공정력이나 불가쟁력과 같은 효력은 인정되지 아니한다.
③ 행정청이 확약을 하였는데 유효기간 내에 상대방의 신청이 없었거나 확약이 있은 후에 사실적·법률적 상태가 변경되었다면, 그와 같은 확약은 행정청의 별다른 의사표시를 기다리지 않고 실효된다.
④ 공중보건의사 채용계약 해지의 의사표시에 대하여는 공법상의 당사자소송으로 그 의사표시의 무효확인을 청구할 수 있다.

문 7. 행정소송의 심리에 관한 설명 중 옳지 않은 것은? (다툼이 있는 경우 판례에 의함)
① 취소판결을 받더라도 해당 처분으로 발생한 위법 상태를 원상으로 회복시킬 수 없는 경우에는 그 취소를 구할 소의 이익이 인정되지 않는 것이 원칙이나, 그 취소로써 회복할 수 있는 다른 이익이 남아있거나 또는 불분명한 법률문제의 해명이 필요한 경우에는 예외적으로 소의 이익을 인정할 수 있다.
② 처분의 위법 여부는 처분 당시의 법령과 사실 상태를 기준으로 판단하여야 하므로, 법원은 처분 당시에 행정청이 알고 있었던 자료만을 기초로 처분 당시 존재하였던 객관적 사실을 확정하여 처분의 위법 여부를 판단하여야 한다.
③ 처분에 대한 무효확인소송에는 확인소송의 보충성이 요구되지 않으므로 처분의 무효를 전제로 한 부당이득반환청구소송과 같은 직접적인 구제수단이 있는지 여부를 따질 필요가 없지만 공법상 당사자소송에서는 이행소송이라는 직접적인 권리구제 방법이 있다면 확인소송은 허용되지 않는다.
④ 부작위위법확인소송에서는 사실심 변론종결시를 기준으로 부작위의 위법 여부를 판단하여야 하고, 사실심 변론종결 전에 거부처분이 이루어져 부작위 상태가 해소된 경우에는 소의 이익이 소멸하므로 원고가 거부처분 취소소송으로 소변경을 하지 않는 이상 법원은 소를 각하하여야 한다.

문 8. 사인의 공법행위에 대해서 가장 옳지 않은 것은? (단, 다툼이 있는 경우 판례에 따름)
① 전역지원의 의사표시가 진의 아닌 의사표시라 하더라도 그 무효에 관한 법리를 선언한 민법 제107조 제1항 단서의 규정은 그 성질상 사인의 공법행위에는 적용되지 않는다.
② 공무원이 한 사직 의사표시의 철회나 취소는 의원면직처분이 있을 때까지 할 수 있는 것이고, 일단 면직처분이 있고 난 이후에는 철회나 취소할 수 없다.
③ 영업양도에 따른 지위승계신고를 수리하는 허가관청의 행위는, 단순히 양도·양수인 사이에 이미 발생한 사법상의 사업양도의 법률효과에 의하여 양수인이 그 영업을 승계하였다는 사실의 신고를 접수하는 행위에 그치는 것이 아니라, 실질에 있어서 양도자의 사업허가를 취소함과 아울러 양수자에게 적법히 사업을 할 수 있는 권리를 설정하여 주는 행위로서 사업허가자의 변경이라는 법률효과를 발생시키는 행위라고 할 것이다.
④ 담당 공무원이 관계 법령에 규정되지 아니한 서류를 요구하여 신고서를 제출하지 못하였다면 정당한 사유가 있는 것이므로 신고가 있었던 것으로 볼 수 있다.

문 9. 행정입법에 대한 판례의 입장으로 옳지 않은 것은?
① 행정입법부작위의 위헌·위법성과 관련하여, 하위 행정입법의 제정 없이 상위법령의 규정만으로 집행이 이루어질 수 있는 경우에도 상위법령의 명시적 위임이 있다면 하위 행정입법을 제정하여야 할 작위의무는 인정된다.
② 법령의 위임관계는 반드시 하위법령의 개별조항에서 위임의 근거가 되는 상위법령의 해당조항을 구체적으로 명시하고 있어야 하는 것은 아니다.
③ 입법부가 법률로써 행정부에게 특정한 사항을 위임했음에도 불구하고 행정부가 정당한 이유 없이 이를 이행하지 않는다면 권력분립의 원칙과 법치국가 내지 법치행정의 원칙에 위배된다.
④ 상위법령에서 세부사항 등을 시행규칙으로 정하도록 위임하였으나 이를 고시 등 행정규칙으로 정한 경우에는 대외적 구속력을 가지는 법규명령으로서의 효력을 인정할 수 없다.

문 10. 행정소송에 관한 설명으로 옳지 않은 것은?
① 국가에 대한 납세의무자의 부가가치세 환급세액 지급청구는 당사자소송의 절차에 따라야 한다.
② 무효선언을 구하는 의미의 취소소송에 있어서는 제소기간이 준수되어야 한다.
③ 지방자치단체의 장의 재의요구에도 불구하고 지방의회가 조례안을 재의결한 경우 단체장이 지방의회를 상대로 제기하는 소송은 기관소송이다.
④ 신축건물의 준공처분을 하여서는 아니된다는 내용의 부작위를 청구하는 행정소송은 예외적으로 허용된다.

문 11. 다음 사례에 대한 설명으로 옳은 것은? (다툼이 있는 경우 판례에 의함)

민간시민단체 A는 관할 행정청 B에게 개발사업의 승인과 관련한 정보공개를 청구하였으나 B는 현재 재판 진행 중인 사안이 포함되어 있다는 이유로 「공공기관의 정보공개에 관한 법률」 제9조 제1항 제4호의 사유를 들어 A의 정보공개청구를 거부하였다.

① A는 공개청구한 정보에 대해 개별·구체적 이익이 없는 경우에도 B의 정보공개거부에 대해 취소소송으로 다툴 수 있다.
② A가 공개청구한 정보에 대해 직접적인 이해관계가 있는 경우에는 B의 정보공개거부에 대해 정보공개의 이행을 구하는 당사자소송을 제기하여 다툴 수 있다.
③ A가 공개청구한 정보의 일부가 「공공기관의 정보공개에 관한 법률」상 비공개사유에 해당하는 때에는 그 나머지 정보만을 공개하는 것이 가능한 경우라 하더라도 법원은 공개가능한 정보에 관한 부분만의 일부취소를 명할 수는 없다.
④ B의 비공개사유가 정당화되기 위해서는 A가 공개청구한 정보가 진행 중인 재판의 소송기록 자체에 포함된 내용이어야 한다.

문 12. 다음 중 옳지 않은 것은? (다툼이 있는 경우 판례에 의함)

① 자연환경 보호 등을 목적으로 하는 도시관리계획 결정은 식생이 양호한 수림의 훼손 등과 같이 장래 발생할 불확실한 상황과 파급효과에 대한 예측 등을 반영한 행정청의 재량적 판단으로서, 그 내용이 현저히 합리성을 결여하거나 형평이나 비례의 원칙에 뚜렷하게 반하는 등의 사정이 없는 한 폭넓게 존중해야 한다.

② 과세관청이 세무조사 결과에 대한 서면통지 후 과세전적부심사 청구나 그에 대한 결정이 있기 전에 과세처분을 한 경우, 절차상 하자가 있으므로 해당 과세처분은 취소사유에 해당한다.

③ 어느 법률관계나 사실관계에 대하여 어느 법령의 규정을 적용할 수 없다는 법리가 명백히 밝혀지지 않아 해석에 다툼의 여지가 있는 상태에서 과세관청이 이를 잘못 해석하여 과세처분을 한 경우, 그 하자가 명백하다고 할 수 없다.

④ 사립학교의 교원이 교원소청심사위원회의 소청심사 기각결정에 불복하여 교원소청심사위원회를 피고로 하여 행정소송을 제기한 경우, 소청심사의 피청구인이었던 사립학교의 장은 피고보조참가인으로서 소송에 참여할 수 있다.

문 13. 취소소송의 판결 효력에 대한 설명으로 옳지 않은 것은? (다툼이 있는 경우 판례에 의함)

① 재량행위인 과징금 납부명령이 재량권을 일탈하였을 경우, 법원이 적정하다고 인정하는 부분을 초과한 부분만 취소할 수 있다.

② 사정판결을 할 사정에 관한 주장·입증책임은 피고 처분청에 있지만 처분청의 명백한 주장이 없는 경우에도 사건 기록에 나타난 사실을 기초로 법원이 직권으로 석명권을 행사하거나 증거조사를 통해 사정판결을 할 수도 있다.

③ 취소확정판결의 기판력은 판결에 적시된 위법사유에 한하여 미치므로 행정청이 그 확정판결에 적시된 위법사유를 보완하여 행한 새로운 행정처분은 확정판결에 의하여 취소된 종전처분과는 별개의 처분으로서 확정판결의 기판력에 저촉되지 않는다.

④ 징계처분의 취소를 구하는 소에서 징계사유가 될 수 없다고 취소확정판결을 한 사유와 동일한 사유를 내세워 다시 징계처분을 하는 것은 확정판결에 저촉되는 행정처분으로 허용될 수 없다.

문 14. 「건축법」상 이행강제금에 관한 설명 중 옳은 것은? (다툼이 있는 경우 판례에 의함)

① 시정명령을 받은 의무자가 그 시정명령의 취지에 부합하는 의무를 이행하기 위한 정당한 방법으로 신고를 하였으나 행정청이 위법하게 이를 반려함으로써 결국 반려처분이 취소되었더라도, 행정청은 이행강제금 제도의 취지상 이행강제금을 부과할 수 있다.

② 대체적 작위의무의 위반에 대하여 대집행이 가능한 경우에 대집행을 하지 않고 이행강제금을 부과하는 것은 위법하다.

③ 의무자가 이행기간을 도과하여 의무를 이행한 이상 행정청이 이행강제금을 부과하기 전에 그 의무를 이행한 것이라도 해당 이행강제금 부과처분은 위법하다고 볼 수 없다.

④ 건축주가 장기간 시정명령을 이행하지 아니하였더라도, 그 기간 중에는 시정명령의 이행 기회가 제공되지 아니하였다가 뒤늦게 시정명령의 이행 기회가 제공된 경우라면, 시정명령의 이행 기회 제공을 전제로 한 1회분의 이행강제금만을 부과할 수 있고, 시정명령의 이행 기회가 제공되지 아니한 과거의 기간에 대한 이행강제금까지 한꺼번에 부과할 수는 없다.

문 15. 「행정절차법」상 처분의 이유 제시 및 의견제출절차에 대한 판례의 입장으로 옳지 않은 것은?

① 고시 등 불특정 다수인을 상대로 의무를 부과하거나 권익을 제한하는 처분에 있어서는 그 상대방에게 의견제출의 기회를 주어야 하는 것은 아니다.
② 가산세 부과처분에 관해서는 「국세기본법」이나 개별 세법 어디에도 그 납세고지의 방식 등에 관하여 따로 정한 규정이 없으므로, 가산세의 종류와 세액의 산출근거 등을 전혀 밝히지 않고 가산세의 합계액만을 기재한 경우 그 부과처분은 위법하지 않다.
③ 행정청이 토지형질변경허가신청을 불허하는 근거 규정으로 '도시계획법 시행령 제20조'를 명시하지 아니하고 '도시계획법'이라고만 기재하였으나, 신청인이 자신의 신청이 개발제한구역의 지정 목적에 현저히 지장을 초래하는 것이라는 이유로 구 「도시계획법 시행령」 제20조 제1항 제2호에 따라 불허된 것임을 알 수 있었던 경우에는 그 불허처분이 위법하지 않다.
④ 불이익처분의 직접 상대방인 당사자 또는 행정청이 참여하게 한 이해관계인이 아닌 제3자에 대하여는 의견제출에 관한 「행정절차법」의 규정이 적용되지 아니한다.

문 16. 다음 중 옳지 않은 것은? (다툼이 있는 경우 판례에 의함)

① 행정청의 행위가 항고소송의 대상이 될 수 있는지는 추상적·일반적으로 결정할 수 없고, 구체적인 경우에 관련 법령의 내용과 취지, 그 행위의 주체·내용·형식·절차, 그 행위와 상대방 등 이해관계인이 입는 불이익 사이의 실질적 견련성, 법치행정의 원리와 그 행위에 관련된 행정청이나 이해관계인의 태도 등을 고려하여 개별적으로 결정하여야 한다.
② 여객자동차 운송사업자 甲 주식회사가 시내버스 노선을 운행하면서 환승요금할인, 청소년요금할인을 시행한 데에 따른 손실을 보전해 달라며 경기도지사와 광명시장에게 보조금 지급신청을 하였으나, 경기도지사가 甲 회사와 광명시장에게 '甲 회사의 보조금 지급신청을 받아들일 수 없음은 기존에 회신한 바와 같고, 광명시에서는 적의 조치하여 주기 바란다.'는 취지로 통보한 사안에서, 경기도지사의 통보는 甲 회사의 권리·의무에 직접적인 영향을 주는 것이라고 할 수 없어 항고소송의 대상이 되는 처분으로 볼 수 없다.
③ 확인의 소는 현재의 권리 또는 법률상 지위에 관한 위험이나 불안을 제거하기 위하여 허용되는 것이지만, 과거의 법률관계라 할지라도 현재의 권리 또는 법률상 지위에 영향을 미치고 있고 현재의 권리 또는 법률상 지위에 대한 위험이나 불안을 제거하기 위하여 그 법률관계에 관한 확인판결을 받는 것이 유효적절한 수단이라고 인정될 때에는 확인의 이익이 있다.
④ 甲이 乙 주식회사가 운영하는 고등학교에서 재학 중 정학 2일의 징계를 받은 뒤 이에 불복하여 乙 회사를 상대로 징계 무효확인을 구하는 소를 제기하였다가 소송 중 학교를 졸업한 사안에서, 징계 무효확인을 구할 법률상 이익은 인정되지 않는다.

문 17. 행정계획에 대한 설명으로 옳지 않은 것은? (다툼이 있는 경우 판례에 의함)

① 당해 도시계획시설결정에 이해관계가 있는 주민으로서는 도시시설계획의 입안권자 내지 결정권자에게 도시시설계획의 입안 내지 변경을 요구할 수 있는 법규상 또는 조리상의 신청권이 있고, 이러한 신청에 대한 거부행위는 항고소송의 대상이 되는 행정처분에 해당한다.
② 「행정절차법」은 행정계획의 절차상 통제 방법으로 관계 행정기관과의 협의와 주민·이해관계인의 참여에 관한 일반적인 규정을 두고 있다.
③ 통상 행정계획변경청구권은 무하자재량행사청구권의 성질을 갖는다.
④ 구속력 없는 행정계획안이라도 국민의 기본권에 직접적으로 영향을 끼치고 법령의 뒷받침에 의하여 그대로 실시될 것이 틀림없을 것으로 예상되는 때에는 예외적으로 헌법소원의 대상이 된다.

문 18. 「행정기본법」에 대한 설명으로 옳지 않은 것은?

① 행정작용은 법률에 위반되어서는 아니 되며, 국민의 권리를 제한하거나 의무를 부과하는 경우와 그 밖에 국민생활에 중요한 영향을 미치는 경우에는 법률에 근거하여야 한다.
② 행정청은 권한 행사의 기회가 있음에도 불구하고 장기간 권한을 행사하지 아니하여 국민이 그 권한이 행사되지 아니할 것으로 믿을 만한 정당한 사유가 있는 경우에는 그 권한을 행사해서는 아니 된다. 다만, 공익 또는 제3자의 이익을 현저히 해칠 우려가 있는 경우는 예외로 한다.
③ 행정은 공공의 이익을 위하여 적극적으로 추진되어야 한다.
④ 행정청은 법률로 정하는 바에 따라 처분에 재량이 있는 경우에도 완전히 자동화된 시스템으로 처분을 할 수 있다.

문 19. 「행정심판법」에 관한 설명 중 옳지 않은 것은?

① 법인이 아닌 사단 또는 재단으로서 대표자나 관리인이 정하여져 있는 경우에는 그 사단이나 재단의 이름으로 심판청구를 할 수는 없고 대표자나 관리인의 이름으로 심판청구를 할 수 있다.
② 행정심판위원회는 필요하다고 인정하면 그 행정심판 결과에 이해관계가 있는 제3자나 행정청에 그 사건 심판에 참가할 것을 요구할 수 있다.
③ 법인인 청구인이 합병(合倂)에 따라 소멸하였을 때에는 합병 후 존속하는 법인이나 합병에 따라 설립된 법인이 청구인의 지위를 승계한다.
④ 선정대표자는 다른 청구인들을 위하여 그 사건에 관한 모든 행위를 할 수 있다. 다만, 심판청구를 취하하려면 다른 청구인들의 동의를 받아야 하며, 이 경우 동의 받은 사실을 서면으로 소명하여야 한다.

문 20. 甲은 乙을 명예훼손 등 혐의로 고소하였다. 검사 丙은 乙에 대하여 불기소결정을 하였으나, 甲에게 그 결과를 통지하지 않았다. 甲은 대검찰청에 丙이 자신의 고소사건 처리를 태만히 하고 있으니 징계하여 달라는 진정서를 제출하였다. 이에 검찰총장은 丙이 직무를 태만히 하여 甲에게 「형사소송법」에 의한 처분결과를 통지하지 아니한 잘못이 있으나 그 정도가 중하지 않으므로 「검사징계법」상 징계사유에는 해당하지 않는다고 판단하였다. 그러나 장래에 동일한 잘못을 되풀이하지 않도록 엄중히 경고할 필요가 있다고 판단하여, 丙에 대하여 대검찰청 내부규정에 근거하여 경고조치를 하였다. 이에 관한 설명 중 옳지 않은 것을 모두 고른 것은? (다툼이 있는 경우 판례에 의함)

> ㄱ. 丙의 불기소결정은 고소사건에 관하여 공권력의 행사인 공소제기를 거부하는 거부처분에 해당하므로, 甲은 취소소송을 제기하는 방식으로 불복할 수 있다.
> ㄴ. 丙이 불기소결정을 하면서 甲에게 「형사소송법」에 의한 처분 결과 통지를 하지 않음으로써 행정청의 의사가 외부에 표시되지 아니하여 아직 거부처분이 성립하였다고 볼 수 없으므로, 甲은 부작위위법확인소송을 제기하는 방식으로 불복할 수 있다.
> ㄷ. 대검찰청 내부규정에서 검찰총장의 경고조치를 받은 검사에 대하여 직무성과급 지급이나 승진·전보인사에서 불이익을 주도록 규정하고 있다면, 丙은 검찰총장의 경고조치에 대하여 취소소송을 제기하는 방식으로 불복할 수 있다.
> ㄹ. 丙의 직무상 의무 위반의 정도가 중하지 않아 「검사징계법」상 징계사유에 해당하지 않는데도 검찰총장이 대검찰청 내부규정에 근거하여 경고조치를 한 것은 법률유보원칙에 반하므로 허용될 수 없다.

① ㄱ, ㄴ
② ㄱ, ㄹ
③ ㄷ, ㄹ
④ ㄱ, ㄴ, ㄹ

2025 대비 제3회 적중 동형 모의고사

| 행정법총론 |

응시번호

성명

문제책형

가

응시자 주의사항

1. **시험시작 전 시험문제를 열람하는 행위나 시험종료 후 답안을 작성하는 행위를 한 사람**은 「공무원임용시험령」제51조에 의거 **부정행위자**로 처리됩니다.
2. **답안지 책형 표기는 시험시작 전** 감독관의 지시에 따라 **문제책 앞면에 인쇄된 문제책형을 확인**한 후, 답안지 책형란에 해당책형(1개)을 '●'로 표기하여야 합니다.
3. **답안은 문제책 표지의 과목 순서에 따라 답안지에 인쇄된 순서(제1·2·3·4·5과목)에 맞추어 표기**해야 하며, 과목 순서를 바꾸어 표기한 경우에도 **문제책 표지의 과목 순서대로 채점**되므로 유의하시기 바랍니다.
4. 시험이 시작되면 문제를 주의 깊게 읽은 후, **문항의 취지에 가장 적합한 하나의 정답만을 고르며**, 문제내용에 관한 질문은 할 수 없습니다.
5. **답안을 잘못 표기하였을 경우에는 답안지를 교체하여 작성하거나 수정할 수 있으며**, 표기한 답안을 수정할 때는 **응시자 본인이 가져온 수정테이프만을 사용**하여 해당 부분을 완전히 지우고 부착된 수정테이프가 떨어지지 않도록 손으로 눌러주어야 합니다.**(수정액 또는 수정스티커 등은 사용 불가)**
    - 불량한 수정테이프의 사용과 불완전한 수정처리로 발생하는 모든 문제는 응시자 본인에게 책임이 있습니다.
6. **시험시간 관리의 책임은 응시자 본인에게 있습니다.**
    ※ 문제책은 시험종료 후 가지고 갈 수 있습니다.

정답공개 및 가산점 등록 안내

1. 정답공개 및 이의제기: 사이버국가고시센터(www.gosi.kr)
    - 구체적인 이의제기 방법은 정답가안 공개 시, 공개 예정
2. 가산점 등록방법: 사이버국가고시센터(www.gosi.kr)→[원서접수→가산점 등록 / 확인]

행정법총론: **가**

행정법총론

문 1. 다음 중 옳지 않은 것은? (다툼이 있는 경우 판례에 의함)

① 행정청의 전문적인 정성적 평가 결과는 특별한 사정이 없는 한 가급적 존중되어야 하고, 여기에 재량권을 일탈·남용한 특별한 사정이 있다는 점은 이를 주장하는 자가 증명하여야 한다.
② 인허가 의제 제도는 사업시행자의 이익을 위하여 만들어진 것이므로, 사업시행자가 반드시 관련 인허가 의제 처리를 신청할 의무가 있다.
③ 기본행위인 주택재개발정비사업조합이 수립한 사업시행계획에 하자가 있는데 보충행위인 관할 행정청의 사업시행계획 인가처분에는 고유한 하자가 없는 경우, 사업시행계획의 무효를 주장하면서 곧바로 그에 대한 인가처분의 무효확인이나 취소를 구할 수 없다.
④ 관련 인허가 사항에 관한 사전 협의가 이루어지지 않은 채 「중소기업창업 지원법」 제33조 제3항에서 정한 20일의 처리기간이 지난 날의 다음 날에 사업계획승인처분이 이루어진 것으로 의제된 경우, 창업자는 관련 인허가를 관계 행정청에 별도로 신청하는 절차를 거쳐야 한다.

문 2. 단계적 행정결정과 확약에 관한 내용으로서 옳지 않은 것은? (단, 다툼이 있는 경우 판례에 따름)

① 사전결정의 경우 기초사실이 변경되어도 원칙적으로 효력에 영향 없는 것이 원칙이다.
② 확약 또는 공적인 의사표명이 있은 후에 사실적·법률적 상태가 변경되었다면, 그와 같은 확약 또는 공적인 의사표명은 행정청의 별다른 의사표시를 기다리지 않고 실효된다는 것이 판례의 입장이다.
③ 주택건설사업에 대한 사전결정을 하였다면 사업승인 단계에서는 그 사전결정에 기속되어 승인결정을 하여야 한다는 것이 판례의 입장이다.
④ 부지사전승인처분 후에 원자로 등의 건설허가처분이 있었다면 사전적, 부분건설허가로서의 부지사전승인처분은 독립하여 취소소송의 대상이 되지 않는다.

문 3. 공공의 영조물의 설치·관리의 하자로 인한 국가배상책임에 대한 판례의 입장으로 옳지 않은 것은?

① '공공의 영조물'이라 함은 강학상 공물을 뜻하므로 국가 또는 지방자치단체가 사실상의 관리를 하고 있는 유체물은 포함되지 않는다.
② '공공의 영조물의 설치·관리의 하자'에는 영조물이 공공의 목적에 이용됨에 있어 그 이용상태 및 정도가 일정한 한도를 초과하여 제3자에게 사회통념상 참을 수 없는 피해를 입히고 있는 경우가 포함된다.
③ 영조물의 설치 및 관리에 있어서 항상 완전무결한 상태를 유지할 정도의 고도의 안전성을 갖추지 아니하였다고 하여 영조물의 설치 또는 관리에 하자가 있다고 단정할 수 없다.
④ 국가배상청구소송에서 공공의 영조물에 하자가 있다는 입증책임은 피해자가 지지만, 관리주체에게 손해발생의 예견가능성과 회피가능성이 없다는 입증책임은 관리주체가 진다.

문 4. 공법관계와 사법관계의 구별과 관련된 판례의 내용 중 옳지 않은 것은?

① 국가나 지방자치단체에 근무하는 청원경찰에 대한 징계처분의 시정을 구하는 소송은 행정소송에 해당한다.
② 입찰보증금의 국고귀속조치는 국가가 사법상의 재산권의 주체로서 행위하는 것이지, 공권력을 행사하는 것이거나 공권력작용과 일체성을 가진 것이 아니라 할 것이다.
③ 구「공익사업을 위한 토지 등의 취득 및 보상에 관한 법률」상 환매권의 존부에 관한 확인을 구하는 소송 및 환매금액의 증감을 구하는 소송은 민사소송이다.
④ 국세환급금결정이나 이 결정을 구하는 신청에 대한 환급거부결정은 행정청의 공행정작용으로서 항고소송의 대상이 된다.

문 5. 공법상 계약에 해당하는 것만을 〈보기〉에서 모두 고르면? (다툼이 있는 경우 판례에 의함)

〈보기〉
ㄱ. 「사회기반시설에 대한 민간투자법」에 따라 지방자치단체와 유한회사 간 체결한 터널 민간투자사업 실시협약
ㄴ. 구「중소기업 기술혁신 촉진법」상의 중소기업 정보화지원사업에 따른 지원금 출연을 위하여 중소기업청장이 민간 주식회사와 체결하는 협약
ㄷ. 도시계획사업의 시행자가 그 사업에 필요한 토지를 협의취득하는 행위
ㄹ. 국유일반재산의 대부행위

① ㄱ, ㄴ
② ㄱ, ㄷ
③ ㄴ, ㄷ
④ ㄴ, ㄹ

문 6. 행정벌에 대한 설명으로 옳은 것은? (다툼이 있는 경우 판례에 의함)

① 지방자치단체가 그 고유의 자치사무를 처리하는 경우 지방자치단체는 양벌규정에 의한 처벌대상이 되지 않는다.
② 「관세법」상 통고처분은 상대방의 임의의 승복을 그 발효요건으로 하기 때문에 그 자체만으로는 통고이행을 강제하거나 상대방에게 아무런 권리의무를 형성하지 않는다.
③ 질서위반행위 후 법률이 변경되어 그 행위가 질서위반행위에 해당하지 아니하게 된 때에는 법률에 특별한 규정이 없는 한 변경되기 전의 법률을 적용한다.
④ 스스로 심신장애 상태를 일으켜 질서위반행위를 한 자에 대하여는 과태료를 감경한다.

문 7. 「개인정보보호법」의 내용으로 가장 옳지 않은 것은?

① 개인정보는 살아 있는 개인에 관한 정보로서 성명, 주민등록번호 및 영상 등을 통하여 개인을 알아볼 수 있는 정보이며, 해당 정보만으로는 특정 개인을 알아볼 수 없다면, 다른 정보와 쉽게 결합하여 그 개인을 알아볼 수 있는 경우라도 개인정보라 할 수 없다.
② 개인정보처리자는 법령상 의무를 준수하기 위하여 불가피한 경우에는 개인정보를 수집할 수 있으며 그 수집 목적의 범위 내에서 이용할 수 있다.
③ 개인정보처리자로부터 개인정보를 제공받은 자는 정보주체로부터 별도의 동의를 받은 경우나 다른 법률에 특별한 규정이 있는 경우를 제외하고는 개인정보를 제공받은 목적 외의 용도로 이용하거나 이를 제3자에게 제공하여서는 아니된다.
④ 개인정보처리자의 고의 또는 중대한 과실로 인하여 개인정보가 유출된 경우로서 정보주체에게 손해가 발생한 때에는 법원은 그 손해액의 5배를 넘지 아니하는 범위에서 손해배상액을 정할 수 있다.

문 8. 취소소송에 대한 설명 중 가장 옳지 않은 것은? (단, 다툼이 있는 경우 판례에 따름)

① 재결 자체에 고유한 위법이 없는 경우에는 원처분의 당부와는 상관없이 당해 재결취소소송은 이를 기각하여야 한다.
② 내용이 새로운 신청을 하는 취지라면 관할 행정청이 이를 다시 거절한 이상 새로운 거부처분이 있은 것으로 보아야 할 것이다.
③ 말소등록으로 비로소 상표권 소멸의 효력이 발생하는 것이 아니어서, 상표권의 말소등록은 국민의 권리의무에 직접적으로 영향을 미치는 행위라고 할 수 없다.
④ 행정청의 주장이 없다면 법원은 직권으로 사정판결을 할 수 없다.

문 9. 「공유수면 관리 및 매립에 관한 법률」(이하, '공유수면법'이라 함)에 따라 A도지사는 甲에게 택지조성을 매립목적으로 하는 공유수면매립면허를 부여하였다. 甲은 당초 매립목적과 달리 조선(造船)시설용지 지역으로 매립지를 이용하고자 A도지사에게 준공인가 전에 공유수면매립목적 변경신청을 하였고, 이에 A도지사는 甲의 변경신청을 승인하였다. 그런데 이 매립지의 인근에는 가공식품을 만들어 판매하고 있는 B재단법인이 있었다. 이에 관한 설명 중 옳은 것은? (다툼이 있는 경우 판례에 의함)

① A도지사의 甲에 대한 공유수면매립면허처분 및 공유수면매립목적 변경 승인처분은 각각 강학상 허가와 강학상 특허에 해당한다.
② B는 공유수면매립목적 변경 승인처분으로 자신의 직원들이 쾌적한 환경에서 생활할 수 있는 환경상 이익을 침해받았음을 이유로 B 자신의 이름으로 그 변경 승인처분에 대하여 항고소송을 제기할 수 있다.
③ 공유수면매립면허처분과 관련하여 법령상 요구되는 환경영향평가를 실시하지 않은 경우 환경영향평가지역 밖에 거주하는 주민들에 대해서도 환경상 이익에 대한 침해 또는 침해 우려가 있는 것으로 사실상 추정된다.
④ 공유수면매립면허처분 이후에 매립실시계획이 승인되면, 공유수면법에 의해 다른 법률상의 인가·허가가 의제될 수 있는데, 이 경우 의제된 인가·허가는 통상적인 인가·허가와 동일한 효력을 가진다.

문 10. 행정상 손실보상에 대해서 가장 옳지 않은 것은? (단, 다툼이 있는 경우 판례에 따름)

① 사업시행자가 이주대책에 관한 구체적인 계획을 수립하여 이를 해당자에게 통지 내지 공고하면 이주대책대상자에게는 구체적인 수분양권이 발생하게 된다.
② 소유자와 세입자는 생활의 근거의 상실 정도에 있어서 차이가 있는 점, 세입자에 대해서 주거이전비와 이사비가 보상되고 있는 점을 고려할 때, 입법자가 이주대책 대상자에서 세입자를 제외하고 있는 것이 불합리한 차별로서 세입자의 평등권을 침해하는 것이라 볼 수는 없다.
③ 이주대책은 헌법 제23조 제3항에 규정된 정당한 보상에 포함되는 것이라기보다는 이에 부가하여 이주자들에게 종전의 생활상태를 회복시키기 위한 생활보상의 일환으로서 국가의 정책적인 배려에 의하여 마련된 제도이다.
④ 토지수용에 있어서 사업인정은 그 후 일정한 절차를 거칠 것을 조건으로 하여 일정한 내용의 수용권을 설정해 주는 행정처분의 성격을 가진다.

문 11. 행정심판법에 관한 설명 중 옳지 않은 것은?

① 중앙행정심판위원회는 위원장 1명을 포함하여 70명 이내의 위원으로 구성하되, 위원 중 상임위원은 4명 이내로 한다.
② 행정심판의 종류로는 취소심판, 무효등확인심판 등이 있지만 의무이행심판은 포함되지 않는다.
③ 사안의 전문성과 특수성을 살리기 위하여 특히 필요한 경우 외에는 이 법에 따른 행정심판을 갈음하는 특별한 행정불복절차나 이 법에 따른 행정심판 절차에 대한 특례를 다른 법률로 정할 수 없다.
④ 법인이 아닌 사단 또는 재단으로서 대표자나 관리인이 정하여져 있는 경우에는 그 사단이나 재단의 이름으로 심판청구를 할 수 있다.

문 12. 다음 중 옳은 것은? (다툼이 있는 경우 판례에 의함)

① 부당해고 구제신청에 관한 중앙노동위원회의 결정에 대하여 취소소송을 제기하는 경우, 법원은 중앙노동위원회의 결정 후에 생긴 사유를 들어 그 결정의 적법 여부를 판단할 수 있다.
② 주민 등의 도시관리계획의 입안 제안을 거부하는 처분에 대하여 이익형량의 하자를 이유로 취소판결이 확정된 후에 행정청이 다시 이익형량을 하여 주민 등이 제안한 것과는 다른 내용의 계획을 수립한다면 이는 재처분의무를 이행한 것으로 볼 수 없다.
③ 사업인정고시는 수용재결절차로 나아가 강제적인 방식으로 토지소유자나 관계인의 권리를 취득·보상하기 위한 절차적 요건에 지나지 않고 영업손실 보상의 요건이 아니므로, 사업시행자가 시행하는 사업이 공익사업에 해당하고 그 사업으로 인한 폐업이 영업손실 보상대상에 해당한다면 사업인정 고시가 없더라도 사업시행자는 영업손실을 보상할 의무가 있다.
④ 甲이 제기한 원상복구명령 및 계고처분에 대한 취소소송에서, 乙은 처분 시에 제시한 '甲의 건축물은 건축허가를 받지 않은 건축물'이라는 처분사유에 '甲의 건축물은 신고를 하지 않은 가설건축물'이라는 처분사유를 추가할 수 있다.

문 13. 행정입법의 사법적 통제에 대한 설명으로 옳지 않은 것은? (다툼이 있는 경우 판례에 의함)

① 조례가 집행행위의 개입 없이도 그 자체로서 직접 국민의 권리의무나 법적 이익에 영향을 미치는 등의 법률상 효과를 발생하는 경우 그 조례는 항고소송의 대상이 되는 행정처분에 해당한다.
② 행정청이 행정입법 등 추상적인 법령을 제정하지 아니하는 행위는 법률이 시행되지 못하게 됨으로써 행정입법을 통해 구체화되는 개인의 권리를 침해하는 것으로, 항고소송의 대상이 된다.
③ 어떠한 처분의 근거나 법적인 효과가 행정규칙에 규정되어 있다고 하더라도, 그 처분이 상대방의 권리의무에 직접 영향을 미치는 행위라면 항고소송의 대상이 되는 행정처분에 해당한다.
④ 법령의 규정이 특정 행정기관에게 법령 내용의 구체적 사항을 정하도록 권한을 부여하여 특정 행정기관이 행정규칙을 정하였으나 그 행정규칙이 상위 법령의 위임범위를 벗어났다면, 그러한 행정규칙은 대외적 구속력을 가지는 법규명령으로서의 효력이 인정되지 않는다.

문 14. 행정행위에 대한 설명으로 옳은 것은? (다툼이 있는 경우 판례에 의함)

① 건축물의 건축이 「국토의 계획 및 이용에 관한 법률」상 개발행위에 해당할 경우 그 건축의 허가권자는 개발행위허가가 의제되는 건축허가신청이 국토계획법령이 정한 개발행위허가기준에 부합하지 아니하면 이를 거부할 수 있다.
② 주택건설사업계획 승인처분에 따라 의제된 인·허가의 위법함을 다투고자 하는 이해관계인은 의제된 인·허가의 취소를 구할 것이 아니라, 주된 처분인 주택건설사업계획 승인처분의 취소를 구하여야 한다.
③ 「하천법」에 의한 하천의 점용허가는 강학상 허가에 해당한다.
④ 「출입국관리법」상 체류자격 변경허가는 기속행위이므로 신청인이 관계법령에서 정한 요건을 충족하면 허가권자는 신청을 받아들여 허가해야 한다.

문 15. 다음 사례에 관한 설명 중 옳은 것은? (단, 담배소매인 지정처분의 법적 성격은 강학상 '특허'임을 전제로 함)

> 1. 甲은 건물 1층에서 담배소매인 지정을 받아 담배소매업을 하고 있었는데, 관할 구청장 A는 법령상의 거리제한 규정을 위반하여 그 영업소에서 30미터 떨어진 인접 아파트 상가에서 乙이 담배소매업을 할 수 있도록 담배소매인 신규지정처분을 하였다.
> 2. 丙과 丁은 같은 상가의 1층과 2층에서 각각 담배소매업을 하고자 관할 구청장 B에게 담배소매인 지정신청을 하였으나, B는 丁에게만 담배소매인 지정처분을 하였다.

① 甲은 乙에게 발령된 담배소매인 신규지정처분에 대한 취소소송을 제기하면서 그 신규지정처분의 위법을 이유로 하는 손해배상청구소송을 그 취소소송에 병합하여 제기할 수 있다.
② 丙이 丁에 대한 담배소매인지정처분 취소심판을 제기하여 취소재결을 받은 후 B가 丁에게 담배소매인지정처분의 취소를 통지하였다면, 丁은 취소소송을 제기할 경우 취소재결이 아니라 B가 행한 담배소매인 지정취소처분을 소의 대상으로 하여야 한다.
③ 丙이 자신에 대한 담배소매인 지정거부를 취소소송으로 다투면서 집행정지를 신청한다면 법원은 이를 인용하게 될 것이다.
④ 丁에 대한 담배소매인지정처분을 대상으로 丙이 제기한 취소소송에서 丁이「행정소송법」상 소송참가를 하였으나 본안에서 丙이 승소판결을 받아 확정되었다면, 丁은「행정소송법」제31조에 의한 재심을 통해 이를 다툴 수 있다.

문 16. 행정소송상 주장책임과 증명책임(입증책임)에 관한 설명 중 옳은 것을 모두 고른 것은? (다툼이 있는 경우 판례에 의함)

> ㄱ. 취소소송에서 당사자의 명백한 주장이 없는 경우에도 법원은 기록에 나타난 여러 사정을 기초로 직권으로 사정판결을 할 수 있다.
> ㄴ. 정보공개거부처분 취소소송에서 비공개사유의 주장·입증책임은 피고인 공공기관에 있다.
> ㄷ. 행정처분의 당연무효를 주장하여 그 무효확인을 구하는 행정소송에서 그 행정처분이 무효인 사유를 주장·입증할 책임은 원고에게 있다.
> ㄹ. 국가유공자 인정과 관련하여, 공무수행으로 상이(傷痍)를 입었다는 점이나 그로 인한 신체장애의 정도가 법령에 정한 등급 이상에 해당한다는 점에 관한 증명책임은 국가유공자 등록신청인에게 있지만, 그 상이가 '불가피한 사유 없이 본인의 과실이나 본인의 과실이 경합된 사유로 입은 것'이라는 사정에 관한 증명책임은 피고인 처분청에게 있다.

① ㄱ, ㄴ, ㄷ
② ㄱ, ㄴ, ㄹ
③ ㄱ, ㄷ, ㄹ
④ ㄱ, ㄴ, ㄷ, ㄹ

문 17. 「행정소송법」상 당사자소송에 대한 설명으로 가장 옳은 것은?

① 부가가치세법령상 납세의무자에 대한 국가의 부가가치세 환급세액 지급의무는 부당이득 반환의무이므로 그 지급청구는 당사자소송이 아니라 민사소송의 절차에 따라야 한다.
② 재개발조합은 공법인이므로 재개발조합과 조합장 사이의 선임·해임 등을 둘러싼 법률관계는 공법상 법률관계이고 그 조합장의 지위를 다투는 소송은 공법상 당사자소송이다.
③ 행정청의 소송참가는 당사자소송에서도 허용된다.
④ 납세의무부존재확인의 소는 당사자소송이고 항고소송의 성격을 가지므로 해당 과세처분 관할 행정청이 피고가 된다.

문 18. 「행정기본법」상 이의신청과 재심사에 관한 설명으로 옳지 않은 것은?

① 이의신청에 대한 결과를 통지받은 후 행정심판 또는 행정소송을 제기하려는 자는 그 결과를 통지받은 날부터 90일 이내에 행정심판 또는 행정소송을 제기할 수 있다.
② 공무원 인사관계 법령에 의한 징계 등 처분에 관한 사항에 대하여도 「행정기본법」상의 이의신청 규정이 적용된다.
③ 당사자는 처분에 대하여 법원의 확정판결이 있는 경우에는 처분의 근거가 된 사실관계 또는 법률관계가 추후에 당사자에게 유리하게 바뀐 경우에도 해당 처분을 한 행정청이 처분을 취소·철회하거나 변경하여 줄 것을 신청할 수는 없다.
④ 처분을 유지하는 재심사 결과에 대하여는 행정심판, 행정소송 및 그 밖의 쟁송수단을 통하여 불복할 수 없다.

문 19. 행정법의 일반원칙에 대한 설명으로 옳지 않은 것은? (다툼이 있는 경우 판례에 의함)

① 계속 중인 사실이나 그 이후에 발생한 요건사실에 대한 법률적용을 인정하는 부진정 소급입법의 경우 개인의 신뢰보호와 법적 안정성을 내용으로 하는 법치국가 원리에 의하여 허용되지 않는 것이 원칙이다.
② 재건축조합에서 일단 내부 규범이 정립되면 조합원들은 특별한 사정이 없는 한 그것이 존속하리라는 신뢰를 가지게 되므로, 내부 규범을 변경할 경우 내부 규범 변경을 통해 달성하려는 이익이 종전 내부 규범의 존속을 신뢰한 조합원들의 이익보다 우월해야 한다.
③ 신뢰보호의 원칙은 행정청이 공적인 견해를 표명할 당시의 사정이 그대로 유지됨을 전제로 적용되는 것이 원칙이므로, 사후에 그와 같은 사정이 변경된 경우에는 특별한 사정이 없는 한 행정청이 그 견해표명에 반하는 처분을 하더라도 신뢰보호의 원칙에 위반된다고 할 수 없다.
④ 근로복지공단의 요양불승인처분의 적법 여부는 사실상 근로자의 휴업급여청구권 발생의 전제가 된다고 볼 수 있는 점 등에 비추어, 근로자가 요양불승인에 대한 취소소송의 판결확정시까지 근로복지공단에 휴업급여를 청구하지 않았던 것에 대한 근로복지공단의 소멸시효 항변은 신의성실의 원칙에 반하여 허용될 수 없다.

문 20. 행정조사에 관한 설명으로 옳은 것은?

① 행정조사는 사실행위의 형식으로만 가능하다.
② 조사대상자의 자발적 협조가 있을지라도 법령 등에서 행정조사를 규정하고 있어야 실시가 가능하다.
③ 조사대상자의 동의가 있는 경우 해가 뜨기 전이나 해가 진 뒤에도 현장조사가 가능하다.
④ 자발적인 협조에 따라 실시하는 행정조사에 대하여 조사대상자가 조사에 응할 것인지에 대한 응답을 하지 아니하는 경우에는 법령 등에 특별한 규정이 없는 한 그 조사에 동의한 것으로 본다.

양승우
행정법총론

2025 대비 제4회 적중 동형 모의고사

| 행정법총론 |

응시번호

성명

문제책형

가

응시자 주의사항

1. **시험시작 전 시험문제를 열람하는 행위나 시험종료 후 답안을 작성하는 행위를 한 사람**은 「공무원임용시험령」 제51조에 의거 **부정행위자**로 처리됩니다.
2. **답안지 책형 표기는 시험시작 전** 감독관의 지시에 따라 문제책 앞면에 인쇄된 문제책형을 **확인**한 후, 답안지 책형란에 해당책형(1개)을 '●'로 **표기**하여야 합니다.
3. **답안은 문제책 표지의 과목 순서에 따라 답안지에 인쇄된 순서(제1·2·3·4·5과목)에 맞추어 표기**해야 하며, 과목 순서를 바꾸어 표기한 경우에도 **문제책 표지의 과목 순서대로 채점**되므로 유의하시기 바랍니다.
4. 시험이 시작되면 문제를 주의 깊게 읽은 후, **문항의 취지에 가장 적합한 하나의 정답만을 고르며,** 문제내용에 관한 질문은 할 수 없습니다.
5. **답안을 잘못 표기하였을 경우에는 답안지를 교체하여 작성하거나 수정할 수 있으며,** 표기한 답안을 수정할 때는 **응시자 본인이 가져온 수정테이프만을 사용**하여 해당 부분을 완전히 지우고 부착된 수정테이프가 떨어지지 않도록 손으로 눌러주어야 합니다.**(수정액 또는 수정스티커 등은 사용 불가)**
    - 불량한 수정테이프의 사용과 불완전한 수정처리로 발생하는 모든 문제는 응시자 본인에게 책임이 있습니다.
6. **시험시간 관리의 책임은 응시자 본인에게 있습니다.**
    ※ 문제책은 시험종료 후 가지고 갈 수 있습니다.

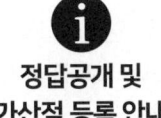
정답공개 및
가산점 등록 안내

1. 정답공개 및 이의제기: 사이버국가고시센터(www.gosi.kr)
    - 구체적인 이의제기 방법은 정답가안 공개 시, 공개 예정
2. 가산점 등록방법: 사이버국가고시센터(www.gosi.kr)→[원서접수→가산점 등록 / 확인]

행정법총론: **가**

문 1. 다음 중 옳지 않은 것은? (다툼이 있는 경우 판례에 의함)

① 「개인정보보호법」상 '누설'이란 아직 개인정보를 알지 못하는 타인에게 알려주는 일체의 행위를 의미하며, 정보주체의 동의 없이 법령에 정한 절차를 거치지 않은 채로 고소·고발장에 다른 정보주체의 개인정보를 첨부하여 경찰서에 제출한 것은 누설에 해당한다.

② 제재처분에 대한 행정쟁송절차에서 처분에 대해 집행정지결정이 이루어졌더라도 본안에서 해당 처분이 최종적으로 적법한 것으로 확정되어 집행정지결정이 실효되고 제재처분을 다시 집행할 수 있게 되면, 처분청으로서는 당초 집행정지결정이 없었던 경우와 동등한 수준으로 해당 제재처분이 집행되도록 필요한 조치를 취하여야 한다.

③ 취소소송에서 취소판결이 확정된 경우, 행정청은 해당 판결에서 확인된 위법사유를 배제한 상태에서 다시 처분을 하거나 그 밖의 위법한 결과를 제거하는 조치를 할 의무가 있다.

④ 어떠한 처분에 법령상 근거가 있는지, 「행정절차법」에서 정한 처분절차를 준수하였는지는 본안에서 당해 처분이 적법한가를 판단하는 단계에서 고려할 요소가 아니라, 소송요건 심사단계에서 고려할 요소이다.

문 2. 공적 견해표명에 대해서 가장 옳지 않은 것은? (단, 다툼이 있는 경우 판례에 따름)

① 신뢰보호의 원칙이 적용되기 위해서는, 행정청의 견해표명이 정당하다고 신뢰한 데에 대하여 그 개인에게 귀책사유가 없어야 하는데 이런 귀책사유의 유무는 상대방과 그로부터 신청행위를 위임받은 수임인 등 관계자 모두를 기준으로 판단하여야 한다.

② 병무청 담당부서의 담당공무원에게 공적 견해의 표명을 구하는 정식의 서면질의 등을 하지 아니하였더라도 총무과 민원팀장인 공무원이 민원봉사로써 상담에 응하여 안내한 것을 신뢰한 경우, 신뢰보호 원칙이 적용된다.

③ 헌법재판소의 위헌결정은 행정청이 개인에 대하여 신뢰의 대상이 되는 공적인 견해를 표명한 것이라고 할 수 없다.

④ 행정청이 상대방에게 장차 어떤 처분을 하겠다고 공적인 의사표명을 하였다고 하더라도, 공적인 의사표명이 있은 후에 사실적·법률적 상태가 변경되었다면, 공적인 의사표명은 행정청의 별다른 의사표시를 기다리지 않고 실효된다.

문 3. 소의 이익에 대한 설명으로 옳은 것은? (다툼이 있는 경우 판례에 의함)

① 취임승인이 취소된 학교법인의 정식이사들에 대해 원래 정해져 있던 임기가 만료되면 그 임원취임승인취소처분의 취소를 구할 소의 이익이 없다.

② 지방의회 의원의 제명의결 취소소송 계속 중 임기 만료로 지방의원으로서의 지위를 회복할 수 없는 자는 제명의결의 취소를 구할 소의 이익이 없다.

③ 수형자의 영치품에 대한 사용신청 불허처분 후 수형자가 다른 교도소로 이송된 경우 원래 교도소로의 재이송 가능성이 소멸되었으므로 그 불허처분의 취소를 구할 소의 이익이 없다.

④ 법인세 과세표준과 관련하여 과세관청이 법인의 소득처분 상대방에 대한 소득처분을 경정하면서 증액과 감액을 동시에 한 결과 전체로서 소득처분 금액이 감소된 경우, 법인이 소득금액변동통지의 취소를 구할 소의 이익이 없다.

문 4. 항고소송의 대상인 행정처분에 대한 설명으로 옳지 않은 것은? (다툼이 있는 경우 판례에 의함)

① 효력기간이 정해져 있는 제재적 행정처분의 효력이 발생한 후에 별도의 처분으로 효력기간의 시기와 종기를 다시 정했다면, 당초의 제재처분은 실효되고 새로운 처분이 있는 것으로 본다.

② 재단법인 한국연구재단이 갑 대학교 총장에게 연구개발비의 부당집행을 이유로 두뇌한국(BK)21 사업 협약을 해지하고 연구팀장 을에 대한 대학자체징계를 요구한 것은 항고소송의 대상인 행정처분에 해당하지 않는다.

③ 지방자치단체 등이 건축물을 건축하기 위해 건축물 소재지 관할 허가권자인 지방자치단체의 장과 건축협의를 하였는데 허가권자인 지방자치단체의 장이 그 협의를 취소한 경우, 건축협의 취소는 항고소송의 대상인 행정처분에 해당한다.

④ 갑 시장이 감사원으로부터 소속 공무원 을에 대하여 징계의 종류를 정직으로 정한 징계 요구를 받게 되자 감사원에 징계 요구에 대한 재심의를 청구하였고 감사원이 재심의 청구를 기각한 경우, 감사원의 징계 요구와 재심의결정은 항고소송의 대상이 되는 행정처분에 해당하지 않는다.

문 5. 행정벌에 대한 설명으로 옳지 않은 것은? (다툼이 있는 경우 판례에 의함)

① 지방자치단체 소속 공무원이 지방자치단체 고유의 자치사무를 처리하면서 위반행위를 한 경우 지방자치단체도 양벌규정에 따라 처벌대상이 되는 법인에 해당한다.

② 지방국세청장이 조세범칙행위에 대하여 고발을 한 후에 동일한 조세범칙행위에 대하여 통고처분을 하는 경우, 이러한 통고처분은 법적 권한 소멸 후 이루어진 것으로 특별한 사정이 없는 한 효력이 없고 조세범칙행위자가 이를 이행하였더라도 일사부재리의 원칙이 적용될 수 없다.

③ 경찰서장이 범칙행위에 대하여 통고처분을 하더라도 통고처분에서 정한 납부기간까지는 검사가 공소를 제기할 수 있다.

④ 하나의 행위가 둘 이상의 질서위반행위에 해당하는 경우에는 각 질서위반행위에 대하여 정한 과태료 중 가장 중한 과태료를 부과한다.

문 6. 「행정소송법」상 집행정지에 대한 설명으로 가장 옳지 않은 것은?

① 취소소송이 제기되면 처분의 효력이나 그 집행은 정지되지 않으나 절차의 속행은 정지된다.

② 처분의 효력정지는 처분 등의 집행 또는 절차의 속행을 정지함으로써 목적을 달성할 수 있는 경우에는 허용되지 아니한다.

③ 집행정지는 공공복리에 중대한 영향을 미칠 우려가 있을 때에는 허용되지 아니한다.

④ 집행정지의 결정 또는 기각의 결정에 대하여는 즉시 항고할 수 있다.

문 7. A행정청은 甲에게 처분을 하면서 법령에 근거 없이 일정 토지를 기부채납하도록 하는 부담을 붙였다. 이에 대한 설명으로 옳지 않은 것은? (다툼이 있는 경우 판례에 의함)

① 처분이 기속행위라면 甲은 기부채납 부담을 이행할 의무가 없다.

② 처분이 기속행위임에도 甲이 부담의 이행으로 기부채납을 하였다면, 그 기부채납 행위는 당연히 적법한 행위가 된다.

③ 사정변경으로 인하여 당초에 부담을 부가한 목적을 달성할 수 없게 된 경우에는 A 행정청은 甲의 동의가 없더라도 그 목적달성에 필요한 범위 내에서 부담을 변경할 수 있다.

④ 甲은 기부채납을 하도록 하는 부담에 대해서 취소소송을 제기하여 다툴 수 있다.

문 8. 다음 중 가장 옳지 않은 것은? (단, 다툼이 있는 경우 판례에 따름)

① 정보공개청구가 없었던 경우 대한민국과 중화인민공화국이 2000. 7. 31. 체결한 양국 간 마늘교역에 관한 합의서 및 그 부속서 중 '2003. 1. 1.부터 한국의 민간기업이 자유롭게 마늘을 수입할 수 있다'는 부분을 사전에 마늘재배농가들에게 공개할 정부의 의무는 인정되지 않는다.

② 행정기관의 장의 거부처분이 재량행위인 경우에, 사전통지의 흠결로 민원인에게 의견진술의 기회를 주지 아니한 결과 민원조정위원회의 심의과정에서 고려대상에 마땅히 포함시켜야 할 사항을 누락하는 등 재량권의 불행사 또는 해태로 볼 수 있는 구체적 사정이 있다면, 거부처분은 재량권을 일탈·남용한 것으로서 위법하다.

③ 甲이 외교부장관에게 '2015. 12. 28. 일본군위안부 피해자 합의와 관련하여 한일 외교장관 공동 발표문의 문안을 도출하기 위하여 진행한 협의 협상에서 일본군과 관헌에 의한 위안부 강제연행의 존부 및 사실인정 문제에 대해 협의한 협상 관련 외교부장관 생산 문서'에 대한 공개를 청구하였으나, 외교부장관이 비공개 결정을 한 사안에서, 합의를 위한 협상 과정에서 일본군과 관헌에 의한 위안부 '강제연행'의 존부 및 사실인정 문제에 대해 협의한 정보를 공개하지 않은 처분은 위법하다.

④ 교육공무원법의 위임에 따라 제정된 교육공무원승진규정은 정보공개에 관한 사항에 관하여 구체적인 법률의 위임에 따라 제정된 명령이라고 할 수 없고, 따라서 교육공무원승진규정에서 근무성적평정의 결과를 공개하지 아니한다고 규정하고 있다고 하더라도 위 교육공무원승진규정은 공공기관의 정보공개에 관한 법률에서 말하는 법률이 위임한 명령에 해당하지 아니하므로 위 규정을 근거로 정보공개청구를 거부하는 것은 잘못이다.

문 9. 통치행위에 대해서 가장 옳지 않은 것은? (단, 다툼이 있는 경우 판례에 따름)

① 사면은 국가원수의 고유한 권한이며, 사법부의 판단을 변경하는 제도로서 권력분립의 원리에 대한 예외이다.

② 비록 고도의 정치적 결단에 의하여 행해지는 국가작용이라고 할지라도 그것이 국민의 기본권 침해와 직접 관련되는 경우에는 당연히 헌법재판소의 심판대상이 된다.

③ 대통령의 긴급재정경제명령은 국가긴급권의 일종으로서 고도의 정치적 결단에 의하여 발동되는 행위이고 그 결단을 존중하여야 할 필요성이 있는 행위라는 의미에서 통치행위에 해당한다.

④ 서훈취소는 대통령이 국가원수로서 행하는 행위이므로 법원이 사법심사를 자제하여야 할 고도의 정치성을 띤 행위라고 볼 수 있다.

문 10. 다음 중 가장 옳지 않은 것은? (단, 다툼이 있는 경우 판례에 따름)

① 도시계획법상 주민이 도시계획 및 그 변경에 대하여 어떤 신청을 할 수 있다는 규정이 없을 뿐만 아니라 도시계획과 같이 장기성, 종합성이 요구되는 행정계획에 있어서는 그 계획이 일단 확정된 후에 어떤 사정의 변경이 있다 하여 지역주민에게 일일이 그 계획의 변경을 청구할 권리를 인정해 줄 수도 없는 이치이므로 도시계획시설인 공원조성계획 취소신청을 거부한 행위는 항고소송의 대상이 되는 행정처분이라고 볼 수 없다.

② 자동차매매업 허가 신청인들의 공동사업장부지가 기존의 다른 공동사업장에서 300m이내에 위치하고 있다는 이유로 그 자동차매매업 허가 신청을 불허한 처분은 위법하다.

③ 국가균형발전 특별법과 법시행령 및 혁신도시 입지선정지침에 의해서 혁신도시 최종입지로 선정한 행위는 항고소송의 대상이 되는 행정처분으로 볼 수 없다.

④ 제소기간이 이미 도과하여 불가쟁력이 생긴 행정처분에 대해서도 특별한 사정이 없는 한 국민이 당해 행정청에 직접 그 행정처분의 변경을 구할 신청권이 없다고 볼 수는 없다.

문 11. 판결의 기속력에 대한 설명으로 옳지 않은 것은? (다툼이 있는 경우 판례에 의함)

① 거부처분이 있은 후 법령이 개정되어 시행된 경우에는 개정된 법령과 그에 따른 기준을 새로운 사유로 들어 다시 거부처분을 하더라도 기속력에 반하는 것은 아니다.
② 기속력의 주관적 범위는 그 사건에 관하여 당사자인 행정청과 그 밖의 관계행정청에 미친다.
③ 거부처분취소소송에서 재처분의무의 실효성을 확보하기 위한 간접강제제도는 부작위위법확인소송에도 준용된다.
④ 기속력을 위반한 행정청의 행위는 절차상 하자에 해당하므로 원칙적으로 취소사유이다.

문 12. A법률을 시행하기 위하여 B행정청의 C고시가 제정되었다. 이에 관한 설명 중 옳은 것을 모두 고른 것은? (다툼이 있는 경우 판례에 의함)

> ㄱ. A법률이 B행정청에 A법률의 내용을 구체화할 수 있는 권한을 부여하면서 그 권한행사의 절차나 방법을 특정하지 않아 고시의 형식으로 정한 경우, C고시의 규정내용이 A법률의 위임범위를 벗어난 때에는 대외적 구속력을 인정할 수 없다.
> ㄴ. A법률이 입법사항에 대하여 고시의 형식으로 위임하여 C고시가 제정된 경우라면, C고시는 그 자체로 국회입법원칙에 위반된 것으로 무효이다.
> ㄷ. A법률이 시행규칙의 형식으로 세부사항을 정하도록 위임하였으나 고시의 형식으로 제정된 경우라 하더라도, C고시는 위임의 범위 내에서 상위법과 결합하여 대외적 구속력이 있는 법규명령의 효력을 가진다.
> ㄹ. A법률의 위임에 따라 일반·추상적 성질을 가지는 C고시가 제정된 경우, A법률에 대하여 헌법재판소의 위헌결정이 선고되면 C고시도 원칙적으로 효력을 상실한다.

① ㄱ, ㄴ   ② ㄱ, ㄷ
③ ㄱ, ㄹ   ④ ㄴ, ㄷ

문 13. 손실보상에 대해서 가장 옳지 않은 것은?

① 잔여 영업시설 손실보상을 포함하는 영업손실보상의 경우, 영업의 단일성·동일성이 인정되는 범위에서 보상금 산정의 세부요소를 추가로 주장하는 것은 하나의 보상항목 내에서 허용되는 공격방법일 뿐이므로 별도로 재결절차를 거쳐야 하는 것은 아니다.
② 재결에서 정한 보상금액이 일부 보상항목의 경우 과소하고 다른 보상항목의 경우 과다한 것으로 판명되었다면, 법원은 보상항목 상호 간의 유용을 허용하여 항목별로 과다 부분과 과소 부분을 합산하여 보상금의 합계액을 정당한 보상금으로 결정할 수 있다.
③ 피보상자가 당초 여러 보상항목들에 관해 불복하여 보상금증액청구소송을 제기하였으나, 그중 일부 보상항목에 관해 법원에서 실시한 감정 결과 그 평가액이 재결에서 정한 보상금액보다 적게 나온 경우에는, 금반언의 원칙상 피보상자는 단순히 불복신청을 철회함으로써 해당 보상항목을 법원의 심판범위에서 제외하여 달라는 소송상 의사표시를 할 수 없다.
④ 어떤 보상항목이 공익사업을 위한 토지 등의 취득 및 보상에 관한 법령상 손실보상대상에 해당함에도 관할 토지수용위원회가 사실을 오인하거나 법리를 오해함으로써 손실보상대상에 해당하지 않는다고 잘못된 내용의 재결을 한 경우에는, 피보상자는 사업시행자를 상대로 보상금증감소송을 제기하여야 한다.

문 14. 행정행위에 대한 설명으로 옳지 않은 것은? (다툼이 있는 경우 판례에 의함)
① 재량에 의한 행정처분이 그 재량권의 한계를 벗어난 것이어서 위법하다는 점은 그 행정처분의 효력을 다투는 자가 이를 주장·입증하여야 하고, 처분청이 그 재량권의 행사가 정당한 것이었다는 점까지 주장·입증할 필요는 없다.
② 행정청이 제재처분 양정을 하면서 처분 상대방에게 법령에서 정한 임의적 감경사유가 있는 경우, 그 감경사유까지 고려하고도 감경하지 않은 채 개별처분기준에서 정한 상한으로 처분을 한 경우에는 재량권을 일탈·남용하였다고 보아야 한다.
③ 허가신청 후 허가기준이 변경된 경우에는 원칙적으로 처분시의 기준인 변경된 허가기준에 따라서 처분하여야 한다.
④ 학교법인의 임원이 교비회계자금을 법인회계로 부당전출하였고, 업무 집행에 있어서 직무를 태만히 하여 학교법인이 이를 시정하기 위한 노력을 하였으나 결과적으로 대부분의 시정 요구 사항이 이행되지 아니하였던 점 등을 고려하면, 교육부장관의 임원승인취소처분은 재량권을 일탈·남용한 것으로 볼 수 없다.

문 15. 「개인정보보호법」에 대한 설명으로 옳은 것은?
① 「개인정보보호법」에 따르면, 개인정보처리자의 고의 또는 중대한 과실로 인하여 개인정보가 분실·도난·유출·위조·변조 또는 훼손된 경우로서 정보주체에게 손해가 발생한 때에는 법원은 그 손해액의 5배를 넘지 아니하는 범위에서 손해배상액을 정할 수 있다.
② 개인정보처리자란 개인정보파일을 운용하기 위하여 스스로에 한하여 개인정보를 처리하는 공공기관, 법인, 단체 및 개인 등을 말한다.
③ 개인정보 분쟁조정위원회는 집단분쟁조정의 당사자인 다수의 정보주체 중 일부의 정보주체가 법원에 소를 제기한 경우에는 그 조정절차를 중지하고, 이를 당사자에게 알려야 한다.
④ 개인정보처리자가 개인정보 보호법상의 허용요건을 충족하여 개인정보를 수집하는 경우에는 그 목적에 필요한 최소한의 개인정보를 수집하여야 한다. 이 경우 개인정보처리자가 최소한의 개인정보 수집이라는 의무를 위반한 경우 그 입증책임은 이의를 제기하는 정보주체가 부담한다.

문 16. 행정행위의 부관에 대한 설명으로 가장 옳은 것은?
① 기속행위 행정처분에 부담인 부관을 붙인 경우 그 부관은 무효이므로 그 처분을 받은 사람이 그 부담의 이행으로서 하게 된 증여의 의사표시 자체도 당연히 무효가 된다.
② 행정처분과 실제적 관련성이 없어 부관으로 붙일 수 없는 부담을 사법상 계약의 형식으로 행정처분의 상대방에게 부과하였더라도 법치행정의 원리에 반하지 않는다.
③ 부담을 부가한 처분을 한 후에 부담의 전제가 된 주된 행정처분의 근거 법령이 개정됨으로써 행정청이 더 이상 부관을 붙일 수 없게 되었다면 그 부담은 곧바로 효력이 소멸된다.
④ 사정변경으로 인하여 당초에 부담을 부가한 목적을 달성할 수 없는 경우에 그 목적달성에 필요한 범위 내에서 부관의 사후변경은 허용될 수 있다.

문 17. 행정상 손해배상에 대해서 가장 옳지 않은 것은? (단, 다툼이 있는 경우 판례에 따름)
① 국가배상법상 과실은 행정처분의 담당 공무원이 보통 일반의 공무원을 표준으로 하여 볼 때 객관적 주의의무를 결하여 그 행정처분이 객관적 정당성을 상실하였다고 인정될 정도에 이른 경우를 말한다.
② 영조물의 기능상 결함이 존재한다면 그 결함으로 인한 손해발생의 예견가능성과 회피가능성이 없는 경우라도 영조물의 설치·관리상의 하자를 인정할 수 있다.
③ 매향리 사격장에서 발생하는 소음 등으로 지역 주민들이 입은 피해는 사회통념상 참을 수 있는 정도를 넘는 것으로서 사격장의 설치 또는 관리에 하자가 있다.
④ 영조물 설치의 하자에 있어서 그 설치자의 재정사정이나 영조물의 사용목적에 의한 사정은 안전성의 정도에 관하여 참작사유에는 해당할지언정 안전성을 결정지을 절대적 요건에는 해당하지 아니한다.

문 18. 행정행위의 하자에 관한 설명으로 옳지 않은 것은? (다툼이 있는 경우 판례에 의함)

① 행정처분의 대상이 되는 법률관계나 사실관계가 있는 것으로 오인할 만한 객관적인 사정이 있고 사실관계를 정확히 조사하여야만 그 대상이 되는지 여부가 밝혀질 수 있는 경우에는 비록 그 하자가 중대하더라도 명백하지 않아 무효로 볼 수 없다.
② 조례 제정권의 범위를 벗어나 국가사무를 대상으로 한 무효인 조례의 규정에 근거하여 지방자치단체의 장이 행정처분을 한 경우 그 행정처분은 하자가 중대하나, 명백하지는 아니하므로 당연무효에 해당하지 아니한다.
③ 보충역편입처분에 하자가 있다고 할지라도 그것이 중대하고 명백하지 않는 한, 그 하자를 이유로 공익근무요원소집처분의 효력을 다툴 수 없다.
④ 부동산에 관한 취득세를 신고하였으나 부동산매매계약이 해제됨에 따라 소유권 취득의 요건을 갖추지 못한 경우에는 그 하자가 중대하지만 외관상 명백하지 않아 무효는 아니며 취소할 수 있는 데 그친다.

문 19. 행정소송에 대한 설명으로 옳은 것은? (다툼이 있는 경우 판례에 의함)

① 행정처분의 당연무효를 주장하여 그 무효확인을 구하는 행정소송에 있어서는 피고 행정청이 그 행정처분에 중대·명백한 하자가 없음을 주장·입증할 책임이 있다.
② 재결취소소송에 있어서 재결 자체의 고유한 위법은 재결의 주체, 절차 및 형식상의 위법만을 의미하고, 내용상의 위법은 이에 포함되지 않는다.
③ 무효인 과세처분에 의해 조세를 납부한 자가 부당이득반환청구소송을 제기할 수 있는 경우에도 과세처분에 대한 무효확인소송을 제기할 수 있다.
④ 행정심판을 거친 후 부작위위법확인소송을 제기하는 경우에는 제소기간이 적용되지 않는다.

문 20. 「공공기관의 정보공개에 관한 법률」에 대한 설명 중 옳지 않은 것은?

① 공공기관은 해당 법률 제10조에 따라 정보공개의 청구를 받으면 그 청구를 받은 날부터 10일 이내에 공개 여부를 결정하여야 한다.
② 정보공개심의회는 위원장 1명을 포함하여 5명 이상 7명 이하의 위원으로 구성한다.
③ 정보공개심의회의 위원장을 제외한 위원은 소속 공무원, 임직원 또는 외부 전문가로 지명하거나 위촉하되, 그 중 2분의 1은 해당 국가기관 등의 업무 또는 정보공개의 업무에 관한 지식을 가진 외부 전문가로 위촉하여야 하는 것이 원칙이다.
④ 정보의 공개 및 우송 등에 드는 비용은 실비(實費)의 범위에서 청구인이 부담한다.

양승우
행정법총론

2025 대비 제5회 적중 동형 모의고사

| 행정법총론 |

응시번호

성명

문제책형

가

응시자 주의사항

1. **시험시작 전 시험문제를 열람하는 행위나 시험종료 후 답안을 작성하는 행위를 한 사람**은 「공무원임용시험령」제51조에 의거 **부정행위자**로 처리됩니다.
2. **답안지 책형 표기는 시험시작 전** 감독관의 지시에 따라 **문제책 앞면에 인쇄된 문제책형을 확인**한 후, 답안지 책형란에 해당책형(1개)을 '●'로 **표기**하여야 합니다.
3. 답안은 문제책 표지의 과목 순서에 따라 답안지에 인쇄된 순서(제1·2·3·4·5과목)에 맞추어 **표기**해야 하며, 과목 순서를 바꾸어 표기한 경우에도 **문제책 표지의 과목 순서대로 채점**되므로 유의하시기 바랍니다.
4. 시험이 시작되면 문제를 주의 깊게 읽은 후, **문항의 취지에 가장 적합한 하나의 정답만을 고르며,** 문제내용에 관한 질문은 할 수 없습니다.
5. **답안을 잘못 표기하였을 경우에는 답안지를 교체하여 작성하거나 수정할 수 있으며,** 표기한 답안을 수정할 때는 **응시자 본인이 가져온 수정테이프만을 사용**하여 해당 부분을 완전히 지우고 부착된 수정테이프가 떨어지지 않도록 손으로 눌러주어야 합니다.**(수정액 또는 수정스티커 등은 사용 불가)**
   - 불량한 수정테이프의 사용과 불완전한 수정처리로 발생하는 모든 문제는 응시자 본인에게 책임이 있습니다.
6. **시험시간 관리의 책임은 응시자 본인에게 있습니다.**
   ※ 문제책은 시험종료 후 가지고 갈 수 있습니다.

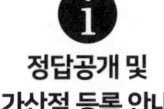
정답공개 및
가산점 등록 안내

1. 정답공개 및 이의제기: 사이버국가고시센터(www.gosi.kr)
   - 구체적인 이의제기 방법은 정답가안 공개 시, 공개 예정
2. 가산점 등록방법: 사이버국가고시센터(www.gosi.kr)→[원서접수→가산점 등록 / 확인]

행정법총론

문 1. 행정행위에 대해서 가장 옳지 않은 것은? (단, 다툼이 있는 경우 판례에 따름)

① 계약상대방이 입찰공고와 계약서에 기재되어 있는 계약조건을 위반한 경우에는 공기업·준정부기관이 입찰공고와 계약서에 미리 계약조건을 위반할 경우 입찰참가자격이 제한될 수 있음을 명시해 두지 않았더라도, 조리상 위 규정들을 근거로 입찰참가자격제한처분을 할 수 있다.

② 관련 인허가 사항에 관한 사전 협의가 이루어지지 않은 채 중소기업창업법 제33조 제3항에서 정한 20일의 처리기간이 지난 날의 다음 날에 사업계획승인처분이 이루어진 것으로 의제된다고 하더라도, 창업자는 중소기업창업법에 따른 사업계획승인처분을 받은 지위를 가지게 될 뿐이고 관련 인허가까지 받은 지위를 가지는 것은 아니므로 창업자는 공장을 설립하기 위해 필요한 관련 인허가를 관계 행정청에 별도로 신청하는 절차를 거쳐야 한다.

③ 도로 외의 곳에서의 음주운전·음주측정거부 등에 대해서는 형사처벌만 가능하고 운전면허의 취소·정지 처분은 부과할 수 없다.

④ 인가처분에는 고유한 하자가 없는데 사업시행계획에 하자가 있다면 사업시행계획의 무효확인이나 취소를 구하여야 할 것이지 사업시행계획의 무효를 주장하면서 곧바로 그에 대한 인가처분의 무효확인이나 취소를 구하여서는 안 된다.

문 2. 다음 중 가장 옳지 않은 것은?

① 중앙관서의 장은 「보조금의 예산 및 관리에 관한 법률」에 의한 보조금 반환을 구하는 경우, 민사소송의 방법으로 반환청구를 할 수 없다.

② 구「국가안전과 공공질서의 수호를 위한 대통령긴급조치(긴급조치 제9호)」의 발령·적용·집행으로 강제수사를 받거나 유죄판결을 선고받고 복역함으로써 개별 국민이 입은 손해에 대하여 국가배상책임이 인정될 수 있다.

③ 피재해자에게 이루어진 요양승인처분이 불복기간의 경과로 확정되었다 하더라도 사업주는 피재해자가 재해 발생 당시 자신의 근로자가 아니라는 사정을 들어 보험급여액징수처분의 위법성을 주장할 수 있다.

④ 업무상 재해를 당한 甲의 요양급여 신청에 대하여 근로복지공단이 요양승인 처분을 하면서 사업주를 乙주식회사로 보아 요양승인 사실을 통지하자, 乙주식회사가 甲이 자신의 근로자가 아니라고 주장하면서 근로복지공단에 사업주 변경을 신청하였으나 이를 거부하는 통지를 받은 경우, 이 거부통지는 항고소송의 대상이 된다.

문 3. 행정상 손해배상에 대해서 가장 옳지 않은 것은? (단, 다툼이 있는 경우 판례에 따름)

① 과도한 시위진압으로 인하여 시위 참가자가 사망한 사안에서, 국가배상책임을 인정하면서 시위 참가자에 대하여 30% 과실상계를 한 것은 적정하다.

② 어떠한 행정처분이 후에 항고소송에서 취소되었다면 소급해서 무효가 되므로 당해 행정처분은 곧바로 공무원의 고의 또는 과실로 인한 불법행위를 구성하는 것으로 판단된다.

③ 국가배상책임에 있어 공무원의 가해행위는 법령을 위반한 것이어야 하고, 법령을 위반하였다 함은 엄격한 의미의 법령 위반뿐 아니라 인권존중, 권력남용금지, 신의성실과 같이 공무원으로서 마땅히 지켜야 할 준칙이나 규범을 지키지 아니하고 위반한 경우를 포함하여 널리 그 행위가 객관적인 정당성을 결여하고 있음을 뜻한다.

④ 행정기관의 위법한 행정지도로 일정기간 어업권을 행사하지 못하는 손해를 입은 자가 그 어업권을 타인에게 매도하여 매매대금 상당의 이득을 얻었더라도 그 이득을 행정기관이 배상하여야 할 손해액에서 공제할 수 없다.

문 4. 통치행위에 대해서 가장 옳지 않은 것은? (단, 다툼이 있는 경우 판례에 따름)

① 외국에의 국군의 파견결정과 같이 성격상 외교 및 국방에 관련된 고도의 정치적 결단이 요구되는 사안에 대한 국민의 대의기관의 결정은 존중되어야 한다.
② 대통령의 비상계엄의 선포나 확대가 국헌문란의 목적을 달성하기 위하여 행하여진 경우에는 법원은 그 자체가 범죄행위에 해당하는지의 여부에 관하여 심사할 수 있다.
③ 남북정상회담의 개최과정에서 재정경제부장관에게 신고하지 아니하거나 통일부장관의 협력사업 승인을 얻지 아니한 채 북한 측에 사업권의 대가 명목으로 송금한 행위 자체는 사법심사의 대상이 된다.
④ 신행정수도건설이나 수도이전의 문제가 정치적 성격을 가지고 있으므로 사법심사의 대상으로 하기에는 부적절하다.

문 5. 인허가 의제에 대한 설명으로 가장 옳지 않은 것은? (다툼이 있는 경우 판례에 의함)

① 공항개발사업 실시계획의 승인권자가 관계 행정청과 미리 협의한 사항에 한하여 그 승인처분을 할 때에 인허가 등이 의제된다고 보아야 한다.
② 인허가 의제제도는 목적사업의 원활한 수행을 위해 창구를 단일화하여 행정절차를 간소화하는 데 입법 취지가 있는 것이고 목적사업이 관계 법령상 인허가의 실체적 요건을 충족하였는지에 관한 심사를 배제하려는 취지는 아니다.
③ 구「중소기업창업 지원법」에 따른 사업계획승인의 경우 의제된 인허가만 취소 내지 철회함으로써 사업계획에 대한 승인의 효력은 유지하면서 해당 의제된 인허가의 효력만을 소멸시킬 수는 없다.
④ 甲 회사가 재해방지 조치를 이행하지 않았다는 이유로 산지전용허가 취소를 통보하고, 이어 토지의 형질변경허가 등이 취소되어 공장설립 등이 불가능하게 되었다는 이유로 甲 회사에 사업계획승인을 취소한 사안에서, 산지전용허가 취소는 항고소송의 대상이 되는 처분에 해당한다.

문 6. 행정강제에 대한 설명으로 옳지 않은 것은? (다툼이 있는 경우 판례에 의함)

① 관계 법령상 행정대집행의 절차가 인정되어 행정청이 행정대집행의 방법으로 건물의 철거 등 대체적 작위의무의 이행을 실현할 수 있는 경우에는 따로 민사소송의 방법으로 그 의무의 이행을 구할 수 없다.
②「국세징수법」상 체납자 등에 대한 공매통지는 체납자 등의 법적 지위나 권리·의무에 직접적인 영향을 주는 행정처분에 해당하지 아니하므로 공매통지가 적법하지 아니한 경우에도 그에 따른 공매처분이 위법하게 되는 것은 아니다.
③ 이행강제금 납부의무는 상속인 기타의 사람에게 승계될 수 없는 일신전속적인 성질의 것이므로 이미 사망한 사람에게 이행강제금을 부과하는 내용의 처분이나 결정은 당연무효이다.
④ 행정청이 행정대집행의 방법으로 건물철거의무의 이행을 실현할 수 있는 경우, 점유자들이 적법한 행정대집행을 위력을 행사하여 방해한다면「형법」상 공무집행방해죄의 범행방지 차원에서 경찰의 도움을 받을 수도 있다.

문 7. 행정지도에 대한 설명으로 옳은 것은? (다툼이 있는 경우 판례에 의함)

①「행정절차법」은 행정지도는 반드시 서면으로 하여야 하고 그 서면에는 행정지도의 취지·내용을 기재하도록 규정함으로써 행정지도의 명확성을 요구하고 있다.
② 강제성을 띠지 아니한 행정지도로 인하여 손해가 발생한 경우에 행정청은 손해배상책임이 있다.
③ 행정지도는 비권력적 사실행위이므로 행정지도가 그 한계를 넘어 규제적·구속적 성격을 강하게 갖는 경우라 하여 헌법소원의 대상이 되는 공권력의 행사에 해당한다고 볼 수는 없다.
④「행정절차법」에 따르면 행정지도의 상대방은 해당 행정지도의 내용에 관하여서 뿐만 아니라 그 방식에 관하여도 행정기관에 의견을 제출할 수 있다.

문 8. 행정법의 일반원칙에 대한 설명으로 옳지 않은 것은? (다툼이 있는 경우 판례에 의함)

① 관할관청이 위법한 직업능력개발훈련과정 인정제한처분을 하여 사업주로 하여금 제때 훈련과정 인정신청을 할 수 없도록 하였음에도, 인정제한처분에 대한 취소판결 확정 후 사업주가 인정제한기간 내에 실제로 실시하였던 훈련에 관하여 비용지원신청을 한 경우에, 사전에 훈련과정 인정을 받지 않았다는 이유만을 들어 훈련비용 지원을 거부하는 것은 신의성실의 원칙에 반하여 허용될 수 없다.

② 재건축조합에서 일단 내부 규범이 정립되면 조합원들은 특별한 사정이 없는 한 그것이 존속하리라는 신뢰를 가지게 되므로, 내부 규범을 변경할 경우 내부 규범 변경을 통해 달성하려는 이익이 종전 내부 규범의 존속을 신뢰한 조합원들의 이익보다 우월해야 한다.

③ 신뢰보호의 원칙은 행정청이 공적인 견해를 표명할 당시의 사정이 그대로 유지됨을 전제로 적용되는 것이 원칙이므로, 사후에 그와 같은 사정이 변경된 경우에는 특별한 사정이 없는 한 행정청이 그 견해표명에 반하는 처분을 하더라도 신뢰보호의 원칙에 위반된다고 할 수 없다.

④ 계속 중인 사실이나 그 이후에 발생한 요건사실에 대한 법률적용을 인정하는 부진정 소급입법의 경우 개인의 신뢰보호와 법적 안정성을 내용으로 하는 법치국가 원리에 의하여 허용되지 않는 것이 원칙이다.

문 9. 항고소송의 대상적격에 관한 설명으로 옳지 않은 것은?

① 피해자의 의사와 무관하게 주민등록번호가 유출된 경우라고 하더라도 주민등록번호의 변경을 요구할 신청권은 인정되지 않으므로, 구청장의 주민등록번호 변경신청 거부행위는 항고소송의 대상이 되는 행정 처분에 해당하지 않는다.

② 거부행위의 처분성을 인정하기 위한 전제요건이 되는 신청권의 존부는 구체적 사건에서 신청인이 누구인가를 고려하지 말고 관계 법규에서 일반 국민에게 그러한 신청권을 인정하고 있는가를 살펴 추상적으로 결정하여야 한다.

③ 도시계획시설결정에 이해관계가 있는 주민으로서는 도시시설계획의 입안권자 내지 결정권자에게 도시 시설계획의 입안 내지 변경을 요구할 수 있는 법규상 또는 조리상의 신청권이 있고, 이러한 신청에 대한 거부행위는 항고소송의 대상이 되는 행정처분에 해당한다.

④ 제소기간이 이미 도과하여 불가쟁력이 생긴 행정처분에 대하여는 개별 법규에서 그 변경을 요구할 신청권을 규정하고 있거나 관계법령의 해석상 그러한 신청권이 인정될 수 있는 등 특별한 사정이 없는 한 국민에게 그 행정처분의 변경을 구할 신청권이 있다 할 수 없다.

문 10. 「행정조사기본법」에 대한 설명 중 옳지 않은 것은?

① 행정기관의 장은 법령 등에 특별한 규정이 있는 경우를 제외하고는 행정조사의 결과를 확정한 날로부터 7일 이내에 그 결과를 조사대상자에게 통지하여야 한다.

② 정기조사 또는 수시조사를 실시한 행정기관의 장은 조사대상자의 자발적인 협조를 얻어 실시하는 경우가 아닌 한, 동일한 사안에 대하여 동일한 조사대상자를 재조사하여서는 안 된다.

③ 조사대상자의 동의가 있는 경우 해가 뜨기 전이나 해가 진 뒤에도 현장조사가 가능하다.

④ 행정기관의 장이 조사대상자의 자발적인 협조를 얻어 행정조사를 실시하고자 하는 경우 조사대상자는 문서·전화·구두 등의 방법으로 당해 행정조사를 거부할 수 있다.

문 11. 행정행위의 공정력과 선결문제에 관한 설명 중 옳은 것을 모두 고른 것은? (단, 다툼이 있는 경우 판례에 따름)

ㄱ. 甲이 국세부과처분이 당연 무효임을 전제로 하여 이미 납부한 세액의 반환을 구하는 부당이득반환청구소송을 제기한 경우, 법원은 부과처분의 하자가 단순한 취소 사유에 그칠 때에도 부당이득반환청구를 인용하는 판결을 할 수 있다.
ㄴ. 乙이 「주택법」상 공사중지명령을 위반하였다는 이유로 乙을 「주택법」 위반죄로 처벌하기 위해서는 「주택법」에 의한 공사중지명령이 적법한 것이어야 하므로 그 공사중지명령이 위법하다고 인정되는 한 乙의 「주택법」 위반죄는 성립하지 않는다.
ㄷ. 연령미달의 결격자인 丙이 타인의 이름으로 운전면허를 발급받아 운전을 한 경우 그러한 운전면허에 의한 丙의 운전행위는 무면허운전죄가 성립한다.
ㄹ. 丁이 자신의 건물에 대한 대집행이 완료된 후 건물철거가 위법임을 이유로 손해배상청구소송을 제기한 경우, 법원은 대집행실행행위에 대한 취소판결이 없어도 손해배상청구를 인용할 수 있다.

① ㄱ, ㄴ
② ㄱ, ㄷ
③ ㄴ, ㄹ
④ ㄴ, ㄷ, ㄹ

문 12. 다음 중 가장 옳은 것은?

건설회사 A는 택지개발사업을 위해 관련 법령에 따른 절차를 거쳐 甲 소유의 토지 등을 취득하고자 甲과 보상에 관한 협의를 하였으나 협의가 성립되지 않았다. 이에 관할 지방토지수용위원회에 재결을 신청하여 토지의 수용 및 보상금에 대한 수용재결을 받았다.

① 甲이 수용재결에 대하여 이의신청을 제기하면 사업의 진행 및 토지의 수용 또는 사용을 정지시키는 효력이 있다.
② 甲이 수용 자체를 다투는 경우 관할 지방토지수용위원회를 상대로 수용재결에 대하여 취소소송을 제기할 수 있다.
③ 甲은 보상금 증액을 위해 A를 상대로 손실보상을 구하는 민사소송을 제기할 수 있다.
④ 甲이 계속 거주하고 있는 건물과 토지의 인도를 거부할 경우 행정대집행의 대상이 될 수 있다.

문 13. 다음 중 옳지 않은 것은? (다툼이 있는 경우 판례에 의함)

① 건축위원회의 위원이 되려는 자에게 정보공개동의서에 서명하도록 하고, 행정사무조사 시 위원 전원의 실명으로 회의록을 제출하도록 한 조례안 규정들은 법률유보원칙에 반한다고 볼 수 없다.
② 흡수합병 전 피합병회사가 대리점에 한 구입강제행위, 경제상 이익 제공 강요행위, 불이익 제공행위를 이유로 합병 후 존속회사에게 시정명령을 받은 날 현재 거래하고 있는 모든 대리점에 시정명령을 받은 사실을 통지하도록 한 것은 재량권을 일탈·남용한 위법이 있다.
③ 근로자가 부당해고 구제신청을 하여 해고의 효력을 다투던 중 정년에 이르거나 근로계약기간이 만료하는 등의 사유로 원직에 복직하는 것이 불가능하게 되었으나 해고기간 중의 임금 상당액을 지급받을 필요가 있는 경우, 구제신청을 기각한 중앙노동위원회의 재심판정을 다툴 소의 이익이 있다.
④ 공정거래위원회의 처분에 대하여 불복의 소를 제기하였다가 청구취지를 추가하는 경우, 추가된 청구취지에 대한 제소기간의 준수 등은 원칙적으로 청구취지의 추가·변경 신청이 있는 때를 기준으로 판단하여야 한다.

문 14. 다음은 「행정절차법」상 기간과 관련된 규정을 정리한 것이다. ㉠~㉣에 들어갈 기간을 바르게 나열한 것은?

• 행정청은 공청회를 개최하려는 경우에는 공청회 개최 (㉠)일 전까지 제목, 일시 및 장소 등을 당사자 등에게 통지하고 관보, 공보, 인터넷 홈페이지 또는 일간신문 등에 공고하는 등의 방법으로 널리 알려야 한다.
• 입법예고기간은 예고할 때 정하되, 특별한 사정이 없으면 (㉡)일 (자치법규는 (㉢)일) 이상으로 한다.
• 행정예고기간은 예고 내용의 성격 등을 고려하여 정하되, 특별한 사정이 없으면 (㉣)일 이상으로 한다.

	㉠	㉡	㉢	㉣
①	10	40	30	30
②	14	30	20	20
③	14	40	20	20
④	15	30	20	30

문 15. 행정행위의 부관에 대한 설명으로 옳지 않은 것은? (다툼이 있는 경우 판례에 의함)
① 부관의 사후변경은 사정변경으로 인해 당초에 부담을 부가한 목적을 달성할 수 없는 경우에도 허용될 수 있다.
② 허가의 유효기간이 지난 후에 그 허가의 기간연장이 신청된 경우, 허가권자는 특별한 사정이 없는 한 유효기간을 연장해 주어야 한다.
③ 부담이 아닌 부관만의 취소를 구하는 소송이 제기된 경우에 법원은 각하판결을 하여야 한다.
④ 행정처분에 붙인 부담이 무효가 되더라도 그 부담의 이행으로 한 사법상 법률행위가 항상 무효가 되는 것은 아니다.

문 16. 「개인정보보호법」에 대한 설명 중 옳지 않은 것은?
① 정보주체는 개인정보처리자가 이 법을 위반한 행위로 손해를 입으면 개인정보처리자에게 손해배상을 청구할 수 있다. 이 경우 그 개인정보처리자는 고의 또는 과실이 없음을 입증하지 아니하면 책임을 면할 수 없다.
② 개인정보처리자의 고의 또는 중대한 과실로 인하여 개인정보가 분실·도난·유출·위조·변조 또는 훼손된 경우로서 정보주체에게 손해가 발생한 때에는 법원은 원칙적으로 그 손해액의 5배를 넘지 아니하는 범위에서 손해배상액을 정할 수 있다.
③ 보호위원회는 개인정보의 보호와 정보주체의 권익 보장을 위하여 매년 개인정보 보호 기본계획을 관계 중앙행정기관의 장과 협의하여 수립한다.
④ 개인정보 분쟁조정위원회 위원은 자격정지 이상의 형을 선고받거나 심신상의 장애로 직무를 수행할 수 없는 경우를 제외하고는 그의 의사에 반하여 면직되거나 해촉되지 않는다.

문 17. 「질서위반행위규제법」에 대한 설명 중 옳지 않은 것은?
① 심신(心神)장애로 인하여 행위의 옳고 그름을 판단할 능력이 없거나 그 판단에 따른 행위를 할 능력이 없는 자의 질서위반행위는 과태료를 부과하지 않는다.
② 행정청이 질서위반행위에 대하여 과태료를 부과하고자 하는 때에는 미리 당사자에게 대통령령으로 정하는 사항을 통지하고, 10일 이상의 기간을 정하여 의견을 제출할 기회를 주어야 한다.
③ 행정청은 당사자가 납부기한까지 과태료를 납부하지 아니한 때에는 납부기한을 경과한 날부터 체납된 과태료에 대하여 100분의 3에 상당하는 가산금을 징수한다.
④ 신분에 의하여 성립하는 질서위반행위에 신분이 없는 자가 가담한 때에는 신분이 없는 자에 대하여는 질서위반행위가 성립하지 않는다.

문 18. 「행정소송법」상 제소기간에 대한 판례의 입장으로 옳은 것은?
① 청구취지를 변경하여 종전의 소가 취하되고 새로운 소가 제기된 것으로 변경되었다면 새로운 소에 대한 제소기간 준수여부는 원칙적으로 소의 변경이 있을 때를 기준으로 한다.
② 납세자의 이의신청에 의한 재조사결정에 따른 행정소송의 제소기간은 이의신청인 등이 재결청으로부터 재조사결정의 통지를 받은 날부터 기산한다.
③ 처분의 불가쟁력이 발생하였고 그 이후에 행정청이 당해 처분에 대해 행정심판청구를 할 수 있다고 잘못 알렸다면, 그 처분의 취소소송의 제소기간은 행정심판의 재결서를 받은 날부터 기산한다.
④ 「산업재해보상보험법」상 보험급여의 부당이득 징수결정의 하자를 이유로 징수금을 감액하는 경우 감액처분으로도 아직 취소되지 않고 남아 있는 부분이 위법하다 하여 다툴 때에는, 제소기간의 준수 여부는 감액처분을 기준으로 판단해야 한다.

문 19. 판례의 입장 중 가장 옳지 않은 것은?

① 어떠한 처분에 법령상 근거가 있는지, 행정절차법에서 정한 처분절차를 준수하였는지는 본안에서 당해 처분이 적법한가를 판단하는 단계에서 고려할 요소가 아니라 소송요건 심사에서 고려할 요소이다.

② 행정청이 여러 개의 위반행위에 대하여 하나의 제재처분을 하였으나, 위반행위별로 제재처분의 내용을 구분하는 것이 가능하고 여러 개의 위반행위 중 일부의 위반행위에 대한 제재처분 부분만이 위법하다면, 법원은 제재처분 중 위법성이 인정되는 부분만 취소하여야 하고 제재처분 전부를 취소하여서는 안 된다.

③ 「민원 처리에 관한 법률」상 법정민원에 대한 행정기관의 장의 거부처분에 대해 그 행정기관의 장에게 이의신청을 한 경우에도 행정심판을 제기 할 수 있다.

④ 노동조합의 설립신고가 행정관청에 의하여 형식상 수리되었으나 실질적 요건을 갖추지 못한 경우, 설립이 무효로서 노동조합으로서의 지위를 가지지 않는다.

문 20. 취소판결의 기속력에 관한 설명 중 옳은 것(○)과 옳지 않은 것(×)을 올바르게 조합한 것은? (다툼이 있는 경우 판례에 의함)

ㄱ. 취소판결이 확정되면 당사자인 행정청과 그 밖의 관계행정청은 확정판결에 저촉되는 처분을 할 수 없다. 그러나 기본적 사실관계의 동일성이 없는 다른 처분사유를 들어 동일한 내용의 처분을 하는 것은 기속력에 반하지 않는다.

ㄴ. 거부처분에 대하여 취소판결이 확정된 경우, 행정청의 재처분은 신청 내용을 그대로 인정하는 처분이 되어야 한다. 따라서 행정청은 판결의 취지를 존중하여 반드시 신청한 내용대로 처분을 하여야 한다.

ㄷ. 행정처분의 적법여부는 그 행정처분이 행하여진 때의 법령과 사실을 기준으로 하여 판단하는 것이므로 거부처분 후에 법령이 개정·시행된 경우에는 개정된 법령 및 허가기준을 새로운 사유로 들어 다시 이전의 신청에 대한 거부처분을 할 수 있다.

ㄹ. 취소판결의 기속력에 위반하여 행한 행정청의 행위는 위법하나, 이는 무효사유가 아니라 취소사유에 해당한다.

	ㄱ	ㄴ	ㄷ	ㄹ
①	○	×	×	×
②	○	○	×	○
③	×	×	○	○
④	○	×	○	×

양승우
행정법총론

2025 대비 제6회 적중 동형 모의고사

| 행정법총론 |

응시번호

성명

문제책형

가

응시자 주의사항

1. **시험시작 전 시험문제를 열람하는 행위나 시험종료 후 답안을 작성하는 행위를 한 사람**은 「공무원임용시험령」 제51조에 의거 **부정행위자**로 처리됩니다.
2. **답안지 책형 표기는** 시험시작 전 감독관의 지시에 따라 **문제책 앞면에 인쇄된 문제책형을 확인**한 후, 답안지 책형란에 해당책형(1개)을 '●'로 **표기**하여야 합니다.
3. **답안은** 문제책 표지의 과목 순서에 따라 답안지에 인쇄된 순서(제1·2·3·4·5과목)에 맞추어 **표기**해야 하며, 과목 순서를 바꾸어 표기한 경우에도 **문제책 표지의 과목 순서대로 채점**되므로 유의하시기 바랍니다.
4. 시험이 시작되면 문제를 주의 깊게 읽은 후, **문항의 취지에 가장 적합한 하나의 정답만을 고르며,** 문제내용에 관한 질문은 할 수 없습니다.
5. **답안을 잘못 표기하였을 경우에는 답안지를 교체하여 작성**하거나 **수정할 수 있으며**, 표기한 답안을 수정할 때는 **응시자 본인이 가져온 수정테이프만을 사용**하여 해당 부분을 완전히 지우고 부착된 수정테이프가 떨어지지 않도록 손으로 눌러주어야 합니다.**(수정액 또는 수정스티커 등은 사용 불가)**
   - 불량한 수정테이프의 사용과 불완전한 수정처리로 발생하는 모든 문제는 응시자 본인에게 책임이 있습니다.
6. **시험시간 관리의 책임은 응시자 본인에게 있습니다.**
   ※ 문제책은 시험종료 후 가지고 갈 수 있습니다.

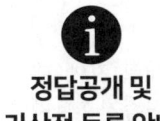
정답공개 및 가산점 등록 안내

1. 정답공개 및 이의제기: 사이버국가고시센터(www.gosi.kr)
   - 구체적인 이의제기 방법은 정답가안 공개 시, 공개 예정
2. 가산점 등록방법: 사이버국가고시센터(www.gosi.kr)→[원서접수→가산점 등록 / 확인]

행정법총론: **가**

행정법총론

문 1. 다음 중 옳지 않은 것은? (다툼이 있는 경우 판례에 의함)

① 행정처분의 직접 상대방이 아닌 제3자는 특별한 사정이 없는 한 행정심판법 제27조 제3항 본문의 적용을 배제할 정당한 사유가 있는 경우에 해당한다고 보아 제3항의 청구기간이 경과한 뒤에도 심판청구를 제기할 수 있다.

> 행정심판법 제27조 (심판청구의 기간)
> 제3항 행정심판은 처분이 있었던 날부터 180일이 지나면 청구하지 못한다. 다만, 정당한 사유가 있는 경우에는 그러하지 아니하다.

② 「민주화운동관련자 명예회복 및 보상 등에 관한 법률」에 따른 보상금 등의 지급을 구하는 소송은 취소소송이다.
③ 「광주민주화운동 관련자 보상 등에 관한 법률」에 의거하여 관련자 및 유족들이 갖게 되는 보상 등에 관한 소송은 당사자소송이다.
④ 국립대학 교수에게 타인을 같은 학과 부교수로 임용한 처분의 취소를 구할 법률상 이익이 있다.

문 2. 행정법상의 사무관리 및 부당이득에 관한 설명 중 가장 옳지 않은 것은? (단, 다툼이 있는 경우 판례에 따름)

① 국유재산의 무단점유자에 대하여 한 변상금 부과·징수권과 민사상 부당이득반환청구권은 동일한 금액 범위 내에서 경합하여 병존하며, 민사상 부당이득반환청구권이 만족을 얻어 소멸하면 변상금 부과·징수권도 완전히 소멸한다.
② 국가가 잡종재산으로부터 통상 수익할 수 있는 이익은 그에 관하여 대부계약이 체결되는 경우의 대부료이므로, 잡종재산의 무단점유자가 반환하여야 할 부당이득은 특별한 사정이 없는 한 국유재산 관련 법령에서 정한 대부료 상당액이다.
③ 조세부과처분이 당연무효임을 전제로 하여 이미 납부한 세금의 반환을 청구하는 것은 민사상의 부당이득반환청구로서 민사소송절차에 따라야 한다.
④ 재결에 대하여 불복절차를 취하지 아니함으로써 그 재결에 대하여 더 이상 다툴 수 없게 된 경우에는 기업자는 그 재결이 당연무효이거나 취소되지 않는 한, 이미 보상금을 지급받은 자에 대하여 민사소송으로 그 보상금을 부당이득이라 하여 반환을 구할 수 없다.

문 3. 다음 중 옳지 않은 것은? (다툼이 있는 경우 판례에 의함)

① 공익신고자 보호법상 불이익조치 금지 신청과 보호조치 신청은 서로 별개의 독립된 신청이고, 신청인이 주장하는 보호조치 신청사유마다 수 개의 보호조치 신청이 있는 것으로 보아야 한다. 이는 하나의 신청서로 불이익조치 금지 신청과 보호조치 신청이 함께 이루어졌고, 보호조치 신청사유가 여러 개인 경우에도 마찬가지이다.
② 행정청이 처리기간을 지나 처분을 한 경우, 처분을 취소할 절차상 하자가 있다.
③ 분할하는 회사의 분할 전 「하도급거래 공정화에 관한 법률」 위반행위를 이유로 신설회사에 대하여 같은 법에 따른 시정조치를 명할 수 없다.
④ 「하도급거래 공정화에 관한 법률」 위반을 이유로 시정명령 등과 그에 따른 벌점을 부과받은 甲 주식회사가 乙 주식회사와 丙 주식회사로 분할되었고, 丁 주식회사가 甲 회사의 사업 부문 대부분이 이전된 乙 회사를 흡수합병하자, 공정거래위원회가 丁 회사에 대하여 甲 회사에 부과된 벌점이 丁 회사에 승계되었음을 이유로 관계 행정기관의 장에게 입찰참가자격제한 및 영업정지를 요청하기로 결정한 사안에서, 해당 처분은 위법하지 않다.

문 4. 판례의 입장에 의할 때, 행정소송의 대상인 행정처분에 해당하는 것만을 모두 고른 것은?

> ㄱ. 「공익사업을 위한 토지 등의 취득 및 보상에 관한 법률」상 공익사업시행자가 하는 이주대책대상자 확인·결정
> ㄴ. 공무원연금관리공단이 퇴직연금의 수급자에 대하여 공무원연금법령의 개정으로 퇴직연금 중 일부금액의 지급정지 대상자가 되었음을 통보하는 행위
> ㄷ. 구「남녀차별금지 및 구제에 관한 법률」상 국가인권위원회가 한 성희롱결정과 이에 따른 시정조치의 권고
> ㄹ. 공무원시험승진후보자명부에 등재된 자에 대하여 이전의 징계처분을 이유로 시험승진후보자명부에서 삭제하는 행위
> ㅁ. 「질서위반행위규제법」에 따라 행정청이 부과한 과태료처분

① ㄱ, ㄷ
② ㄱ, ㅁ
③ ㄴ, ㄷ, ㄹ
④ ㄴ, ㄹ, ㅁ

문 5. 신뢰보호의 원칙에 대한 설명으로 옳지 않은 것은? (다툼이 있는 경우 판례에 의함)

① 행정청은 공익 또는 제3자의 이익을 현저히 해칠 우려가 있는 경우를 제외하고는 행정에 대한 국민의 정당하고 합리적인 신뢰를 보호하여야 한다.
② 건축주와 그로부터 건축설계를 위임받은 건축사가 관계 법령에서 정하고 있는 건축한계선의 제한이 있다는 사실을 간과한 채 건축설계를 하고 이를 토대로 건축물의 신축 및 증축허가를 받은 경우, 그 신축 및 증축허가가 정당하다고 신뢰한 데에는 귀책사유가 있다.
③ 「개발이익환수에 관한 법률」에 정한 개발사업을 시행하기 전에, 행정청이 민원예비심사에 대하여 관련부서 의견으로 '저촉사항 없음'이라고 기재한 것은 공적인 견해표명에 해당한다.
④ 수강신청 후에 징계요건을 완화하는 학칙개정이 이루어지고 이어 시험이 실시되어 그 개정학칙에 따라 대학이 성적 불량을 이유로 학생에 대하여 징계처분을 한 경우라면 이는 이른바 부진정소급효에 관한 것으로서 특별한 사정이 없는 한 위법이라고 할 수 없다.

문 6. 행정소송에 대한 판례의 입장으로 옳은 것은? (단, 다툼이 있는 경우 판례에 따름)

① 사립학교 교원에 대한 학교법인의 해임처분을 취소소송의 대상이 되는 행정청의 처분으로 볼 수 있으므로 학교법인을 상대로 한 불복은 행정소송에 의한다.
② 취소소송에 당해 처분의 취소를 선결문제로 하는 부당이득반환청구가 병합된 경우 그 청구가 인용되려면 소송절차에서 당해 처분의 취소가 확정되어야 한다.
③ 특정 소송사건에서 당사자 일방을 보조하기 위하여 보조참가를 하려면 당해 소송의 결과에 대하여 사실상, 경제상 또는 감정상의 이해관계가 있으면 충분하며 법률상의 이해관계가 요구되는 것은 아니다.
④ 행정처분에 대한 무효확인과 취소청구는 서로 양립할 수 없는 청구로서 주위적·예비적 청구로서만 병합이 가능하고 선택적 청구로서의 병합은 허용되지 않는다.

문 7. 판례의 입장으로 옳지 않은 것은?

① 「건축법」상 이행강제금은 행정상의 간접강제 수단에 해당하므로, 시정명령을 받은 의무자가 이행강제금이 부과되기 전에 그 의무를 이행한 경우에는 비록 시정명령에서 정한 기간을 지나서 이행한 경우라도 이행강제금을 부과할 수 없다.
② 「독점규제 및 공정거래에 관한 법률」상 시정명령을 받은 의무자가 이행강제금이 부과되기 전에 시정조치를 이행한 경우라도 과거의 시정조치 불이행기간에 대하여 이행강제금을 부과할 수 있다.
③ 「교육공무원법」에 따라 승진후보자명부에 포함되어 있던 후보자를 승진심사에 의해 승진임용인사 발령에서 제외하는 행위는 항고소송의 대상인 처분으로 보아야 한다.
④ 허가에 타법상의 인·허가가 의제되는 경우, 의제된 인·허가는 통상적인 인·허가와 동일한 효력을 가질 수 없으므로 '부분 인·허가 의제'가 허용되는 경우라도 그에 대한 쟁송취소는 허용될 수 없다.

문 8. 아래 사례에 관한 설명 중 옳지 않은 것은? (다툼이 있는 경우 판례에 의함)

> A대학교에 재학 중인 乙은 2015학년도 2학기에 수강한 B과목에서 F학점을 받았다. 그러나 乙은 해당 과목 시험에서 답안을 성실히 작성하였고 담당 시간강사가 요구하는 과제를 제출하였으며 해당 학기에 결석이 1회에 그쳐 자신이 받은 F학점이 부당하다고 생각하였다. 이에 乙은 해당 과목의 채점기준표와 채점이 완료된 자신의 답안지 그리고 자신과 비슷한 내용으로 답안을 작성하였다고 생각되는 丙의 답안지의 공개(복제물의 교부)를 「공공기관의 정보공개에 관한 법률」(이하, '정보공개법'이라 함)에 따라 A대학교 총장인 甲에게 청구하였다. 그러나 甲은 乙이 요청한 자료는 정보공개법상 비공개 대상 정보이고 시간강사가 채점기준표와 답안지를 보관하고 있어 대학이 보유하고 있지 않다는 이유로 자료의 공개를 거부하였다.

① 甲의 비공개결정은 거부처분에 해당하여 「행정절차법」상 특별한 사정이 없는 한 사전통지의 대상이 되지 아니한다.
② A대학교가 사립대학교라면 乙이 요청한 자료는 정보공개법의 적용대상이 아니다.
③ B과목에 대한 성적통지가 성적통지서(문서) 교부가 아닌 인터넷으로 확인(전자문서)하는 방식으로 이루어진다고 하더라도 이 전자문서는 정보공개법상 '정보'에 해당한다.
④ 만약 사안과는 달리 공개청구대상 답안지 및 채점기준표가 A대학교에 의해 일정기간 동안 관리되었지만 문서보존연한이 지나 폐기되었다면, 이들 답안지 및 채점기준표를 더 이상 보유·관리하고 있지 아니하다는 점에 대한 증명책임은 A대학교에 있다.

문 9. 「행정대집행법」상 행정대집행에 대한 설명으로 옳은 것은? (다툼이 있는 경우 판례에 의함)

① 의무를 명하는 행정행위가 불가쟁력이 발생하지 않은 경우에는 그 행정행위에 따른 의무의 불이행에 대하여 대집행을 할 수 없다.
② 부작위하명에는 행정행위의 강제력의 효력이 있으므로 당해 하명에 따른 부작위의무의 불이행에 대하여는 별도의 법적 근거 없이 대집행이 가능하다.
③ 원칙적으로 '의무의 불이행을 방치하는 것이 심히 공익을 해하는 것으로 인정되는 경우'의 요건은 계고를 할 때에 충족되어 있어야 한다.
④ 「행정대집행법」 제2조에 따른 대집행의 실시여부는 행정청의 재량에 속하지 않는다.

문 10. X주택재개발사업조합(이하 'X조합'이라 함)은 「도시 및 주거환경정비법」에 따라 관할 A행정청으로부터 조합설립인가를 받았고 甲을 조합장으로 선임하였다. 그 후 X조합은 분양신청을 기초로 관리처분계획을 수립하여 조합총회에 부의하였고, 조합총회에서 조합원들은 관리처분계획을 원안대로 의결하였다. A행정청은 관리처분계획을 인가·고시하였다. 이에 관한 설명 중 옳지 않은 것은? (다툼이 있는 경우 판례에 의함)

① X조합에 대한 조합설립인가처분이 무효인 경우에는 甲의 행위는 「도시 및 주거환경정비법」에서 정한 조합장의 행위라고 할 수 없다.
② 조합설립인가처분이 있은 후 조합설립결의의 하자를 이유로 조합설립의 효력을 부정하려면 항고소송으로 조합설립인가처분의 효력을 다투어야 한다.
③ X조합과 甲 사이의 선임·해임을 둘러싼 법률관계는 사법상의 법률관계이므로 조합장의 지위를 다투는 소송은 민사소송에 의하여야 한다.
④ 관리처분계획에 대한 인가·고시가 있은 이후 총회의결의 하자를 이유로 관리처분계획의 효력을 다투려면 당사자소송으로 총회의결의 효력 유무의 확인을 구하여야 한다.

문 11. 행정소송에 대한 설명으로 옳지 않은 것은? (다툼이 있는 경우 판례에 의함)

① 지방자치단체가 건축물을 건축하기 위하여 구「건축법」에 따라 미리 건축물의 소재지를 관할하는 허가권자인 다른 지방자치단체의 장과 건축협의를 한 경우, 허가권자인 지방자치단체의 장이 건축협의를 취소하는 행위는 항고소송의 대상이 되는 처분에 해당한다.
② 불특정 다수인에 대한 행정처분을 고시 또는 공고에 의하여 하는 경우에는 그 행정처분에 이해관계를 갖는 사람이 고시 또는 공고가 있었다는 사실을 현실적으로 알았는지 여부에 관계없이 고시 또는 공고가 효력을 발생한 날에 행정처분이 있음을 알았다고 보아야 한다.
③ 취소소송이 제기된 후에 피고를 경정하는 경우 제소기간의 준수 여부는 피고를 경정한 때를 기준으로 판단한다.
④ 구「도시 및 주거환경정비법」상 조합설립추진위원회 구성승인처분을 다투는 소송 계속 중 조합설립인가처분이 이루어진 경우 조합설립추진위원회 구성승인처분에 대하여 취소 또는 무효확인을 구할 법률상 이익이 없다.

문 12. 행정상 법률관계에 관한 설명 중 옳은 것(○)과 옳지 않은 것(×)을 올바르게 조합한 것은? (다툼이 있는 경우 판례에 의함)

> ㄱ.「국유재산법」상 국유재산의 무단점유자에 대한 변상금의 부과는 「민법」상 부당이득반환청구권의 행사로 볼 수 있으므로 사법상의 법률행위에 해당한다.
> ㄴ. 지방자치단체에 근무하는 청원경찰이 뇌물을 받아 직무상 의무를 위반하였다는 이유로 파면을 당한 경우에, 청원경찰은 청원주와 사법상 근로계약을 체결함으로써 임용되는 것이므로 위 파면의 정당성에 대해서는 민사소송으로 다투어야 한다.
> ㄷ. 공익사업을 위한 토지 등의 취득 및 보상에 관한 법령에 의한 협의취득은 사법상의 법률행위이므로 당사자 사이의 자유로운 의사에 따라 채무불이행책임이나 매매대금 과부족금에 대한 지급의무를 약정할 수 있다.
> ㄹ. 중소기업 정보화지원사업에 따른 지원금 출연을 위하여 관계 행정기관의 장이 사인과 체결하는 협약은 공법상 대등한 당사자 사이의 의사표시 합치로 성립하는 공법상 계약에 해당한다.

	ㄱ	ㄴ	ㄷ	ㄹ
①	×	×	×	○
②	×	○	×	○
③	×	×	○	○
④	○	×	○	×

문 13. 다음 중 가장 옳지 않은 것은?

① 정신건강증진 및 정신질환자 복지서비스 지원에 관한 법률 제19조 제1항 및 의료법이 정신병원 등의 개설에 관하여는 허가제로, 정신과의원 개설에 관하여는 신고제로 각 규정하고 있는 것은 각 의료기관의 개설 목적 및 규모 등 차이를 반영한 합리적 차별로서 평등의 원칙에 반한다고 볼 수 없다.
② 공기업·준정부기관이 법령에 근거를 둔 행정처분으로서의 입찰참가자격 제한 조치를 한 것인지 계약에 근거한 권리행사로서의 입찰참가자격 제한 조치를 한 것인지 불분명한 경우 그 조치 상대방의 인식가능성 내지 예측가능성을 중요하게 고려하여 규범적으로 확정하여야 한다.
③ 징계사유인 성희롱 관련 형사재판에서 성희롱 행위가 있었다는 점을 합리적 의심을 배제할 정도로 확신하기 어렵다는 이유로 공소사실에 관하여 무죄가 선고되었다고 하여 그러한 사정만으로 행정소송에서 징계사유의 존재를 부정할 것은 아니다.
④ 고속형 시외버스운송사업의 면허 및 사업계획변경인가에 관한 권한은 국토해양부장관에게 유보되어 있지만 나머지 시외버스운송사업의 면허 및 사업계획변경인가에 관한 권한은 모두 시·도지사에게 위임되어 있으므로, 시·도지사가 관할 지역의 운송업체에 대하여 직행형 시외버스운송사업의 면허를 부여한 후 사실상 고속형 시외버스운송사업에 해당하는 운송사업을 할 수 있도록 사업계획변경을 인가하는 것은 시·도지사의 권한을 넘은 위법한 처분에 해당하지 않는다.

문 14. 재량행위에 대한 설명 중 가장 옳지 않은 것은? (단, 다툼이 있는 경우 판례에 따름)

① 기속행위와 재량행위는 법원의 심사방식에 있어서 다르다.
② 주유소 영업의 양도인이 등유가 섞인 유사휘발유를 판매한 위법사유를 들어 그 양수인에게 대하여 한 6월의 석유판매업영업정지처분은 재량권 일탈로서 위법하다.
③ 재량행위의 사법심사는 행정청의 재량에 기한 공익판단의 여지를 감안하여 법원은 독자의 결론을 도출한 후 당해 행위에 재량권의 일탈·남용이 있는지 여부도 심사하게 된다.
④ 교과서검정이 고도의 학술상·교육상의 전문적인 판단을 요한다는 특성에 비추어 보면, 현저히 재량권의 범위를 일탈한 것이 아닌 이상 그 검정을 위법하다고 할 수 없다.

문 15. 행정상 강제집행에 대한 설명으로 옳은 것은? (다툼이 있는 경우 판례에 의함)

① 법령에 의해 행정대집행의 절차가 인정되는 경우에도 행정청은 따로 민사소송의 방법으로 시설물의 철거를 구할 수 있다.
② 행정대집행을 함에 있어 비상시 또는 위험이 절박한 경우에 당해 행위의 급속한 실시를 요하여 절차를 취할 여유가 없을 때에는 계고 및 대집행영장 통지 절차를 생략할 수 있다.
③ 체납자에 대한 공매통지는 체납자의 법적 지위나 권리·의무에 직접적인 영향을 주는 행정처분에 해당한다.
④ 「개발제한구역의 지정 및 관리에 관한 특별조치법」상 이행강제금을 부과·징수할 때마다 그에 앞서 시정명령 절차를 다시 거쳐야 한다.

문 16. 무효등확인소송 및 부작위위법확인소송에 대한 설명 중 가장 옳지 않은 것은? (단, 다툼이 있는 경우 판례에 따름)

① 무효확인소송의 제기에 있어서 무효확인을 구할 법률상 이익은 있어야 하지만 무효확인소송의 보충성이 요구되는 것은 아니다.
② 부작위위법확인소송은 부작위의 직접상대방이 아닌 제3자라 하더라도 부작위위법확인을 받을 법률상의 이익이 있는 경우에는 원고적격이 인정된다.
③ 행정청이 당사자의 신청에 대하여 거부처분을 한 경우 항고소송의 대상인 위법한 부작위가 있다고 볼 수 있어 부작위위법확인의 소를 제기할 수 있다.
④ 일반적으로 행정처분의 무효확인을 구하는 소에는 원고가 그 처분의 취소를 구하지 아니한다고 밝히지 아니한 이상 그 처분이 만약 당연무효가 아니라면 그 취소를 구하는 취지도 포함되어 있는 것으로 보아야 한다.

문 17. 甲은 주유소를 운영하던 중 가짜 석유제품을 저장·판매하여 「석유사업법」을 위반한 사실이 2차 적발되었고, 「석유사업법 시행규칙」 [별표1]로 정한 처분기준에 따라 행정청으로부터 6개월의 사업정지처분(이하 '이 사건 처분'이라 함)을 받았다. 이에 관한 설명 중 옳은 것은? (다툼이 있는 경우 판례에 의함)

⟨참고⟩

「석유사업법 시행규칙」 [별표1] 행정처분기준
1. 위반행위 : 가짜 석유제품을 제조·수입·저장·운송·보관 또는 판매한 경우
2. 근거 법조문 : 법 ○○조
3. 행정처분기준 : 1회 위반 - 사업정지 3개월
2회 위반 - 사업정지 6개월
3회 위반 - 등록취소 또는 영업장 폐쇄

① 이 사건 처분에서 정한 사업정지기간이 경과하여 그 효력이 소멸한 이후에는 甲은 이 사건 처분에 대한 취소소송을 제기할 법률상 이익이 없다.
② 甲이 청구한 행정심판에서 이 사건 처분을 3개월의 사업정지처분에 갈음하는 과징금으로 변경하는 재결이 있었으나, 여전히 甲이 처분사유가 부존재함을 주장하여 다투고자 한다면 甲은 재결을 대상으로 하여 취소소송을 제기하여야 한다.
③ 甲의 위반사실이 명백하다면 이 사건 처분을 하면서 甲에게 법령상 사업정지기간의 감경에 관한 참작 사유가 있음에도 이를 전혀 고려하지 않았다고 하여 그 자체로 재량권을 일탈·남용한 위법한 처분이 되는 것은 아니다.
④ 행정법규 위반에 대한 제재조치는 행정목적의 달성을 위하여 행정법규 위반이라는 객관적 사실에 착안하여 가하는 제재이므로, 甲이 고용한 직원이 위반행위를 한 경우라도 법령상 책임자인 甲에게 이 사건 처분을 할 수 있다.

문 18. 금전상의 제재에 대해서 가장 옳지 않은 것은? (단, 다툼이 있는 경우 판례에 따름)

① 부동산 실권리자명의 등기에 관한 법률 및 시행령상 명의신탁자에 대하여 과징금을 부과할 것인지 여부는 재량행위에 해당한다.
② 부동산 실권리자명의 등기에 관한 법률에 의하여 부과된 과징금 채무는 대체적 급부가 가능한 의무이므로 위 과징금을 부과 받은 자가 사망한 경우 그 상속인에게 포괄승계된다.
③ 행정청이 과징금 부과처분을 한 후 감액처분을 한 경우에 항고소송의 대상은 처음의 부과처분 중 감액처분에 의하여 취소되지 않고 남은 부분이고 감액처분이 항고소송의 대상이 되는 것은 아니다.
④ 독점규제 및 공정거래에 관한 법률에 의한 부당내부거래에 대한 과징금은 헌법 제13조 제1항에서 금지하는 국가형벌권 행사로서의 '처벌'에 해당한다고는 할 수 없다.

문 19. 행정행위의 하자의 치유에 대한 설명으로 옳은 것은? (다툼이 있는 경우 판례에 의함)

① 처분에 하자가 있더라도 처분청이 처분 이후에 새로운 사유를 추가하였다면, 처분 당시의 하자는 치유된다.
② 징계처분이 중대하고 명백한 하자로 인해 당연무효의 것이라도 징계처분을 받은 원고가 이를 용인하였다면 그 하자는 치유된다.
③ 행정청이 청문서 도달기간을 다소 어겼다 하더라도 당사자가 이에 대하여 이의하지 아니한 채 스스로 청문일에 출석하여 방어의 기회를 충분히 가졌다면 청문서 도달기간을 준수하지 아니한 하자는 치유된다.
④ 토지소유자 등의 동의율을 충족하지 못했다는 주택재건축정비사업 조합설립인가처분 당시의 하자는 후에 토지소유자등의 추가동의서가 제출되었다면 치유된다.

문 20. 甲은 2013. 11. 6. 乙로부터 A시 소재 B 유흥주점의 영업시설 일체를 양도받아, 2013. 12. 2. A시장에게 영업자 지위를 승계하였음을 신고하고 위 주점을 운영하여 왔다. 그런데 甲이 인수하기 전인 2013. 10. 초순, 乙은 청소년인 丙, 丁(당시 각 18세)을 유흥접객원으로 고용하여 유흥행위를 하게 하였다. 이에 A시장은 2014. 2. 3. 甲에 대하여 「식품위생법」위반을 이유로 영업허가를 취소하였다. 이에 관한 설명 중 옳지 않은 것은? (단, 다툼이 있는 경우 판례에 따름)

① A시장이 甲의 지위승계신고를 수리하는 행위는 실질적으로 乙의 영업허가를 취소함과 아울러 甲에게 적법하게 영업을 할 수 있는 권리를 설정하여 주는 행위이다.
② A시장의 乙에 대한 영업허가는 대물적 허가이지만, 만일 乙에 대한 영업정지처분이 내려졌다면 그 효과는 甲에게 승계되지 않음이 원칙이다.
③ 만일 A시장이 2013. 11. 27. 乙에 대한 허가취소처분을 하였다면, 甲은 지위승계신고 수리 이전이라도 사실상 양수인으로서 이를 소송상 다툴 법률상 이익이 있다.
④ 영업양도가 무효이면 지위승계신고 수리가 있었더라도 그 수리는 무효이므로 乙은 민사쟁송으로 양도·양수행위의 무효를 구함이 없이 막바로 허가관청을 상대로 신고수리처분의 무효확인을 구할 법률상 이익이 있다.

2025 대비 제7회 적중 동형 모의고사

| 행정법총론 |

응시번호

성명

문제책형

가

응시자 주의사항

1. **시험시작 전 시험문제를 열람하는 행위나 시험종료 후 답안을 작성하는 행위를 한 사람**은 「공무원임용시험령」제51조에 의거 **부정행위자**로 처리됩니다.
2. **답안지 책형 표기는 시험시작 전** 감독관의 지시에 따라 **문제책 앞면에 인쇄된 문제책형을 확인한 후, 답안지 책형란에 해당책형(1개)**을 '●'**로 표기**하여야 합니다.
3. **답안은 문제책 표지의 과목 순서에 따라 답안지에 인쇄된 순서(제1·2·3·4·5과목)에 맞추어 표기**해야 하며, 과목 순서를 바꾸어 표기한 경우에도 **문제책 표지의 과목 순서대로 채점**되므로 유의하시기 바랍니다.
4. 시험이 시작되면 문제를 주의 깊게 읽은 후, **문항의 취지에 가장 적합한 하나의 정답만을 고르며**, 문제내용에 관한 질문은 할 수 없습니다.
5. **답안을 잘못 표기하였을 경우에는 답안지를 교체하여 작성**하거나 **수정할 수 있으며**, 표기한 답안을 수정할 때는 **응시자 본인이 가져온 수정테이프만을 사용**하여 해당 부분을 완전히 지우고 부착된 수정테이프가 떨어지지 않도록 손으로 눌러주어야 합니다.**(수정액 또는 수정스티커 등은 사용 불가)**
   - 불량한 수정테이프의 사용과 불완전한 수정처리로 발생하는 모든 문제는 응시자 본인에게 책임이 있습니다.
6. **시험시간 관리의 책임은 응시자 본인에게 있습니다.**
   ※ 문제책은 시험종료 후 가지고 갈 수 있습니다.

정답공개 및
가산점 등록 안내

1. 정답공개 및 이의제기: 사이버국가고시센터(www.gosi.kr)
   - 구체적인 이의제기 방법은 정답가안 공개 시, 공개 예정
2. 가산점 등록방법: 사이버국가고시센터(www.gosi.kr)→[원서접수→가산점 등록 / 확인]

행정법총론: **가**

행정법총론

문 1. 다음 중 옳지 않은 것은? (다툼이 있는 경우 판례에 의함)

① 사업시행자가 지장물에 관하여 토지보상법 제75조 제1항 단서 제1호 또는 제2호에 따라 지장물의 가격으로 보상한 경우 특별한 사정이 없는 한 지장물의 소유자는 사업시행자에게 지장물을 인도할 의무가 있다.
② '도시 및 주거환경정비법' 제81조 제1항 단서 제2호에서 정한 '공익사업을 위한 토지 등의 취득 및 보상에 관한 법률'에 따른 손실보상이 완료되기 위해서는 협의나 수용재결 등에 따른 주거이전비 등의 지급이 이루어져야 한다.
③ 주거이전비 등의 지급이 이루어지지 않더라도, 관리처분계획의 인가·고시가 있었다면 종전 토지 또는 건축물의 소유자·임차권자 등 권리자가 종전 토지나 건축물을 사용·수익할 수는 없다.
④ 주거이전비 등의 지급이 이루어지지 않은 경우, 주거이전비 등을 지급할 의무가 있는 사업시행자가 종전 토지나 건축물을 사용·수익하고 있는 현금청산대상자를 상대로 불법점유로 인한 손해배상을 청구할 수는 없다.

문 2. 다음 중 가장 옳지 않은 것은? (다툼이 있는 경우 판례에 의함)

① 공무원연금법령상 급여를 받으려고 하는 자는 우선 급여지급을 신청하여 공무원연금공단이 이를 거부하거나 일부 금액만 인정하는 급여지급결정을 하는 경우 그 결정을 대상으로 항고소송을 제기하는 등으로 구체적 권리를 인정받아야 한다.
② 법무사가 사무원을 채용할 때 소속 지방법무사회로부터 승인을 받아야 할 의무는 공법상 의무이다.
③ 사무처리의 긴급성으로 인하여 해양경찰의 직접적인 지휘를 받아 보조로 방제작업을 한 경우, 사인은 그 사무를 처리하며 지출한 필요비 내지 유익비의 상환을 국가에 대하여 민사소송으로 청구할 수 있다.
④ 군인연금법령상 급여를 받으려고 하는 사람이 국방부장관에게 급여지급을 청구하였으나 거부된 경우, 곧바로 국가를 상대로 한 당사자소송으로 급여의 지급을 청구할 수 있다.

문 3. 행정계획에 대해서 가장 옳지 않은 것은? (단, 다툼이 있는 경우 판례에 따름)

① 도시계획법 등 관계 법령에는 추상적인 행정목표와 절차만이 규정되어 있을 뿐 행정계획의 내용에 대하여는 별다른 규정을 두고 있지 아니하므로 행정주체는 구체적인 행정계획을 입안·결정함에 있어서 비교적 광범위한 형성의 자유를 가진다.
② 택지개발촉진법상의 건설교통부장관(현 국토교통부장관)의 택지개발예정지구의 지정 및 택지개발계획의 승인은 각각 별개의 법률효과를 발생하는 독립한 행정처분이다.
③ 장기미집행 도시계획시설결정의 실효제도는 도시계획시설부지로 하여금 도시계획시설결정으로 인한 사회적 제약으로부터 벗어나게 하는 것으로서 헌법상 재산권으로부터 도출되는 권리라고 보는 것이 타당하다.
④ 국토해양부, 환경부, 문화체육관광부, 농림수산부, 식품부가 합동으로 발표한 '4대강 살리기 마스터플랜' 등은 행정기관 내부에서 사업의 기본방향을 제시하는 것일 뿐, 국민의 권리·의무에 직접 영향을 미치는 것이 아니어서 행정처분에 해당하지 않는다.

문 4. 행정지도에 대한 판례의 입장으로 옳은 것(○)과 옳지 않은 것(×)을 바르게 조합한 것은?

> ㄱ. 행정관청이 구 「국토이용관리법」 소정의 토지거래계약신고에 관하여 공시된 기준시가를 기준으로 매매가격을 신고하도록 행정지도를 하여 그에 따라 허위신고를 한 것이라 하더라도 이와 같은 행정지도는 법에 어긋나는 것으로서 그 범법행위가 정당화될 수 없다.
> ㄴ. 교육인적자원부장관의 국·공립대학총장들에 대한 학칙시정요구는 대학총장의 임의적인 협력을 통하여 사실상의 효과를 발생시키는 행정지도의 일종으로 헌법소원의 대상이 되는 공권력행사라고 볼 수 없다.
> ㄷ. 노동부장관이 공공기관 단체협약내용을 분석하여 불합리한 요소를 개선하라고 요구한 행위는 행정지도로서의 한계를 넘어 규제적·구속적 성격을 강하게 갖는다고 할 수 없어 헌법소원의 대상이 되는 공권력의 행사에 해당한다고 볼 수 없다.
> ㄹ. 행정기관의 위법한 행정지도로 일정기간 어업권을 행사하지 못하는 손해를 입은 자가 그 어업권을 타인에게 매도하여 매매대금 상당의 이득을 얻은 경우, 손해배상액의 산정에서 그 이득을 손익상계 할 수 있다.

	ㄱ	ㄴ	ㄷ	ㄹ
①	○	○	○	○
②	○	×	×	×
③	○	×	○	○
④	×	×	○	×

문 5. 항고소송 및 당사자소송에 대해서 가장 옳지 않은 것은?

① 원고가 고의 또는 중대한 과실 없이 행정소송으로 제기하여야 할 사건을 민사소송으로 잘못 제기한 경우, 수소법원으로서는 만약 행정소송에 대한 관할도 동시에 가지고 있다면 이를 행정소송으로 심리·판단하여야 하고, 행정소송에 대한 관할을 가지고 있지 아니하다면 행정소송으로 제기되었더라도 어차피 부적법하게 되는 경우가 아닌 이상 이를 바로 각하할 것이 아니라 관할법원에 이송하여야 한다.

② 항고소송에서 행정처분의 위법 여부는 행정처분이 있을 때의 법령과 사실 상태를 기준으로 판단하여야 한다. 이는 처분 후에 생긴 법령의 개폐나 사실 상태의 변동에 영향을 받지 않는다는 뜻이며, 처분 당시 존재하였던 자료나 행정청에 제출되었던 자료만으로 위법 여부를 판단하여야 한다는 의미이다.

③ 징계사유인 성희롱 관련 형사재판에서 성희롱 행위가 있었다는 점을 합리적 의심을 배제할 정도로 확신하기 어렵다는 이유로 공소사실에 관하여 무죄가 선고되었다고 하여 그러한 사정만으로 행정소송에서 징계사유의 존재를 부정할 것은 아니다.

④ 구 도시 및 주거환경정비법 제65조 제2항은, "시장·군수 또는 주택공사 등이 아닌 사업시행자가 정비사업의 시행으로 새로이 설치한 정비기반시설은 그 시설을 관리할 국가 또는 지방자치단체에 무상으로 귀속되고, 정비사업의 시행으로 인하여 용도가 폐지되는 국가 또는 지방자치단체 소유의 정비기반시설은 그가 새로이 설치한 정비기반시설의 설치비용에 상당하는 범위 안에서 사업시행자에게 무상으로 양도된다."라고 규정하고 있다. 이러한 규정의 입법 취지 등을 고려하면, 위 후단 규정에 따른 정비기반시설의 소유권 귀속에 관한 소송은 공법상의 법률관계에 관한 소송으로서 당사자소송에 해당한다.

문 6. 사인의 공법행위에 대한 다음 설명 중 바르지 않은 것은?

① 사인의 신청행위에 요건이 불비된 경우 즉시 보류하거나 거부하여서는 안 된다.
② 사인의 공법행위에는 부관을 붙일 수 없다.
③ 사인의 공법행위는 공법적 효과를 목적으로 하여 공정력 등의 효과를 갖는다.
④ 사인의 공법행위의 효력발생시기는 원칙적으로 도달주의에 따른다.

문 7. 행정의 실효성 확보수단에 대해서 가장 옳지 않은 것은?

① 시정명령을 받은 의무자가 그 시정명령의 취지에 부합하는 의무를 이행하기 위한 정당한 방법으로 행정청에 신청 또는 신고를 하였으나 행정청이 위법하게 이를 거부 또는 반려함으로써 결국 그 처분이 취소되기에 이르렀다면, 그 시정명령의 불이행을 이유로 이행강제금을 부과할 수는 없다.
② 특별한 근거규정이 없는 한 법인이 설립되기 이전에 자연인이 한 행위에 대하여 양벌규정을 적용하여 법인을 처벌할 수는 없다.
③ 이행강제금의 본질상 시정명령을 받은 의무자가 이행강제금이 부과되기 전에 그 의무를 이행한 경우에는 비록 시정명령에서 정한 기간을 지나서 이행한 경우라도 이행강제금을 부과할 수 없다.
④ 구 국세기본법 제81조의4 제2항에 따라 금지되는 재조사에 기하여 과세처분을 하는 것은 그 자체로 위법하지만, 과세관청이 그러한 재조사로 얻은 과세자료를 과세처분의 근거로 삼지 않았다거나 이를 배제하고서도 동일한 과세처분이 가능한 경우에 한해서는 인정될 수 있다.

문 8. 甲은 한옥 여관건물을 신축하기 위하여 관할 A시장에게 건축허가를 신청하였다. 한편「건축법」제11조 제4항은 허가권자는 위락시설이나 숙박시설에 해당하는 건축물의 건축을 허가하는 경우 해당 대지에 건축하려는 건축물의 용도·규모 또는 형태가 주거환경이나 교육환경 등 주변 환경을 고려할 때 부적합하다고 인정되는 경우에는 건축위원회의 심의를 거쳐 건축허가를 하지 아니할 수 있다는 취지로 규정하고 있다. 그런데 A시장은 위 여관건물이 한옥이 아닌 일반 빌딩의 형태인 것으로 오인하여 위 제4항에 따라 "甲이 건축하고자 하는 여관건물이 주변 한옥마을 사이에 위치하게 되면 그 외관이 주변과 조화되지 않는다."는 이유로 건축허가를 거부하였다. 이에 관한 설명 중 옳지 않은 것은? (단, 다툼이 있는 경우 판례에 따름)

① A시장의 건축허가거부처분은 사전통지의 대상이 아니므로, 허가거부에 앞서 미리 甲에게 그 내용을 통지하지 않았다고 하더라도 이로써 위 거부처분이 위법하게 되는 것은 아니다.
② 甲의 건축허가신청 후 건축허가기준에 관한 관계법령의 규정이 개정된 경우, A시장은 새로이 개정된 법령의 경과규정에서 달리 정하는 경우 등을 제외하고는 처분 당시에 시행되는 개정 법령과 그에서 정한 기준에 의하여 허가 여부를 결정하는 것이 원칙이다.
③ 甲이 A시장의 건축허가거부처분에 대해 취소소송을 제기하여 인용판결을 받아 확정된 경우에도, A시장은 위 소송의 계속 중에 개정된 관계법령에 따라 강화된 건축허가기준의 미비를 이유로 甲에게 재차 건축허가서부처분을 할 수 있다.
④ 주변 환경에 대한 고려는 비대체적 결정영역 또는 예측결정으로서 판단여지가 인정되는 영역이므로, 주변 환경과 조화되지 않는다는 A시장의 판단에 대해서 법원은 사법심사를 할 수 없다.

문 9. 다음 중 가장 옳지 않은 것은?

① 고등학교에서 퇴학처분을 받은 자가 고등학교졸업학력검정고시에 합격하였더라도 퇴학처분의 취소를 구할 소의 이익이 없다.

② 전심절차를 밟지 아니한 채 증여세부과처분취소소송을 제기하였다면 제소당시로 보면 전치요건을 구비하지 못한 위법이 있다 할 것이지만, 소송계속 중 심사청구 및 심판청구를 하여 각 기각결정을 받았다면 원심변론종결일 당시에는 위와 같은 전치요건흠결의 하자는 치유되었다고 보아야 한다.

③ 변상금 부과처분에 대한 취소소송이 진행중이라도 변상금부과권의 권리행사에 법률상의 장애사유가 있는 경우에 해당한다고 할 수 없으므로 그 부과권의 소멸시효가 진행된다.

④ 정부 간 항공노선의 개설에 관한 잠정협정 및 비밀양해각서와 건설교통부 내부지침에 의한 항공노선에 대한 운수권배분처분은 항고소송의 대상이 되는 행정처분에 해당한다.

문 10. 행정청의 처분이 여러 단계의 행정결정을 통하여 이루어지는 경우에 관한 설명 중 옳은 것은? (다툼이 있는 경우 판례에 의함)

① 공정거래위원회가 부당한 공동행위를 한 사업자에게 과징금 부과처분을 한 뒤 다시 자진신고 등을 이유로 과징금 감면처분을 하였다면, 선행 과징금 부과처분은 일종의 잠정적 처분으로서 후행 과징금 감면처분에 흡수되어 소멸한다.

② A시장이 감사원으로부터 「감사원법」에 따라 A시 소속 공무원에 대한 징계 요구를 받게 될 경우, 감사원의 징계 요구는 '징계 요구, 징계절차 회부, 징계'의 단계로 이어지는 독립된 처분의 일종으로서 항고소송의 대상이 된다.

③ 어업권면허에 선행하는 우선순위결정은 강학상 확약에 해당하는 행정처분이므로, 이에 대해서 공정력이나 불가쟁력이 인정된다.

④ 폐기물처리업의 허가를 받기 위하여 먼저 허가권자로부터 사업계획에 대한 적정통보를 받아야 하고 그 적정통보를 받은 자만이 허가신청을 할 수 있다 하더라도, 그 적정여부 통보절차는 중간단계에 지나지 아니하므로 사업계획 부적정통보는 항고소송의 대상이 될 수 없다.

문 11. 재결 자체에 고유한 위법이 있는 경우와 관련된 내용으로 옳지 않은 것은? (다툼이 있는 경우 판례에 의함)

① 권한이 없는 행정심판위원회에 의한 재결의 경우가 그 예이다.

② 재결 자체의 내용상 위법도 재결 자체에 고유한 위법이 있는 경우에 포함된다.

③ 제3자효를 수반하는 행정행위에 대한 행정심판청구의 인용재결은 원처분과 내용을 달리 하는 것이므로 그 인용재결의 취소를 구하는 것은 원처분에는 없는 재결에 고유한 하자를 주장하는 것이라고 하더라도 당연히 항고소송의 대상이 되는 것은 아니다.

④ 행정처분에 대한 행정심판의 재결에 이유모순의 위법이 있다는 사유는 재결처분 자체에 고유한 하자로서 재결처분의 취소를 구하는 소송에서는 그 위법사유로서 주장할 수 있으나, 원처분의 취소를 구하는 소송에서는 그 취소를 구할 위법사유로서 주장할 수 없다.

문 12. 법률상 이익에 대해서 가장 옳지 않은 것은?

① 항고소송은 처분 등의 취소 또는 무효확인을 구할 법률상 이익이 있는 자가 제기할 수 있고, 불이익처분의 상대방은 직접 개인적 이익의 침해를 받은 자로서 원고적격이 인정된다.

② 행정처분의 직접 상대방이 아닌 자로서 처분에 의하여 자신의 환경상 이익을 침해받거나 침해받을 우려가 있다는 이유로 취소소송을 제기하는 제3자는, 자신의 환경상 이익이 법률상 보호되는 이익임을 증명하여야 원고적격이 인정된다.

③ 처분이 유효하게 존속하는 경우에는 특별한 사정이 없는 한 그 처분의 존재로 인하여 실제로 침해되고 있거나 침해될 수 있는 현실적인 위험을 제거하기 위해 취소소송을 제기할 권리보호의 필요성이 인정된다고 보아야 한다.

④ 개발제한구역 안에서의 공장설립을 승인한 처분이 위법하다는 이유로 쟁송취소 되었다면, 그 승인처분에 기초한 공장건축허가처분에 대해서 인근 주민들은 별도로 취소를 구할 법률상 이익이 없다.

문 13. 다음 중 가장 옳지 않은 것은? (단, 다툼이 있는 경우 판례에 따름)

① 대법원에 의하면, 행정상 즉시강제는 원칙적으로 영장주의가 적용되지 않으므로, 급박한 상황에 대처하기 위한 것으로서 그 불가피성과 정당성이 충분히 인정되는 경우 영장 없는 수거를 인정한다고 하더라도 이를 두고 헌법상 영장주의에 위배되는 것으로는 볼 수 없다.
② 행정강제는 행정상 강제집행을 원칙으로 하며, 법치국가적 요청인 예측가능성과 법적 안정성에 반하고, 기본권 침해의 소지가 큰 권력작용인 행정상 즉시강제는 어디까지나 예외적인 강제수단이라고 할 것이다.
③ 납세자에 대한 부가가치세부과처분이, 종전의 부가가치세 경정조사와 같은 세목 및 같은 과세기간에 대하여 중복하여 실시된 위법한 세무조사에 기초하여 이루어진 것이라면 위법하다.
④ 우편물 통관검사절차에서 이루어지는 우편물의 개봉, 시료채취, 성분분석 등의 검사는 수출입물품에 대한 적정한 통관 등을 목적으로 한 행정조사의 성격을 가지는 것으로서 수사기관의 강제처분이라고 할 수 없으므로, 압수·수색영장 없이 우편물의 개봉, 시료채취, 성분분석 등 검사가 진행되었다 하더라도 특별한 사정이 없는 한 위법하다고 볼 수 없다.

문 14. 「질서위반행위규제법」의 내용에 대한 설명으로 옳은 것은?

① 과태료는 당사자가 과태료 부과처분에 대하여 이의를 제기하지 아니한 채 제20조 제1항에 따른 기한이 종료한 후 사망한 경우에는 그 상속재산에 대하여 집행하여야 한다.
② 자동차 관련 과태료를 납부하지 아니한 자가 체납된 자동차 관련 과태료를 납부한 경우 행정청은 영치한 자동차 등록번호판을 즉시 내주어야 한다.
③ 과태료는 행정청의 과태료 부과처분이 있은 후 3년간 징수하지 아니하면 시효로 인하여 소멸한다.
④ 행정청의 과태료 부과에 대한 이의제기는 과태료 부과처분의 효력에 영향을 주지 아니한다.

문 15. 행정심판에 대한 설명으로 옳지 않은 것은? (다툼이 있는 경우 판례에 의함)

①「공익사업을 위한 토지 등의 취득 및 보상에 관한 법률」상 토지수용위원회의 수용재결에 이의가 있어 중앙토지수용위원회에 이의를 신청한 경우「행정심판법」에 따른 행정심판을 제기할 수 없다.
② 제3자효를 수반하는 행정행위에 대한 행정심판청구에 있어서 그 청구를 인용하는 내용의 재결로 인하여 비로소 권리이익을 침해받게 되는 자는 그 인용재결에 대하여 다툴 필요가 있고, 그 인용재결은 원처분과 내용을 달리하는 것이므로 그 인용재결의 취소를 구하는 것은 원처분에는 없는 재결에 고유한 하자를 주장하는 셈이어서 당연히 항고소송의 대상이 된다.
③ 행정심판의 재결에 대해서는 재결 자체에 고유한 위법이 있음을 이유로 하는 경우에 한하여 다시 행정심판을 청구할 수 있다.
④ 행정심판위원회는 당사자의 신청에 의한 경우는 물론 직권으로도 임시처분을 결정할 수 있다.

문 16. 재량행위 및 기속행위에 대해서 가장 옳지 않은 것은? (단, 다툼이 있는 경우 판례에 따름)

① 실권리자명의 등기의무를 위반한 명의신탁자에 대하여 부과하는 과징금의 감경에 관한 '부동산 실권리자명의 등기에 관한 법률 시행령' 제3조의2 단서는 임의적 감경규정이지만 감경사유가 있음에도 이를 전혀 고려하지 않았거나 감경사유에 해당하지 않는다고 오인한 나머지 과징금을 감경하지 않았다면 그 과징금 부과처분은 재량권을 일탈·남용한 위법한 처분이다.
② 명의신탁이 조세를 포탈하거나 법령에 의한 제한을 회피할 목적이 아닌 경우 그 과징금을 일정한 범위 내에서 감경할 수 있을 뿐이므로 명의신탁자에 대하여 과징금을 부과할 것인지 여부는 기속행위에 해당한다.
③ 개인택시운송사업면허는 특정인에게 권리나 이익을 부여하는 행정행위로서 법령에 특별한 규정이 없는 한 재량행위이다.
④ 단원에게 지급될 급량비를 바로 지급하지 않고 모아두었다가 지급한 서울특별시립무용단원인 원고를 징계하기 위하여 한 해촉은 여러 사정 등을 종합하여 볼 때 징계권을 남용한 것이라고 보기는 어렵다.

문 17. 甲은 부산광역시 금정구청장으로부터 영업허가를 받아 영업을 하던 중 미성년자 2명에게 술과 안주를 팔았다는 이유로 1개월의 영업정지처분을 받았다. 그러나 甲은 영업정지처분을 받고도 영업을 계속하였다는 이유로 영업허가취소처분을 받았다. 이 사례에서 언급될 수 있는 내용으로서 옳지 않은 것은? (단, 다툼이 있는 경우 판례에 따름)

① 1개월의 영업정지처분을 받은 甲은 영업정지처분에 대하여 행정소송을 제기할 수 있으나 영업정지처분은 집행부정지 되므로 甲은 영업을 할 수 없으면서 소송제기가 가능하다.
② 甲이 행정소송을 제기하면서 영업정지처분에 대하여 집행정지를 신청할 수 있으며 법원의 집행정지결정이 있는 경우에도 이러한 집행정지결정은 소급하지 않으므로 甲은 집행정지결정이 난 때부터 영업을 할 수 있게 된다.
③ 甲의 영업정지처분에 대한 집행정지가 받아들여지고 본안소송에서 영업정지처분에 대한 취소판결이 선고된 경우 甲이 영업정지처분 이후 집행정지결정 이전에 영업하였음을 사유로 한 영업허가취소처분은 당연무효이다.
④ 영업정지처분에 대하여 집행정지결정이 있기 이전에 영업을 한 경우 이러한 영업은 무허가영업이 된다.

문 18. 행정법관계에서 민법의 적용에 대한 설명으로 옳지 않은 것은?

① 민법상의 일반법 원리적인 규정은 행정법상 권력관계에 대해서도 적용될 수 있다.
② 행정법관계에서 기간의 계산에 관하여 특별한 규정이 없으면 민법의 기간 계산에 관한 규정이 적용된다.
③ 현행법상 국가에 대한 금전채권의 소멸시효에 대하여는 민법의 규정이 그대로 적용된다.
④ 현행법상 행정목적을 위하여 제공된 행정재산에 대해서는 공용폐지가 되지 않는 한 민법상 취득시효규정이 적용되지 않는다.

문 19. 「행정절차법」상 옳지 않은 것은?

① 행정응원을 위하여 파견된 직원은 당해 직원의 복무에 관하여 다른 법령 등에 특별한 규정이 없는 한, 응원을 요청한 행정청의 지휘·감독을 받는다.
② 처분의 전제가 되는 사실이 법원의 재판 등에 의하여 객관적으로 증명된 경우에는 행정청이 당사자에게 의무를 부과하거나 권익을 제한하는 처분을 하는 경우에도 사전통지를 하지 아니할 수 있다.
③ 행정청은 처분을 할 때에 공청회, 온라인공청회 및 정보통신망 등을 통하여 제시된 사실 및 의견이 상당한 이유가 있다고 인정하는 경우에는 이를 반영하여야 한다.
④ 행정청은 공청회를 마친 후 처분을 할 때까지 새로운 사정이 발견되어 공청회를 다시 개최할 필요가 있다고 인정할 때에는 공청회를 다시 개최하여야 한다.

문 20. 행정행위의 부관에 관한 설명 중 옳은 것(○)과 옳지 않은 것(×)을 올바르게 조합한 것은? (다툼이 있는 경우 판례에 의함)

> ㄱ. 기속행위 내지 기속적 재량행위인 건축허가를 하면서 법령상 아무런 근거 없이 일정 토지를 기부채납하도록 하는 내용의 허가조건을 붙인 경우, 이는 부관을 붙일 수 없는 건축허가에 붙인 부담이어서 무효이다.
> ㄴ. 종기인 기한에 관하여는 일률적으로 기한이 왔다고 하여 당연히 그 행정행위의 효력이 상실된다고 할 것은 아니다.
> ㄷ. 행정행위의 부관은 부담인 경우를 제외하고는 독립하여 행정소송의 대상이 될 수 없는바, 기부채납 받은 행정재산에 대한 사용·수익허가에서 공유재산의 관리청이 정한 사용·수익허가의 기간에 대하여 독립하여 행정소송을 제기할 수 없다.
> ㄹ. 부담은 행정청이 행정처분을 하면서 일방적으로 부가할 수 있을 뿐 상대방과 협의하여 부담의 내용을 협약의 형식으로 미리 정한 다음 행정처분을 하면서 이를 부가할 수는 없다.

	ㄱ	ㄴ	ㄷ	ㄹ
①	○	×	○	○
②	○	○	○	×
③	×	○	×	○
④	○	×	○	×

양승우
행정법총론

2025 대비 제8회 적중 동형 모의고사

| 행정법총론 |

응시번호

성명

문제책형

가

응시자 주의사항

1. **시험시작 전 시험문제를 열람하는 행위나 시험종료 후 답안을 작성하는 행위를 한 사람**은 「공무원임용시험령」제51조에 의거 **부정행위자**로 처리됩니다.
2. **답안지 책형 표기는 시험시작 전 감독관의 지시에 따라 문제책 앞면에 인쇄된 문제책형을 확인**한 후, 답안지 책형란에 해당책형(1개)을 '●'로 **표기**하여야 합니다.
3. 답안은 문제책 표지의 과목 순서에 따라 답안지에 인쇄된 순서(제1·2·3·4·5과목)에 맞추어 표기해야 하며, 과목 순서를 바꾸어 표기한 경우에도 **문제책 표지의 과목 순서대로 채점**되므로 유의하시기 바랍니다.
4. 시험이 시작되면 문제를 주의 깊게 읽은 후, **문항의 취지에 가장 적합한 하나의 정답만을 고르며,** 문제내용에 관한 질문은 할 수 없습니다.
5. 답안을 잘못 표기하였을 경우에는 답안지를 교체하여 작성하거나 수정할 수 있으며, 표기한 답안을 수정할 때는 **응시자 본인이 가져온 수정테이프만을 사용**하여 해당 부분을 완전히 지우고 부착된 수정테이프가 떨어지지 않도록 손으로 눌러주어야 합니다.**(수정액 또는 수정스티커 등은 사용 불가)**
   - 불량한 수정테이프의 사용과 불완전한 수정처리로 발생하는 모든 문제는 응시자 본인에게 책임이 있습니다.
6. **시험시간 관리의 책임은 응시자 본인에게 있습니다.**
   ※ 문제책은 시험종료 후 가지고 갈 수 있습니다.

정답공개 및 가산점 등록 안내

1. 정답공개 및 이의제기: 사이버국가고시센터(www.gosi.kr)
   - 구체적인 이의제기 방법은 정답가안 공개 시, 공개 예정
2. 가산점 등록방법: 사이버국가고시센터(www.gosi.kr)→[원서접수→가산점 등록 / 확인]

행정법총론: **가**

행정법총론

문 1. 실효성 확보수단과 관련하여 다음 중 옳지 않은 것은? (다툼이 있는 경우 판례에 의함)

① 개발제한구역 내에서 개발제한구역의 지정 및 관리에 관한 특별조치법 제12조 제1항 단서에 따른 허가를 받지 않고 토지의 형질변경 등 개발행위를 한 경우, 같은 법 제30조 제1항에 따른 위반행위자 등에 대한 행정청의 시정명령은 재량행위에 해당한다.

② 질서위반행위에 대하여 과태료 부과의 근거 법률이 개정되어 행위 시의 법률에 의하면 과태료 부과대상이었지만 재판 시의 법률에 의하면 과태료 부과대상이 아니게 된 때에는 개정 법률의 부칙에서 종전 법률 시행 당시에 행해진 질서위반행위에 대해서는 행위 시의 법률을 적용하도록 특별한 규정을 두지 않은 이상 재판 시의 법률을 적용하여야 하므로 과태료를 부과할 수 없다.

③ 시정조치에 대한 취소판결의 확정으로 해당 위반행위가 위반 횟수 가중을 위한 횟수 산정에서 제외되더라도 그 사유가 과징금부과처분에 영향을 미치지 아니하여 처분의 정당성이 인정되는 경우에는 그 처분을 위법하다고 할 수 없다.

④ 입찰담합에 관한 과징금의 기본 산정기준이 되는 '계약금액'은 공정거래위원회가 재량에 따라 결정할 수 있다.

문 2. 다음 중 가장 옳지 않은 것은? (단, 다툼이 있는 경우 판례에 따름)

① 검찰총장이 검사에 대하여 하는 '경고조치'는 항고소송의 대상이 되는 처분에 해당하지 않는다.

② 관할 행정청이 여객자동차운송사업자가 범한 여러 가지 위반행위 중 일부만 인지하여 과징금 부과처분을 하였는데 그 후 과징금 부과처분 시점 이전에 이루어진 다른 위반행위를 인지하여 이에 대하여 별도의 과징금 부과처분을 하게 되는 경우에도 종전 과징금 부과처분의 대상이 된 위반행위와 추가 과징금 부과처분의 대상이 된 위반행위에 대하여 일괄하여 하나의 과징금 부과처분을 하는 경우와의 형평을 고려하여 추가 과징금 부과처분의 처분양정이 이루어져야 한다.

③ 원래 확인의 소는 현재의 권리 또는 법률상 지위에 관한 위험이나 불안을 제거하기 위하여 허용되는 것이고, 다만 과거의 법률관계라 할지라도 현재의 권리 또는 법률상 지위에 영향을 미치고 있고 현재의 권리 또는 법률상 지위에 대한 위험이나 불안을 제거하기 위하여 그 법률관계에 관한 확인판결을 받는 것이 유효적절한 수단이라고 인정될 때에는 확인의 이익이 있다.

④ 판결서의 이유에는 주문이 정당하다는 것을 인정할 수 있을 정도로 당사자의 주장, 그 밖의 공격·방어방법에 관한 판단을 표시하면 되고 당사자의 모든 주장이나 공격·방어방법에 관하여 판단할 필요가 없다.

문 3. 행정소송의 피고에 관한 설명 중 옳은 것은?

① 합의제행정기관이 한 처분에 대하여는 그 기관 자체가 피고가 되는 것이 원칙이므로 중앙노동위원회의 처분에 대한 소는 중앙노동위원회를 피고로 하여야 한다.

② 당사자소송의 원고가 피고를 잘못 지정하여 피고경정신청을 한 경우 법원은 결정으로써 피고의 경정을 허가할 수 있다.

③「행정소송법」은 취소소송에서 원고가 피고를 잘못 지정한 경우 피고가 본안에서 변론을 한 이후에는 피고의 동의를 얻어야 피고경정이 가능하다고 규정하고 있다.

④ 피고경정으로 인한 피고의 변경은 당사자의 동일성을 바꾸는 것이므로 피고를 경정하는 경우 제소기간의 준수 여부는 피고를 경정한 때를 기준으로 한다.

문 4. 행정소송상 주장책임과 증명책임(입증책임)에 관한 설명 중 옳은 것을 모두 고른 것은? (다툼이 있는 경우 판례에 의함)

> ㄱ. 취소소송에서 당사자의 명백한 주장이 없는 경우에도 법원은 기록에 나타난 여러 사정을 기초로 직권으로 사정판결을 할 수 있다.
> ㄴ. 정보공개거부처분 취소소송에서 비공개사유의 주장·입증책임은 피고인 공공기관에 있다.
> ㄷ. 행정처분의 당연무효를 주장하여 그 무효확인을 구하는 행정소송에서 그 행정처분이 무효인 사유를 주장·입증할 책임은 원고에게 있다.
> ㄹ. 국가유공자 인정과 관련하여, 공무수행으로 상이(傷痍)를 입었다는 점이나 그로 인한 신체장애의 정도가 법령에 정한 등급 이상에 해당한다는 점에 관한 증명책임은 국가유공자 등록신청인에게 있지만, 그 상이가 '불가피한 사유 없이 본인의 과실이나 본인의 과실이 경합된 사유로 입은 것'이라는 사정에 관한 증명책임은 피고인 처분청에게 있다.

① ㄱ, ㄴ, ㄷ   ② ㄱ, ㄴ, ㄹ
③ ㄱ, ㄷ, ㄹ   ④ ㄱ, ㄴ, ㄷ, ㄹ

문 5. 공법과 사법의 관계에 대한 설명으로 옳은 것만을 <보기>에서 모두 고르면? (다툼이 있는 경우 판례에 의함)

> ─── <보기> ───
> ㄱ. 「국가를 당사자로 하는 계약에 관한 법률」상 국가가 당사자가 되는 공공계약은 국가가 사경제의 주체로서 상대방과 대등한 위치에서 체결하는 사법상의 계약에 해당한다.
> ㄴ. 「국가를 당사자로 하는 계약에 관한 법률」상 국가기관에 의한 입찰참가자격제한행위는 사법상 관념의 통지에 해당한다.
> ㄷ. 공기업이나 준정부기관의 입찰참가자격제한은 계약에 근거할 수도 있고, 행정처분에 해당할 수도 있다.
> ㄹ. 사립학교 교원의 징계는 사립학교의 공적 성격을 고려할 때 행정처분에 해당한다.
> ㅁ. 행정재산의 사용·수익 허가는 강학상 특허로서 공법관계의 일종에 해당한다.

① ㄱ, ㄴ, ㄷ   ② ㄱ, ㄷ, ㅁ
③ ㄴ, ㄷ, ㄹ   ④ ㄴ, ㄹ, ㅁ

문 6. 「행정기본법」과 관련하여 옳지 않은 것은? (다툼이 있는 경우 판례에 의함)

① 처분의 이의신청에 대한 결과를 통지받은 후 행정심판 또는 행정소송을 제기하려는 자는 그 결과를 통지받은 날(통지기간 내에 결과를 통지받지 못한 경우에는 통지기간이 만료되는 날의 다음 날)부터 90일 이내에 행정심판 또는 행정소송을 제기할 수 있다.
② 외국인의 출입국에 관한 사항에 관하여는 「행정기본법」상 행정상 강제에 관한 규정을 적용하지 아니한다.
③ 과태료 부과 및 징수에 관한 사항은 「행정기본법」에 따른 이의신청이 인정되지 아니한다.
④ 행정상 강제 조치에 관하여 「행정기본법」에서 정한 사항 외에 필요한 사항은 따로 시행령으로 정한다.

문 7. 영조물의 설치·관리상 하자책임에 대한 설명으로 옳지 않은 것은? (다툼이 있는 경우 판례에 의함)

① 일반 공중이 사용하는 공공용물 외에 행정주체가 직접 사용하는 공용물이나 하천과 같은 자연공물도 「국가배상법」 제5조의 '공공의 영조물'에 포함된다.
② 영조물의 하자 유무는 객관적 견지에서 본 안전성의 문제이며, 국가의 예산 부족으로 인해 영조물의 설치·관리에 하자가 생긴 경우에도 국가는 면책될 수 없다.
③ 고속도로의 관리상 하자가 인정되더라도 고속도로의 관리상 하자를 판단할 때 고속도로의 점유관리자가 손해의 방지에 필요한 주의의무를 해태하였다는 주장·입증책임은 피해자에게 있다.
④ 소음 등의 공해로 인한 법적 쟁송이 제기되거나 그 피해에 대한 보상이 실시되는 등 피해 지역임이 구체적으로 드러나고 이러한 사실이 그 지역에 널리 알려진 이후에 이주하여 오는 경우에는 위와 같은 위험에의 접근에 따른 가해자의 면책 여부를 보다 적극적으로 인정할 여지가 있다.

문 8. 행정상 손실보상제도에 대한 설명으로 옳지 않은 것은?
① 헌법 제23조 제1항의 규정이 재산권의 존속을 보호하는 것이라면 제23조 제3항의 수용제도를 통해 존속보장은 가치보장으로 변하게 된다.
② 평등의 원칙으로부터 파생된 '공적 부담 앞의 평등'은 손실보상의 이론적 근거가 될 수 있다.
③ 헌법 제23조 제3항을 불가분조항으로 볼 경우, 보상규정을 두지 아니한 수용법률은 헌법위반이 된다.
④ 구 토지수용법 제51조가 규정하고 있는 '영업상의 손실'이란 수용의 대상이 된 토지·건물 등을 이용하여 영업을 하다가 그 토지·건물 등이 수용됨으로 인하여 영업을 할 수 없거나 제한을 받게 됨으로 인하여 생기는 손실을 말하는 것이므로, 영업을 하기 위하여 투자한 비용이나 그 영업을 통하여 얻을 것으로 기대되는 이익도 손실보상의 대상이 된다.

문 9. 「행정심판법」상 임시처분에 대한 설명으로 옳지 않은 것은? (다툼이 있는 경우 판례에 의함)
① 임시처분이란 행정청의 처분이나 부작위 때문에 발생할 수 있는 당사자의 중대한 불이익이나 급박한 위험을 막기 위해 당사자에게 임시지위를 부여하는 행정심판위원회의 결정을 말한다.
② 당사자의 임시지위를 정하여야 할 필요성이 인정된다면, 집행정지로 목적을 달성할 수 있는 경우에도 임시처분은 선택적으로 사용될 수 있다.
③ 행정심판위원회는 적극적 가구제 수단인 임시처분을 직권으로 결정할 수 있다.
④ 행정심판위원회가 임시처분결정을 하기 위해서 행정심판청구의 계속이 요구된다.

문 10. 신뢰보호원칙에 관한 설명으로 옳지 않은 것은? (다툼이 있는 경우 판례에 의함)
① 신뢰보호원칙은 판례뿐만 아니라 실정법상의 근거를 가지고 있다.
② 수익적 행정행위가 수익자의 귀책사유가 있는 신청에 의해 행하여졌다면 그 신뢰의 보호가치성은 인정되지 않는다.
③ 행정기관의 선행조치로서의 공적인 견해 표명은 반드시 명시적인 언동이어야 한다.
④ 처분청 자신의 공적 견해 표명이 있어야만 하는 것은 아니며, 경우에 따라서는 보조기관인 담당 공무원의 공적인 견해 표명도 신뢰의 대상이 될 수 있다.

문 11. 행정강제에 대해서 가장 옳지 않은 것은? (단, 다툼이 있는 경우 판례에 따름)
① 동일한 행위에 대하여 과징금 조항들과 공정거래법 규정을 중첩적으로 적용하는 것은 이중부과 금지의 원칙을 위반하는 것이므로 과징금을 각각 부과할 수는 없다.
② 사용자가 이행하여야 할 행정법상 의무의 내용을 초과하는 것을 '불이행 내용'으로 기재한 이행강제금 부과 예고서에 의하여 이행강제금 부과 예고를 한 다음 이를 이행하지 않았다는 이유로 이행강제금을 부과하였다면, 초과한 정도가 근소하다는 등의 특별한 사정이 없는 한 이행강제금 부과 예고는 이행강제금 제도의 취지에 반하는 것으로서 위법하다.
③ 비록 건축주 등이 장기간 시정명령을 이행하지 아니하였더라도, 그 기간 중에는 시정명령의 이행 기회가 제공되지 아니하였다가 뒤늦게 시정명령의 이행 기회가 제공된 경우라면, 시정명령의 이행 기회 제공을 전제로 한 1회분의 이행강제금만을 부과할 수 있고, 시정명령의 이행 기회가 제공되지 아니한 과거의 기간에 대한 이행강제금까지 한꺼번에 부과할 수는 없다.
④ 이행강제금 납부의무는 상속인 기타의 사람에게 승계될 수 없는 일신전속적인 성질의 것이므로 이미 사망한 사람에게 이행강제금을 부과하는 내용의 처분이나 결정은 당연무효이다.

문 12. 「공공기관의 정보공개에 관한 법률」과 정보공개에 대한 설명 중 옳은 것은?

① 공공기관이 보유·관리하는 정보는 국민의 사생활 보호 등을 위하여 이 법에서 정하는 바에 따라 소극적으로 공개하여야 한다.
② 정보공개에 관한 정책 수립 및 제도 개선에 관한 사항 등을 심의·조정하기 위하여 국무총리 소속으로 정보공개위원회를 둔다.
③ 외국인의 정보공개 청구에 관하여는 대통령령으로 정할 수 있다.
④ 의사결정과정에 제공된 회의관련자료나 의사결정과정이 기록된 회의록은 의사가 결정되거나 의사가 집행된 경우에는 더 이상 의사결정과정에 있는 사항 그 자체라고는 할 수 없으나, 비공개대상정보에 포함될 수 있다.

문 13. 행정입법에 대한 설명으로 옳지 않은 것은? (다툼이 있는 경우 판례에 의함)

① 법률의 시행령이나 시행규칙은 법률의 위임이 없으면 개인의 권리·의무에 관한 내용을 변경·보충하거나 법률이 규정하지 아니한 새로운 내용을 정할 수는 없으므로, 모법에 이에 관하여 직접 위임하는 규정을 두지 아니하였다면 당연히 이를 무효라고 보아야 한다.
② 법률에서 군법무관의 보수의 구체적 내용을 시행령에 위임했음에도 불구하고 행정부가 정당한 이유 없이 시행령을 제정하지 않은 것은 불법행위이므로 이에 대하여 국가배상청구를 할 수 있다.
③ 시행령이 헌법이나 법률에 위반된다는 사정은 그 시행령의 규정을 위헌 또는 위법하여 무효라고 선언한 대법원의 판결이 선고되지 아니한 상태에서는 객관적으로 명백한 것이라 할 수 없으므로, 이러한 시행령에 근거한 행정처분의 하자는 취소사유에 해당할 뿐 무효사유가 되지 않는다.
④ 행정처분이 법규성이 없는 내부지침 등의 규정에 위배된다고 하더라도 그 이유만으로 처분이 위법하게 되는 것은 아니며, 내부지침 등에서 정한 요건에 부합한다고 하여 반드시 그 처분이 적법한 것이라고 할 수도 없다.

문 14. 판례의 입장으로 옳지 않은 것은?

① 과세처분 이후 조세 부과의 근거가 되었던 법률규정에 대하여 위헌결정이 내려진 경우, 그 조세채권이 확정되었다 하더라도 위헌결정이 내려진 후 행하여진 체납처분은 당연무효이다.
② 토지수용위원회의 수용재결에 불복하여 취소소송을 제기하는 때에는 이의신청을 거친 경우에도 원칙적으로 수용재결을 한 지방토지수용위원회 또는 중앙토지수용위원회를 피고로 하여 수용재결의 취소를 구하여야 한다.
③ 정보통신매체를 이용하여 원격평생교육을 불특정 다수인에게 학습비를 받고 실시하기 위해 인터넷 침·뜸학습센터를 평생교육시설로 신고한 경우, 관할 행정청은 신고서 기재사항에 흠결이 없고 형식적 요건을 모두 갖추었더라도 신고대상이 된 교육이나 학습이 공익적 기준에 적합하지 않는다는 등의 실체적 사유를 들어 신고수리를 거부할 수 있다.
④ 하나의 납세고지서에 의하여 복수의 과세처분을 함께하는 경우에는 과세처분별로 그 세액과 산출근거 등을 구분하여 기재함으로써 납세의무자가 각 과세처분의 내용을 알 수 있도록 해야 한다.

문 15. 다음 사례에 대한 설명으로 옳지 않은 것은? (다툼이 있는 경우 판례에 의함)

> 「식품위생법」에 따르면 식품접객업자가 청소년에게 주류를 제공하는 행위는 금지되고, 이를 위반할 경우 관할 행정청이 영업허가 또는 등록을 취소하거나 6개월 이내의 기간을 정하여 그 영업의 전부 또는 일부를 정지할 수 있으며, 관할 행정청이 영업허가 또는 등록의 취소를 하는 경우에는 청문을 실시하여야 한다. 식품접객업자인 甲은 영업장에서 청소년에게 술을 팔다 적발되었고, 관할 행정청인 乙은 청문절차를 거쳐 甲에게 영업허가취소처분을 하였다.

① 부령인 「식품위생법 시행규칙」에 위반행위의 종류 및 위반 횟수에 따른 행정처분의 기준을 구체적으로 정하고 있는 경우에 이 행정처분기준은 행정기관 내부의 사무처리준칙을 규정한 것에 불과하여 법적 구속력이 인정되지 않는다.

② 甲이 청소년에게 주류를 제공한 것이 인정되더라도 영업허가취소처분으로 인하여 甲이 입게 되는 불이익이 공익상 필요보다 막대한 경우에는 영업허가취소처분이 위법하다고 인정될 수 있다.

③ 乙이 청문을 실시할 때 청문서 도달기간을 준수하지 않았는데 甲이 이에 대하여 이의를 제기하지 않고 청문일에 출석하여 그 의견을 진술하고 변명함으로써 방어의 기회를 충분히 가졌다면 청문서 도달기간을 준수하지 아니한 영업허가취소처분의 하자는 치유되었다고 볼 수 있다.

④ 甲이 영업허가취소처분 취소소송을 제기하여 인용판결이 확정되어도 영업허가취소처분의 효력이 바로 소멸하는 것은 아니고 그 판결의 기속력에 따라 영업허가취소처분이 乙에 의해 취소되면 비로소 영업허가취소처분의 효력이 소멸한다.

문 16. 행정행위의 효력에 대한 설명으로 옳지 않은 것은? (다툼이 있는 경우 판례에 의함)

① 선행처분과 후행처분이 서로 독립하여 별개의 법률효과를 목적으로 하는 때에도 선행처분이 당연무효이면 선행처분의 하자를 이유로 후행처분의 효력을 다툴 수 있다.

② 도시·군계획시설결정과 실시계획인가는 서로 결합하여 도시·군계획시설사업의 실시라는 하나의 법적 효과를 완성하므로, 도시·군계획시설결정의 하자는 실시계획인가에 승계된다.

③ 도지사의 인사교류안 작성과 그에 따른 인사교류의 권고가 전혀 이루어지지 않은 상태에서, 관할 구역 내 A시의 시장이 인사교류로서 소속 지방공무원인 甲에게 B시 지방공무원으로 전출을 명한 처분은 당연무효이다.

④ 물품세 과세대상이 아닌 것을 세무공무원이 직무상 과실로 과세대상으로 오인하여 과세처분을 행함으로 인하여 손해가 발생된 경우에는, 동 과세처분이 취소되지 아니하였다 하더라도, 국가는 이로 인한 손해를 배상할 책임이 있다.

문 17. 행정행위의 직권취소에 대한 설명으로 옳은 것은? (다툼이 있는 경우 판례에 의함)

① 수익적 행정처분의 쟁송취소는 취소를 통한 기득권의 침해를 정당화할 만한 중대한 공익상의 필요 또는 제3자 이익보호의 필요가 있는 때에 한하여 허용된다.

② 수익적 행정처분을 직권으로 취소하는 경우, 행정청이 종전 처분과 양립할 수 없는 처분을 함으로써 묵시적으로 종전의 수익적 행정처분을 취소할 수 있다.

③ 출생연월일 정정으로 특례노령연금 수급요건을 충족하지 못하게 된 자에 대하여 지급결정을 소급적으로 직권취소하고, 이미 지급된 급여를 환수하는 처분은 적법하다.

④ 행정행위의 위법 여부에 대하여 취소소송이 이미 진행 중인 경우 처분청은 위법을 이유로 그 행정행위를 직권취소할 수 없다.

문 18. 행정심판제도에 대한 설명으로 가장 옳지 않은 것은?

① 행정심판청구는 엄격한 형식을 요하지 않는 서면행위로 해석된다.
② 행정처분이 있은 날이라 함은 그 행정처분의 효력이 발생한 날을 의미한다.
③ 행정심판의 가구제 제도에는 집행정지제도와 임시처분제도가 있다.
④ 행정심판 재결의 기속력은 인용재결뿐만 아니라 각하재결과 기각재결에도 인정되는 효력이다.

문 19. 당사자소송에 대한 설명으로 옳은 것은? (다툼이 있는 경우 판례에 의함)

① 조세채권존재확인의 소는 항고소송으로 제기해야 하고, 도시재개발조합의 조합원 자격인정 여부에 관한 소는 당사자소송으로 제기해야 한다.
② 취소소송의 규정 중 피고경정, 공동소송, 제3자의 소송참가, 행정청의 소송참가에 관한 규정은 당사자소송에 준용된다.
③ 부가가치세법령에 의하여 환급세액이 정해진 부가가치세 환급세액의 지급청구는 당사자소송이 아니라 민사소송의 대상이다.
④ 당사자소송에는 집행정지 및 「민사집행법」상 가처분 규정이 준용되지 않는다.

문 20. 항고소송의 처분 등에 대한 설명으로 옳지 않은 것은? (다툼이 있는 경우 판례에 의함)

① 어떠한 처분에 법령상 근거가 있는지, 「행정절차법」에서 정한 처분절차를 준수하였는지는 본안에서 당해 처분이 적법한가를 판단하는 단계에서 고려할 요소이지, 소송요건 심사단계에서 고려할 요소가 아니다.
② 방위사업법령 및 '국방전력발전업무훈령'에 따른 연구개발확인서 발급은 사업관리기관이 개발업체에게 해당 품목의 양산과 관련하여 수의계약의 방식으로 국방조달계약을 체결할 수 있는 지위가 있음을 인정해 주는 확인적 행정행위로서 처분에 해당한다.
③ 근로복지공단이 사업주에 대하여 하는 개별 사업장의 사업종류변경결정은 사업종류 결정의 주체, 내용과 결정기준을 고려할 때 확인적 행정행위로서 처분에 해당한다.
④ 甲 시장이 감사원으로부터 「감사원법」에 따라 乙에 대하여 징계의 종류를 정직으로 정한 징계 요구를 받게 되자 감사원에 징계 요구에 대한 재심의를 청구하였는데 감사원이 재심의청구를 기각한 사안에서, 감사원의 징계 요구와 재심의청구 기각결정은 항고소송의 대상이 되는 행정처분이다.

2025 양승우 행정법총론 적중 동형 모의고사

PART 2
문제+해설편

제01회 적중 동형 모의고사 문제 및 해설

정답 모아보기

01	②	02	②	03	④	04	②	05	③
06	③	07	④	08	④	09	③	10	②
11	④	12	④	13	④	14	①	15	②
16	④	17	②	18	①	19	④	20	③

01

주장·증명책임과 관련하여 다음 중 옳지 않은 것은? (다툼이 있는 경우 판례에 의함)

① 항고소송은 그 특성에 따라 해당 처분의 적법성을 주장하는 피고에게 적법사유에 대한 증명책임이 있으나, 예외적으로 행정처분의 당연무효를 주장하여 무효확인을 구하는 행정소송에서는 원고에게 행정처분이 무효인 사유를 주장·증명할 책임이 있다.
② 무효확인을 구하는 뜻에서 행정처분의 취소소송에서는 피고에게 적법사유에 대한 증명책임이 있다.
③ 행정처분의 무효확인을 구하는 소에서 해당 행정처분의 취소를 구할 수 있는 경우, 무효사유가 증명되지 아니한 때에 법원은 취소사유에 해당하는 위법이 있는지도 심리하여야 한다.
④ 조세행정소송에서 위법사유로 무엇을 주장하는지 또는 무효사유의 주장에 취소사유를 주장하는 취지가 포함되어 있는지에 따라 증명책임이 분배된다.

정답 ②

①, ② 민사소송법이 준용되는 행정소송에서 증명책임은 원칙적으로 민사소송의 일반원칙에 따라 당사자 간에 분배되고, <u>항고소송은 그 특성에 따라 해당 처분의 적법성을 주장하는 피고에게 적법사유에 대한 증명책임이 있으나, 예외적으로 행정처분의 당연무효를 주장하여 무효확인을 구하는 행정소송에서는 원고에게 행정처분이 무효인 사유를 주장·증명할 책임이 있고, 이는 무효확인을 구하는 뜻에서 행정처분의 취소를 구하는 소송에 있어서도 마찬가지이다</u>(대판 2023.6.29. 2020두46073).
③, ④ <u>행정처분의 무효확인을 구하는 소에는 특단의 사정이 없는 한 취소를 구하는 취지도 포함되어 있다고 보아야 하므로, 해당 행정처분의 취소를 구할 수 있는 경우라면 무효사유가 증명되지 아니한 때에 법원으로서는 취소사유에 해당하는 위법이 있는지 여부까지 심리하여야 한다.</u> 나아가 과세처분에 대한 취소소송과 무효확인소송은 모두 소송물이 객관적인 조세채무의 존부확인으로 동일하다. 결국 과세처분의 위법을 다투는 조세행정소송의 형식이 취소소송인지 아니면 무효확인소송인지에 따라 증명책임이 달리 분배되는 것이라기보다는 <u>위법사유로 취소사유와 무효사유 중 무엇을 주장하는지 또는 무효사유의 주장에 취소사유를 주장하는 취지가 포함되어 있는지 여부에 따라 증명책임이 분배된다</u>(대판 2023.6.29. 2020두46073).

정리 (소송)형식이 아닌 실질에 따라서 증명책임 판단

정리 ∴ 취소사유 증명책임 : 피고 VS 무효사유 증명책임 : 원고

02

직권취소에 대한 설명으로 옳은 것은? (다툼이 있는 경우 판례에 의함)

① 법률에서 직권취소에 대한 근거를 두고 있는 경우에는 이해관계인이 처분청에 대하여 위법을 이유로 행정행위의 취소를 요구할 신청권을 갖는다고 보아야 한다.
② 행정행위를 한 행정청은 그 행정행위에 하자가 있는 경우에는 원칙적으로 별도의 법적 근거가 없더라도 스스로 그 행정행위를 직권으로 취소할 수 있다.
③ 직권취소는 행정행위의 성립상의 하자를 이유로 하는 것이므로, 개별법에 특별한 규정이 없는 한 「행정절차법」에 따른 절차규정이 적용되지 않는다.
④ 행정행위의 위법 여부에 대하여 취소소송이 이미 진행 중인 경우 처분청은 위법을 이유로 그 행정행위를 직권취소할 수 없다.

정답 ②

①, ② <u>행정처분을 한 처분청은 그 처분에 하자가 있는 경우에는 원칙적으로 별도의 법적 근거가 없더라도 스스로 이를 직권으로 취소할 수 있지만, 그와 같이 직권취소를 할 수 있다는 사정만으로 이해관계인에게 처분청에 대하여 그 취소를 요구할 신청권이 부여된 것으로 볼 수는 없으므로</u>, 처분청이 위와 같이 법규상 또는 조리상의 신청권이 없이 한 이해관계인의 복구준공통보 등의 취소신청을 거부하더라도, 그 거부행위는 항고소송의 대상이 되는 처분에 해당하지 않는다(대판 2006.6.30. 2004두701).
③ <u>수익적 행정행위의 직권취소는 권익을 제한하는 처분이므로 「행정절차법」상 사전통지 및 의견청취의 대상이 된다.</u>
④ 변상금 부과처분에 대한 <u>취소소송이 진행 중이라도 그 부과권자로서는 위법한 처분을 스스로 취소하고 그 하자를 보완하여 다시 적법한 부과처분을 할 수도 있다</u>(대판 2006.2.10. 2003두5686).

03

공법관계와 사법관계의 구별과 관련된 판례의 내용 중 옳지 않은 것은?

① 국가나 지방자치단체에 근무하는 청원경찰에 대한 징계처분의 시정을 구하는 소송은 행정소송에 해당한다.
② 일반재산(구 잡종재산)인 국유림을 대부하는 행위는 법률이 대부계약의 취소사유나 대부료의 산정방법 등을 정하고 있고, 대부료의 징수에 관하여 「국세징수법」 중 체납처분에 관한 규정을 준용하도록 정하고 있더라도 사법관계로 파악된다.
③ 구 「공익사업을 위한 토지 등의 취득 및 보상에 관한 법률」상 환매권의 존부에 관한 확인을 구하는 소송 및 환매금액의 증감을 구하는 소송은 민사소송이다.
④ 국세환급금결정이나 이 결정을 구하는 신청에 대한 환급거부결정은 행정청의 공행정작용으로서 항고소송의 대상이 된다.

정답 ④

① 국가나 지방자치단체에 근무하는 청원경찰은 국가공무원법이나 지방공무원법상의 공무원은 아니지만, 다른 청원경찰과는 달리 그 임용권자가 행정기관의 장이고, 국가나 지방자치단체로부터 보수를 받으며, 산업재해보상보험법이나 근로기준법이 아닌 공무원연금법에 따른 재해보상과 퇴직급여를 지급받고, 직무상의 불법행위에 대하여도 민법이 아닌 국가배상법이 적용되는 등의 특질이 있으며 그 외 임용자격, 직무, 복무의무 내용 등을 종합하여 볼 때, 그 근무관계를 사법상의 고용계약관계로 보기는 어려우므로 그에 대한 징계처분의 시정을 구하는 소는 행정소송의 대상이지 민사소송의 대상이 아니다(대판 1993.7.13. 92다47564).

정리 국가기관의 청원경찰 관련 - 행정소송 / 그 외 청원경찰 관련 - 민사소송

② 일반재산(구 잡종재산)인 국유림을 대부하는 행위는 국가가 사경제주체로서 상대방과 대등한 위치에서 행하는 **사법상의 법률행위**라 할 것이고, 행정청이 공권력의 주체로서 행하는 공법상의 행위라 할 수 없으며, 이 대부계약의 취소사유나 대부료의 산정방법 등을 법정하고, 또 대부료의 징수에 관하여 국세징수법 중 체납처분에 관한 규정을 준용하는 규정들이 있다고 하더라도 위 규정들은 국유재산관리상의 **공정과 편의를 꾀하기 위한 규정들에 불과**하여 위 규정들로 인하여 잡종재산인 국유림 대부행위의 본질이 사법상의 법률행위에서 공법상의 행위로 변화되는 것은 아니라 할 것이므로, 잡종재산인 국유림에 관한 대부료의 납입고지 역시 사법상의 이행청구에 해당한다고 할 것이어서 **행정소송의 대상으로 되지 아니한다**(대판 1993.12.21. 93누13735).

정리
법원은 대부권의 본질을 사권이라고 판단
∴ 사권에 다툼이 있으므로 민사소송으로 해결해야 함

③ 구 공익사업을 위한 토지 등의 취득 및 보상에 관한 법률 제91조에 규정된 환매권은 상대방에 대한 의사표시를 요하는 형성권의 일종으로서 재판상이든 재판 외이든 위 규정에 따른 기간 내에 행사하면 매매의 효력이 생기는 바 이러한 **환매권의 존부에 관한 확인을 구하는 소송** 및 구 공익사업법 제91조 제4항에 따라 **환매금액의 증감을 구하는 소송** 역시 민사소송에 해당한다(대판 2013.2.28. 2010두22368).

정리
법원은 환매권의 본질을 사권이라고 판단
∴ 사권에 다툼이 있으므로 민사소송으로 해결해야 함

④ 국세환급금결정이나 이 결정을 구하는 신청에 대한 환급거부결정은 납세의무자가 갖는 환급청구권의 존부나 범위에 구체적이고 직접적인 영향을 미치는 처분이 아니어서 **항고소송의 대상이 되는 처분이라고 볼 수 없다**(대판 2009.11.26. 2007두4018).

04

「행정기본법」상 처분에 대한 내용으로 옳지 않은 것은?

① 법령 등을 위반한 행위 후 법령 등의 변경에 의하여 그 행위가 법령 등을 위반한 행위에 해당하지 아니하거나 제재처분 기준이 가벼워진 경우로서 해당 법령 등에 특별한 규정이 없는 경우에는 변경된 법령 등을 적용한다.
② 행정청은 처분에 재량이 있는 경우 법률이 정하는 바에 따라 완전히 자동화된 시스템으로 처분할 수 있다.
③ 행정청은 재량이 있는 처분을 할 때에는 관련 이익을 정당하게 형량하여야 하며, 그 재량권의 범위를 넘어서는 아니 된다.
④ 처분은 권한이 있는 기관이 취소 또는 철회하거나 기간의 경과 등으로 소멸되기 전까지는 유효한 것으로 통용된다.

정답 ②

①
행정기본법 제14조 (법 적용의 기준)
제3항 법령 등을 위반한 행위의 **성립**과 이에 대한 **제재처분**은 (당사자의 독립적인 행위) 법령 등에 특별한 규정이 있는 경우를 제외하고는 법령 등을 위반한 **행위 당시의 법령** 등에 따른다. 다만, 법령 등을 위반한 행위 후 법령 등의 변경에 의하여 그 행위가 법령 등을 위반한 행위에 해당하지 **아니**하거나 제재처분 기준이 **가벼워진** 경우로서 해당 법령 등에 특별한 규정이 없는 경우에는 **변경된 법령** 등을 적용한다.

②
행정기본법 제20조 (자동적 처분)
행정청은 법률로 정하는 바에 따라 완전히 **자동화된 시스템**(인공지능 기술을 적용한 시스템을 포함한다)으로 처분을 할 수 있다. 다만, 처분에 **재량**이 있는 경우는 그러하지 **아니**하다.

③
> **행정기본법 제21조 (재량행사의 기준)**
> 행정청은 재량이 있는 처분을 할 때에는 관련 **이익**을 정당하게 **형량**하여야 하며, 그 **재량권의 범위를 넘어서는 아니 된다**.

④
> **행정기본법 제15조 (처분의 효력)**
> 처분은 권한이 있는 기관이 취소 또는 철회하거나 기간의 경과 등으로 소멸되기 **전까지는 유효**한 것으로 통용된다. 다만, **무효인 처분은 처음부터 그 효력이 발생하지 아니한다**.

05

행정상 손실보상에 대한 설명으로 옳은 것은? (다툼이 있는 경우 판례에 의함)

① 토지소유자가 사업시행자에게 잔여지 매수청구의 의사표시를 하였다면, 그 의사표시는 특별한 사정이 없는 한 관할 토지수용위원회에 한 잔여지 수용청구의 의사표시로 볼 수 있다.
② 공익사업시행으로 인한 개발이익은 완전보상의 범위에 포함되는 피수용토지의 객관적 가치 내지 피수용자의 손실에 해당한다.
③ 동일한 토지소유자에 속하는 일단의 토지의 일부가 취득됨으로써 잔여지의 가격이 감소한 때에는 잔여지를 종래의 목적으로 사용하는 것이 가능한 경우라도 그 잔여지는 손실보상의 대상이 된다.
④ 「공익사업을 위한 토지 등의 취득 및 보상에 관한 법률」상 보상 대상이 되는 '기타 토지에 정착한 물건에 대한 소유권 그 밖의 권리를 가진 관계인'에는 수거·철거권 등 실질적 처분권을 가진 자는 포함되지 않는다.

정답 ③

① 잔여지 수용청구의 의사표시는 관할 토지수용위원회에 하여야 하는 것으로서, 관할 토지수용위원회가 사업시행자에게 잔여지 수용청구의 의사표시를 수령할 권한을 부여하였다고 인정할 만한 사정이 없는 한, 사업시행자에게 한 잔여지 매수청구의 의사표시를 관할 토지수용위원회에 한 잔여지 수용청구의 의사표시로 볼 수는 없다(대판 2010.8.19. 2008두822).
② 헌법 제23조 제3항에서 규정한 "정당한 보상"이란 원칙적으로 피수용재산의 객관적인 재산가치를 완전하게 보상하여야 한다는 완전보상을 뜻하는 것이지만, 공익사업의 시행으로 인한 개발이익은 완전보상의 범위에 포함되는 피수용토지의 객관적 가치 내지 피수용자의 손실이라고는 볼 수 없다(헌재 1991.2.11. 90헌바17).
③ 사업시행자가 동일한 토지소유자에 속하는 일단의 토지 일부를 취득함으로 인하여 잔여지의 가격이 감소하거나 그 밖의 손실이 있을 때 등에는 잔여지를 종래의 목적으로 사용하는 것이 가능한 경우라도 잔여지 손실보상의 대상이 되며, 잔여지를 종래의 목적에 사용하는 것이 불가능하거나 현저히 곤란한 경우이어야만 잔여지 손실보상청구를 할 수 있는 것이 아니다(대판 2018.7.20. 2015두4044).

④ 「공익사업을 위한 토지 등의 취득 및 보상에 관한 법률」상 보상 대상이 되는 '기타 토지에 정착한 물건에 대한 소유권 그 밖의 권리를 가진 관계인'에는 수거·철거권 등 실질적 처분권을 가진 자도 포함된다(대판 2019.4.11. 2018다277419).

06

집행정지결정에 대해서 가장 옳지 않은 것은? (다툼이 있는 경우 판례에 의함)

① 집행정지결정의 효력은 결정 주문에서 정한 기간까지 존속하다가 그 기간이 만료되면 장래에 향하여 소멸한다.
② 항고소송을 제기한 원고가 본안소송에서 패소확정판결을 받았더라도 집행정지결정의 효력이 소급하여 소멸하지 않는다.
③ 본안 확정판결로 해당 제재처분이 적법하다는 점이 확인되었더라도 제재처분의 상대방이 집행정지를 통해 집행정지가 이루어지지 않은 경우와 비교하여 제재를 덜 받게 되는 결과가 초래될 수 밖에 없다.
④ 처분상대방이 집행정지결정을 받지 못했으나 본안소송에서 해당 제재처분이 위법하다는 것이 확인되어 취소하는 판결이 확정되면, 처분청은 그 제재처분으로 처분상대방에게 초래된 불이익한 결과를 제거하기 위하여 필요한 조치를 취하여야 한다.

정답 ③

①, ②, ③, ④ 집행정지결정의 효력은 결정 주문에서 정한 기간까지 존속하다가 그 기간이 만료되면 장래에 향하여 소멸한다. 집행정지결정은 처분의 집행으로 회복하기 어려운 손해를 예방하기 위하여 긴급한 필요가 있고 달리 공공복리에 중대한 영향을 미치지 않을 것을 요건으로 하여 본안판결이 있을 때까지 해당 처분의 집행을 잠정적으로 정지함으로써 위와 같은 손해를 예방하는 데 취지가 있으므로, 항고소송을 제기한 원고가 본안소송에서 패소확정판결을 받았더라도 집행정지결정의 효력이 소급하여 소멸하지 않는다.
그러나 제재처분에 대한 행정쟁송절차에서 처분에 대해 집행정지결정이 이루어졌더라도 본안에서 해당 처분이 최종적으로 적법한 것으로 확정되어 집행정지결정이 실효되고 제재처분을 다시 집행할 수 있게 되면, 처분청으로서는 당초 집행정지결정이 없었던 경우와 동등한 수준으로 해당 제재처분이 집행되도록 필요한 조치를 취하여야 한다. 집행정지는 행정쟁송절차에서 실효적 권리구제를 확보하기 위한 잠정적 조치일 뿐이므로, 본안 확정판결로 해당 제재처분이 적법하다는 점이 확인되었다면 제재처분의 상대방이 잠정적 집행정지를 통해 집행정지가 이루어지지 않은 경우와 비교하여 제재를 덜 받게 되는 결과가 초래되도록 해서는 안 된다. 반대로, 처분상대방이 집행정지결정을 받지 못했으나 본안소송에서 해당 제재처분이 위법하다는 것이 확인되어 취소하는 판결이 확정되면, 처분청은 그 제재처분으로 처분상대방에게 초래된 불이익한 결과를 제거하기 위하여 필요한 조치를 취하여야 한다(대판 2020.9.3. 2020두34070).

🔎 정리 결과제거의무

07

협의의 소의 이익에 대한 설명으로 옳은 것은? (다툼이 있는 경우 판례에 의함)

① 취임승인이 취소된 학교법인의 정식이사들에 대해 원래 정해져 있던 임기가 만료되면 그 임원취임승인취소처분의 취소를 구할 소의 이익이 없다.

② 지방의회 의원의 제명의결 취소소송 계속 중 임기 만료로 지방의회 의원으로서의 지위를 회복할 수 없는 자는 제명의결의 취소를 구할 소의 이익이 없다.

③ 수형자의 영치품에 대한 사용신청 불허처분 후 수형자가 다른 교도소로 이송된 경우 원래 교도소로의 재이송 가능성이 소멸되었으므로 그 불허처분의 취소를 구할 소의 이익이 없다.

④ 법인세 과세표준과 관련하여 과세관청이 법인의 소득처분 상대방에 대한 소득처분을 경정하면서 증액과 감액을 동시에 한 결과 전체로서 소득처분금액이 감소된 경우, 법인이 소득금액변동통지의 취소를 구할 소의 이익이 없다.

정답 ④

① 학교법인 임원취임승인의 취소처분 후 그 임원의 임기가 만료되고 구 사립학교법 제22조 제2호 소정의 임원결격사유기간마저 경과한 경우 또는 위 취소처분에 대한 취소소송 제기 후 임시이사가 교체되어 새로운 임시이사가 선임된 경우, 위 취임승인취소처분 및 당초의 임시이사선임처분의 취소를 구할 소의 이익이 있다(대판 2007.7.19. 2006두19297 전합).

② 구 지방자치법 제32조 제1항(현행 지방자치법 제33조 제1항)은 지방의회 의원에게 지급하는 비용으로 의정활동비(제1호)와 여비(제2호) 외에 월정수당(제3호)을 규정하고 있는바, 이 규정의 입법연혁과 함께 특히 월정수당(제3호)은 지방의회 의원의 직무활동에 대하여 매월 지급되는 것으로서, 지방의회 의원이 전문성을 가지고 의정활동에 전념할 수 있도록 하는 기틀을 마련하고자 하는 데에 그 입법 취지가 있다는 점을 고려해 보면, 지방의회 의원에게 지급되는 비용 중 적어도 월정수당(제3호)은 지방의회 의원의 직무활동에 대한 대가로 지급되는 보수의 일종으로 봄이 상당하다. 따라서 지방의회 의원인 원고가 이 사건 제명의결 취소소송 계속 중 임기가 만료되어 제명의결의 취소로 지방의회 의원으로서의 지위를 회복할 수는 없다 할지라도, 그 취소로 인하여 최소한 제명의결시부터 임기만료일까지의 기간에 대해 월정수당의 지급을 구할 수 있는 등 여전히 그 제명의결의 취소를 구할 법률상 이익은 남아 있다고 보아야 한다(대판 2009.1.30. 2007두13487).

③ 원고의 긴 팔 티셔츠 2개(앞 단추가 3개 있고 칼라가 달린 것, 이하 '이 사건 영치품'이라 한다)에 대한 사용신청 불허처분(이하 '이 사건 처분'이라 한다) 이후 이루어진 원고의 다른 교도소로의 이송이라는 사정에 의하여 원고의 권리와 이익의 침해 등이 해소되지 아니한 점, 원고의 형기가 만료되기까지는 아직 상당한 기간이 남아 있을 뿐만 아니라, 진주교도소가 전국 교정시설의 결핵 및 정신질환 수형자들을 수용·관리하는 의료교도소인 사정을 감안할 때 원고의 진주교도소로의 재이송 가능성이 소멸하였다고 단정하기 어려운 점 등을 종합하면, 원고로서는 이 사건 처분의 취소를 구할 이익이 있다고 봄이 상당하다(대판 2008.2.14. 2007두13203).

④ 법인이 법인세의 과세표준을 신고하면서 배당, 상여 또는 기타소득으로 소득처분한 금액은 당해 법인이 신고기일에 소득처분의 상대방에게 지급한 것으로 의제되어 그때 원천징수하는 소득세의 납세의무가 성립·확정되며, 그 후 과세관청이 직권으로 상대방에 대한 소득처분을 경정하면서 일부 항목에 대한 증액과 다른 항목에 대한 감액을 동시에 한 결과 전체로서 소득처분금액이 감소된 경우에는 그에 따른 소득금액변동통지가 납세자인 당해 법인에 불이익을 미치는 처분이 아니므로 당해 법인은 그 소득금액변동통지의 취소를 구할 이익이 없다(대판 2012.4.13. 2009두5510).

정리

소득처분금액이 감소하면 소득세도 감소

∴ (이 경우) 소득금액변동통지는 불이익을 미치는 처분X

08

양벌규정에 대한 설명으로 옳지 않은 것은? (다툼이 있는 경우 판례에 의함)

① 양벌규정은 행위자에 대한 처벌규정임과 동시에 그 위반행위의 이익귀속주체인 영업주에 대한 처벌규정이다.

② 양벌규정에 의해 영업주를 처벌하는 경우, 금지위반 행위자인 종업원을 처벌할 수 없는 경우에도 영업주만 따로 처벌할 수 있다.

③ 법인 대표자의 법규위반행위에 대한 법인의 책임은 법인 자신의 법규위반행위로 평가될 수 있는 행위에 대한 법인의 직접책임이다.

④ 양벌규정에 의한 법인의 처벌은 어디까지나 제재처분이지 형벌과는 구별된다.

정답 ④

① 양벌규정은 업무주가 아니면서 당해 업무를 실제로 집행하는 자가 있는 때에 위 벌칙규정의 실효성을 확보하기 위하여 그 적용대상자를 당해 업무를 실제로 집행하는 자에게까지 확장함으로써 그러한 자가 당해 업무집행과 관련하여 위 벌칙규정의 위반행위를 한 경우 위 양벌규정에 의하여 처벌할 수 있도록 한 행위자의 처벌규정임과 동시에 그 위반행위의 이익귀속주체인 업무주에 대한 처벌규정이라고 할 것이다(대판 1999.7.15. 95도2870).

② 양벌규정에 의한 영업주의 처벌은 금지위반행위자인 종업원의 처벌에 종속하는 것이 아니라 독립하여 그 자신의 종업원에 대한 선임감독상의 과실로 인하여 처벌되는 것이므로 종업원의 범죄성립이나 처벌이 영업주 처벌의 전제조건이 될 필요는 없다(대판 2006.2.24. 2005도7673).

③ 법인 대표자의 법규위반행위에 대한 법인의 책임은 법인 자신의 법규위반행위로 평가될 수 있는 행위에 대한 법인의 직접책임이므로, 대표자의 고의에 의한 위반행위에 대하여는 법인이 고의 책임을, 대표자의 과실에 의한 위반행위에 대하여는 법인이 과실 책임을 부담한다. 따라서 심판대상조항 중 법인의 대표자 관련 부분은 법인의 직접책임을 근거로 하여 법인을 처벌하므로 책임주의 원칙에 위배되지 않는다(헌재 2020.4.23. 2019헌가25).

④ 양벌규정에 의한 법인의 처벌은 어디까지나 형벌의 일종으로서 행정적 제재처분이나 민사상 불법행위책임과는 성격을 달리한다(대판 2019.11.14. 2017도4111).

09

「행정소송법」상 당사자소송에 대한 설명으로 가장 옳은 것은?

① 부가가치세법령상 납세의무자에 대한 국가의 부가가치세 환급세액 지급의무는 부당이득 반환의무이므로 그 지급청구는 당사자소송이 아니라 민사소송의 절차에 따라야 한다.
② 재개발조합은 공법인이므로 재개발조합과 조합장 사이의 선임·해임 등을 둘러싼 법률관계는 공법상 법률관계이고 그 조합장의 지위를 다투는 소송은 공법상 당사자소송이다.
③ 명예퇴직한 법관이 미지급 명예퇴직수당액에 대하여 가지는 권리는 공법상 법률관계에 관한 권리이므로 그 지급을 구하는 소송은 당사자소송에 해당한다.
④ 납세의무부존재확인의 소는 당사자소송이고 항고소송의 성격을 가지므로 해당 과세처분 관할 행정청이 피고가 된다.

정답 ③

① 납세의무자에 대한 국가의 부가가치세 환급세액 지급의무는 그 납세의무자로부터 어느 과세기간에 과다하게 거래징수된 세액 상당을 국가가 실제로 납부받았는지와 관계없이 부가가치세법령의 규정에 의하여 직접 발생하는 것으로서, 그 법적 성질은 정의와 공평의 관념에서 수익자와 손실자 사이의 재산상태 조정을 위해 인정되는 부당이득 반환의무가 아니라 부가가치세법령에 의하여 그 존부나 범위가 구체적으로 확정되고 조세 정책적 관점에서 특별히 인정되는 공법상 의무라고 봄이 타당하다. 그렇다면 납세의무자에 대한 국가의 부가가치세 환급세액 지급의무에 대응하는 국가에 대한 납세의무자의 부가가치세 환급세액 지급청구는 민사소송이 아니라 행정소송법 제3조 제2호에 규정된 당사자소송의 절차에 따라야 한다(2013. 3. 21. 2011다95564).

🔍 **정리** 부가가치세 환급세액 지급청구는 당사자소송

② 구「도시 및 주거환경정비법」상 재개발조합이 공법인이라는 사정만으로 재개발조합과 조합장 또는 조합임원 사이의 선임·해임 등을 둘러싼 법률관계가 공법상의 법률관계에 해당한다거나 그 조합장 또는 조합임원의 지위를 다투는 소송이 당연히 공법상 당사자소송에 해당한다고 볼 수는 없고, 구「도시 및 주거환경정비법」의 규정들이 재개발조합과 조합장 및 조합임원과의 관계를 특별히 공법상의 근무관계로 설정하고 있다고 볼 수도 없으므로, 재개발조합과 조합장 또는 조합임원 사이의 선임·해임 등을 둘러싼 법률관계는 사법상의 법률관계로서 그 조합장 또는 조합임원의 지위를 다투는 소송은 민사소송에 의하여야 할 것이다(대판 2009.9.24. 2009마168).

🔍 **정리** 조합장(조합임원)의 지위를 다투는 소송은 민사소송

③ 명예퇴직한 법관이 미지급 명예퇴직수당액에 대하여 가지는 권리는 명예퇴직수당 지급대상자 결정 절차를 거쳐 명예퇴직수당규칙에 의하여 확정된 공법상 법률관계에 관한 권리로서, 그 지급을 구하는 소송은 행정소송법의 당사자소송에 해당하며, 그 법률관계의 당사자인 국가를 상대로 제기하여야 한다(대판 2016.5.24. 2013두14863).

🔍 **정리** 명예퇴직한 법관의 (미지급된) 명예퇴직수당지급청구소송은 당사자소송

④ 납세의무부존재확인의 소는 공법상의 법률관계 그 자체를 다투는 소송으로서 당사자소송이라 할 것이므로 행정소송법 제3조 제2호, 제39조에 의하여 그 법률관계의 한쪽 당사자인 국가·공공단체 그 밖의 권리주체가 피고적격을 가진다(대판 2000.9.8. 99두2765).

🔍 **정리** 당사자소송의 피고는 국가·공공단체 그 밖의 권리주체

10

취소소송에서의 처분사유의 추가·변경에 대한 설명으로 옳은 것은? (다툼이 있는 경우 판례에 의함)

① 처분청은 원고의 권리방어가 침해되지 않는 한도 내에서 당해 취소소송의 대법원 확정판결이 있기 전까지 처분사유의 추가·변경을 할 수 있다.
② 외국인 갑(甲)이 법무부장관에게 귀화신청을 하였으나 법무부장관이 '품행 미단정'을 불허사유로「국적법」상의 요건을 갖추지 못하였다며 신청을 받아들이지 않는 처분을 하였는데, 법무부장관이 갑을 '품행 미단정'이라고 판단한 이유에 대하여 제1심 변론절차에서「자동차 관리법」위반죄로 기소유예를 받은 전력 등을 고려하였다고 주장한 후, 제2심 변론절차에서 불법 체류전력 등의 제반사정을 추가로 주장할 수 있다.
③ 추가 또는 변경된 사유가 당초의 처분시 그 사유를 명기하지 않았을 뿐 처분시에 이미 존재하고 있었고 당사자도 그 사실을 알고 있었다면 당초의 처분사유와 동일성이 인정된다.
④ 처분사유의 추가·변경이 절차적 위법성을 치유하는 것인데 반해, 처분이유의 사후제시는 처분의 실체법상의 적법성을 확보하기 위한 것이다.

정답 ②

① 행정청은 행정처분 이후는 물론 소송 도중이라도 사실심 변론종결시까지 처분의 동일성이 유지되는 범위 내에서 처분사유를 추가·변경할 수 있다(대판 2001.10.30. 2000두5616).

🔍 **정리**
처분사유의 추가·변경은 사실심 변론종결시까지 O / 대법원 확정판결 전까지 X

② 외국인 甲이 법무부장관에게 귀화신청을 하였으나 법무부장관이 심사를 거쳐 '품행 미단정'을 불허사유로 국적법상의 요건을 갖추지 못하였다며 신청을 받아들이지 않는 처분을 하였는데, 법무부장관이 甲을 '품행 미단정'이라고 판단한 이유에 대하여 제1심 변론절차에서 자동차관리법위반죄로 기소유예를 받은 전력 등을 고려하였다고 주장하였다가 원심(제2심) 변론절차에서 불법 체류한 전력이 있다는 추가적인 사정까지 고려하였다고 주장한 사안에서, 법무부장관이 원심에서 추가로 제시한 불법 체류 전력 등의 제반 사정은 불허가처분의 처분사유 자체가 아니라 그 근거가 되는 기초 사실 내지 평가요소에 지나지 않으므로, 법무부장관이 이러한 사정을 추가로 주장할 수 있다(대판 2018.12.13. 2016두31616).

③ 추가 또는 변경된 사유가 당초의 처분시 그 사유를 명기하지 않았을 뿐 처분시에 이미 존재하고 있었고 당사자도 그 사실을 알고 있었다 하여 당초의 처분사유와 동일성이 있는 것이라 할 수 없다(대판 2003.12.11. 2001두8827).

④ 처분이유의 사후제시(하자의 치유)는 처분시에 존재하는 하자가 사후에 보완되어 없어지는 것이나, 처분사유의 추가·변경은 처분시에 이미 존재하였지만 처분이유로 기재되지 않았던 사유를 소송계속 중에 처분이유로 주장하는 것이다. 따라서 처분이유의 사후제시(하자의 치유)는 절차적 위법성을 치유하는 것인데 반해, 처분사유의 추가·변경은 처분의 실체법상의 적법성을 확보하기 위한 것이다.

> 정리 ∴ 행정행위의 내용상의 하자에 대해서는 하자의 치유 인정X

11

다음 중 단계별 행정행위에 관한 판례의 태도로서 가장 옳지 않은 것은?

① 폐기물처리업에 대하여 관할 관청의 사전 적정통보를 받고 막대한 비용을 들여 허가요건을 갖춘 다음 허가신청을 하였음에도 청소업자의 난립으로 효율적인 청소업무의 수행에 지장이 있다는 이유로 한 불허가처분이 신뢰보호의 원칙에 반하여 재량권을 남용한 위법한 처분이다.
② 폐기물처리업 사업계획에 대하여 적정통보를 한 것만으로 그 사업부지 토지에 대한 국토이용계획변경신청을 승인하여 주겠다는 취지의 공적인 견해표명을 한 것으로 볼 수 없다.
③ 행정청이 내인가를 한 다음 이를 취소하는 행위는 인가신청을 거부하는 처분으로 보아야 한다.
④ 구「주택건설촉진법」에 의한 주택건설사업계획 사전결정이 있는 경우 주택건설계획 승인처분은 사전결정에 기속되므로 다시 승인 여부를 결정할 수 없다.

정답 ④

① 폐기물처리업에 대하여 사전에 관할 관청으로부터 적정통보를 받고 막대한 비용을 들여 허가요건을 갖춘 다음 허가신청을 하였음에도 다수 청소업자의 난립으로 안정적이고 효율적인 청소업무의 수행에 지장이 있다는 이유로 한 불허가처분이 신뢰보호의 원칙 및 비례의 원칙에 반하는 것으로서 재량권을 남용한 위법한 처분이다(대판 1998.5.8. 98두4061).
② 폐기물관리법령에 의한 폐기물처리업 사업계획에 대한 적정통보와 국토이용관리법령에 의한 국토이용계획변경은 각기 그 제도적 취지와 결정단계에서 고려해야 할 사항들이 다르다는 이유로, 폐기물처리업 사업계획에 대하여 적정통보를 한 것만으로 그 사업부지 토지에 대한 국토이용계획변경신청을 승인하여 주겠다는 취지의 공적인 견해표명을 한 것으로 볼 수 없다(대판 2005.4.28. 2004두8828).
③ 자동차운송사업양도양수계약에 기한 양도양수인가신청에 대하여 피고 시장이 내인가를 한 후 위 내인가에 기한 본인가신청이 있었으나 자동차운송사업 양도양수인가신청서가 합의에 의한 정당한 신청서라고 할 수 없다는 이유로 위 내인가를 취소한 경우, 위 내인가의 법적 성질이 행정행위의 일종으로 볼 수 있든 아니든 그것이 행정청의 상대방에 대한 의사표시임이 분명하고, 피고가 위 내인가를 취소함으로써 다시 본인가에 대하여 따로이 인가 여부의 처분을 한다는 사정이 보이지 않는다면 위 내인가취소를 인가신청을 거부하는 처분으로 보아야 할 것이다(대판 1991.6.28. 90누4402).

④ 구 주택건설촉진법의 규정에 의한 주택건설사업계획의 승인은 상대방에게 권리나 이익을 부여하는 효과를 수반하는 이른바 수익적 행정처분으로서 행정처분의 요건에 관하여 일의적으로 규정되어 있지 아니한 이상 행정청의 재량행위에 속하고 그 전 단계인 주택건설사업계획의 사전결정이 있다하여 달리 볼 것은 아니다. 따라서 주택건설사업계획의 사전결정을 하였다고 하더라도 주택건설사업계획의 승인단계에서 그 사전결정에 기속되지 않고 다시 사익과 공익을 비교형량하여 그 승인 여부를 결정할 수 있다(대판 1999.5.25. 99두1052).

12

「행정심판법」에 대한 설명으로 옳지 않은 것은? (다툼이 있는 경우 판례에 의함)

① 심판청구에 대하여 일부 인용하는 재결이 있는 경우에도 그 재결 및 같은 처분에 대하여 다시 행정심판을 청구할 수 없다.
② 행정처분이 있음을 안 날부터 90일을 넘겨 행정심판을 청구하였다가 각하재결을 받은 후 그 재결서를 송달받은 날부터 90일 내에 원래의 처분에 대하여 취소소송을 제기한 경우, 취소소송의 제소기간을 준수한 것으로 볼 수 없다.
③ 행정심판의 재결이 확정되었다 하더라도 처분의 기초가 된 사실관계나 법률적 판단이 확정되는 것은 아니므로, 당사자들이나 법원이 이에 기속되어 모순되는 주장이나 판단을 할 수 없게 되는 것은 아니다.
④ 행정청은 당초 처분사유와 기본적 사실관계가 동일하지 아니한 처분사유를 행정소송 계속중에는 추가변경할 수 없으나 행정심판 단계에서는 추가·변경할 수 있다.

정답 ④

①
> **행정심판법 제51조 (행정심판 재청구의 금지)**
> 심판청구에 대한 재결이 있으면 그 재결 및 같은 처분 또는 부작위에 대하여 다시 행정심판을 청구할 수 없다.
>
> 정리 재결은 행정심판의 대상X

② 처분이 있음을 안 날부터 90일을 넘겨 청구한 부적법한 행정심판청구에 대한 재결이 있은 후 재결서를 송달받은 날부터 90일 이내에 원래의 처분에 대하여 취소소송을 제기하였다고 하여 취소소송이 다시 제소기간을 준수한 것으로 되는 것은 아니다(대판 2011.11.24. 2011두18786).

> 정리 각하재결이 있으면 (취소소송 제기하여면) 각하판결

③ 행정심판의 재결은 피청구인인 행정청을 기속하는 효력을 가지므로 재결청이 취소심판의 청구가 이유 있다고 인정하여 처분청에 처분을 취소할 것을 명하면 처분청으로서는 재결의 취지에 따라 처분을 취소하여야 하지만, 나아가 재결에 판결에서와 같은 기판력이 인정되는 것은 아니어서 재결이 확정된 경우에도 처분의 기초가 된 사실관계나 법률적 판단이 확정되고 당사자들이나 법원이 이에 기속되어 모순되는 주장이나 판단을 할 수 없게 되는 것은 아니다(대판 2015.11.27. 2013다6759).

④ 행정처분의 취소를 구하는 항고소송에서 처분청은 당초 처분의 근거로 삼은 사유와 기본적 사실관계가 동일성이 있다고 인정되는 한도 내에서만 다른 사유를 추가 또는 변경할 수 있고, 이러한 기본적 사실관계의 동일성 유무는 처분사유를 법률적으로 평가하기 이전의 구체적 사실에 착안하여 그 기초인 사회적 사실관계가 기본적인 점에서 동일한지에 따라 결정되므로, 추가 또는 변경된 사유가 처분 당시에 이미 존재하고 있었다거나 당사자가 그 사실을 알고 있었다고 하여 당초의 처분사유와 동일성이 있다고 할 수 없다. 그리고 이러한 법리는 행정심판 단계에서도 그대로 적용된다(대판 2014.5.16. 2013두26118).

13

항고소송의 판결에 대한 설명으로 옳은 것은? (다툼이 있는 경우 판례에 의함)

① 취소소송에서 법원은 사실심변론종결 당시에 존재하는 사실 및 법률상태를 기준으로 처분의 위법 여부를 판단하여야 한다.
② 「행정소송법」 제4조 제1호에서 취소소송을 행정청의 위법한 처분 등을 취소 또는 변경하는 소송으로 정의하고 있는데, 여기에서 '변경'은 소극적 변경뿐만 아니라 적극적 변경까지 포함하는 의미로 본다.
③ 처분의 취소소송에서 청구를 기각하는 확정판결의 기판력은 다시 그 처분에 대해 무효확인을 구하는 소송에 대해서는 미치지 않는다.
④ 소청심사결정의 취소를 구하는 소송에서 소청심사단계에서 이미 주장된 사유만을 행정소송에서 판단대상으로 삼을 것은 아니고 소청심사결정 후에 생긴 사유가 아닌 이상 소청심사단계에서 주장하지 않은 사유도 행정소송에서 주장하는 것이 가능하다.

정답 ④

① **행정처분의 위법 여부를 판단하는 기준 시점**에 대하여 판결시가 아니라 **처분시**라고 하는 의미는 행정처분이 있을 때의 법령과 사실상태를 기준으로 하여 위법 여부를 판단할 것이며 처분 후 법령의 개폐나 사실상태의 변동에 영향을 받지 않는다는 뜻이지 처분 당시 존재하였던 자료나 행정청에 제출되었던 자료만으로 위법 여부를 판단한다는 의미는 아니므로 처분 당시의 사실상태 등에 대한 입증은 사실심 변론종결 당시까지 할 수 있고, 법원은 행정처분 당시 행정청이 알고 있었던 자료뿐만 아니라 사실심 변론종결 당시까지 제출된 모든 자료를 종합하여 처분 당시 존재하였던 객관적 사실을 확정하고 그 사실에 기초하여 처분의 위법 여부를 판단할 수 있다(대판 1995.11.10. 95누8461).
② 「행정소송법」 제4조 제1호에서 취소소송을 행정청의 위법한 처분 등을 취소 또는 변경하는 소송으로 정의하고 있는데, 여기에서 '변경'은 소극적 변경 즉 일부취소를 의미하는 것이지 적극적 변경 즉 변경판결은 포함하지 않는 것이 판례의 입장이다(대판 1964.5.19. 67누177 참고).
③ 과세처분 취소청구를 기각하는 판결이 확정되면 그 **처분이 적법**하다는 점에 관하여 기판력이 생기고 그 후 원고가 이를 무효라 하여 무효확인을 소구할 수 없는 것이어서 과세처분의 취소소송에서 청구가 기각된 확정판결의 기판력은 그 과세처분의 무효확인을 구하는 소송에도 미친다(대판 1998.7.24. 98다10854).

④ 교원소청심사위원회가 한 결정의 취소를 구하는 소송에서 그 결정의 적부는 결정이 이루어진 시점을 기준으로 판단하여야 하지만, 그렇다고 하여 소청심사 단계에서 이미 주장된 사유만을 행정소송의 판단대상으로 삼을 것은 아니다. 따라서 소청심사 결정 후에 생긴 사유가 아닌 이상 소청심사 단계에서 주장하지 아니한 사유도 행정소송에서 주장할 수 있고, 법원도 이에 대하여 심리·판단할 수 있다(대판 2018.7.12. 2017두65821).

14

행정행위의 부관에 대한 설명으로 옳지 않은 것은?

① 행정처분과 실제적 관련성이 없어서 부관으로는 붙일 수 없는 부담을 사법상 계약의 형식으로 행정처분의 상대방에게 부과하였더라도 이는 법치행정의 원리에 반하는 것은 아니다.
② 기속행위도 법률에서 명시적으로 부관을 허용하고 있으면 부관을 붙일 수 있다.
③ 부담의 경우에는 다른 부관과는 달리 행정행위의 불가분적인 요소가 아니고 그 존속이 본체인 행정행위의 존재를 전제로 하는 것일 뿐이므로 부담 그 자체로서 행정쟁송의 대상이 될 수 있다.
④ 부관의 사후변경은 법률에 명문의 규정이 있거나 그 변경이 미리 유보되어 있는 경우 또는 상대방의 동의가 있는 경우에 한하여 허용되는 것이 원칙이지만, 사정변경으로 인하여 당초에 부담을 부가한 목적을 달성할 수 없게 된 경우에도 그 목적달성에 필요한 범위 내에서 예외적으로 허용된다.

정답 ①

① 공무원이 인·허가 등 수익적 행정처분을 하면서 상대방에게 그 처분과 관련하여 이른바 부관으로서 부담을 붙일 수 있다 하더라도 그러한 부담은 법치주의와 사유재산 존중 조세법률주의 등 헌법의 기본원리에 비추어 비례의 원칙이나 부당결부금지의 원칙에 위배되지 않아야만 적법한 것인바 행정처분과 부관 사이에 실제적 관련성이 있다고 볼 수 없는 경우 공무원이 위와 같은 공법상의 제한을 회피할 목적으로 행정처분의 상대방과 사이에 사법상 계약을 체결하는 형식을 취하였다면 이는 법치행정의 원리에 반하는 것으로서 위법하다고 보지 않을 수 없다(대판 2010.1.28. 2007도9331 ; 대판 2009.12.10. 2007다63966).
② 일반적으로 기속행위에는 부관을 붙일 수 없고 가사 부관을 붙였다 하더라도 무효이다(대판 1995.6.13. 94다56883). 그러나 기속행위인 경우에도 법령에 명문의 규정이 있으면 부관을 붙일 수 있다.
③ 행정행위의 부관 중에서도 부담의 경우에는 다른 부관과는 달리 행정행위의 불가분적인 요소가 아니고 그 존속이 본체인 행정행위의 존재를 전제로 하는 것일 뿐이므로 부담 그 자체로서 행정쟁송의 대상이 될 수 있다(대판 1992.1.21. 91누1264).
④ 행정처분에 이미 부담이 부가되어 있는 상태에서 그 의무의 범위 또는 내용 등을 변경하는 부관의 사후변경은 법률에 명문의 규정이 있거나 그 변경이 미리 유보되어 있는 경우 또는 상대방의 동의가 있는 경우에 한하여 허용되는 것이 원칙이지만 사정변경으로 인하여 당초에 부담을 부가한 목적을 달성할 수 없게 된 경우에도 그 목적달성에 필요한 범위 내에서 예외적으로 허용된다(대판 2007.9.21. 2006두7973 ; 대판 1997.5.30. 97누2627).

15

다음 중 옳지 않은 것은? (다툼이 있는 경우 판례에 의함)

① 교원소청심사위원회 결정의 기속력은 결정의 주문에 포함된 사항뿐 아니라 그 전제가 된 요건사실의 인정과 판단, 즉 처분 등의 구체적 위법사유에 관한 판단에까지 미친다.

② 교원소청심사위원회가 임용기간이 만료된 교원에 대한 재임용거부처분을 취소하는 결정을 한 경우, 학교법인 등에 해당 교원을 재임용하여야 하는 의무를 부과하거나 또는 그 교원이 바로 재임용되는 것과 같은 법적 효과가 인정된다.

③ 조례가 법률 등 상위법령에 위배된다는 사정은 그 조례를 위법하여 무효라고 선언한 대법원의 판결이 선고되기 전에는 객관적으로 명백한 것이라 할 수 없으므로, 이러한 조례에 근거한 행정처분의 하자는 무효사유가 아니다.

④ 행정규칙의 내용이 상위법령에 반하는 것이라면 당연무효이고, 행정내부적 효력도 인정될 수 없다.

정답 ②

① 「교원의 지위 향상 및 교육활동 보호를 위한 특별법」 제10조의2는 **교원소청심사위원회의 결정은 처분권자를 기속**한다고 규정하고 있다. 여기서 교원소청심사위원회 결정의 기속력은 결정의 주문에 포함된 사항뿐 아니라 그 전제가 된 요건사실의 인정과 판단, 즉 처분 등의 구체적 위법사유에 관한 판단에까지 미친다(대판 2023.2.2. 2022다226234).

② **교원소청심사위원회**의 소청심사결정 중 **임용기간이 만료된 교원에 대한 재임용거부처분을 취소하는 결정은** 재임용거부처분을 취소함으로써 학교법인 등에 해당 교원에 대한 **재임용심사를 다시 하도록 하는 절차적 의무**를 부과하는 데 그칠 뿐, 학교법인 등에 반드시 해당 교원을 재임용하여야 하는 의무를 부과하거나 혹은 그 교원이 바로 재임용되는 것과 같은 법적 효과까지 인정되는 것은 아니다(대판 2023.2.2. 2022다226234).

③ 일반적으로 **조례가 법률 등 상위법령에 위배**된다는 사정은 그 조례의 규정을 위법하여 무효라고 선언한 대법원의 판결이 선고되지 아니한 상태에서는 그 조례 규정의 위법 여부가 해석상 다툼의 여지가 없을 정도로 명백하였다고 인정되지 아니하는 이상 **객관적으로 명백**한 것이라 할 수 없으므로, 이러한 조례에 근거한 **행정처분의 하자**는 취소사유에 해당할 뿐 **무효사유가 된다고 볼 수는 없다**(대판 2009.10.29. 2007두26285).

④ '행정규칙'은 상위법령의 구체적 위임이 있지 않는 한 행정조직 내부에서만 효력을 가질 뿐 대외적으로 국민이나 법원을 구속하는 효력이 없다. 다만 행정규칙이 이를 정한 행정기관의 재량에 속하는 사항에 관한 것인 때에는 그 규정 내용이 객관적 합리성을 결여하였다는 등의 특별한 사정이 없는 한 법원은 이를 존중하는 것이 바람직하다. 그러나 **행정규칙의 내용이 상위법령에 반하는 것이라면** 법치국가원리에서 파생되는 법질서의 통일성과 모순금지 원칙에 따라 그것은 법질서상 당연무효이고, **행정내부적 효력도 인정될 수 없다**. 이러한 경우 법원은 해당 행정규칙이 법질서상 부존재하는 것으로 취급하여 행정기관이 한 조치의 당부를 상위법령의 규정과 입법 목적 등에 따라서 판단하여야 한다(대판 2020.11.26. 2020두42262).

16

다음 중 가장 옳지 않은 것은?

① 배출시설 설치허가의 신청이 구 「대기환경보전법」에서 정한 허가기준에 부합하고 동 법령상 허가제한사유에 해당하지 아니하는 한 환경부장관은 원칙적으로 허가를 하여야 한다.

② 구 「주택건설촉진법」에 의한 주택건설사업계획의 승인의 경우 승인 받으려는 주택건설사업계획에 관계 법령이 정하는 제한사유가 없는 경우에도 공익상 필요가 있으면 처분권자는 그 승인을 받기 위한 신청에 대하여 불허가결정을 할 수 있다.

③ 재량행위와 기속행위의 구분기준에 관한 효과재량설에 따르면 수익적 행정행위는 법규상 또는 해석상 특별한 기속이 없는 한 재량행위이다.

④ 판례는 내용증명우편이나 보통우편과는 달리 등기우편의 방법으로 발송되었다는 사실만으로는 그 우편물이 상당한 기간 내에 도달하였다고 추정할 수 없고, 송달의 효력을 주장하는 측에서 증거에 의하여 이를 입증하여야 한다고 본다.

정답 ④

① 배출시설 설치허가와 설치제한에 관한 규정들의 문언과 그 체제·형식에 따르면 환경부장관은 배출시설 설치허가 신청이 구 대기환경보전법 제23조 제5항에서 정한 허가 기준에 부합하고 구 대기환경보전법 제23조 제6항, 같은 법 시행령 제12조에서 정한 **허가제한사유에 해당하지 아니하는 한 원칙적으로 허가를 하여야 한다**(대판 2013.5.9. 2012두22799).

② 주택건설촉진법 제33조에 의한 **주택건설사업계획의 승인**은 상대방에게 권리나 이익을 부여하는 효과를 수반하는 이른바 수익적 행정처분으로서 법령에 행정처분의 요건에 관하여 일의적으로 규정되어 있지 아니한 이상 행정청의 재량행위에 속한다 할 것이고, 이러한 승인을 받으려는 주택건설사업계획이 관계 법령이 정하는 제한에 배치되는 경우는 물론이고 그러한 제한사유가 없는 경우에도 공익상 필요가 있으면 처분권자는 그 승인신청에 대하여 불허가 결정을 할 수 있다(대판 2005.4.15. 2004두10883).

③ **효과재량설**은 재량행위와 기속행위는 법률요건이 아닌 **법률효과에서 구별이 가능**하다는 견해이며, 침익적 행정행위는 원칙적으로 기속행위이고 수익적 행정행위는 원칙적으로 재량행위로 본다.

④ 내용증명우편이나 등기우편과는 달리, **보통우편의 방법으로 발송되었다는 사실만으로는 그 우편물이 상당한 기간 내에 도달하였다고 추정할 수 없고, 송달의 효력을 주장하는 측에서 증거에 의하여 이를 입증하여야 한다**(대판 2009.12.10. 2007두20140).

17

「행정절차법」상 의견청취에 대한 설명으로 옳지 않은 것은? (다툼이 있는 경우 판례에 의함)

① 허가영업의 양도에 따른 영업자지위승계신고를 수리하는 처분을 할 경우에는 행정청은 종전의 영업자에 대하여 의견청취절차를 거친 후 처분을 하여야 한다.
② 청문 주재자는 당사자 등의 전부 또는 일부가 정당한 사유 없이 청문기일에 출석하지 아니하거나 의견서를 제출하지 아니한 경우에도 이들에게 다시 의견진술 및 증거제출의 기회를 주지 아니하고 청문을 마칠 수 없다.
③ 행정청이 당사자와 도시계획사업의 시행과 관련한 협약을 체결하면서 관계 법령 및 「행정절차법」에 규정된 청문의 실시 등 의견청취절차를 배제하는 조항을 두었다고 하더라도, 이러한 협약의 체결로 청문의 실시에 관한 규정의 적용을 배제할 수 있다고 볼 만한 법령상의 규정이 없는 한, 청문의 실시에 관한 규정의 적용이 배제된다거나 청문을 실시하지 않아도 되는 예외적인 경우에 해당한다고 할 수 없다.
④ 청문에서 당사자 등이 의견서를 제출한 경우에는 그 내용을 출석하여 진술한 것으로 본다.

정답 ②

① 행정청이 구 식품위생법 규정에 의하여 **영업자지위승계신고를 수리하는 처분**은 종전의 영업자의 권익을 제한하는 처분이라 할 것이고 따라서 종전의 영업자는 그 처분에 대하여 직접 그 상대가 되는 자에 해당한다고 봄이 상당하므로, 행정청으로서는 위 신고를 수리하는 처분을 함에 있어서 행정절차법 규정 소정의 당사자에 해당하는 **종전의 영업자**에 대하여 위 규정 소정의 **행정절차를 실시하고 처분을 하여야 한다**(대판 2003.2.14. 2001두7015).

② **행정절차법 제35조 (청문의 종결)**
제2항 청문 주재자는 당사자 등의 전부 또는 일부가 정당한 사유 없이 청문기일에 출석하지 아니하거나 제31조 제3항에 따른 의견서를 제출하지 아니한 경우에는 이들에게 다시 의견진술 및 증거제출의 기회를 주지 아니하고 청문을 마칠 수 있다.

③ 행정청이 당사자와 사이에 도시계획사업의 시행과 관련한 협약을 체결하면서 관계 법령 및 행정절차법에 규정된 청문의 실시 등 의견청취절차를 배제하는 조항을 두었다고 하더라도, 국민의 행정참여를 도모함으로써 행정의 공정성·투명성 및 신뢰성을 확보하고 국민의 권익을 보호한다는 행정절차법의 목적 및 청문제도의 취지 등에 비추어 볼 때, 위와 같은 협약의 체결로 청문의 실시에 관한 규정의 적용을 배제할 수 있다고 볼 만한 법령상의 규정이 없는 한, 이러한 협약이 체결되었다고 하여 청문의 실시에 관한 규정의 적용이 배제된다거나 청문을 실시하지 않아도 되는 예외적인 경우에 해당한다고 할 수 없다(대판 2004.7. 8. 2002두8350).

④ **행정절차법 제31조 (청문의 진행)**
제3항 당사자 등이 의견서를 제출한 경우에는 그 내용을 출석하여 진술한 것으로 본다.

18

사인의 공법행위에 관한 설명 중 옳은 것은? (다툼이 있는 경우 판례에 의함)

① 「행정절차법」에 따르면 행정청은 신청을 받았을 때에는 다른 법령 등에 특별한 규정이 있는 경우를 제외하고는 그 접수를 보류 또는 거부하거나 부당하게 되돌려 보내서는 아니 되며, 그 신청에 구비서류의 미비 등 흠이 있는 경우에는 보완에 필요한 상당한 기간을 정하여 지체 없이 신청인에게 보완을 요구하여야 한다.
② 신청인이 신청서의 접수에 앞서 담당 공무원에게 신청서 및 그 구비서류의 내용검토를 부탁하였고, 공무원이 그 내용을 개략적으로 검토한 후 구비서류 내용을 보완하여야 한다는 취지로 말하자 신청인이 신청서를 접수시키지 않은 경우, 신청인이 검토를 부탁한 행위는 명시적이고 확정적인 신청의 의사표시로 볼 수 있고, 구비서류의 보완을 요청한 행위를 신청거부로 보아야 한다.
③ 서울대공원 시설을 기부채납한 자가 무상사용기간 만료 후 확약 사실에 근거하여 10년의 유상사용허가를 신청하였으나 서울대공원 관리사업소장이 신청서를 반려하고 대신에 1년의 임시사용허가처분을 통보하였다면, 이는 10년의 유상사용 허가 신청에 대한 거부처분이 아니라 부작위로 보아야 한다.
④ 구「유통산업발전법」상 대규모점포의 개설 등록은 변형된 허가 또는 완화된 허가에 해당하며, 이른바 '수리를 요하는 신고'로 볼 수는 없다.

정답 ①

① **행정절차법 제17조 (처분의 신청)**
제4항 행정청은 신청을 받았을 때에는 다른 법령 등에 특별한 규정이 있는 경우를 제외하고는 그 접수를 보류 또는 거부하거나 부당하게 되돌려 보내서는 아니 되며, 신청을 접수한 경우에는 신청인에게 접수증을 주어야 한다. 다만, 대통령령으로 정하는 경우에는 접수증을 주지 아니할 수 있다.
제5항 행정청은 신청에 구비서류의 미비 등 흠이 있는 경우에는 보완에 필요한 상당한 기간을 정하여 지체 없이 신청인에게 보완을 요구하여야 한다.

② 행정절차법 제17조 제4항 본문은 "행정청은 신청이 있는 때에는 다른 법령 등에 특별한 규정이 있는 경우를 제외하고는 그 접수를 보류 또는 거부하거나 부당하게 되돌려 보내서는 아니 되며, 신청을 접수한 경우에는 신청인에게 접수증을 교부하여야 한다."고 규정하고 있는바, 여기에서의 신청인의 행정청에 대한 신청의 의사표시는 명시적이고 확정적인 것이어야 한다고 할 것이므로 신청인이 신청에 앞서 행정청의 허가업무 담당자에게 신청서의 내용에 대한 검토를 요청한 것만으로는 다른 특별한 사정이 없는 한 명시적이고 확정적인 신청의 의사표시가 있었다고 하기 어렵다(대판 2004.9.24. 2003두13236).

③ 서울대공원 시설을 기부채납한 사람이 무상사용기간 만료 후 확약 사실에 근거하여 10년 유상사용 등의 허가를 구하는 확정적인 취지의 신청을 한 사안에서, 서울대공원 관리사업소장이 그 **신청서를 반려**하고 조건부 1년의 임시사용허가처분을 통보한 것은 사실상 **거부처분**에 해당한다(대판 2008.10.23. 2007두6212·6229).

> 🔍 정리 거부처분O / 부작위X

④ **대규모점포의 개설 등록**은 이른바 '**수리를 요하는 신고**'로서 행**정처분**에 해당하고 등록은 구체적 유형 구분에 따라 이루어진다(대판 2015.11.19. 2015두295).

19

「개인정보보호법」에 대한 설명으로 옳은 것은? (다툼이 있는 경우 판례에 의함)

① 개인정보 보호위원회는 재적위원 과반수의 출석과 출석위원 3분의 2 이상의 찬성으로 의결한다.
② 개인정보 보호위원회는 위원장 1명, 비상임위원 1명을 포함한 15명 이내의 위원으로 구성하되, 비상임위원은 정무직 공무원으로 임명한다.
③ 개인정보 단체소송의 원고는 변호사를 소송대리인으로 선임할 수 있다.
④ 개인정보처리자의 고의 또는 중대한 과실로 인하여 개인정보가 분실·도난·유출·위조·변조 또는 훼손된 경우로서 정보주체에게 손해가 발생한 때에는 법원은 그 손해액의 5배를 넘지 아니하는 범위에서 손해배상액을 정할 수 있다.

정답 ④

① 개인정보보호법 제7조의10 (회의)
제3항 보호위원회의 회의는 **재적위원 과반수의 출석**으로 개의하고, **출석위원 과반수의 찬성**으로 의결한다.

> 🔍 정리 개인정보 보호위원회는 일반정족수

② 개인정보보호법 제7조의2 (보호위원회의 구성 등)
제1항 보호위원회는 **상임위원 2명(위원장 1명, 부위원장 1명)을 포함한 9명**의 위원으로 구성한다.
제3항 **위원장과 부위원장은 정무직 공무원으로 임명한다**.

③ 개인정보보호법 제53조 (소송대리인의 선임)
단체소송의 원고는 **변호사**를 소송대리인으로 **선임하여야 한다**.

④ 개인정보보호법 제39조 (손해배상책임)
제3항 개인정보처리자의 **고의** 또는 **중대한 과실**로 인하여 개인정보가 **분실·도난·유출·위조·변조** 또는 **훼손**된 경우로서 정보주체에게 손해가 발생한 때에는 법원은 그 손해액의 **5배**를 넘지 아니하는 범위에서 손해배상액을 정할 수 있다. 다만, 개인정보처리자가 고의 또는 중대한 과실이 없음을 증명한 경우에는 그러하지 아니하다.

20

과징금 부과처분에 대한 설명으로 옳지 않은 것은? (다툼이 있는 경우 판례에 의함)

① 「독점규제 및 공정거래에 관한 법률」상의 과징금은 법이 규정한 범위 내에서 그 부과처분 당시까지 부과관청이 확인한 사실을 기초로 일의적으로 확정되어야 할 것이지, 추후에 부과금 산정기준이 되는 새로운 자료가 나왔다고 하여 새로운 부과처분을 할 수 있는 것은 아니다.
② 영업정지에 갈음하여 부과되는 이른바 변형된 과징금의 부과 여부는 통상 행정청의 재량행위이다.
③ 과징금 부과처분에는 원칙적으로 행정절차법이 적용되지 않는다.
④ 행정상 의무위반행위자에 대하여 과징금을 부과하는 경우 원칙적으로 위반자의 고의 또는 과실을 요하지 않는다.

정답 ③

① 구 「**독점규제 및 공정거래에 관한 법률**」에 의하여 **부과되는 과징금**은 행정법상의 의무를 위반한 자에 대하여 당해 위반행위로 얻게 된 경제적 이익을 박탈하기 위한 목적으로 부과하는 금전적인 제재로서, **같은 법이 규정한 범위 내에서 그 부과처분 당시까지 부과관청이 확인한 사실을 기초로 일의적으로 확정**되어야 할 것이고, 그렇지 아니하고 부과관청이 과징금을 부과하면서 **추후에 부과금 산정 기준이 되는 새로운 자료가 나올 경우에는 과징금액이 변경될 수도 있다고 유보한다든지, 실제로 추후에 새로운 자료가 나왔다고 하여 새로운 부과처분을 할 수는 없다**(대판 1999.5.28. 99두1571).

② **행정청**에는 운영정지 처분이 영유아 및 보호자에게 초래할 불편의 정도 또는 그 밖에 공익을 해칠 우려가 있는 지 등을 고려하여 **어린이집 운영정지 처분을 할 것인지 또는 이에 갈음하여 과징금을 부과할 것인지를 선택할 수 있는 재량**이 인정된다(대판 2015.6.24. 2015두39378).

③ 과징금 부과처분은 **침익적 처분**에 해당하므로 행정절차법이 적용된다.

④ 구 여객자동차 운수사업법의 **과징금부과처분**은 제재적 행정처분으로서 **행정법규 위반이라는 객관적 사실에 착안하여 가하는 제재**이므로 반드시 현실적인 행위자가 아니라도 **법령상 책임자**로 규정된 자에게 부과되고 **원칙적으로 위반자의 고의·과실을 요하지 아니하나**, 위반자의 의무 해태를 탓할 수 없는 정당한 사유가 있는 등의 특별한 사정이 있는 경우에는 이를 부과할 수 없다(대판 2014.10.15. 2013두5005).

제02회 적중 동형 모의고사 문제 및 해설

정답 모아보기

01	③	02	③	03	②	04	③	05	③
06	①	07	②	08	④	09	①	10	④
11	①	12	②	13	①	14	④	15	②
16	④	17	②	18	④	19	①	20	④

01

교원에 대한 징계처분에 관한 설명 중 옳지 않은 것은? (다툼이 있는 경우 판례에 의함)

① 각급학교 교원이 징계처분을 받은 때에는 교원소청심사위원회(이하 '위원회'라 함)에 소청심사를 청구할 수 있고, 위원회가 그 심사청구를 기각하거나 원 징계처분을 변경하는 결정을 한 때에는 법원에 행정소송을 제기할 수 있다.

② 국·공립학교 교원에 대한 징계처분의 경우에는 원 징계처분 자체가 행정처분이므로 그에 대하여 위원회에 소청심사를 청구하고 위원회의 기각결정이 있은 후 그에 불복하는 행정소송이 제기되더라도 그 심판대상은 원 징계처분이 되는 것이 원칙이지만 사립학교 교원에 대한 징계처분의 경우에는 학교법인 등의 징계처분은 행정처분이 아니므로 그에 대한 소청심사청구에 따라 위원회가 한 결정이 행정처분이고, 행정소송에서의 심판대상은 학교법인 등의 원 징계처분이 아니라 위원회의 결정이 되며, 따라서 피고도 행정청인 위원회가 된다.

③ 위원회가 사립학교 교원의 심사청구를 인용하거나 원 징계처분을 변경하는 결정을 한 때에는 징계권자는 이에 기속되고 위원회의 결정에 불복할 수 없다.

④ 국·공립학교 교원의 심사청구를 인용하거나 원 징계처분을 변경하는 위원회의 결정은 징계권자에 대하여 기속력을 가지고 이는 그 결정의 주문에 포함된 사항뿐 아니라 그 전제가 된 요건사실의 인정과 판단에까지 미친다.

정답 ③

① 각급학교 교원이 징계처분을 받은 때에는 위원회에 소청심사를 청구할 수 있고, 위원회가 그 심사청구를 기각하거나 원 징계처분을 변경하는 처분을 한 때에는 다시 법원에 행정소송을 제기할 수 있다(대판 2013.7.25. 2012두12297).

② **국·공립학교 교원에 대한 징계처분**의 경우에는 **원 징계처분 자체가 행정처분**이므로 그에 대하여 위원회에 소청심사를 청구하고 위원회의 결정이 있은 후 그에 불복하는 **행정소송**이 제기되더라도 그 **심판대상은 교육감 등에 의한 원 징계처분**이 되는 것이 **원칙**이다. 반면, **사립학교 교원에 대한 징계처분**의 경우에는 학교법인 등의 징계처분은 행정처분성이 없는 것이고 그에 대한 소청심사청구에 따라 **위원회가 한 결정**이 **행정처분**이고 교원이나 학교법인 등은 그 결정에 대하여 행정소송으로 다투는 구조가 되므로, **행정소송에서의 심판대상**은 학교법인 등의 원 징계처분이 아니라 **위원회의 결정**이 되고, 따라서 **피고도 행정청인 위원회**가 **되는 것**이며, 법원이 위원회의 결정을 취소한 판결이 확정된다고 하더라도 위원회가 다시 그 소청심사청구사건을 재심사하게 될 뿐 학교법인 등이 곧바로 위 판결의 취지에 따라 재징계 등을 하여야 할 의무를 부담하는 것은 아니다(대판 2013.7.25. 2012두12297).

🔧 **정리**
국·공립학교 교원에 대한 징계처분은 처분O /
사립학교 교원에 대한 징계처분은 사법상 행위O (위원회의 결정이 처분O)

③ 위원회가 교원의 심사청구를 인용하거나 원 징계처분을 변경하는 처분을 한 때에는 **처분권자**는 이에 기속되고 **원 징계처분**이 **국·공립학교 교원에 대한 것**이면 **처분청은 불복할 수도 없지만**, **사립학교 교원에 대한 것**이면 **그 학교법인 등**은 위원회 결정에 **불복**하여 법원에 **행정소송**을 제기할 수 있다(대판 2013.7.25. 2012두12297).

🔧 **정리**
국·공립학교 교원의 경우 처분청은 위원회의 결정에 불복할 수 없지만 (∵기속력O),
사립학교 교원의 경우 학교법인은 위원회의 결정에 불복할 수 있다
(∵사립학교법인은 사인이므로 기속력X).

🔧 **정리** 기속력은 행정청에게 영향O / 사인에게 영향X

④ 교원소청심사위원회의 결정은 **처분청**에 대하여 **기속력**을 가지고 이는 그 결정의 **주문**에 포함된 사항뿐 아니라 그 전제가 된 **요건사실의 인정과 판단**, 즉 처분 등의 구체적 **위법사유**에 관한 판단에까지 **미친다**(대판 2013.7.25. 2012두12297).

🔧 **정리** 처분청 = 국·공립학교 교원의 징계권자

02

다음 중 옳지 않은 것은? (다툼이 있는 경우 판례에 의함)

① 재개발조합설립인가신청에 대한 행정청의 조합설립인가처분은 설권적 처분의 성질을 갖는다.
② 오로지 재개발조합설립을 위한 동의정족수를 충족하게 하거나 재개발사업 진행 과정에서 주도적 지위를 차지하기 위한 목적으로 형식적인 증여, 매매 등을 원인으로 하여 밀접한 관계에 있는 사람 등의 명의로 과소지분에 관한 소유권이전등기를 마치는 방식을 통하여 인위적으로 토지 등 소유자 수를 늘리고 그들로 하여금 조합설립에 동의하는 의사표시를 하도록 하는 것은 탈법행위에 해당한다.
③ 기존 토지 등 소유자들의 신뢰보호를 위해서, 설령 탈법행위로 늘어난 토지 등 소유자들이 있다고 하더라도 동의정족수를 산정함에 있어 전체 토지 등 소유자 및 동의자 수에서 제외할 수는 없다.
④ 과소지분의 형식적 이전을 통해 인위적으로 부풀린 토지 등 소유자들로 하여금 조합설립에 동의하는 의사표시를 하도록 하는 것이 탈법행위에 해당한다고 보기 위해서는 관련 사정을 종합하여 개별 사안에 따라 구체적으로 판단하여야 한다.

정답 ③

① **재개발조합설립인가신청에 대한 행정청의 조합설립인가처분은** 단순히 사인의 조합설립행위에 대한 보충행위로서의 성질을 가지는 것이 아니라 법령상 일정한 요건을 갖추는 경우 행정주체로서 공법인의 지위를 부여하는 일종의 **설권적 처분의 성질을 가진다** (대판 2023.8.18. 2022두51901).

②, ③, ④ **오로지 재개발조합설립을 위한 동의정족수를 충족하게 하거나 재개발사업 진행 과정에서 주도적 지위를 차지하기 위한 목적으로 형식적인 증여, 매매 등을 원인으로 하여 밀접한 관계에 있는 사람 등의 명의로 과소지분에 관한 소유권이전등기를 마치는 방식을 통하여 인위적으로 토지 등 소유자 수를 늘리고 그들로 하여금 조합설립에 동의하는 의사표시를 하도록 하는 것은** 조합설립을 위한 동의정족수 및 동의자 수 산정 방법을 엄격히 규정하고 있는 도시 및 주거환경정비법령(이하 '도시정비법령'이라 한다)의 적용을 배제하거나 잠탈하기 위한 **탈법행위에 해당한다고 볼 수 있다**. 따라서 **위와 같이 늘어난 토지 등 소유자들은** 동의정족수를 산정함에 있어서 전체 토지 등 소유자 및 동의자 수에서 **제외되어야 할 것**인데, 이처럼 **과소지분의 형식적 이전을 통해 인위적으로 부풀린 토지 등 소유자들로 하여금 조합설립에 동의하는 의사표시를 하도록 하는 것이** 도시정비법령의 적용을 배제하거나 잠탈하기 위한 **탈법행위에 해당한다고 보기 위해서는,** 토지 또는 건축물에서 과소지분이 차지하는 비율 및 면적, 과소지분을 취득한 명의자가 이를 취득하기 위해 실제로 지급한 가액, 과소지분을 취득한 경위와 목적 및 이전 시기, 과소지분을 취득한 데에 합리적 이유가 있는지, 과소지분 취득자들이 토지 등 소유자의 수에 산입됨으로써 전체 토지 등 소유자의 수에 미친 영향, 과소지분 취득자들이 조합설립에 동의하는 의사를 표명한 정도 및 그 의사가 조합설립을 위한 동의정족수에 미친 영향, 과소지분 취득자와 다수 지분권자의 관계 등 **관련 사정을 종합하여 개별 사안에 따라 구체적으로 판단하여야 한다**(대판 2023.8.18. 2022두51901).

03

행정의 실효성 확보수단에 관한 설명 중 옳지 않은 것은? (다툼이 있는 경우 판례에 의함)

① 수용목적물인 토지나 가옥의 인도의무는 대체적 작위의무라 할 수 없으므로 그 인도의무 불이행에 대해서는 행정대집행을 할 수 없다.
② 하나의 행위가 2 이상의 질서위반행위에 해당하는 경우에는 각 질서위반행위에 대하여 정한 과태료 중 가장 중한 과태료를 부과한다. 이 경우를 제외하고 2 이상의 질서위반행위가 경합하는 경우에는 가장 중한 과태료에 그 1/2을 가산한다. 다만, 다른 법령(지방자치단체의 조례를 포함한다.)에 특별한 규정이 있는 경우에는 그 법령으로 정하는 바에 따른다.
③ 「건축법」상 이행강제금은 과거의 일정한 법률위반 행위에 대한 제재로서의 형벌이 아니라 장래의 의무이행의 확보를 위한 강제수단일 뿐이어서 범죄에 대하여 국가가 형벌권을 실행하는 과벌에 해당하지 않으므로 헌법 제13조 제1항이 금지하는 동일한 범죄에 대한 거듭된 '처벌'에 해당되지 않는다.
④ 세무조사결정은 납세의무자의 권리·의무에 직접 영향을 미치는 공권력의 행사에 따른 행정작용으로서 항고소송의 대상이 된다.

정답 ②

① **피수용자 등이 기업자에 대하여 부담하는 수용대상 토지의 인도의무**에 관한 구 토지수용법 제63조, 제64조, 제77조 규정에서의 '인도'에는 명도도 포함되는 것으로 보아야 하고, 이러한 명도의무는 그것을 강제적으로 실현하면서 직접적인 실력행사가 필요한 것이지 **대체적 작위의무라고 볼 수 없으므로 특별한 사정이 없는 한 행정대집행법에 의한 대집행의 대상이 될 수 있는 것이 아니다** (대판 2005.8.19. 2004다2809).

②
> **질서위반행위규제법 제13조 (수개의 질서위반행위의 처리)**
> **제1항** 하나의 행위가 2 이상의 질서위반행위에 해당하는 경우에는 각 질서위반행위에 대하여 정한 과태료 중 가장 중한 과태료를 부과한다.
>
> 🔧 정리
> 하나의 행위가 2이상의 질서위반행위에 해당 :
> 과태료 합산X / 가장 중한 과태료O
>
> **제2항** 제1항의 경우를 제외하고 2 이상의 질서위반행위가 경합하는 경우에는 각 질서위반행위에 대하여 정한 과태료를 각각 부과한다. 다만, 다른 법령(지방자치단체의 조례를 포함한다. 이하 같다)에 특별한 규정이 있는 경우에는 그 법령으로 정하는 바에 따른다.

③ 이행강제금은 일정한 기한까지 의무를 이행하지 않을 때에는 일정한 금전적 부담을 과할 뜻을 미리 계고함으로써 의무자에게 심리적 압박을 주어 장래에 그 의무를 이행하게 하려는 행정상 간접적인 강제집행 수단의 하나로서 과거의 일정한 법률위반 행위에 대한 제재로서의 형벌이 아니라 장래의 의무이행의 확보를 위한 강제수단일 뿐이어서 범죄에 대하여 국가가 형벌권을 실행한다고 하는 과벌에 해당하지 아니하므로 헌법 제13조 제1항이 금지하는 이중처벌금지의 원칙이 적용될 여지가 없다(헌재 2011.10.25. 2009헌바140).

> **정리** 이행강제금은 범죄를 전제로 하는 처벌X

④ 부과처분을 위한 과세관청의 질문조사권이 행해지는 세무조사결정이 있는 경우 납세의무자는 세무공무원의 과세자료 수집을 위한 질문에 대답하고 검사를 수인하여야 할 법적 의무를 부담하게 되는 점, 세무조사는 기본적으로 적정하고 공평한 과세의 실현을 위하여 필요한 최소한의 범위 안에서 행하여져야 하고, 더욱이 동일한 세목 및 과세기간에 대한 재조사는 납세자의 영업의 자유 등 권익을 심각하게 침해할 뿐만 아니라 과세관청에 의한 자의적인 세무조사의 위험마저 있으므로 조세공평의 원칙에 현저히 반하는 예외적인 경우를 제외하고는 금지될 필요가 있는 점, 납세의무자로 하여금 개개의 과태료 처분에 대하여 불복하거나 조사 종료 후의 과세처분에 대하여만 다툴 수 있도록 하는 것보다는 그에 앞서 세무조사결정에 대하여 다툼으로써 분쟁을 조기에 근본적으로 해결할 수 있는 점 등을 종합하면, 세무조사결정은 납세의무자의 권리·의무에 직접 영향을 미치는 공권력의 행사에 따른 행정작용으로서 항고소송의 대상이 된다(대판 2011.3.10. 2009두23617).

04

국가배상에 대한 판례의 입장으로 옳지 않은 것은?

① 국회의원의 입법행위는 그 입법 내용이 헌법의 문언에 명백히 위배됨에도 불구하고 국회가 굳이 당해 입법을 한 것과 같은 특수한 경우가 아닌 한 국가배상법 제2조 제1항 소정의 위법행위에 해당된다고 볼 수 없다.

② 일반적으로 공무원이 관계법규를 알지 못하거나 필요한 지식을 갖추지 못하고 법규의 해석을 그르쳐 행정처분을 하였다면 그가 법률전문가가 아닌 행정직 공무원이라고 하여 과실이 없다고는 할 수 없다.

③ 법령의 규정을 따르지 아니한 법관의 재판상 직무행위는 곧바로 국가배상법 제2조 제1항에서 규정하고 있는 위법행위가 되어 국가의 손해배상책임이 발생한다.

④ 영업허가취소처분이 행정심판에 의하여 재량권의 일탈을 이유로 취소되었다고 하더라도 그 처분이 당시 시행되던 「공중위생법 시행규칙」에 정해진 행정처분의 기준에 따른 것인 이상 그 영업허가취소처분을 한 행정청 공무원에게 그와 같은 위법한 처분을 한 데 있어 직무집행상의 과실이 있다고 할 수는 없다.

정답 ③

① 우리 헌법이 채택하고 있는 의회민주주의하에서 국회는 다원적 의견이나 각가지 이익을 반영시킨 토론과정을 거쳐 다수결의 원리에 따라 통일적인 국가의사를 형성하는 역할을 담당하는 국가기관으로서 그 과정에 참여한 국회의원은 입법에 관하여 원칙적으로 국민 전체에 대한 관계에서 정치적 책임을 질 뿐 국민 개개인의 권리에 대응하여 법적 의무를 지는 것은 아니므로, 국회의원의 입법행위는 그 입법 내용이 헌법의 문언에 명백히 위배됨에도 불구하고 국회가 굳이 당해 입법을 한 것과 같은 특수한 경우가 아닌 한 「국가배상법」 제2조 제1항 소정의 위법행위에 해당한다고 볼 수 없다(대판 2008.5.29. 2004다33469).

② 법령에 대한 해석이 복잡, 미묘하여 워낙 어렵고, 이에 대한 학설·판례조차 귀일되어 있지 않는 등의 특별한 사정이 없는 한 일반적으로 공무원이 관계 법규를 알지 못하거나 필요한 지식을 갖추지 못하고 법규의 해석을 그르쳐 행정처분을 하였다면 그가 법률전문가가 아닌 행정직 공무원이라고 하여 과실이 없다고는 할 수 없다(대판 2001.2.9. 98다52988).

③ 법관의 재판에 법령의 규정을 따르지 아니한 잘못이 있다 하더라도 이로써 바로 그 재판상 직무행위가 「국가배상법」 제2조 제1항에서 말하는 위법한 행위로 되어 국가의 손해배상책임이 발생하는 것은 아니고 그 국가배상책임이 인정되려면 당해 법관이 위법 또는 부당한 목적을 가지고 재판을 하였다거나 법이 법관의 직무수행상 준수할 것을 요구하고 있는 기준을 현저하게 위반하는 등 법관이 그에게 부여된 권한의 취지에 명백히 어긋나게 이를 행사하였다고 인정할 만한 특별한 사정이 있어야 한다(대판 2003.7.11. 99다24218).

④ 영업허가취소처분이 나중에 행정심판에 의하여 재량권을 일탈한 위법한 처분임이 판명되어 취소되었다고 하더라도 그 처분이 당시 시행되던 구 「공중위생법 시행규칙」에 정하여진 행정처분의 기준에 따른 것인 이상 그 영업허가취소처분을 한 행정청 공무원에게 그와 같은 위법한 처분을 한 데 있어 어떤 직무집행상의 과실이 있다고 할 수는 없다(대판 1994.11.8. 94다26141).

05

「행정조사기본법」에 대한 내용으로 가장 옳은 것은?

① 행정기관의 장은 법령 등에 특별한 규정이 있는 경우를 제외하고는 행정조사의 결과를 확정한 날부터 10일 이내에 그 결과를 조사대상자에게 통지하여야 한다.

② 유사하거나 동일한 사안에 대하여 서로 다른 기관이 공동으로 조사하는 것은 원칙적으로 허용되지 않는다.

③ 행정조사의 기본원칙은 군사시설·군사기밀보호 및 방위사업에 관한 사항에 대하여도 적용된다.

④ 행정조사를 실시한 행정기관의 장은 이미 조사를 받은 조사대상자에 대하여 위법행위가 의심되는 새로운 증거를 확보한 경우에도 동일한 사안에 대하여 동일한 조사대상자를 재조사 하여서는 안 된다.

정답 ③

①
행정조사기본법 제24조 (조사결과의 통지)
행정기관의 장은 법령 등에 특별한 규정이 있는 경우를 제외하고는 행정조사의 결과를 확정한 날부터 7일 이내에 그 결과를 조사대상자에게 통지하여야 한다.

②
행정조사기본법 제4조 (행정조사의 기본원칙)
제3항 행정기관은 유사하거나 동일한 사안에 대하여는 공동조사 등을 실시함으로써 행정조사가 중복되지 아니하도록 하여야 한다.

③
행정조사기본법 제3조 (적용범위)
제1항 행정조사에 관하여 다른 법률에 특별한 규정이 있는 경우를 제외하고는 이 법으로 정하는 바에 따른다.
제2항 다음 각 호의 어느 하나에 해당하는 사항에 대하여는 이 법을 적용하지 아니한다.
1. 행정조사를 한다는 사실이나 조사내용이 공개될 경우 국가의 존립을 위태롭게 하거나 국가의 중대한 이익을 현저히 해칠 우려가 있는 국가안전보장·통일 및 외교에 관한 사항
2. 국방 및 안전에 관한 사항 중 다음 각 목의 어느 하나에 해당하는 사항
  가. 군사시설·군사기밀보호 또는 방위사업에 관한 사항
  나. 「병역법」·「예비군법」·「민방위기본법」·「비상대비자원 관리법」에 따른 징집·소집·동원 및 훈련에 관한 사항
3. 「공공기관의 정보공개에 관한 법률」 제4조 제3항의 정보에 관한 사항
4. 「근로기준법」 제101조에 따른 근로감독관의 직무에 관한 사항
5. 조세·형사·행형 및 보안처분에 관한 사항
6. 금융감독기관의 감독·검사·조사 및 감리에 관한 사항
7. 「독점규제 및 공정거래에 관한 법률」, 「표시·광고의 공정화에 관한 법률」, 「하도급거래 공정화에 관한 법률」, 「가맹사업거래의 공정화에 관한 법률」, 「방문판매 등에 관한 법률」, 「전자상거래 등에서의 소비자보호에 관한 법률」, 「약관의 규제에 관한 법률」 및 「할부거래에 관한 법률」에 따른 공정거래위원회의 법률위반행위 조사에 관한 사항
제3항 제2항에도 불구하고 제4조(행정조사의 기본원칙), 제5조(행정조사의 근거) 및 제28조(정보통신수단을 통한 행정조사)는 제2항 각 호의 사항에 대하여 적용한다.

④
행정조사기본법 제15조 (중복조사의 제한)
제1항 제7조에 따라 정기조사 또는 수시조사를 실시한 행정기관의 장은 동일한 사안에 대하여 동일한 조사대상자를 재조사 하여서는 아니 된다. 다만, 당해 행정기관이 이미 조사를 받은 조사대상자에 대하여 위법행위가 의심되는 새로운 증거를 확보한 경우에는 그러하지 아니하다.

06

행정법상의 확약 및 공법상 계약에 대한 설명 중 가장 옳지 않은 것은? (단, 다툼이 있는 경우 판례에 따름)

① 서울특별시립무용단 단원의 위촉은 사법상의 계약이라고 할 것이고, 따라서 그 단원의 해촉에 대하여는 민사소송을 청구할 수 있다.
② 어업권면허에 선행하는 우선순위결정은 행정청이 우선권자로 결정된 자의 신청이 있으면 어업권면허처분을 하겠다는 것을 약속하는 행위로서 강학상 확약에 불과하고 행정처분은 아니므로, 우선순위결정에 공정력이나 불가쟁력과 같은 효력은 인정되지 아니한다.
③ 행정청이 확약을 하였는데 유효기간 내에 상대방의 신청이 없었거나 확약이 있은 후에 사실적·법률적 상태가 변경되었다면, 그와 같은 확약은 행정청의 별다른 의사표시를 기다리지 않고 실효된다.
④ 공중보건의사 채용계약 해지의 의사표시에 대하여는 공법상의 당사자소송으로 그 의사표시의 무효확인을 청구할 수 있다.

정답 ①

① 서울특별시립무용단원의 공연 등 활동은 지방문화 및 예술을 진흥시키고자 하는 서울특별시의 공공적 업무수행의 일환으로 이루어진다고 해석될 뿐 아니라, 단원으로 위촉되기 위하여는 일정한 능력요건과 자격요건을 요하고, 계속적인 재위촉이 사실상 보장되며, 공무원연금법에 따른 연금을 지급받고, 단원의 복무규율이 정해져 있으며, 정년제가 인정되고, 일정한 해촉사유가 있는 경우에만 해촉되는 등 서울특별시립무용단원이 가지는 지위가 공무원과 유사한 것이라면, 서울특별시립무용단 단원의 위촉은 공법상의 계약이라고 할 것이고, 따라서 그 단원의 해촉에 대하여는 공법상의 당사자소송으로 그 무효확인을 청구할 수 있다(대판 2001.12.11. 2001두7794).

② 어업권면허에 선행하는 우선순위결정은 행정청이 우선권자로 결정된 자의 신청이 있으면 어업권면허처분을 하겠다는 것을 약속하는 행위로서 강학상 확약에 불과하고 행정처분은 아니므로, 우선순위결정에 공정력이나 불가쟁력과 같은 효력은 인정되지 아니하며, 따라서 우선순위결정이 잘못되었다는 이유로 종전의 어업권면허처분이 취소되면 행정청은 종전의 우선순위결정을 무시하고 다시 우선순위를 결정한 다음 새로운 우선순위결정에 기하여 새로운 어업권면허를 할 수 있다(대판 1995.1.20. 94누6529).

③ 행정청이 상대방에게 장차 어떤 처분을 하겠다고 확약 또는 공적인 의사표명을 하였다고 하더라도, 그 자체에서 상대방으로 하여금 언제까지 처분의 발령을 신청을 하도록 유효기간을 두었는데 그 기간 내에 상대방의 신청이 없었다거나 확약 또는 공적인 의사표명이 있은 후에 사실적·법률적 상태가 변경되었다면, 그와 같은 확약 또는 공적인 의사표명은 행정청의 별다른 의사표시를 기다리지 않고 실효된다(대판 1996.8.20. 95누10877).

④ 공중보건의사 채용계약 해지의 의사표시에 대하여는 대등한 당사자 간의 소송형식인 공법상의 당사자소송으로 그 의사표시의 무효확인을 청구할 수 있는 것이지, 이를 항고소송의 대상이 되는 행정처분이라는 전제하에서 그 취소를 구하는 항고소송을 제기할 수는 없다(대판 1996.5.31. 95누10617).

07

행정소송의 심리에 관한 설명 중 옳지 않은 것은? (다툼이 있는 경우 판례에 의함)

① 취소판결을 받더라도 해당 처분으로 발생한 위법상태를 원상으로 회복시킬 수 없는 경우에는 그 취소를 구할 소의 이익이 인정되지 않는 것이 원칙이나, 그 취소로써 회복할 수 있는 다른 이익이 남아 있거나 또는 불분명한 법률문제의 해명이 필요한 경우에는 예외적으로 소의 이익을 인정할 수 있다.

② 처분의 위법 여부는 처분 당시의 법령과 사실 상태를 기준으로 판단하여야 하므로, 법원은 처분 당시에 행정청이 알고 있었던 자료만을 기초로 처분 당시 존재하였던 객관적 사실을 확정하여 처분의 위법 여부를 판단하여야 한다.

③ 처분에 대한 무효확인소송에는 확인소송의 보충성이 요구되지 않으므로 처분의 무효를 전제로 한 부당이득반환청구소송과 같은 직접적인 구제수단이 있는지 여부를 따질 필요가 없지만 공법상 당사자소송에서는 이행소송이라는 직접적인 권리구제 방법이 있다면 확인소송은 허용되지 않는다.

④ 부작위위법확인소송에서는 사실심 변론종결시를 기준으로 부작위의 위법 여부를 판단하여야 하고, 사실심 변론종결 전에 거부처분이 이루어져 부작위 상태가 해소된 경우에는 소의 이익이 소멸하므로 원고가 거부처분 취소소송으로 소변경을 하지 않는 이상 법원은 소를 각하하여야 한다.

정답 ②

① 행정처분의 무효 확인 또는 취소를 구하는 소가 제소 당시에는 소의 이익이 있어 적법하였는데, 소송계속 중 해당 행정처분이 기간의 경과 등으로 그 효과가 소멸한 때에 처분이 취소되어도 **원상회복이 불가능**하다고 보이는 경우라도, **무효 확인 또는 취소로써 회복할 수 있는 다른 권리나 이익이 남아 있거나 또는** 그 행정처분과 동일한 사유로 위법한 처분이 반복될 위험성이 있어 **행정처분의 위법성 확인 내지 불분명한 법률문제에 대한 해명이 필요한 경우에는** 행정의 적법성 확보와 그에 대한 사법통제, 국민의 권리구제 확대 등의 측면에서 **예외적으로 그 처분의 취소를 구할 소의 이익을 인정할 수 있다**. 여기에서 '그 행정처분과 동일한 사유로 위법한 처분이 반복될 위험성이 있는 경우'란 불분명한 법률문제에 대한 해명이 필요한 상황에 대한 대표적인 **예시**일 뿐이며, 반드시 '해당 사건의 동일한 소송 당사자 사이에서' 반복될 위험이 있는 경우만을 의미하는 것은 아니다(대판 2020.12.24. 2020두30450).

② 항고소송에 있어서 행정처분의 위법 여부를 판단하는 기준 시점에 대하여 판결시가 아니라 **처분시**라고 하는 의미는 행정처분이 있을 때의 법령과 사실상태를 기준으로 하여 위법 여부를 판단할 것이며 처분 후 법령의 개폐나 사실상태의 변동에 영향을 받지 않는다는 뜻이고 처분 당시 존재하였던 자료나 행정청에 제출되었던 자료만으로 위법 여부를 판단한다는 의미는 아니므로, 처분 당시의 사실상태 등에 대한 입증은 사실심 변론종결 당시까지 할 수 있고, 법원은 행정처분 당시 행정청이 알고 있었던 자료뿐만 아니라 사실심 변론종결 당시까지 제출된 모든 자료를 종합하여 처분 당시 존재하였던 객관적 사실을 확정하고 그 사실에 기초하여 처분의 위법 여부를 판단할 수 있다(대판 1993.5.27. 92누19033).

③ 행정에 대한 사법통제 및 권익구제의 확대와 같은 행정소송의 기능 등을 종합하여 보면, 행정**처분**의 근거 법률에 의하여 보호되는 직접적이고 구체적인 이익이 있는 경우에는 행정소송법 제35조에 규정된 '무효확인을 구할 법률상 이익'이 있다고 보아야 하고, 이와 별도로 **무효확인소송의 보충성이 요구되는 것은 아니므로 행정처분의 무효를 전제로 한 이행소송 등과 같은 직접적인 구제수단이 있는지 여부를 따질 필요가 없다**(대판 2008.3.20. 2007두6342).

🔨 **정리**

항고소송 중 무효확인소송 : 보충성(즉시확정의 이익)X ∴ 직접적인 구제수단 먼저 검토X

지방자치단체와 채용계약에 의하여 채용된 계약직공무원은 이미 채용기간이 만료되어 소송 결과에 의해 법률상 그 직위가 회복되지 않는 이상 채용계약 해지의 의사표시의 무효확인만으로는 당해 소송에서 추구하는 권리구제의 기능이 있다고 할 수 없고, 침해된 급료지급청구권이나 사실상의 명예를 회복하는 수단은 바로 급료의 지급을 구하거나 명예훼손을 전제한 손해배상을 구하는 등의 **이행청구소송으로 직접적인 권리구제방법이 있는 이상 무효확인소송은** 적절한 권리구제수단이라 할 수 없어 확인소송의 또 다른 소송**요건을 구비하지 못하고 있다 할 것**이며, 위와 같이 **직접적인 권리구제의 방법이 있는 이상 무효확인소송을 허용하지 않는다**고 해서 당사자의 권리구제를 봉쇄하는 것도 아니다(대판 2008.6.12. 2006두16328).

🔨 **정리**

당사자소송의 경우 확인소송의 보충성(최후수단성)O
BUT 항고소송의 경우 확인소송의 보충성(최후수단성)X

④ **부작위위법확인의 소**는 행정청이 국민의 법규상 또는 조리상의 권리에 기한 신청에 대하여 상당한 기간내에 그 신청을 인용하는 적극적 처분 또는 각하거나 기각하는 등의 소극적 처분을 하여야 할 법률상의 응답의무가 있음에도 불구하고 이를 하지 아니하는 경우, **판결(사실심의 구두변론 종결)시를 기준으로 그 부작위의 위법을 확인**함으로써 행정청의 응답을 신속하게 하여 부작위 내지 무응답이라고 하는 소극적인 위법상태를 제거하는 것을 목적으로 하는 것이고, 나아가 당해 판결의 구속력에 의하여 행정청에게 처분 등을 하게 하고 다시 당해 처분 등에 대하여 불복이 있는 때에는 그 처분 등을 다투게 함으로써 최종적으로는 국민의 권리이익을 보호하려는 제도이므로, **소제기의 전후를 통하여 판결시까지 행정청이 그 신청에 대하여 적극 또는 소극의 처분을 함으로써 부작위상태가 해소**된 때에는 소의 이익을 상실하게 되어 당해 소는 **각하**를 면할 수가 없는 것이다(대판 1990.9.25. 89누4758).

08

사인의 공법행위에 대해서 가장 옳지 않은 것은? (단, 다툼이 있는 경우 판례에 따름)

① 전역지원의 의사표시가 진의 아닌 의사표시라 하더라도 그 무효에 관한 법리를 선언한 민법 제107조 제1항 단서의 규정은 그 성질상 사인의 공법행위에는 적용되지 않는다.
② 공무원이 한 사직 의사표시의 철회나 취소는 의원면직처분이 있을 때까지 할 수 있는 것이고, 일단 면직처분이 있고 난 이후에는 철회나 취소할 수 없다.
③ 영업양도에 따른 지위승계신고를 수리하는 허가관청의 행위는, 단순히 양도·양수인 사이에 이미 발생한 사법상의 사업양도의 법률효과에 의하여 양수인이 그 영업을 승계하였다는 사실의 신고를 접수하는 행위에 그치는 것이 아니라, 실질에 있어서 양도자의 사업허가를 취소함과 아울러 양수자에게 적법히 사업을 할 수 있는 권리를 설정하여 주는 행위로서 사업허가자의 변경이라는 법률효과를 발생시키는 행위라고 할 것이다.
④ 담당 공무원이 관계 법령에 규정되지 아니한 서류를 요구하여 신고서를 제출하지 못하였다면 정당한 사유가 있는 것이므로 신고가 있었던 것으로 볼 수 있다.

정답 ④

① 가. 군인사정책상 필요에 의하여 복무연장지원서와 전역(여군의 경우 면역임)지원서를 동시에 제출하게 한 방침에 따라 위 양 지원서를 함께 제출한 이상, 그 취지는 복무연장지원의 의사표시를 우선으로 하되, 그것이 받아들여지지 아니하는 경우에 대비하여 원에 의하여 전역하겠다는 조건부 의사표시를 한 것이므로 그 전역지원의 의사표시도 유효한 것으로 보아야 한다.
나. 위 전역지원의 의사표시가 진의 아닌 의사표시라 하더라도 그 무효에 관한 법리를 선언한 민법 제107조 제1항 단서의 규정은 그 성질상 사인의 공법행위에는 적용되지 않는다 할 것이므로 그 표시된 대로 유효한 것으로 보아야 한다.

> **참고**
> 민법 제107조 (진의 아닌 의사표시)
> 제1항 의사표시는 표의자가 진의아님을 알고 한 것이라도 그 효력이 있다. 그러나 상대방이 표의자의 진의아님을 알았거나 이를 알 수 있었을 경우에는 무효로 한다.

② 공무원이 한 사직 의사표시의 철회나 취소는 그에 터 잡은 의원면직처분이 있을 때까지 할 수 있는 것이고, 일단 면직처분이 있고 난 이후에는 철회나 취소할 여지가 없다(대판 2001.8.24. 99두9971).
③ 구 식품위생법 제25조 제1항·제3항에 의하여 영업양도에 따른 지위승계신고를 수리하는 허가관청의 행위는, 단순히 양도·양수인 사이에 이미 발생한 사법상의 사업양도의 법률효과에 의하여 양수인이 그 영업을 승계하였다는 사실의 신고를 접수하는 행위에 그치는 것이 아니라, 실질에 있어서 양도자의 사업허가를 취소함과 아울러 양수자에게 적법히 사업을 할 수 있는 권리를 설정하여 주는 행위로서 사업허가자의 변경이라는 법률효과를 발생시키는 행위라고 할 것이다(대판 2001.2.9. 2000도2050).
④ 수산제조업을 하고자 하는 사람이 형식적 요건을 모두 갖춘 수산제조업 신고서를 제출한 경우에는 담당 공무원이 관계 법령에 규정되지 아니한 사유를 들어 그 신고를 수리하지 아니하고 반려하였다고 하더라도 그 신고서가 제출된 때에 신고가 있었다고 볼 것이나, 담당 공무원이 관계 법령에 규정되지 아니한 서류를 요구하여 신고서를 제출하지 못하였다는 사정만으로는 신고가 있었던 것으로 볼 수 없다(대판 2002.3.12. 2000다73612).

09

행정입법에 대한 판례의 입장으로 옳지 않은 것은?

① 행정입법부작위의 위헌·위법성과 관련하여, 하위 행정입법의 제정 없이 상위법령의 규정만으로 집행이 이루어질 수 있는 경우에도 상위법령의 명시적 위임이 있다면 하위 행정입법을 제정하여야 할 작위의무는 인정된다.
② 법령의 위임관계는 반드시 하위법령의 개별조항에서 위임의 근거가 되는 상위법령의 해당조항을 구체적으로 명시하고 있어야 하는 것은 아니다.
③ 입법부가 법률로써 행정부에게 특정한 사항을 위임했음에도 불구하고 행정부가 정당한 이유 없이 이를 이행하지 않는다면 권력분립의 원칙과 법치국가 내지 법치행정의 원칙에 위배된다.
④ 상위법령에서 세부사항 등을 시행규칙으로 정하도록 위임하였으나 이를 고시 등 행정규칙으로 정한 경우에는 대외적 구속력을 가지는 법규명령으로서의 효력을 인정할 수 없다.

정답 ①

① 행정입법의 부작위가 위헌·위법이라고 하기 위하여는 행정청에게 행정입법을 하여야 할 작위의무를 전제로 하는 것이고, 그 작위의무가 인정되기 위하여는 행정입법의 제정이 법률의 집행에 필수불가결한 것이어야 하는바, 만일 하위 행정입법의 제정 없이 상위 법령의 규정만으로도 집행이 이루어질 수 있는 경우라면 하위 행정입법을 제정하여야 할 작위의무는 인정되지 아니한다고 할 것이다(대판 2007.1.11. 2004두10432 ; 헌재 2013.5.30. 2011헌마198).
② 법령의 위임관계는 반드시 하위 법령의 개별조항에서 위임의 근거가 되는 상위법령의 해당조항을 구체적으로 명시하고 있어야만 하는 것은 아니라고 할 것이다(대판 1999.12.24. 99두5658).
③ 입법부가 법률로써 행정부에게 특정한 사항을 위임했음에도 불구하고 행정부가 정당한 이유 없이 이를 이행하지 않는다면 권력분립의 원칙과 법치국가 내지 법치행정의 원칙에 위배되는 것으로서 위법함과 동시에 위헌적인 것이 된다(대판 2007.11.29. 2006다3561).
④ 상위법령에서 세부사항 등을 시행규칙으로 정하도록 위임하였음에도 이를 고시 등 행정규칙으로 정하였다면 그 역시 대외적 구속력을 가지는 법규명령으로서 효력이 인정될 수 없다(대판 2012.7.5. 2010다72076).

10

행정소송에 관한 설명으로 옳지 않은 것은?

① 국가에 대한 납세의무자의 부가가치세 환급세액 지급청구는 당사자소송의 절차에 따라야 한다.
② 무효선언을 구하는 의미의 취소소송에 있어서는 제소기간이 준수되어야 한다.
③ 지방자치단체의 장의 재의요구에도 불구하고 지방의회가 조례안을 재의결한 경우 단체장이 지방의회를 상대로 제기하는 소송은 기관소송이다.
④ 신축건물의 준공처분을 하여서는 아니된다는 내용의 부작위를 청구하는 행정소송은 예외적으로 허용된다.

정답 ④

① 납세의무자에 대한 국가의 부가가치세 환급세액 지급의무에 대응하는 국가에 대한 납세의무자의 부가가치세 환급세액 지급청구는 민사소송이 아니라 행정소송법 제3조 제2호에 규정된 당사자소송의 절차에 따라야 한다(대판 2013.3.21. 2011다95564).

② 행정처분의 당연무효를 선언하는 의미에서 취소를 구하는 행정소송을 제기한 경우에도 전치절차와 그 제소기간의 준수 등 취소소송의 제소요건을 갖추어야 한다(대판 1993.3.12. 92누11039).

③ 지방자치법 제107조의 지방의회재의결에 대한 무효확인소송은 기관소송이다.

④ 신축건물의 준공처분을 해서는 안 된다는 내용의 부작위를 구하는 청구는 행정소송에서 허용되지 아니하는 것이므로 부적법하다 (대판 1987.3.24. 86누182).

✎ 정리
예방적 부작위청구소송이란 권익침해가 명백히 예견되는 부당격 처분의 경우, 미리 그 예상되는 부당격 처분을 저지하는 것을 목적으로 청구하는 소송 (신축건물의 준공처분을 하여서는 아니 된다는 내용의 부작위를 구하는 청구 등)을 의미.
판례는 인정X

11

다음 사례에 대한 설명으로 옳은 것은? (다툼이 있는 경우 판례에 의함)

> 민간시민단체 A는 관할 행정청 B에게 개발사업의 승인과 관련한 정보공개를 청구하였으나 B는 현재 재판 진행 중인 사안이 포함되어 있다는 이유로 「공공기관의 정보공개에 관한 법률」 제9조 제1항 제4호의 사유를 들어 A의 정보공개청구를 거부하였다.

① A는 공개청구한 정보에 대해 개별·구체적 이익이 없는 경우에도 B의 정보공개거부에 대해 취소소송으로 다툴 수 있다.
② A가 공개청구한 정보에 대해 직접적인 이해관계가 있는 경우에는 B의 정보공개거부에 대해 정보공개의 이행을 구하는 당사자소송을 제기하여 다툴 수 있다.
③ A가 공개청구한 정보의 일부가 「공공기관의 정보공개에 관한 법률」상 비공개사유에 해당하는 때에는 그 나머지 정보만을 공개하는 것이 가능한 경우라 하더라도 법원은 공개가능한 정보에 관한 부분만의 일부취소를 명할 수는 없다.
④ B의 비공개사유가 정당화되기 위해서는 A가 공개청구한 정보가 진행 중인 재판의 소송기록 자체에 포함된 내용이어야 한다.

정답 ①

① 「공공기관의 정보공개에 관한 법률」 제5조 제1항은 '모든 국민은 정보의 공개를 청구할 권리를 가진다.'고 규정하고 있는데, 여기에서 말하는 국민에는 자연인은 물론 법인, 권리능력 없는 사단·재단도 포함되고, 한편 정보공개청구권은 법률상 보호되는 구체적인 권리이므로 청구인이 공공기관에 대하여 정보공개를 청구하였다가 거부처분을 받은 것 자체가 법률상 이익의 침해에 해당한다 (대판 2004.9.23. 2003두1370).

② 정보공개거부에 대해서 취소소송 등 항고소송을 제기하여 다퉈야 한다.

> **공공기관의 정보공개에 관한 제5조 (정보공개 청구권자)**
> 제1항 모든 국민은 정보의 공개를 청구할 권리를 가진다.

✎ 정리
정보공개청구권은 법률상 보호되는 구체적인 권리
∴ 청구인이 법률상 이익이 있음을 입증할 필요X

✎ 정리
정보공개청구권은 법률상 보호되는 구체적인 권리
∴ 청구인이 공공기관에 대하여 정보공개를 청구하였다가 거부처분을 받은 것 자체가 법률상 이익의 침해
∴ 거부처분에 대해서 취소소송 가능

③ 법원이 행정청의 정보공개거부처분의 위법 여부를 심리한 결과 공개를 거부한 정보에 비공개대상정보에 해당하는 부분과 공개가 가능한 부분이 혼합되어 있고 공개청구의 취지에 어긋나지 아니하는 범위 안에서 두 부분을 분리할 수 있음이 인정되는 때에는, 위 정보 중 공개가 가능한 부분을 특정하여 그 부분에 관한 공개거부처분을 취소하여야 할 것이다(대판 2006.12.7. 2004두9180).

④ 법원 이외의 공공기관이 정보공개법 제9조 제1항 제4호에서 정한 '진행 중인 재판에 관련된 정보'에 해당한다는 사유로 정보공개를 거부하기 위하여는 반드시 그 정보가 진행 중인 재판의 소송기록 자체에 포함된 내용일 필요는 없다. 그러나 재판에 관련된 일체의 정보가 그에 해당하는 것은 아니고 진행 중인 재판의 심리 또는 재판결과에 구체적으로 영향을 미칠 위험이 있는 정보에 한정된다고 보는 것이 타당하다(대판 2011.11.24. 2009두19021).

12

다음 중 옳지 않은 것은? (다툼이 있는 경우 판례에 의함)

① 자연환경 보호 등을 목적으로 하는 도시관리계획결정은 식생이 양호한 수림의 훼손 등과 같이 장래 발생할 불확실한 상황과 파급효과에 대한 예측 등을 반영한 행정청의 재량적 판단으로서, 그 내용이 현저히 합리성을 결여하거나 형평이나 비례의 원칙에 뚜렷하게 반하는 등의 사정이 없는 한 폭넓게 존중해야 한다.

② 과세관청이 세무조사 결과에 대한 서면통지 후 과세전적부심사 청구나 그에 대한 결정이 있기 전에 과세처분을 한 경우, 절차상 하자가 있으므로 해당 과세처분은 취소사유에 해당한다.

③ 어느 법률관계나 사실관계에 대하여 어느 법령의 규정을 적용할 수 없다는 법리가 명백히 밝혀지지 않아 해석에 다툼의 여지가 있는 상태에서 과세관청이 이를 잘못 해석하여 과세처분을 한 경우, 그 하자가 명백하다고 할 수 없다.

④ 사립학교의 교원이 교원소청심사위원회의 소청심사 기각결정에 불복하여 교원소청심사위원회를 피고로 하여 행정소송을 제기한 경우, 소청심사의 피청구인이었던 사립학교의 장은 피고보조참가인으로서 소송에 참여할 수 있다.

정답 ②

① 공원녹지의 확충·관리·이용 등 쾌적한 도시환경의 조성 등을 목적으로 하는 도시관리계획결정과 관련하여 재량권의 일탈·남용 여부를 심사할 때에는 공원녹지법의 입법 취지와 목적, 보존하고자 하는 녹지의 조성 상태 등 구체적 현황, 이해관계자들 사이의 권익 균형 등을 종합하여 신중하게 판단해야 한다. 그리고 자연환경 보호 등을 목적으로 하는 도시관리계획결정은 식생이 양호한 수림의 훼손 등과 같이 장래 발생할 불확실한 상황과 파급효과에 대한 예측 등을 반영한 행정청의 재량적 판단으로서, 그 내용이 현저히 합리성을 결여하거나 형평이나 비례의 원칙에 뚜렷하게 반하는 등의 사정이 없는 한 폭넓게 존중해야 한다(대판 2023.11.16. 2022두61816).

② 사전구제절차로서 과세전적부심사 제도가 가지는 기능과 이를 통해 권리구제가 가능한 범위, 이러한 제도가 도입된 경위와 취지, 납세자의 절차적 권리 침해를 효율적으로 방지하기 위한 통제 방법과 더불어, 헌법 제12조 제1항에서 규정하고 있는 적법절차의 원칙은 형사소송절차에 국한되지 아니하고, 세무공무원이 과세권을 행사하는 경우에도 마찬가지로 준수하여야 하는 점 등을 고려하여 보면, 구 국세기본법 등이 과세전적부심사를 거치지 않고 곧바로 과세처분을 할 수 있거나 과세전적부심사에 대한 결정이 있기 전이라도 과세처분을 할 수 있는 예외사유로 정하고 있다는 등의 특별한 사정이 없는 한, 세무조사 결과에 대한 서면통지 후 과세전적부심사 청구나 그에 대한 결정이 있기도 전에 과세처분을 하는 것은 원칙적으로 과세전적부심사 이후에 이루어져야 하는 과세처분을 그보다 앞서 함으로써 과세전적부심사 제도 자체를 형해화시킬 뿐만 아니라 과세전적부심사 결정과 과세처분 사이의 관계 및 그 불복절차를 불분명하게 할 우려가 있으므로, 그와 같은 과세처분은 납세자의 절차적 권리를 침해하는 것으로서 그 절차상 하자가 중대하고도 명백하여 무효이다(대판 2023.11.2. 2021두37748).

③ 과세처분이 당연무효라고 하기 위해서는 그 처분에 위법사유가 있다는 것만으로는 부족하고 그 하자가 법규의 중요한 부분을 위반한 중대한 것으로서 객관적으로 명백한 것이어야 하며, 하자가 중대하고 명백한지 여부를 판별할 때에는 그 과세처분의 근거가 되는 법규의 목적·의미·기능 등을 목적론적으로 고찰함과 동시에 구체적 사안 자체의 특수성에 관하여도 합리적으로 고찰하여야 한다. 그리고 어느 법률관계나 사실관계에 대하여 어느 법령의 규정을 적용하여 과세처분을 한 경우, 그 법률관계나 사실관계에 대하여는 그 법령의 규정을 적용할 수 없다는 법리가 명백히 밝혀져서 해석에 다툼의 여지가 없음에도 과세관청이 그 법령의 규정을 적용하여 과세처분을 하였다면 그 하자는 중대하고도 명백하다고 할 것이나, 그 법률관계나 사실관계에 대하여 그 법령의 규정을 적용할 수 없다는 법리가 명백히 밝혀지지 아니하여 해석에 다툼의 여지가 있는 때에는 과세관청이 이를 잘못 해석하여 과세처분을 하였더라도 이는 단순히 과세요건사실을 오인한 것에 불과하여 그 하자가 명백하다고 할 수 없다(대판 2023.11.2. 2023다238029).

④ 국공립학교의 교원은 소청심사 결정의 고유한 위법을 주장하는 경우가 아닌 한 불리한 처분을 한 인사권자를 피고로 하여 행정소송을 제기해야 하므로 그 인사권자는 피고로서 소송에 참여한다. 사립학교의 교원은 교원소청심사위원회를 피고로 하여 행정소송을 제기해야 하는데, 사립학교의 장은 학교법인의 위임 등을 받아 교원에 대한 인사 관련 업무에 대해 독자적 기능을 수행하고 있고, 소청심사의 피청구인이었다면 피고보조참가인으로서 소송에 참여할 수 있다(대판 2023.10.26. 2018두55272).

13

취소소송의 판결 효력에 대한 설명으로 옳지 않은 것은? (다툼이 있는 경우 판례에 의함)

① 재량행위인 과징금 납부명령이 재량권을 일탈하였을 경우, 법원이 적정하다고 인정하는 부분을 초과한 부분만 취소할 수 있다.

② 사정판결을 할 사정에 관한 주장·입증책임은 피고 처분청에 있지만 처분청의 명백한 주장이 없는 경우에도 사건 기록에 나타난 사실을 기초로 법원이 직권으로 석명권을 행사하거나 증거조사를 통해 사정판결을 할 수도 있다.

③ 취소확정판결의 기판력은 판결에 적시된 위법사유에 한하여 미치므로 행정청이 그 확정판결에 적시된 위법사유를 보완하여 행한 새로운 행정처분은 확정판결에 의하여 취소된 종전처분과는 별개의 처분으로서 확정판결의 기판력에 저촉되지 않는다.

④ 징계처분의 취소를 구하는 소에서 징계사유가 될 수 없다고 취소확정판결을 한 사유와 동일한 사유를 내세워 다시 징계처분을 하는 것은 확정판결에 저촉되는 행정처분으로 허용될 수 없다.

정답 ①

① 처분을 할 것인지 여부와 처분의 정도에 관하여 재량이 인정되는 과징금 납부명령에 대하여 그 명령이 재량권을 일탈하였을 경우, 법원으로서는 재량권의 일탈 여부만 판단할 수 있을 뿐이지 재량권의 범위 내에서 어느 정도가 적정한 것인지에 관하여는 판단할 수 없어 그 전부를 취소할 수밖에 없고, 법원이 적정하다고 인정하는 부분을 초과한 부분만 취소할 수는 없다(대판 2009.6.23. 2007두18062).

② 사정판결의 필요성에 관한 주장·입증책임은 피고인 처분청에게 있다. 그런데 행정처분이 위법한 경우에는 이를 취소하는 것이 원칙이고, 예외적으로 그 위법한 처분을 취소·변경하는 것이 도리어 현저히 공공복리에 적합하지 아니하는 경우에는 그 취소를 허용하지 아니하는 사정판결을 할 수 있고, 이러한 사정판결에 관하여는 당사자의 명백한 주장이 없는 경우에도 기록에 나타난 여러 사정을 기초로 법원이 직권으로 판단할 수 있는 것이다(대판 2006.12.21. 2005두16161 ; 대판 2006.9.22. 2005두2506).

③ 행정처분에 위법이 있어 행정처분을 취소하는 판결이 확정된 경우 그 확정판결의 기판력은 거기에 적시된 위법사유에 한하여 미치는 것이므로, 행정관청이 그 확정판결에 적시된 위법사유를 보완하여 행한 새로운 행정처분은 확정판결에 의하여 취소된 종전의 처분과는 별개의 처분으로서 확정판결의 기판력에 저촉된다고 할 수 없다(대판 1997.2.11. 96누13057).

④ 징계처분의 취소를 구하는 소에서 징계사유가 될 수 없다고 판결한 사유와 동일한 사유를 내세워 행정청이 다시 징계처분을 한 것은 확정판결에 저촉되는 행정처분을 한 것으로서, 위 취소판결의 기속력이나 확정판결의 기판력에 저촉되어 허용될 수 없다(대판 1992.7.14. 92누2912).

14

「건축법」상 이행강제금에 관한 설명 중 옳은 것은? (다툼이 있는 경우 판례에 의함)

① 시정명령을 받은 의무자가 그 시정명령의 취지에 부합하는 의무를 이행하기 위한 정당한 방법으로 신고를 하였으나 행정청이 위법하게 이를 반려함으로써 결국 반려처분이 취소되었더라도, 행정청은 이행강제금 제도의 취지상 이행강제금을 부과할 수 있다.
② 대체적 작위의무의 위반에 대하여 대집행이 가능한 경우에 대집행을 하지 않고 이행강제금을 부과하는 것은 위법하다.
③ 의무자가 이행기간을 도과하여 의무를 이행한 이상 행정청이 이행강제금을 부과하기 전에 그 의무를 이행한 것이라도 해당 이행강제금 부과처분은 위법하다고 볼 수 없다.
④ 건축주가 장기간 시정명령을 이행하지 아니하였더라도, 그 기간 중에는 시정명령의 이행 기회가 제공되지 아니하였다가 뒤늦게 시정명령의 이행 기회가 제공된 경우라면, 시정명령의 이행 기회 제공을 전제로 한 1회분의 이행강제금만을 부과할 수 있고, 시정명령의 이행 기회가 제공되지 아니한 과거의 기간에 대한 이행강제금까지 한꺼번에 부과할 수는 없다.

정답 ④

① 시정명령을 받은 의무자가 그 시정명령의 취지에 부합하는 의무를 이행하기 위한 정당한 방법으로 행정청에 신청 또는 신고를 하였으나 행정청이 위법하게 이를 거부 또는 반려함으로써 결국 그 처분이 취소되기에 이르렀다면, 특별한 사정이 없는 한 그 시정명령의 불이행을 이유로 이행강제금을 부과할 수는 없다고 보는 것이 위와 같은 이행강제금 제도의 취지에 부합한다(대판 2018.1.25. 2015두35116).

② 현행 건축법상 위법건축물에 대한 이행강제수단으로 대집행과 이행강제금(제83조 제1항)이 인정되고 있는데, 양 제도는 각각의 장·단점이 있으므로 행정청은 개별사건에 있어서 위반내용, 위반자의 시정의지 등을 감안하여 대집행과 이행강제금을 선택적으로 활용할 수 있으며, 이처럼 그 합리적인 재량에 의해 선택하여 활용하는 이상 중첩적인 제재에 해당한다고 볼 수 없다(헌재 2004.2.26. 2001헌바80).

③ 건축법상의 이행강제금은 시정명령의 불이행이라는 과거의 위반행위에 대한 제재가 아니라, 의무자에게 시정명령을 받은 의무의 이행을 명하고 그 이행기간 안에 의무를 이행하지 않으면 이행강제금이 부과된다는 사실을 고지함으로써 의무자에게 심리적 압박을 주어 의무의 이행을 간접적으로 강제하는 행정상의 간접강제 수단에 해당한다. 이러한 이행강제금의 본질상 시정명령을 받은 의무자가 이행강제금이 부과되기 전에 그 의무를 이행한 경우에는 비록 시정명령에서 정한 기간을 지나서 이행한 경우라도 이행강제금을 부과할 수 없다(대판 2018.1.25. 2015두35116).

④ 비록 건축주 등이 장기간 시정명령을 이행하지 아니하였더라도, 그 기간 중에는 시정명령의 이행 기회가 제공되지 아니하였다가 뒤늦게 시정명령의 이행 기회가 제공된 경우라면, 시정명령의 이행 기회 제공을 전제로 한 1회분의 이행강제금만을 부과할 수 있고, 시정명령의 이행 기회가 제공되지 아니한 과거의 기간에 대한 이행강제금까지 한꺼번에 부과할 수는 없다. 그리고 이를 위반하여 이루어진 이행강제금 부과처분은 과거의 위반행위에 대한 제재가 아니라 행정상의 간접강제 수단이라는 이행강제금의 본질에 반하여 구 건축법 제80조 제1항, 제4항 등 법규의 중요한 부분을 위반한 것으로서, 그러한 하자는 중대할 뿐만 아니라 객관적으로도 명백하다(대판 2016.7.14. 2015두46598).

15

「행정절차법」상 처분의 이유 제시 및 의견제출절차에 대한 판례의 입장으로 옳지 않은 것은?

① 고시 등 불특정 다수인을 상대로 의무를 부과하거나 권익을 제한하는 처분에 있어서는 그 상대방에게 의견제출의 기회를 주어야 하는 것은 아니다.
② 가산세 부과처분에 관해서는 「국세기본법」이나 개별 세법 어디에도 그 납세고지의 방식 등에 관하여 따로 정한 규정이 없으므로, 가산세의 종류와 세액의 산출근거 등을 전혀 밝히지 않고 가산세의 합계액만을 기재한 경우 그 부과처분은 위법하지 않다.
③ 행정청이 토지형질변경허가신청을 불허하는 근거규정으로 '도시계획법 시행령 제20조'를 명시하지 아니하고 '도시계획법'이라고만 기재하였으나, 신청인이 자신의 신청이 개발제한구역의 지정 목적에 현저히 지장을 초래하는 것이라는 이유로 구 「도시계획법 시행령」 제20조 제1항 제2호에 따라 불허된 것임을 알 수 있었던 경우에는 그 불허처분이 위법하지 않다.
④ 불이익처분의 직접 상대방인 당사자 또는 행정청이 참여하게 한 이해관계인이 아닌 제3자에 대하여는 의견제출에 관한 「행정절차법」의 규정이 적용되지 아니한다.

정답 ②

① '고시'의 방법으로 불특정 다수인을 상대로 의무를 부과하거나 권익을 제한하는 처분은 성질상 의견제출의 기회를 주어야 하는 상대방을 특정할 수 없으므로, 이와 같은 처분에 있어서까지 구 행정절차법 제22조 제3항에 의하여 그 상대방에게 의견제출의 기회를 주어야 한다고 해석할 것은 아니다(대판 2014.10.27. 2012두7745).
② 가산세는 본세와 함께 부과하면서 세액만 병기하고, 더구나 가산세의 종류가 여러 가지인 경우에도 그 합계액만 표시하는 것이 오랜 과세관행처럼 되어 있었다. 하지만 가산세라고 하여 적법절차원칙의 법정신을 완화하여 적용할 합당한 근거는 어디에도 없다. 가산세 역시 본세와 마찬가지 수준으로 그 형식과 내용을 갖추어 세액의 산출근거 등을 밝혀서 고지하여야 하고, 납세고지서를 받는 납세의무자가 따로 법률 규정을 확인하거나 과세관청에 문의해 보지 않고도 무슨 가산세가 부과되었고 세액이 그렇게 된 산출근거가 무엇인지 알 수 있도록 해야 한다. 그러므로 가산세 부과처분이라고 하여 그 종류와 세액의 산출근거 등을 전혀 밝히지 않고 가산세의 합계액만을 기재한 경우에는 그 부과처분은 위법함을 면할 수 없다(대판 2012.10.18. 2010두12347).
③ 행정청이 토지형질변경허가신청을 불허하는 근거규정으로 '도시계획법시행령 제20조'를 명시하지 아니하고 '도시계획법'이라고만 기재하였으나, 신청인이 자신의 신청이 개발제한구역의 지정 목적에 현저히 지장을 초래하는 것이라는 이유로 구 도시계획법 시행령 제20조 제1항 제2호에 따라 불허된 것임을 알 수 있었던 경우, 그 불허처분이 위법하지 아니하다(대판 2002.5.17. 2000두8912).
④ 불이익처분의 직접 상대방인 당사자 또는 행정청이 참여하게 한 이해관계인이 아닌 제3자에 대하여는 사전통지 및 의견제출에 관한 행정절차법 제21조, 제22조가 적용되지 않는다(대판 2009.4.23. 2008두686).

16

다음 중 옳지 않은 것은? (다툼이 있는 경우 판례에 의함)

① 행정청의 행위가 항고소송의 대상이 될 수 있는지는 추상적·일반적으로 결정할 수 없고, 구체적인 경우에 관련 법령의 내용과 취지, 그 행위의 주체·내용·형식·절차, 그 행위와 상대방 등 이해관계인이 입는 불이익 사이의 실질적 견련성, 법치행정의 원리와 그 행위에 관련된 행정청이나 이해관계인의 태도 등을 고려하여 개별적으로 결정하여야 한다.
② 여객자동차 운송사업자 甲 주식회사가 시내버스 노선을 운행하면서 환승요금할인, 청소년요금할인을 시행한 데에 따른 손실을 보전해 달라며 경기도지사와 광명시장에게 보조금 지급신청을 하였으나, 경기도지사가 甲 회사와 광명시장에게 '甲 회사의 보조금 지급신청을 받아들일 수 없음은 기존에 회신한 바와 같고, 광명시에서는 적의 조치하여 주기 바란다.'는 취지로 통보한 사안에서, 경기도지사의 통보는 甲 회사의 권리·의무에 직접적인 영향을 주는 것이라고 할 수 없어 항고소송의 대상이 되는 처분으로 볼 수 없다.
③ 확인의 소는 현재의 권리 또는 법률상 지위에 관한 위험이나 불안을 제거하기 위하여 허용되는 것이지만, 과거의 법률관계라 할지라도 현재의 권리 또는 법률상 지위에 영향을 미치고 있고 현재의 권리 또는 법률상 지위에 대한 위험이나 불안을 제거하기 위하여 그 법률관계에 관한 확인판결을 받는 것이 유효적절한 수단이라고 인정될 때에는 확인의 이익이 있다.
④ 甲이 乙 주식회사가 운영하는 고등학교에서 재학 중 정학 2일의 징계를 받은 뒤 이에 불복하여 乙 회사를 상대로 징계 무효 확인을 구하는 소를 제기하였다가 소송 중 학교를 졸업한 사안에서, 징계 무효확인을 구할 법률상 이익은 인정되지 않는다.

정답 ④

① 항고소송의 대상인 '처분'이란 '행정청이 행하는 구체적 사실에 관한 법집행으로서의 공권력의 행사 또는 그 거부와 그 밖에 이에 준하는 행정작용'(행정소송법 제2조 제1항 제1호)을 말한다. 행정청의 행위가 항고소송의 대상이 될 수 있는지는 추상적·일반적으로 결정할 수 없고, 구체적인 경우에 관련 법령의 내용과 취지, 그 행위의 주체·내용·형식·절차, 그 행위와 상대방 등 이해관계인이 입는 불이익 사이의 실질적 견련성, 법치행정의 원리와 그 행위에 관련된 행정청이나 이해관계인의 태도 등을 고려하여 개별적으로 결정하여야 한다(대판 2023.2.23. 2021두44548).

② 여객자동차 운송사업자 甲 주식회사가 시내버스 노선을 운행하면서 환승요금할인 및 청소년요금할인을 시행한 데에 따른 손실을 보전해 달라며 경기도지사와 광명시장에게 보조금 지급신청을 하였으나, 경기도지사가 甲 회사와 광명시장에게 '甲 회사의 보조금 지급신청을 받아들일 수 없음은 기존에 회신한 바와 같고, 광명시에서는 적의 조치하여 주기 바란다.'는 취지로 통보한 사안에서, 경기도 여객자동차 운수사업 관리 조례 제15조에 따른 보조금 지급사무는 광명시장에게 위임되었으므로 위 신청에 대한 응답은 광명시장이 해야 하고, **경기도지사**는 甲 회사의 보조금 지급신청에 대한 **처분권한자**가 **아니며**, 위 통보는 경기도지사가 甲 회사의 보조금 신청에 대한 최종적인 결정을 통보하는 것이라기보다는 광명시장의 사무에 대한 지도·감독권자로서 甲 회사에 대하여는 보조금 지급신청에 대한 **의견을 표명**함과 아울러 광명시장에 대하여는 경기도지사의 의견에 따라 甲 회사의 보조금 신청을 받아들일지를 심사하여 甲 회사에 통지할 것을 촉구하는 내용으로 보는 것이 타당하므로, 경기도지사의 위 통보는 甲 회사의 권리·의무에 직접적인 영향을 주는 것이라고 할 수 없어 항고소송의 대상이 되는 처분으로 볼 수 없다(대판 2023.2.23. 2021두44548).

🖊️ **정리** 적의조치 : 적절한 조치

③ 확인의 소는 현재의 권리 또는 법률상 지위에 관한 위험이나 불안을 제거하기 위하여 허용되는 것이지만, 과거의 법률관계라 할지라도 현재의 권리 또는 법률상 지위에 영향을 미치고 있고 현재의 권리 또는 법률상 지위에 대한 위험이나 불안을 제거하기 위하여 그 법률관계에 관한 확인판결을 받는 것이 유효적절한 수단이라고 인정될 때에는 확인의 이익이 있다(대판 2023.2.23. 2022다207547).

④ 甲이 乙 주식회사가 운영하는 고등학교에서 재학 중 정학 2일의 징계를 받은 뒤 이에 불복하여 乙 회사를 상대로 징계 무효확인을 구하는 소를 제기하였다가 소송 중 학교를 졸업한 사안에서, 학교생활기록부에 기재된 징계 내역은 준영구적으로 보존되고, 학교생활기록부 기재사항은 대상자의 교육을 받을 권리, 공무담임권, 직업의 선택 등 여러 방면에 상당한 영향을 미칠 수 있으며, 甲은 학교생활기록부에 기재된 징계 내역이 잘못된 경우 정정을 요구할 수 있고, 이를 위해서는 '객관적 증빙자료'를 확보할 필요가 있으므로, 징계 자체는 과거의 법률관계라고 하더라도 징계 무효확인을 구하는 소는 학교생활기록부 기재사항과 밀접하게 관련된 현재의 권리 또는 법률상 지위에 대한 위험이나 불안을 제거하기 위하여 그 법률관계에 관한 확인판결을 받는 것이 유효·적절한 수단에 해당하므로, 확인을 구할 법률상 이익이 인정된다(대판 2023.2.23. 2022다207547).

17

행정계획에 대한 설명으로 옳지 않은 것은? (다툼이 있는 경우 판례에 의함)

① 당해 도시계획시설결정에 이해관계가 있는 주민으로서는 도시시설계획의 입안권자 내지 결정권자에게 도시시설계획의 입안 내지 변경을 요구할 수 있는 법규상 또는 조리상의 신청권이 있고, 이러한 신청에 대한 거부행위는 항고소송의 대상이 되는 행정처분에 해당한다.
② 「행정절차법」은 행정계획의 절차상 통제 방법으로 관계 행정기관과의 협의와 주민·이해관계인의 참여에 관한 일반적인 규정을 두고 있다.
③ 통상 행정계획변경청구권은 무하자재량행사청구권의 성질을 갖는다.
④ 구속력 없는 행정계획안이라도 국민의 기본권에 직접적으로 영향을 끼치고 법령의 뒷받침에 의하여 그대로 실시될 것이 틀림없을 것으로 예상되는 때에는 예외적으로 헌법소원의 대상이 된다.

정답 ②

① 도시계획구역 내 토지 등을 소유하고 있는 사람과 같이 당해 도시계획시설결정에 이해관계가 있는 주민으로서는 도시시설계획의 입안권자 내지 결정권자에게 도시시설계획의 입안 내지 변경을 요구할 수 있는 법규상 또는 조리상의 신청권이 있고, 이러한 신청에 대한 거부행위는 항고소송의 대상이 되는 행정처분에 해당한다(대판 2015.3.26. 2014두42742).

② 행정절차법에는 행정계획절차와 관련된 규정은 있지만, 이익형량 규정에 불과하므로 관계 행정기관과의 협의와 주민·이해관계인의 참여에 관한 일반적인 규정은 없다.

> **행정절차법 제40조의4 (행정계획)**
> 행정청은 행정청이 수립하는 계획 중 국민의 권리·의무에 직접 영향을 미치는 계획을 수립하거나 변경·폐지할 때에는 관련된 여러 이익을 정당하게 형량하여야 한다.

③ 행정계획의 변경은 행정청의 폭넓은 재량에 속하므로 이 경우 국민이나 주민이 가지게 되는 계획변경청구권이 있다면 무하자재량행사청구권의 성격을 갖는다.

④ 국민적 구속력을 갖는 행정계획은 공권력의 행사로 볼 수 있지만, 구속력을 갖지 않고 사실상의 준비행위나 사전안내 또는 행정기관 내부의 지침에 지나지 않는 행정계획은 원칙적으로 헌법소원의 대상이 되는 공권력의 행사라 할 수 없다. 하지만, 비구속적 행정계획안이나 행정지침이라도 국민의 기본권에 직접적으로 영향을 끼치고, 앞으로 법령의 뒷받침에 의하여 그대로 실시될 것이 틀림없을 것으로 예상될 수 있을 때에는, 공권력행사로서 예외적으로 헌법소원의 대상이 된다(헌재 2012.4.3. 2012헌마164).

18

「행정기본법」에 대한 설명으로 옳지 않은 것은?

① 행정작용은 법률에 위반되어서는 아니 되며, 국민의 권리를 제한하거나 의무를 부과하는 경우와 그 밖에 국민생활에 중요한 영향을 미치는 경우에는 법률에 근거하여야 한다.
② 행정청은 권한 행사의 기회가 있음에도 불구하고 장기간 권한을 행사하지 아니하여 국민이 그 권한이 행사되지 아니할 것으로 믿을 만한 정당한 사유가 있는 경우에는 그 권한을 행사해서는 아니 된다. 다만, 공익 또는 제3자의 이익을 현저히 해칠 우려가 있는 경우는 예외로 한다.
③ 행정은 공공의 이익을 위하여 적극적으로 추진되어야 한다.
④ 행정청은 법률로 정하는 바에 따라 처분에 재량이 있는 경우에도 완전히 자동화된 시스템으로 처분을 할 수 있다.

정답 ④

①
> **행정기본법 제8조 (법치행정의 원칙)**
> 행정작용은 **법률에 위반**되어서는 **아니** 되며, 국민의 권리를 제한하거나 의무를 부과하는 경우와 그 밖에 국민생활에 중요한 영향을 미치는 경우에는 **법률에 근거**하여야 한다.

②
> **행정기본법 제12조 (신뢰보호의 원칙)**
> **제2항** 행정청은 권한 행사의 기회가 있음에도 불구하고 장기간 권한을 행사하지 아니하여 국민이 그 권한이 행사되지 아니할 것으로 믿을 만한 정당한 사유가 있는 경우에는 그 권한을 행사해서는 아니 된다. 다만, 공익 또는 제3자의 이익을 현저히 해칠 우려가 있는 경우는 예외로 한다.

③
> **행정기본법 제4조 (행정의 적극적 추진)**
> **제1항** 행정은 공공의 이익을 위하여 적극적으로 추진되어야 한다.

④
> **행정기본법 제20조 (자동적 처분)**
> 행정청은 법률로 정하는 바에 따라 완전히 **자동화된 시스템**(인공지능 기술을 적용한 시스템을 포함한다)으로 처분을 할 수 있다. 다만, 처분에 **재량**이 있는 경우는 그러하지 **아니하다**.

19

「행정심판법」에 관한 설명 중 옳지 않은 것은?

① 법인이 아닌 사단 또는 재단으로서 대표자나 관리인이 정하여져 있는 경우에는 그 사단이나 재단의 이름으로 심판청구를 할 수는 없고 대표자나 관리인의 이름으로 심판청구를 할 수 있다.
② 행정심판위원회는 필요하다고 인정하면 그 행정심판 결과에 이해관계가 있는 제3자나 행정청에 그 사건 심판에 참가할 것을 요구할 수 있다.
③ 법인인 청구인이 합병(合倂)에 따라 소멸하였을 때에는 합병 후 존속하는 법인이나 합병에 따라 설립된 법인이 청구인의 지위를 승계한다.
④ 선정대표자는 다른 청구인들을 위하여 그 사건에 관한 모든 행위를 할 수 있다. 다만, 심판청구를 취하하려면 다른 청구인들의 동의를 받아야 하며, 이 경우 동의 받은 사실을 서면으로 소명하여야 한다.

정답 ①

①
> **행정심판법 제14조 (법인이 아닌 사단 또는 재단의 청구인 능력)**
> 법인이 아닌 사단 또는 재단으로서 대표자나 관리인이 정하여져 있는 경우에는 그 **사단이나 재단의 이름**으로 심판청구를 할 수 있다.

②
> **행정심판법 제21조 (심판참가의 요구)**
> **제1항** 위원회는 필요하다고 인정하면 그 행정심판 결과에 이해관계가 있는 제3자나 행정청에 그 사건 심판에 **참가할 것을 요구**할 수 있다.

③
> **행정심판법 제16조 (청구인의 지위 승계)**
> **제2항** 법인인 청구인이 합병(合倂)에 따라 소멸하였을 때에는 합병 후 존속하는 법인이나 합병에 따라 설립된 법인이 청구인의 지위를 승계한다.

④
> **행정심판법 제15조 (선정대표자)**
> **제3항** 선정대표자는 다른 청구인들을 위하여 그 사건에 관한 모든 행위를 할 수 있다. 다만, 심판청구를 취하하려면 다른 청구인들의 동의를 받아야 하며, 이 경우 동의받은 사실을 서면으로 소명하여야 한다.

20

甲은 乙을 명예훼손 등 혐의로 고소하였다. 검사 丙은 乙에 대하여 불기소결정을 하였으나, 甲에게 그 결과를 통지하지 않았다. 甲은 대검찰청에 丙이 자신의 고소사건 처리를 태만히 하고 있으니 징계하여 달라는 진정서를 제출하였다. 이에 검찰총장은 丙이 직무를 태만히 하여 甲에게 「형사소송법」에 의한 처분결과를 통지하지 아니한 잘못이 있으나 그 정도가 중하지 않으므로 「검사징계법」상 징계사유에는 해당하지 않는다고 판단하였다. 그러나 장래에 동일한 잘못을 되풀이하지 않도록 엄중히 경고할 필요가 있다고 판단하여, 丙에 대하여 대검찰청 내부규정에 근거하여 경고조치를 하였다. 이에 관한 설명 중 옳지 않은 것을 모두 고른 것은? (다툼이 있는 경우 판례에 의함)

> ㄱ. 丙의 불기소결정은 고소사건에 관하여 공권력의 행사인 공소제기를 거부하는 거부처분에 해당하므로, 甲은 취소소송을 제기하는 방식으로 불복할 수 있다.
> ㄴ. 丙이 불기소결정을 하면서 甲에게 「형사소송법」에 의한 처분 결과 통지를 하지 않음으로써 행정청의 의사가 외부에 표시되지 아니하여 아직 거부처분이 성립하였다고 볼 수 없으므로, 甲은 부작위위법확인소송을 제기하는 방식으로 불복할 수 있다.
> ㄷ. 대검찰청 내부규정에서 검찰총장의 경고조치를 받은 검사에 대하여 직무성과급 지급이나 승진·전보인사에서 불이익을 주도록 규정하고 있다면, 丙은 검찰총장의 경고조치에 대하여 취소소송을 제기하는 방식으로 불복할 수 있다.
> ㄹ. 丙의 직무상 의무 위반의 정도가 중하지 않아 「검사징계법」상 징계사유에 해당하지 않는데도 검찰총장이 대검찰청 내부규정에 근거하여 경고조치를 한 것은 법률유보원칙에 반하므로 허용될 수 없다.

① ㄱ, ㄴ
② ㄱ, ㄹ
③ ㄷ, ㄹ
④ ㄱ, ㄴ, ㄹ

정답 ④

ㄱ. ㄴ. '**처분**'이란 행정소송법상 **항고소송의 대상**이 되는 처분을 의미하는 것으로서, 행정소송법 제2조의 처분의 개념 정의에는 해당한다고 하더라도 그 처분의 **근거 법률**에서 행정소송 **이외의 다른 절차**에 의하여 **불복**할 것을 예정하고 있는 처분은 **항고소송의 대상**이 **될 수 없다**. **검사의 불기소결정**에 대해서는 검찰청법에 의한 항고와 재항고, 형사소송법에 의한 재정신청에 의해서만 불복할 수 있는 것이므로, 이에 대해서는 **행정소송법상 항고소송을 제기할 수 없다**(대판 2018.9.28. 2017두47465).

🔧 정리 검사의 불기소결정에 대해서 항고소송X (취소소송X / 부작위위법확인소송X)

ㄷ. **검찰총장**이 사무검사 및 사건평정을 기초로 대검찰청 자체감사규정 제23조 제3항, 검찰공무원의 범죄 및 비위 처리지침 제4조 제1항 제2호 등에 근거하여 **검사**에 대하여 하는 '**경고조치**'는 일정한 서식에 따라 검사에게 개별 통지를 하고 이의신청을 할 수 있으며, **검사가 검찰총장의 경고를 받으면** 1년 이상 감찰관리 대상자로 선정되어 특별관리를 받을 수 있고, 경고를 받은 사실이 인사자료로 활용되어 복무평정, 직무성과금 지급, 승진·전보인사에서도 불이익을 받게 될 가능성이 높아지며, 향후 다른 징계사유로 징계처분을 받게 될 경우에 징계양정에서 불이익을 받게 될 가능성이 높아지므로, 검사의 권리 의무에 영향을 미치는 행위로서 **항고소송의 대상**이 되는 **처분**이라고 보아야 한다(대판 2021.2.10. 2020두47564).

🔧 정리 (검사에 대한) 검찰총장의 경고조치는 처분 ∴ 항고소송O (취소소송O)

ㄹ. 검찰총장의 경고처분은 검사징계법에 따른 징계처분이 아니라 검찰청법 제7조 제1항, 제12조 제2항에 근거하여 **검사에 대한 직무감독권을 행사하는 작용**에 해당하므로, 검사의 직무상 의무 위반의 정도가 중하지 않아 검사징계법에 따른 '징계사유'에는 해당하지 않더라도 징계처분보다 낮은 수준의 감독조치로서 '경고처분'을 할 수 있고, 법원은 그것이 직무감독권자에게 주어진 재량권을 일탈·남용한 것이라는 특별한 사정이 없는 한 이를 존중하는 것이 바람직하다(대판 2021.2.10. 2020두47564).

🔧 정리
대검찰청 내부규정에 근거한 경고조치 (행정규칙에 근거한 처분) 얼마든지 가능
∴ 법률유보의 원칙 위반X

제03회 적중 동형 모의고사 문제 및 해설

정답 모아보기

01	②	02	③	03	①	04	④	05	①
06	②	07	①	08	④	09	④	10	①
11	②	12	③	13	④	14	①	15	①
16	④	17	③	18	②	19	①	20	③

01

다음 중 옳지 않은 것은? (다툼이 있는 경우 판례에 의함)

① 행정청의 전문적인 정성적 평가 결과는 특별한 사정이 없는 한 가급적 존중되어야 하고, 여기에 재량권을 일탈·남용한 특별한 사정이 있다는 점은 이를 주장하는 자가 증명하여야 한다.

② 인허가 의제 제도는 사업시행자의 이익을 위하여 만들어진 것이므로, 사업시행자가 반드시 관련 인허가 의제 처리를 신청할 의무가 있다.

③ 기본행위인 주택재개발정비사업조합이 수립한 사업시행계획에 하자가 있는데 보충행위인 관할 행정청의 사업시행계획 인가처분에는 고유한 하자가 없는 경우, 사업시행계획의 무효를 주장하면서 곧바로 그에 대한 인가처분의 무효확인이나 취소를 구할 수 없다.

④ 관련 인허가 사항에 관한 사전 협의가 이루어지지 않은 채 「중소기업창업 지원법」 제33조 제3항에서 정한 20일의 처리기간이 지난 날의 다음 날에 사업계획승인처분이 이루어진 것으로 의제된 경우, 창업자는 관련 인허가를 관계 행정청에 별도로 신청하는 절차를 거쳐야 한다.

정답 ②

① <u>행정청의 전문적인 정성적 평가 결과는</u> 판단의 기초가 된 사실인정에 중대한 오류가 있거나 그 판단이 사회통념상 현저하게 타당성을 잃어 객관적으로 불합리하다는 등의 <u>특별한 사정이 없는 한</u> 법원이 당부를 심사하기에 적절하지 않으므로 <u>가급적 존중되어야 하고, 여기에 재량권을 일탈·남용한 특별한 사정이 있다는 점은</u> 증명책임분배의 일반원칙에 따라 <u>이를 주장하는 자가 증명하여야 한다</u>(대판 2020.7.9. 2017두39785).

② 어떤 개발사업의 시행과 관련하여 여러 개별 법령에서 각각 고유한 목적과 취지를 가지고 요건과 효과를 달리하는 인허가 제도를 각각 규정하고 있다면, 그 <u>개발사업을 시행하기 위해서는 개별 법령에 따른 여러 인허가 절차를 각각 거치는 것이 원칙이다</u>. 다만 어떤 인허가의 근거 법령에서 절차간소화를 위하여 관련 인허가를 의제 처리할 수 있는 근거 규정을 둔 경우에는, 사업시행자가 인허가를 신청하면서 하나의 절차 내에서 관련 인허가를 의제 처리해줄 것을 신청할 수 있다. <u>관련 인허가 의제 제도는 사업시행자의 이익을 위하여 만들어진 것이므로, 사업시행자가 반드시 관련 인허가 의제 처리를 신청할 의무가 있는 것은 아니다</u>(대판 2020.7.23. 2019두31839).

③ <u>기본행위인 주택재개발정비사업조합이 수립한 사업시행계획에 하자가 있는데 보충행위인 관할 행정청의 사업시행계획 인가처분에는 고유한 하자가 없는 경우, 사업시행계획의 무효를 주장하면서 곧바로 그에 대한 인가처분의 무효확인이나 취소를 구할 수 없다</u>(대판 2021.2.10. 2020두48031).

④ 「중소기업창업 지원법」(이하 「중소기업창업법」이라 한다) 제35조 제1항, 제4항에 따르면 시장 등이 사업계획을 승인할 때 제1항 각호에서 정한 관련 인허가에 관하여 소관 행정기관의 장과 협의를 한 사항에 대해서는 관련 인허가를 받은 것으로 본다고 정하고 있다. 이러한 인허가 의제 제도는 목적사업의 원활한 수행을 위해 창구를 단일화하여 행정절차를 간소화하는 데 입법 취지가 있고 목적사업이 관계 법령상 인허가의 실체적 요건을 충족하였는지에 관한 심사를 배제하려는 취지는 아니다. 따라서 시장 등이 사업계획을 승인하기 전에 관계 행정청과 미리 협의한 사항에 한하여 사업계획승인처분을 할 때에 관련 인허가가 의제되는 효과가 발생할 뿐이다. <u>관련 인허가 사항에 관한 사전 협의가 이루어지지 않은 채 「중소기업창업법」 제33조 제3항에서 정한 20일의 처리기간이 지난 날의 다음 날에 사업계획승인처분이 이루어진 것으로 의제된다고 하더라도, 창업자는 「중소기업창업법」에 따른 사업계획승인처분을 받은 지위를 가지게 될 뿐이고 관련 인허가까지 받은 지위를 가지는 것은 아니다. 따라서 창업자는 공장을 설립하기 위해 필요한 관련 인허가를 관계 행정청에 별도로 신청하는 절차를 거쳐야 한다</u>(대판 2021.3.11. 2020두42569).

02

단계적 행정결정과 확약에 관한 내용으로서 옳지 않은 것은? (단, 다툼이 있는 경우 판례에 따름)

① 사전결정의 경우 기초사실이 변경되어도 원칙적으로 효력에 영향 없는 것이 원칙이다.

② 확약 또는 공적인 의사표명이 있은 후에 사실적·법률적 상태가 변경되었다면, 그와 같은 확약 또는 공적인 의사표명은 행정청의 별다른 의사표시를 기다리지 않고 실효된다는 것이 판례의 입장이다.

③ 주택건설사업에 대한 사전결정을 하였다면 사업승인 단계에서는 그 사전결정에 기속되어 승인결정을 하여야 한다는 것이 판례의 입장이다.

④ 부지사전승인처분 후에 원자로 등의 건설허가처분이 있었다면 사전적, 부분건설허가로서의 부지사전승인처분은 독립하여 취소소송의 대상이 되지 않는다.

정답 ③

① 사전결정은 확약과는 달리 기초사실이 변경되어도 원칙적으로 결정에 대한 효력에 영향이 없다.

🔍 **정리**
(사전결정은 다단계 행정행위의 첫 번째 처분)
처분은 처분시의 사실관계, 법률관계를 기준으로 정해지는 것이므로
(처분은) 처분 후 사실관계(기초사실 등)의 변경에 영향을 받지 않는다.

② 행정청이 상대방에게 장차 어떤 처분을 하겠다고 확약 또는 공적인 의사표명을 하였다고 하더라도, 그 자체에서 상대방으로 하여금 언제까지 처분의 발령을 신청을 하도록 유효기간을 두었는데도 그 기간 내에 상대방의 신청이 없었다거나 확약 또는 공적인 의사표명이 있은 후에 사실적·법률적 상태가 변경되었다면, 그와 같은 확약 또는 공적인 의사표명은 행정청의 별다른 의사표시를 기다리지 않고 실효된다(대판 1996.8.20. 95누10877).

③ 주택건설사업에 대한 사전결정을 하였다고 하더라도 사업승인 단계에서 그 사전결정에 기속되지 않고 다시 사익과 공익을 비교 형량하여 그 승인 여부를 결정할 수 있다(대판 1999.5.25. 99두1052).

④ 원자로 및 관계 시설의 부지사전승인처분은 그 자체로서 건설부지를 확정하고 사전공사를 허용하는 법률효과를 지닌 독립한 행정처분이기는 하지만, 건설허가 전에 신청자의 편의를 위하여 미리 그 건설허가의 일부 요건을 심사하여 행하는 사전적 부분 건설허가처분의 성격을 갖고 있는 것이어서 나중에 건설허가처분이 있게 되면 그 건설허가처분에 흡수되어 독립된 존재가치를 상실함으로써 그 건설허가처분만이 쟁송의 대상이 되는 것이므로, 부지사전승인처분의 취소를 구하는 소는 소의 이익을 잃게 되고, 따라서 부지사전승인처분의 위법성은 나중에 내려진 건설허가처분의 취소를 구하는 소송에서 이를 다투면 된다(대판 1998.9.4. 97누19588).

03

공공의 영조물의 설치·관리의 하자로 인한 국가배상책임에 대한 판례의 입장으로 옳지 않은 것은?

① '공공의 영조물'이라 함은 강학상 공물을 뜻하므로 국가 또는 지방자치단체가 사실상의 관리를 하고 있는 유체물은 포함되지 않는다.
② '공공의 영조물의 설치·관리의 하자'에는 영조물이 공공의 목적에 이용됨에 있어 그 이용상태 및 정도가 일정한 한도를 초과하여 제3자에게 사회통념상 참을 수 없는 피해를 입히고 있는 경우가 포함된다.
③ 영조물의 설치 및 관리에 있어서 항상 완전무결한 상태를 유지할 정도의 고도의 안전성을 갖추지 아니하였다고 하여 영조물의 설치 또는 관리에 하자가 있다고 단정할 수 없다.
④ 국가배상청구소송에서 공공의 영조물에 하자가 있다는 입증책임은 피해자가 지지만, 관리주체에게 손해발생의 예견가능성과 회피가능성이 없다는 입증책임은 관리주체가 진다.

정답 ①

① 「국가배상법」 제5조 제1항 소정의 '공공의 영조물'이라 함은 국가 또는 지방자치단체에 의하여 특정 공공의 목적에 공여된 유체물 내지 물적 설비를 지칭하며, '특정 공공의 목적에 공여된 물'이라 함은 일반 공중의 자유로운 사용에 직접적으로 제공되는 공공용물에 한하지 아니하고 행정주체 자신의 사용에 제공되는 공용물도 포함하며, 국가 또는 지방자치단체가 소유권·임차권, 그 밖의 권한에 기하여 관리하고 있는 경우뿐만 아니라 사실상의 관리를 하고 있는 경우도 포함한다(대판 1995.1.24. 94다45302).

② 「국가배상법」 제5조 제1항에 정한 '영조물의 설치나 관리의 하자'란 공공의 목적에 공여된 영조물이 그 용도에 따라 갖추어야 할 안전성을 갖추지 못한 상태에 있음을 말하고, 여기서 안전성을 갖추지 못한 상태, 즉 타인에게 위해를 끼칠 위험성이 있는 상태란 그 영조물을 구성하는 물적 시설 자체에 있는 물리적·외형적 흠결이나 불비로 인하여 그 이용자에게 위해를 끼칠 위험성이 있는 경우뿐만 아니라 그 영조물이 공공의 목적에 이용됨에 있어 그 이용상태 및 정도가 일정한 한도를 초과하여 제3자에게 사회통념상 수인할 것이 기대되는 한도를 넘는(참을 수 없는) 피해를 입히는 경우까지 포함한다고 보아야 할 것이다(대판 2015.10.15. 2013다23914 ; 대판 2004.3.12. 2002다14242).

③ 「국가배상법」 제5조 제1항에 정하여진 '영조물의 설치·관리상의 하자'라 함은 공공의 목적에 공여된 영조물이 그 용도에 따라 통상 갖추어야 할 안전성을 갖추지 못한 상태에 있음을 말하는바, 영조물의 설치 및 관리에 있어서 항상 완전무결한 상태를 유지할 정도의 고도의 안전성을 갖추지 아니하였다고 하여 영조물의 설치 또는 관리에 하자가 있다고 단정할 수 없는 것이고, 영조물의 설치자 또는 관리자에게 부과되는 방호조치의무는 영조물의 위험성에 비례하여 사회통념상 일반적으로 요구되는 정도의 것을 의미하므로 영조물인 도로의 경우도 다른 생활필수시설과의 관계나 그것을 설치하고 관리하는 주체의 재정적, 인적, 물적 제약 등을 고려하여 그것을 이용하는 자의 상식적이고 질서 있는 이용방법을 기대한 상대적인 안전성을 갖추는 것으로 족하다(대판 2002.8.23. 2002다9158).

④ 영조물의 설치 또는 관리상의 하자의 입증책임을 피해자(원고)에게 있지만 관리주체에게 관리가능성(손해발생의 예견가능성과 회피가능성)이 없었다는 것은 관리주체(피고)가 입증해야 한다(대판 1998.2.10. 97다32536).

「국가배상법」 제5조 제1항에 정해진 영조물의 설치 또는 관리의 하자라 함은 영조물이 그 용도에 따라 통상 갖추어야 할 안전성을 갖추지 못한 상태에 있음을 말하는 것이며, 다만 영조물이 완전무결한 상태에 있지 아니하고 그 기능상 어떠한 결함이 있다는 것만으로 영조물의 설치 또는 관리에 하자가 있다고 할 수 없고, 위와 같은 안전성의 구비 여부를 판단함에 있어서는 당해 영조물의 용도, 그 설치장소의 현황 및 이용 상황 등 제반 사정을 종합적으로 고려하여 설치·관리자가 그 영조물의 위험성에 비례하여 사회통념상 일반적으로 요구되는 정도의 방호조치의무를 다하였는지 여부를 그 기준으로 삼아야 할 것이며, 만일 객관적으로 보아 시간적·장소적으로 영조물의 기능상 결함으로 인한 손해발생의 예견가능성과 회피가능성이 없는 경우, 즉 그 영조물의 결함이 영조물의 설치·관리자의 관리행위가 미칠 수 없는 상황 아래에 있는 경우임이 입증되는 경우라면 영조물의 설치·관리상의 하자를 인정할 수 없다고 할 것이다(대판 2007.10.26. 2005다51235).

04

공법관계와 사법관계의 구별과 관련된 판례의 내용 중 옳지 않은 것은?

① 국가나 지방자치단체에 근무하는 청원경찰에 대한 징계처분의 시정을 구하는 소송은 행정소송에 해당한다.
② 입찰보증금의 국고귀속조치는 국가가 사법상의 재산권의 주체로서 행위하는 것이지, 공권력을 행사하는 것이거나 공권력작용과 일체성을 가진 것이 아니라 할 것이다.
③ 구「공익사업을 위한 토지 등의 취득 및 보상에 관한 법률」상 환매권의 존부에 관한 확인을 구하는 소송 및 환매금액의 증감을 구하는 소송은 민사소송이다.
④ 국세환급금결정이나 이 결정을 구하는 신청에 대한 환급거부결정은 행정청의 공행정작용으로서 항고소송의 대상이 된다.

정답 ④

① 국가나 지방자치단체에 근무하는 청원경찰은 국가공무원법이나 지방공무원법상의 공무원은 아니지만, 다른 청원경찰과는 달리 그 임용권자가 행정기관의 장이고, 국가나 지방자치단체로부터 보수를 받으며, 산업재해보상보험법이나 근로기준법이 아닌 공무원연금법에 따른 재해보상과 퇴직급여를 지급받고, 직무상의 불법행위에 대하여도 민법이 아닌 국가배상법이 적용되는 등의 특질이 있으며 그 외 임용자격, 직무, 복무의무 내용 등을 종합하여 볼 때, 그 근무관계를 사법상의 고용계약관계로 보기는 어려우므로 그에 대한 징계처분의 시정을 구하는 소는 행정소송의 대상이지 민사소송의 대상이 아니다(대판 1993.7.13. 92다47564).

정리 국가기관의 청원경찰 관련 - 행정소송 / 그 외 청원경찰 - 민사소송

② 구「예산회계법」에 따라 체결되는 계약은 사법상의 계약이라고 할 것이고 동법 제70조의5의 입찰보증금은 낙찰자의 계약체결의무 이행의 확보를 목적으로 하여 그 불이행시에 이를 국고에 귀속시켜 국가의 손해를 전보하는 사법상의 손해배상 예정으로서의 성질을 갖는 것이라고 할 것이므로 입찰보증금의 국고귀속조치는 국가가 사법상의 재산권의 주체로서 행위하는 것이지 공권력을 행사하는 것이거나 공권력작용과 일체성을 가진 것이 아니라 할 것이므로 이에 관한 분쟁은 행정소송이 아닌 민사소송의 대상이 될 수 밖에 없다고 할 것이다(대판 1983.12.27. 81누366).

정리 구「예산회계법」 = 현「국가를 당사자로 하는 계약에 관한 법률」

③ 구「공익사업을 위한 토지 등의 취득 및 보상에 관한 법률」제91조에 규정된 환매권은 상대방에 대한 의사표시를 요하는 형성권의 일종으로서 재판상이든 재판 외이든 위 규정에 따른 기간 내에 행사하면 매매의 효력이 생기는 바 이러한 환매권의 존부에 관한 확인을 구하는 소송 및 구「공익사업법」제91조 제4항에 따라 환매금액의 증감을 구하는 소송 역시 민사소송에 해당한다(대판 2013.2.28. 2010두22368).

정리
법원은 환매권의 본질을 사권이라고 판단
∴ 사권에 다툼이 있으므로 민사소송으로 해결해야 함

④ 국세환급금결정이나 이 결정을 구하는 신청에 대한 환급거부결정은 납세의무자가 갖는 환급청구권의 존부나 범위에 구체적이고 직접적인 영향을 미치는 처분이 아니어서 항고소송의 대상이 되는 처분이라고 볼 수 없다(대판 2009.11.26. 2007두4018).

05

공법상 계약에 해당하는 것만을 <보기>에서 모두 고르면? (다툼이 있는 경우 판례에 의함)

< 보기 >

ㄱ. 「사회기반시설에 대한 민간투자법」에 따라 지방자치단체와 유한회사 간 체결한 터널 민간투자사업 실시협약
ㄴ. 구「중소기업 기술혁신 촉진법」상의 중소기업 정보화지원사업에 따른 지원금 출연을 위하여 중소기업청장이 민간 주식회사와 체결하는 협약
ㄷ. 도시계획사업의 시행자가 그 사업에 필요한 토지를 협의취득하는 행위
ㄹ. 국유일반재산의 대부행위

① ㄱ, ㄴ
② ㄱ, ㄷ
③ ㄴ, ㄷ
④ ㄴ, ㄹ

정답 ①

ㄱ. 민간투자사업 실시협약을 체결한 당사자가 공법상 당사자소송에 의하여 그 실시협약에 따른 재정지원금의 지급을 구하는 경우, 수소법원은 단순히 주무관청이 재정지원금액을 산정한 절차 등에 위법이 있는지 여부를 심사하는 데 그쳐서는 아니 되고, 실시협약에 따른 적정한 재정지원금액이 얼마인지를 구체적으로 심리·판단하여야 한다(대판 2019.1.31. 2017두46455).

정리
「사회기반시설에 대한 민간투자법」상 (터널) 민간투자사업 실시협약 : 공법상 계약

정리
BUT 구「사회간접자본시설에 대한 민간투자법」상 (서울-춘천 간 고속도로) 민간투자시설사업의 사업시행자 지정처분 : 처분

ㄴ. 중소기업기술정보진흥원장이 甲 주식회사와 중소기업 정보화지원사업 지원대상인 사업의 지원에 관한 협약을 체결하였는데, 협약이 甲 회사에 책임이 있는 사업실패로 해지되었다는 이유로 협약에서 정한 대로 지급받은 정부지원금을 반환할 것을 통보한 사안에서, 중소기업 정보화지원사업에 따른 지원금 출연을 위하여 중소기업청장이 체결하는 협약은 공법상 대등한 당사자 사이의 의사표시의 합치로 성립하는 공법상 계약에 해당하는 점, 구 중소기업 기술혁신 촉진법 제32조 제1항은 제10조가 정한 기술혁신사업과 제11조가 정한 산학협력 지원사업에 관하여 출연한 사업비의 환수에 적용될 수 있을 뿐 이와 근거 규정을 달리하는 중소기업 정보화지원사업에 관하여 출연한 지원금에 대하여는 적용될 수 없고 달리 지원금 환수에 관한 구체적인 법령상 근거가 없는 점 등을 종합하면, 협약의 해지 및 그에 따른 환수통보는 공법상 계약에 따라 행정청이 대등한 당사자의 지위에서 하는 의사표시로 보아야 하고, 이를 행정청이 우월한 지위에서 행하는 공권력의 행사로서 행정처분에 해당한다고 볼 수는 없다(대판 2015.8.27. 2015두41449).

ㄷ. 도시계획사업의 시행자가 그 사업에 필요한 토지를 협의취득하는 행위는 사경제주체로서 행하는 사법상의 법률행위에 지나지 않으며 공권력의 주체로서 우월한 지위에서 행하는 공법상의 행정처분이 아니므로 행정소송의 대상이 되지 않는다(대판 1992.10.27. 91누3871).

ㄹ. 국유재산법 제31조, 제32조 제3항, 산림법 제75조 제1항의 규정 등에 의하여 국유 일반재산(구 잡종재산)에 관한 관리 처분의 권한을 위임받은 기관이 **국유 일반재산을 대부하는 행위**는 국가가 사경제주체로서 상대방과 대등한 위치에서 행하는 **사법상의 계약이고**, 행정청이 권력의 주체로서 상대방의 의사 여하에 불구하고 일방적으로 행하는 행정처분이라고 볼 수 없으며, 국유일반재산에 관한 대부료의 납부고지 역시 사법상의 이행청구에 해당하고, 이를 행정처분이라고 할 수 없다(대판 2000.2.11. 99다61675).

06

행정벌에 대한 설명으로 옳은 것은? (다툼이 있는 경우 판례에 의함)

① 지방자치단체가 그 고유의 자치사무를 처리하는 경우 지방자치단체는 양벌규정에 의한 처벌대상이 되지 않는다.
② 「관세법」상 통고처분은 상대방의 임의의 승복을 그 발효요건으로 하기 때문에 그 자체만으로는 통고이행을 강제하거나 상대방에게 아무런 권리의무를 형성하지 않는다.
③ 질서위반행위 후 법률이 변경되어 그 행위가 질서위반행위에 해당하지 아니하게 된 때에는 법률에 특별한 규정이 없는 한 변경되기 전의 법률을 적용한다.
④ 스스로 심신장애 상태를 일으켜 질서위반행위를 한 자에 대하여는 과태료를 감경한다.

정답 ②

① 국가가 본래 그의 사무의 일부를 지방자치단체의 장에게 위임하여 그 사무를 처리하게 하는 기관위임사무의 경우에는 지방자치단체는 국가기관의 일부로 볼 수 있는 것이지만, **지방자치단체가 그 고유의 자치사무를 처리하는 경우에는** 지방자치단체는 국가기관의 일부가 아니라 국가기관과는 별도의 독립한 공법인이므로, 지방자치단체 소속 공무원이 지방자치단체 고유의 자치사무를 수행하던 중 도로법 제81조 내지 제85조의 규정에 의한 **위반행위를 한 경우에는 지방자치단체는** 도로법 제86조의 **양벌규정에 따라 처벌대상이 되는 법인**에 해당한다(대판 2005.11.10. 2004도2657).

② **통고처분은 상대방의 임의의 승복을 그 발효요건으로 하기 때문에 그 자체만으로는 통고이행을 강제하거나 상대방에게 아무런 권리의무를 형성하지 않으므로** 행정심판이나 행정소송의 대상으로서의 **처분성을 부여할 수 없고**, 통고처분에 대하여 이의가 있으면 통고내용을 이행하지 않음으로써 고발되어 형사재판절차에서 통고처분의 위법·부당함을 얼마든지 다툴 수 있다(헌재 1998.5.28. 96헌바4).

③ **질서위반행위규제법 제3조 (법 적용의 시간적 범위)**
제2항 질서위반행위 후 법률이 변경되어 그 행위가 질서위반행위에 해당하지 아니하게 되거나 과태료가 변경되기 전의 법률보다 가볍게 된 때에는 법률에 특별한 규정이 없는 한 **변경된 법률**을 적용한다.

④ **질서위반행위규제법 제10조 (심신장애)**
제1항 심신(心神)장애로 인하여 행위의 옳고 그름을 판단할 능력이 없거나 그 판단에 따른 행위를 할 능력이 없는 자의 질서위반행위는 **과태료를 부과하지 아니한다.**
제2항 심신장애로 인하여 제1항에 따른 능력이 미약한 자의 질서위반행위는 **과태료를 감경한다.**
제3항 스스로 심신장애 상태를 일으켜 질서위반행위를 한 자에 대하여는 제1항 및 제2항을 적용하지 아니한다.

🔧 정리
∴ 스스로 심신장애 상태를 일으켜 질서위반행위를 한 자에 대하여는 (그대로) 과태료 부과

07

「개인정보보호법」의 내용으로 가장 옳지 않은 것은?

① 개인정보는 살아 있는 개인에 관한 정보로서 성명, 주민등록번호 및 영상 등을 통하여 개인을 알아볼 수 있는 정보이며, 해당 정보만으로는 특정 개인을 알아볼 수 없다면, 다른 정보와 쉽게 결합하여 그 개인을 알아볼 수 있는 경우라도 개인정보라 할 수 없다.
② 개인정보처리자는 법령상 의무를 준수하기 위하여 불가피한 경우에는 개인정보를 수집할 수 있으며 그 수집 목적의 범위 내에서 이용할 수 있다.
③ 개인정보처리자로부터 개인정보를 제공받은 자는 정보주체로부터 별도의 동의를 받은 경우나 다른 법률에 특별한 규정이 있는 경우를 제외하고는 개인정보를 제공받은 목적 외의 용도로 이용하거나 이를 제3자에게 제공하여서는 아니된다.
④ 개인정보처리자의 고의 또는 중대한 과실로 인하여 개인정보가 유출된 경우로서 정보주체에게 손해가 발생한 때에는 법원은 그 손해액의 5배를 넘지 아니하는 범위에서 손해배상액을 정할 수 있다.

정답 ①

①
개인정보 보호법 제2조 (정의)
이 법에서 사용하는 용어의 뜻은 다음과 같다.
1. "개인정보"란 **살아 있는** 개인에 관한 정보로서 다음 각 목의 어느 하나에 해당하는 정보를 말한다.
가. 성명, 주민등록번호 및 영상 등을 통하여 개인을 알아볼 수 있는 정보
나. 해당 정보만으로는 특정 개인을 알아볼 수 없더라도 다른 정보와 쉽게 결합하여 알아볼 수 있는 정보. 이 경우 쉽게 결합할 수 있는지 여부는 다른 정보의 입수 가능성 등 개인을 알아보는 데 소요되는 시간, 비용, 기술 등을 합리적으로 고려하여야 한다.
다. 가목 또는 나목을 제1호의2에 따라 가명처리함으로써 원래의 상태로 복원하기 위한 추가 정보의 사용·결합 없이는 특정 개인을 알아볼 수 없는 정보(이하 "가명정보"라 한다)

② **개인정보보호법 제15조 (개인정보의 수집·이용)**
제1항 개인정보처리자는 다음 각 호의 어느 하나에 해당하는 경우에는 개인정보를 수집할 수 있으며 그 수집 목적의 범위에서 이용할 수 있다.
2. 법률에 특별한 규정이 있거나 **법령상 의무를 준수하기 위하여 불가피**한 경우

③ **개인정보보호법 제19조 (개인정보를 제공받은 자의 이용·제공 제한)**
개인정보처리자로부터 개인정보를 제공받은 자는 다음 각 호의 어느 하나에 해당하는 경우를 **제외**하고는 개인정보를 제공받은 목적 외의 용도로 이용하거나 이를 제3자에게 제공하여서는 아니 된다.
1. 정보주체로부터 별도의 동의를 받은 경우
2. 다른 법률에 특별한 규정이 있는 경우

④ **개인정보보호법 제39조 (손해배상책임)**
제3항 개인정보처리자의 **고의** 또는 **중대한 과실**로 인하여 개인정보가 **분실·도난·유출·위조·변조** 또는 **훼손**된 경우로서 정보주체에게 손해가 발생한 때에는 법원은 그 손해액의 **5배**를 넘지 아니하는 범위에서 손해배상액을 정할 수 있다. 다만, 개인정보처리자가 고의 또는 중대한 과실이 없음을 증명한 경우에는 그러하지 아니하다.

08

취소소송에 대한 설명 중 가장 옳지 않은 것은? (단, 다툼이 있는 경우 판례에 따름)

① 재결 자체에 고유한 위법이 없는 경우에는 원처분의 당부와는 상관없이 당해 재결취소소송은 이를 기각하여야 한다.
② 내용이 새로운 신청을 하는 취지라면 관할 행정청이 이를 다시 거절한 이상 새로운 거부처분이 있은 것으로 보아야 할 것이다.
③ 말소등록으로 비로소 상표권 소멸의 효력이 발생하는 것이 아니어서, 상표권의 말소등록은 국민의 권리의무에 직접적으로 영향을 미치는 행위라고 할 수 없다.
④ 행정청의 주장이 없다면 법원은 직권으로 사정판결을 할 수 없다.

정답 ④

① 행정소송법 제19조는 취소소송은 행정청의 원처분을 대상으로 하되(원처분주의), 다만 "재결 자체에 고유한 위법이 있음을 이유로 하는 경우"에 한하여 행정심판의 재결도 취소소송의 대상으로 삼을 수 있도록 규정하고 있으므로 재결취소소송의 경우 재결 자체에 고유한 위법이 있는지 여부를 심리할 것이고, 재결 자체에 고유한 위법이 없는 경우에는 원처분의 당부와는 상관없이 당해 재결취소소송은 이를 기각하여야 한다(대판 1994.1.25. 93누16901).

② 거부처분은 당사자의 신청에 대하여 관할 행정청이 이를 거절하는 의사를 대외적으로 명백히 표시함으로써 성립되는 것인바, 당사자가 한 신청에 대하여 거부처분이 있은 후 당사자가 다시 신청을 한 경우에 그 신청의 제목 여하에 불구하고 그 내용이 새로운 신청을 하는 취지라면 관할 행정청이 이를 다시 거절한 이상 새로운 거부처분이 있은 것으로 보아야 할 것이다(대판 1992.10.27. 92누1643).

③ 상표원부에 상표권자인 법인에 대한 청산종결등기가 되었음을 이유로 상표권의 말소등록이 이루어졌다고 해도 이는 상표권이 소멸하였음을 확인하는 사실적·확인적 행위에 지나지 않고, 말소등록으로 비로소 상표권 소멸의 효력이 발생하는 것이 아니어서, 상표권의 말소등록은 국민의 권리의무에 직접적으로 영향을 미치는 행위라고 할 수 없다(대판 2015.10.29. 2014두2362).

④ 행정처분이 위법한 경우에는 이를 취소하는 것이 원칙이고, 예외적으로 그 위법한 처분을 취소·변경하는 것이 도리어 현저히 공공복리에 적합하지 아니하는 경우에는 그 취소를 허용하지 아니하는 사정판결을 할 수 있고, 이러한 사정판결에 관하여는 당사자의 명백한 주장이 없는 경우에도 기록에 나타난 여러 사정을 기초로 직권으로 판단할 수 있는 것이나, 그 요건인 현저히 공공복리에 적합하지 아니한지 여부는 위법한 행정처분을 취소·변경하여야 할 필요와 그 취소·변경으로 인하여 발생할 수 있는 공공복리에 반하는 사태 등을 비교·교량하여 판단하여야 한다(대판 2001.1.19. 99두9674).

09

「공유수면 관리 및 매립에 관한 법률」(이하, '공유수면법'이라 함)에 따라 A도지사는 甲에게 택지조성을 매립목적으로 하는 공유수면매립면허를 부여하였다. 甲은 당초 매립목적과 달리 조선(造船)시설용지지역으로 매립지를 이용하고자 A도지사에게 준공인가 전에 공유수면매립목적 변경신청을 하였고, 이에 A도지사는 甲의 변경신청을 승인하였다. 그런데 이 매립지의 인근에는 가공식품을 만들어 판매하고 있는 B재단법인이 있었다. 이에 관한 설명 중 옳은 것은? (다툼이 있는 경우 판례에 의함)

① A도지사의 甲에 대한 공유수면매립면허처분 및 공유수면매립목적 변경 승인처분은 각각 강학상 허가와 강학상 특허에 해당한다.
② B는 공유수면매립목적 변경 승인처분으로 자신의 직원들이 쾌적한 환경에서 생활할 수 있는 환경상 이익을 침해받았음을 이유로 B 자신의 이름으로 그 변경 승인처분에 대하여 항고소송을 제기할 수 있다.
③ 공유수면매립면허처분과 관련하여 법령상 요구되는 환경영향평가를 실시하지 않은 경우 환경영향평가지역 밖에 거주하는 주민들에 대해서도 환경상 이익에 대한 침해 또는 침해 우려가 있는 것으로 사실상 추정된다.
④ 공유수면매립면허처분 이후에 매립실시계획이 승인되면, 공유수면법에 의해 다른 법률상의 인가·허가가 의제될 수 있는데, 이 경우 의제된 인가·허가는 통상적인 인가·허가와 동일한 효력을 가진다.

정답 ④

① **공유수면매립면허**는 설권행위인 **특허**의 성질을 갖는 것이므로 원칙적으로 행정청의 자유재량에 속한다(대판 1989.9.12. 88누9206).

> 🔧 **정리**
> 공유수면매립면허처분 : 강학상 특허(판례) /
> 공유수면매립목적 변경 승인처분 : 강학상 특허(다수설)

② 원고 **수녀원**은 수도원 설치 운영 및 수도자 양성 등을 목적으로 설립된 **재단법인**으로서, 공유수면매립 승인처분의 매립목적을 당초의 택지조성에서 조선시설용지로 변경하는 내용의 이 사건 처분으로 인하여 원고 수녀원에 소속된 수녀 등이 전과 비교하여 수인한도를 넘는 환경침해를 받지 아니하고 쾌적한 환경에서 생활할 수 있는 환경상 이익을 침해받는다고 하더라도 이를 가리켜 곧바로 원고 수녀원의 법률상 이익이 침해된다고 볼 수 없고, 자연인이 아닌 원고 수녀원은 쾌적한 환경에서 생활할 수 있는 이익을 향수할 수 있는 주체도 아니므로 **원고 수녀원**에게는 이 사건 처분의 **무효확인을 구할 원고적격이 있다고 할 수 없다**(대판 2012.6.28. 2010두2005).

③ 환경영향평가 대상지역 **안**의 주민들이 공유수면매립면허처분 등과 관련하여 갖고 있는 환경상의 이익은 주민 개개인에 대하여 개별적으로 보호되는 직접적·구체적 이익으로서 그들에 대하여는 특단의 사정이 없는 한 환경상의 이익에 대한 침해 또는 침해 우려가 있는 것으로 **사실상 추정**되어 공유수면매립면허처분 등의 무효확인을 구할 원고적격이 인정된다. 한편 환경영향평가 대상지역 **밖의 주민**이라 할지라도 공유수면매립면허처분 등으로 인하여 그 처분 전과 비교하여 수인한도를 넘는 환경피해를 받거나 받을 우려가 있는 경우에는, 공유수면매립면허처분 등으로 인하여 환경상 이익에 대한 침해 또는 침해우려가 있다는 것을 **입증함으로써 그 처분 등의 무효확인을 구할 원고적격을 인정받을 수 있다**(대판 2006.3.16. 2006두330).

> 📎 **참고**
> 공유수면매립면허처분과 관련하여
> 법령상 요구되는 환경영향평가를 실시하지 않은 경우,
> 환경영향평가 대상지역이 설정되지 않기 때문에
> 대상지역 안과 밖을 구별할 수 없으므로 주민들에 대해서
> 환경상 이익에 대한 침해 또는 침해 우려가 있는 것으로
> 사실상 추정된다고 보기는 어렵다.

④ 의제된 인허가는 통상적인 인허가와 동일한 효력을 가지므로, 적어도 '부분 인허가 의제'가 허용되는 경우에는 그 효력을 제거하기 위한 법적 수단으로 의제된 인허가의 취소나 철회가 허용될 수 있고, 이러한 직권 취소·철회가 가능한 이상 그 의제된 인허가에 대한 쟁송취소 역시 허용된다(대판 2018.11.29. 2016두38792).

10

행정상 손실보상에 대해서 가장 옳지 않은 것은? (단, 다툼이 있는 경우 판례에 따름)

① 사업시행자가 이주대책에 관한 구체적인 계획을 수립하여 이를 해당자에게 통지 내지 공고하면 이주대책대상자에게는 구체적인 수분양권이 발생하게 된다.

② 소유자와 세입자는 생활의 근거의 상실 정도에 있어서 차이가 있는 점, 세입자에 대해서 주거이전비와 이사비가 보상되고 있는 점을 고려할 때, 입법자가 이주대책 대상자에서 세입자를 제외하고 있는 것이 불합리한 차별로서 세입자의 평등권을 침해하는 것이라 볼 수는 없다.

③ 이주대책은 헌법 제23조 제3항에 규정된 정당한 보상에 포함되는 것이라기보다는 이에 부가하여 이주자들에게 종전의 생활상태를 회복시키기 위한 생활보상의 일환으로서 국가의 정책적인 배려에 의하여 마련된 제도이다.

④ 토지수용에 있어서 사업인정은 그 후 일정한 절차를 거칠 것을 조건으로 하여 일정한 내용의 수용권을 설정해 주는 행정처분의 성격을 가진다.

정답 ①

① 사업시행자가 이주대책에 관한 구체적인 계획을 수립하여 이를 해당자에게 통지 내지 공고한 후, 이주자가 수분양권을 취득하기를 희망하여 이주대책에 정한 절차에 따라 사업시행자에게 이주대책대상자 선정신청을 하고 **사업시행자가 이를 받아들여 이주대책대상자로 확인·결정하여야만 비로소 구체적인 수분양권이 발생하게 된다**(대판 1994.5.24. 92다35783).

② 가. 이주대책의 실시 여부는 입법자의 입법정책적 재량의 영역에 속하므로 공익사업을 위한 토지 등의 취득 및 보상에 관한 법률 시행령 제40조 제3항 제3호가 이주대책의 대상자에서 세입자를 제외하고 있는 것이 세입자의 재산권을 침해하는 것이라 볼 수 없다.

나. 소유자와 세입자는 생활의 근거의 상실 정도에 있어서 차이가 있는 점, 세입자에 대해서 주거이전비와 이사비가 보상되고 있는 점을 고려할 때, 입법자가 이주대책 대상자에서 세입자를 제외하고 있는 것이 불합리한 차별로서 세입자의 평등권을 침해하는 것이라 볼 수는 없다(헌재 2006.2.23. 2004헌마19).

③ 이주대책은 헌법 제23조 제3항에 규정된 정당한 보상에 포함되는 것이라기보다는 이에 부가하여 이주자들에게 종전의 생활상태를 회복시키기 위한 생활보상의 일환으로서 국가의 정책적인 배려에 의하여 마련된 제도라고 볼 것이다(헌재 2006.2.23. 2004헌마19).

④ 토지수용에 있어서 사업인정은 그 후 일정한 절차를 거칠 것을 조건으로 하여 일정한 내용의 수용권을 설정해 주는 행정처분의 성격을 가진다(대판 1987.9.8. 87누395).

11

행정심판법에 관한 설명 중 옳지 않은 것은?

① 중앙행정심판위원회는 위원장 1명을 포함하여 70명 이내의 위원으로 구성하되, 위원 중 상임위원은 4명 이내로 한다.
② 행정심판의 종류로는 취소심판, 무효등확인심판 등이 있지만 의무이행심판은 포함되지 않는다.
③ 사안의 전문성과 특수성을 살리기 위하여 특히 필요한 경우 외에는 이 법에 따른 행정심판을 갈음하는 특별한 행정불복절차나 이 법에 따른 행정심판 절차에 대한 특례를 다른 법률로 정할 수 없다.
④ 법인이 아닌 사단 또는 재단으로서 대표자나 관리인이 정하여져 있는 경우에는 그 사단이나 재단의 이름으로 심판청구를 할 수 있다.

정답 ②

① **행정심판법 제8조 (중앙행정심판위원회의 구성)**
제1항 중앙행정심판위원회는 위원장 1명을 포함하여 70명 이내의 위원으로 구성하되, 위원 중 상임위원은 4명 이내로 한다.

② **행정심판법 제5조 (행정심판의 종류)**
행정심판의 종류는 다음 각 호와 같다.
1. 취소심판 : 행정청의 위법 또는 부당한 처분을 취소하거나 변경하는 행정심판
2. 무효등확인심판 : 행정청의 처분의 효력 유무 또는 존재 여부를 확인하는 행정심판
3. 의무이행심판 : 당사자의 신청에 대한 행정청의 위법 또는 부당한 거부처분이나 부작위에 대하여 일정한 처분을 하도록 하는 행정심판

🔍 정리 행정심판법상 의무이행심판 인정O / 행정소송법상 의무이행소송 인정X

③ **행정심판법 제4조 (특별행정심판 등)**
제1항 사안(事案)의 전문성과 특수성을 살리기 위하여 특히 필요한 경우 외에는 이 법에 따른 행정심판을 갈음하는 특별한 행정불복절차(이하 "특별행정심판"이라 한다)나 이 법에 따른 행정심판 절차에 대한 특례를 다른 법률로 정할 수 없다.

④ **행정심판법 제14조 (법인이 아닌 사단 또는 재단의 청구인능력)**
법인이 아닌 사단 또는 재단으로서 대표자나 관리인이 정하여져 있는 경우에는 그 사단이나 재단의 이름으로 심판청구를 할 수 있다.

12

다음 중 옳은 것은? (다툼이 있는 경우 판례에 의함)

① 부당해고 구제신청에 관한 중앙노동위원회의 결정에 대하여 취소소송을 제기하는 경우, 법원은 중앙노동위원회의 결정 후에 생긴 사유를 들어 그 결정의 적법 여부를 판단할 수 있다.
② 주민 등의 도시관리계획의 입안 제안을 거부하는 처분에 대하여 이익형량의 하자를 이유로 취소판결이 확정된 후에 행정청이 다시 이익형량을 하여 주민 등이 제안한 것과는 다른 내용의 계획을 수립한다면 이는 재처분의무를 이행한 것으로 볼 수 없다.
③ 사업인정고시는 수용재결절차로 나아가 강제적인 방식으로 토지소유자나 관계인의 권리를 취득·보상하기 위한 절차적 요건에 지나지 않고 영업손실보상의 요건이 아니므로, 사업시행자가 시행하는 사업이 공익사업에 해당하고 그 사업으로 인한 폐업이 영업손실 보상대상에 해당한다면 사업인정고시가 없더라도 사업시행자는 영업손실을 보상할 의무가 있다.
④ 甲이 제기한 원상복구명령 및 계고처분에 대한 취소소송에서, 乙은 처분 시에 제시한 '甲의 건축물은 건축허가를 받지 않은 건축물'이라는 처분사유에 '甲의 건축물은 신고를 하지 않은 가설건축물'이라는 처분사유를 추가할 수 있다.

정답 ③

① 부당해고 구제신청에 관한 중앙노동위원회의 명령 또는 결정의 취소를 구하는 소송에서 그 명령 또는 결정이 적법한지는 그 명령 또는 결정이 이루어진 시점을 기준으로 판단하여야 하고, 그 명령 또는 결정 후에 생긴 사유를 들어 적법 여부를 판단할 수는 없으나, 그 명령 또는 결정의 기초가 된 사실이 동일하다면 노동위원회에서 주장하지 아니한 사유도 행정소송에서 주장할 수 있다(대판 2021.7.29. 2016두64876).

🔍 정리 처분(명령 또는 결정)의 적법·위법 여부는 처분시를 기준으로 판단

② 취소 확정판결의 기속력의 범위에 관한 법리 및 도시관리계획의 입안·결정에 관하여 행정청에 부여된 재량을 고려하면, 주민 등의 도시관리계획 입안 제안을 거부한 처분을 이익형량에 하자가 있어 위법하다고 판단하여 취소하는 판결이 확정되었더라도 행정청에 그 입안 제안을 그대로 수용하는 내용의 도시관리계획을 수립할 의무가 있다고는 볼 수 없고, 행정청이 다시 새로운 이익형량을 하여 적극적으로 도시관리계획을 수립하였다면 취소판결의 기속력에 따른 재처분의무를 이행한 것이라고 보아야 한다. 다만 취소판결의 기속력 위배 여부와 계획재량의 한계 일탈 여부는 별개의 문제이므로, 행정청이 적극적으로 수립한 도시관리계획의 내용이 취소판결의 기속력에 위배되지는 않는다고 하더라도 계획재량의 한계를 일탈한 것인지의 여부는 별도로 심리·판단하여야 한다(대판 2020.6.25. 2019두56135).

③ **사업인정고시**는 수용재결절차로 나아가 강제적인 방식으로 토지소유자나 관계인의 권리를 취득·보상하기 위한 절차적 요건에 지나지 않고 영업손실보상의 요건이 **아니다**. 토지보상법령도 반드시 사업인정이나 수용이 전제되어야 영업손실 보상의무가 발생한다고 규정하고 있지 않다. 따라서 피고가 시행하는 사업이 토지보상법상 공익사업에 해당하고 원고들의 영업이 해당 공익사업으로 폐업하거나 휴업하게 된 것이어서 토지보상법령에서 정한 영업손실 보상대상에 해당하면, 사업인정고시가 없더라도 피고는 원고들에게 영업손실을 보상할 의무가 있다(대판 2021.11.11. 2018다204022).

④ 컨테이너를 설치하여 사무실 등으로 사용하는 甲 등에게 관할 시장이 건축법 제2조 제1항 제2호의 건축물에 해당함에도 같은 법 제11조의 따른 건축허가를 받지 않고 건축하였다는 이유로 원상복구명령 및 계고처분을 하였다가 이에 대한 취소소송에서 같은 법 제20조 제3항 위반을 처분사유로 추가한 사안에서, 당초 처분사유인 '건축법 제11조 위반(**건축허가를 받지 않은 건축물**)'과 추가한 추가사유인 '건축법 제20조 제3항 위반(**가설건축물에 해당함에도 축조신고를 하지 않고 축조**)'은 위반행위의 내용이 다르고 위법상태를 해소하기 위하여 거쳐야 하는 절차, 건축기준 및 허용가능성이 달라지므로 그 기초인 사회적 사실관계가 동일하다고 볼 수 없어 **처분사유의 추가·변경**이 허용되지 **않는다**(대판 2021.7.29. 2021두34756).

13

행정입법의 사법적 통제에 대한 설명으로 옳지 않은 것은? (다툼이 있는 경우 판례에 의함)

① 조례가 집행행위의 개입 없이도 그 자체로서 직접 국민의 권리의무나 법적 이익에 영향을 미치는 등의 법률상 효과를 발생하는 경우 그 조례는 항고소송의 대상이 되는 행정처분에 해당한다.

② 행정청이 행정입법 등 추상적인 법령을 제정하지 아니하는 행위는 법률이 시행되지 못하게 됨으로써 행정입법을 통해 구체화되는 개인의 권리를 침해하는 것으로, 항고소송의 대상이 된다.

③ 어떠한 처분의 근거나 법적인 효과가 행정규칙에 규정되어 있다고 하더라도, 그 처분이 상대방의 권리의무에 직접 영향을 미치는 행위라면 항고소송의 대상이 되는 행정처분에 해당한다.

④ 법령의 규정이 특정 행정기관에게 법령 내용의 구체적 사항을 정하도록 권한을 부여하여 특정 행정기관이 행정규칙을 정하였으나 그 행정규칙이 상위 법령의 위임범위를 벗어났다면, 그러한 행정규칙은 대외적 구속력을 가지는 법규명령으로서의 효력이 인정되지 않는다.

정답 ②

① 조례가 집행행위의 개입 없이도 그 자체로서 직접 국민의 구체적인 권리의무나 법적 이익에 영향을 미치는 등의 법률상 효과를 발생하는 경우 그 조례는 항고소송의 대상이 되는 행정처분에 해당한다(대판 1996.9.20. 95누8003).

② 행정소송은 구체적 사건에 대한 법률상 분쟁을 법에 의하여 해결함으로써 법적 안정을 기하자는 것이므로 부작위위법확인소송의 대상이 될 수 있는 것은 구체적 권리의무에 관한 분쟁이어야 하고 **추상적인 법령에 관하여 제정의 여부 등**은 그 자체로서 국민의 구체적인 권리의무에 직접적 변동을 초래하는 것이 아니어서 **부작위위법확인소송의 대상이 될 수 없다**(대판 1992.5.8. 91누11261).

③ 항고소송의 대상이 되는 행정처분이라 함은 원칙적으로 행정청의 공법상 행위로서 특정 사항에 대하여 법규에 의한 권리의 설정 또는 의무의 부담을 명하거나 기타 법률상 효과를 발생하게 하는 등으로 일반 국민의 권리 의무에 직접 영향을 미치는 행위를 가리키는 것이지만, 어떠한 처분의 근거나 법적인 효과가 행정규칙에 규정되어 있다고 하더라도, 그 처분이 행정규칙의 내부적 구속력에 의하여 상대방에게 권리의 설정 또는 의무의 부담을 명하거나 기타 법적인 효과를 발생하게 하는 등으로 그 상대방의 권리·의무에 직접 영향을 미치는 행위라면, 이 경우에도 항고소송의 대상이 되는 행정처분에 해당한다(대판 2002.7.26. 2001두3532).

④ 법령의 규정이 특정 행정기관에게 법령 내용의 구체적 사항을 정할 수 있는 권한을 부여하면서 권한행사의 절차나 방법을 특정하지 아니한 경우에는 수임 행정기관은 행정규칙이나 규정 형식으로 법령 내용이 될 사항을 구체적으로 정할 수 있다. 이 경우 행정규칙 등은 당해 법령의 위임한계를 벗어나지 않는 한 대외적 구속력이 있는 법규명령으로서 효력을 가지게 되지만, 이는 행정규칙이 갖는 일반적 효력이 아니라 행정기관에 법령의 구체적 내용을 보충할 권한을 부여한 법령 규정의 효력에 근거하여 예외적으로 인정되는 것이다. 따라서 그 행정규칙이나 규정이 상위법령의 위임범위를 벗어난 경우에는 법규명령으로서 대외적 구속력을 인정할 여지는 없다(대판 2012.7.5. 2010다72076).

14

행정행위에 대한 설명으로 옳은 것은? (다툼이 있는 경우 판례에 의함)

① 건축물의 건축이 「국토의 계획 및 이용에 관한 법률」상 개발행위에 해당할 경우 그 건축의 허가권자는 개발행위허가가 의제되는 건축허가신청이 국토계획법령이 정한 개발행위허가기준에 부합하지 아니하면 이를 거부할 수 있다.

② 주택건설사업계획 승인처분에 따라 의제된 인·허가의 위법함을 다투고자 하는 이해관계인은 의제된 인·허가의 취소를 구할 것이 아니라, 주된 처분인 주택건설사업계획 승인처분의 취소를 구하여야 한다.

③ 「하천법」에 의한 하천의 점용허가는 강학상 허가에 해당한다.

④ 「출입국관리법」상 체류자격 변경허가는 기속행위이므로 신청인이 관계법령에서 정한 요건을 충족하면 허가권자는 신청을 받아들여 허가해야 한다.

정답 ①

① 건축물의 건축이 국토계획법상 개발행위에 해당할 경우 그에 대한 건축허가를 하는 허가권자는 건축허가에 배치·저촉되는 관계법령상 제한 사유의 하나로 국토계획법령의 개발행위허가기준을 확인하여야 하므로, 국토계획법상 건축물의 건축에 관한 개발행위허가가 의제되는 건축허가신청이 국토계획법령이 정한 개발행위허가기준에 부합하지 아니하면 허가권자로서는 이를 거부할 수 있다(대판 2016.8.24. 2016두35762).

② 의제된 인허가는 통상적인 인허가와 동일한 효력을 가지므로, 적어도 '부분 인허가 의제'가 허용되는 경우에는 그 효력을 제거하기 위한 법적 수단으로 의제된 인허가의 취소나 철회가 허용될 수 있고, 이러한 직권 취소·철회가 가능한 이상 그 의제된 인허가에 대한 쟁송취소 역시 허용된다. 따라서 주택건설사업계획 승인처분에 따라 의제된 인허가가 위법함을 다투고자 하는 이해관계인은, 주택건설사업계획 승인처분의 취소를 구할 것이 아니라 의제된 인허가의 취소를 구하여야 하며, 의제된 인허가는 주택건설사업계획 승인처분과 별도로 항고소송의 대상이 되는 처분에 해당한다(대판 2018.11.29. 2016두38792).

③ 하천법에 의한 **하천의 점용허가**는 특정인에게 하천이용권이라는 독점적 권리를 설정하여 주는 처분에 해당하므로, 그러한 점용허가를 받은 자는 일반인에게는 허용되지 않는 특별한 공물사용권을 설정받아 일정 기간 이를 배타적으로 사용할 수 있다(대판 2018.12.27. 2014두11601).

> 정리 하천의 점용허가는 강학상 특허

④ **체류자격 변경허가**는 신청인에게 당초의 체류자격과 다른 체류자격에 해당하는 활동을 할 수 있는 권한을 부여하는 일종의 **설권적 처분**의 성격을 가지므로, 허가권자는 신청인이 관계 법령에서 정한 요건을 충족하였더라도, 신청인의 적격성, 체류 목적, 공익상의 영향 등을 참작하여 허가 여부를 결정할 수 있는 재량을 가진다(대판 2016.7.14. 2015두48846).

> 정리 체류자격 변경허가는 강학상 특허 ∴ 재량행위

15

다음 사례에 관한 설명 중 옳은 것은? (단, 담배소매인지정처분의 법적 성격은 강학상 '특허'임을 전제로 함)

> 1. 甲은 건물 1층에서 담배소매인 지정을 받아 담배소매업을 하고 있었는데, 관할 구청장 A는 법령상의 거리제한 규정을 위반하여 그 영업소에서 30미터 떨어진 인접 아파트 상가에서 乙이 담배소매업을 할 수 있도록 담배소매인 신규지정처분을 하였다.
> 2. 丙과 丁은 같은 상가의 1층과 2층에서 각각 담배소매업을 하고자 관할 구청장 B에게 담배소매인 지정신청을 하였으나, B는 丁에게만 담배소매인지정처분을 하였다.

① 甲은 乙에게 발령된 담배소매인 신규지정처분에 대한 취소소송을 제기하면서 그 신규지정처분의 위법을 이유로 하는 손해배상청구소송을 그 취소소송에 병합하여 제기할 수 있다.

② 丙이 丁에 대한 담배소매인지정처분 취소심판을 제기하여 취소재결을 받은 후 B가 丁에게 담배소매인지정처분의 취소를 통지하였다면, 丁은 취소소송을 제기할 경우 취소재결이 아니라 B가 행한 담배소매인 지정취소처분을 소의 대상으로 하여야 한다.

③ 丙이 자신에 대한 담배소매인 지정거부를 취소소송으로 다투면서 집행정지를 신청한다면 법원은 이를 인용하게 될 것이다.

④ 丁에 대한 담배소매인지정처분을 대상으로 丙이 제기한 취소소송에서 丁이 「행정소송법」상 소송참가를 하였으나 본안에서 丙이 승소판결을 받아 확정되었다면, 丁은 「행정소송법」 제31조에 의한 재심을 통해 이를 다툴 수 있다.

정답 ①

①
> **행정소송법 제10조 (관련청구소송의 이송 및 병합)**
> **제2항** 취소소송에는 사실심의 변론종결시까지 관련청구소송을 병합하거나 피고외의 자를 상대로 한 관련청구소송을 취소소송이 계속된 법원에 병합하여 제기할 수 있다.

> 참고
> 관련청구소송
> 1. 당해 처분 등과 관련되는 손해배상·부당이득반환·원상회복 등 청구소송
> 2. 당해 처분 등과 관련되는 취소소송

② 행정심판 재결의 내용이 처분청에게 처분의 취소를 명하는 것이 아니라 재결청이 스스로 처분을 취소하는 것일 때에는 그 재결의 형성력에 의하여 당해 처분은 별도의 행정처분을 기다릴 것 없이 당연히 취소되어 소멸되는 것이라 할 것이고, 그 이후에 해당 허가처분을 취소한 것은 이 사건 취소재결의 당사자가 아니어서 그 재결이 있었음을 모르고 있는 원고에게 위 허가처분이 취소·소멸되었음을 확인하여 알려주는 의미의 사실 또는 관념의 통지에 불과할 뿐 위 허가처분을 취소·소멸시키는 새로운 형성적 행위가 아니므로 항고소송의 대상이 되는 처분이라고 할 수 없다. 이와 같이 원처분의 상대방이 아닌 제3자가 행정심판을 청구하여 재결청이 원처분을 취소하는 형성재결을 한 경우에 그 원처분의 상대방은 그 재결에 대하여 항고소송을 제기할 수밖에 없고, 이 경우 재결은 원처분과 내용을 달리 하는 것이어서 재결의 취소를 구하는 것은 원처분에 없는 재결 고유의 위법을 주장하는 것이 된다(대판 1998.4.24. 97누17131).

🔖 **정리**
행정심판위원회의 취소재결 → 행정청(B)이 취소된 것을 당사자(丁)에게 통지
∴ 이 사안에서 해당 취소재결은 형성재결에 해당하고,
  행정청은 이 사실을 통지한 것에 불과하므로 해당 통지는 사실의 통지임.
  사실의 통지는 비권력적 사실행위로써 행정처분에 해당하지 않음

③ 신청에 대한 거부처분의 효력을 정지하더라도 거부처분이 없었던 것과 같은 상태, 즉 거부처분이 있기 전의 신청시의 상태로 되돌아가는 데에 불과하고 행정청에게 신청에 따른 처분을 하여야 할 의무가 생기는 것이 아니므로, 거부처분의 효력정지는 그 거부처분으로 인하여 신청인에게 생길 손해를 방지하는 데 아무런 보탬이 되지 아니하여 그 효력정지를 구할 이익이 없다(대결 1995.6.21. 95두26).

🔖 **정리** 거부처분에 대한 집행정지는 소의 이익이 없으므로 인정X

④
> 행정소송법 제31조 (제3자에 의한 재심청구)
> 제1항 처분 등을 취소하는 판결에 의하여 권리 또는 이익의 침해를 받은 제3자는 자기에게 책임 없는 사유로 소송에 참가하지 못함으로써 판결의 결과에 영향을 미칠 공격 또는 방어방법을 제출하지 못한 때에는 이를 이유로 확정된 종국판결에 대하여 재심의 청구를 할 수 있다.

🔖 **정리** 丁은 소송에 참가하여 공격·방어 방법을 제출하였기 때문에 재심을 청구X

16

행정소송상 주장책임과 증명책임(입증책임)에 관한 설명 중 옳은 것을 모두 고른 것은? (다툼이 있는 경우 판례에 의함)

> ㄱ. 취소소송에서 당사자의 명백한 주장이 없는 경우에도 법원은 기록에 나타난 여러 사정을 기초로 직권으로 사정판결을 할 수 있다.
> ㄴ. 정보공개거부처분 취소소송에서 비공개사유의 주장·입증책임은 피고인 공공기관에 있다.
> ㄷ. 행정처분의 당연무효를 주장하여 그 무효확인을 구하는 행정소송에서 그 행정처분이 무효인 사유를 주장·입증할 책임은 원고에게 있다.
> ㄹ. 국가유공자 인정과 관련하여, 공무수행으로 상이(傷痍)를 입었다는 점이나 그로 인한 신체장애의 정도가 법령에 정한 등급 이상에 해당한다는 점에 관한 증명책임은 국가유공자 등록신청인에게 있지만, 그 상이가 '불가피한 사유 없이 본인의 과실이나 본인의 과실이 경합된 사유로 입은 것'이라는 사정에 관한 증명책임은 피고인 처분청에게 있다.

① ㄱ, ㄴ, ㄷ
② ㄱ, ㄴ, ㄹ
③ ㄱ, ㄷ, ㄹ
④ ㄱ, ㄴ, ㄷ, ㄹ

정답 ④

ㄱ. 행정처분이 위법한 경우에는 이를 취소하는 것이 원칙이나, 예외적으로 그 위법한 처분을 취소·변경하는 것이 도리어 현저히 공공복리에 적합하지 아니하는 경우에는 그 취소를 허용하지 아니하는 사정판결을 할 수 있다. 이러한 사정판결은 당사자의 명백한 주장이 없는 경우에도 기록에 나타난 여러 사정을 기초로 직권으로 할 수 있는 것이나, 그 요건인 현저히 공공복리에 적합하지 아니한지 여부는 위법한 행정처분을 취소·변경하여야 할 필요와 그 취소·변경으로 인하여 발생할 수 있는 공공복리에 반하는 사태 등을 비교·교량하여 판단하여야 한다(대판 2006.9.22. 2005두2506).

ㄴ. 구 「공공기관의 정보공개에 관한 법률」 제1조, 제3조, 제6조는 국민의 알권리를 보장하고 국정에 대한 국민의 참여와 국정운영의 투명성을 확보하기 위하여 공공기관이 보유·관리하는 정보를 모든 국민에게 원칙적으로 공개하도록 하고 있으므로, 국민으로부터 보유·관리하는 정보에 대한 공개를 요구받은 공공기관으로서는 법 제7조 제1항 각 호에서 정하고 있는 비공개사유에 해당하지 않는 한 이를 공개하여야 하고, 공개를 거부하는 경우라 할지라도 대상이 된 정보의 내용을 구체적으로 확인·검토하여 어느 부분이 어떠한 법익 또는 기본권과 충돌되어 법 제7조 제1항 몇 호에서 정하고 있는 비공개사유에 해당하는지를 주장·입증하여야만 하며, 그에 이르지 아니한 채 개괄적인 사유만을 들어 공개를 거부하는 것은 허용되지 아니한다(대판 2007.2.8. 2006두4899).

ㄷ. 행정처분의 당연무효를 주장하여 그 무효확인을 구하는 행정소송에 있어서는 원고에게 그 행정처분이 무효인 사유를 주장·입증할 책임이 있다(대판 1992.3.10. 91누6030).

ㄹ. 국가유공자 인정 요건, 즉 공무수행으로 상이를 입었다는 점이나 그로 인한 신체장애의 정도가 법령에 정한 등급 이상에 해당한다는 점은 국가유공자 등록신청인이 증명할 책임이 있지만, 그 상이가 '불가피한 사유 없이 본인의 과실이나 본인의 과실이 경합된 사유로 입은 것'이라는 사정, 즉 지원대상자 요건에 해당한다는 사정은 국가유공자 등록신청에 대하여 지원대상자로 등록하는 처분을 하는 처분청이 증명책임을 진다고 보아야 한다(대판 2013.8.22. 2011두26589).

✎ **정리** 당사자A에게 고의·과실이 있었다는 것은 행정청이 주장·입증O

17

「행정소송법」상 당사자소송에 대한 설명으로 가장 옳은 것은?

① 부가가치세법령상 납세의무자에 대한 국가의 부가가치세 환급세액 지급의무는 부당이득 반환의무이므로 그 지급청구는 당사자소송이 아니라 민사소송의 절차에 따라야 한다.
② 재개발조합은 공법인이므로 재개발조합과 조합장 사이의 선임·해임 등을 둘러싼 법률관계는 공법상 법률관계이고 그 조합장의 지위를 다투는 소송은 공법상 당사자소송이다.
③ 행정청의 소송참가는 당사자소송에서도 허용된다.
④ 납세의무부존재확인의 소는 당사자소송이고 항고소송의 성격을 가지므로 해당 과세처분 관할 행정청이 피고가 된다.

정답 ③

① 납세의무자에 대한 국가의 부가가치세 환급세액 지급의무는 그 납세의무자로부터 어느 과세기간에 과다하게 거래징수된 세액 상당을 국가가 실제로 납부받았는지와 관계없이 부가가치세법령의 규정에 의하여 직접 발생하는 것으로서, 그 법적 성질은 정의와 공평의 관념에서 수익자와 손실자 사이의 재산상태 조정을 위해 인정되는 부당이득 반환의무가 아니라 부가가치세법령에 의하여 그 존부나 범위가 구체적으로 확정되고 조세 정책적 관점에서 특별히 인정되는 공법상 의무라고 봄이 타당하다. 그렇다면 납세의무자에 대한 국가의 부가가치세 환급세액 지급의무에 대응하는 국가에 대한 납세의무자의 부가가치세 환급세액 지급청구는 민사소송이 아니라 행정소송법 제3조 제2호에 규정된 당사자소송의 절차에 따라야 한다(2013. 3.21. 2011다95564).

✎ **정리** 부가가치세 환급세액 지급청구는 당사자소송

② 구「도시 및 주거환경정비법」상 재개발조합이 공법인이라는 사정만으로 재개발조합과 조합장 또는 조합임원 사이의 선임·해임 등을 둘러싼 법률관계가 공법상의 법률관계에 해당한다거나 그 조합장 또는 조합임원의 지위를 다투는 소송이 당연히 공법상 당사자소송에 해당한다고 볼 수는 없고, 구「도시 및 주거환경정비법」의 규정들이 재개발조합과 조합장 및 조합임원과의 관계를 특별히 공법상의 근무관계로 설정하고 있다고 볼 수도 없으므로, 재개발조합과 조합장 또는 조합임원 사이의 선임·해임 등을 둘러싼 법률관계는 사법상의 법률관계로서 그 조합장 또는 조합임원의 지위를 다투는 소송은 민사소송에 의하여야 할 것이다(대판 2009.9.24. 2009마168).

✎ **정리** 조합장(조합임원)의 지위를 다투는 소송은 민사소송

③

행정소송법 제17조 (행정청의 소송참가)
제1항 법원은 다른 행정청을 소송에 참가시킬 필요가 있다고 인정할 때에는 당사자 또는 당해 행정청의 신청 또는 직권에 의하여 결정으로써 그 행정청을 소송에 참가시킬 수 있다.

행정소송법 제44조 (준용규정)
제1항 제14조 내지 **제17조**, 제22조, 제25조, 제26조, 제30조제1항, 제32조 및 제33조의 규정은 당사자소송의 경우에 준용한다.

④ 납세의무부존재확인의 소는 공법상의 법률관계 그 자체를 다투는 소송으로서 당사자소송이라 할 것이므로 행정소송법 제3조 제2호, 제39조에 의하여 그 법률관계의 한쪽 당사자인 국가·공공단체 그 밖의 권리주체가 피고적격을 가진다(대판 2000.9.8. 99두2765).

✎ **정리** 당사자소송의 피고는 국가·공공단체 그 밖의 권리주체

18

「행정기본법」상 이의신청과 재심사에 관한 설명으로 옳지 않은 것은?

① 이의신청에 대한 결과를 통지받은 후 행정심판 또는 행정소송을 제기하려는 자는 그 결과를 통지받은 날부터 90일 이내에 행정심판 또는 행정소송을 제기할 수 있다.
② 공무원 인사관계 법령에 의한 징계 등 처분에 관한 사항에 대하여도 「행정기본법」상의 이의신청 규정이 적용된다.
③ 당사자는 처분에 대하여 법원의 확정판결이 있는 경우에는 처분의 근거가 된 사실관계 또는 법률관계가 추후에 당사자에게 유리하게 바뀐 경우에도 해당 처분을 한 행정청이 처분을 취소·철회하거나 변경하여 줄 것을 신청할 수는 없다.
④ 처분을 유지하는 재심사 결과에 대하여는 행정심판, 행정소송 및 그 밖의 쟁송수단을 통하여 불복할 수 없다.

정답 ②

①, ②

행정기본법 제36조 (처분에 대한 이의신청)
제4항 이의신청에 대한 결과를 통지받은 후 행정심판 또는 행정소송을 제기하려는 자는 그 **결과를 통지받은 날**(제2항에 따른 통지기간 내에 결과를 통지받지 못한 경우에는 같은 항에 따른 통지기간이 만료되는 날의 다음 날을 말한다)부터 90일 이내에 행정심판 또는 행정소송을 제기할 수 있다.
제7항 다음 각 호의 **어느 하나**에 해당하는 사항에 관하여는 이 조를 적용하지 **아니한다**.
1. 공무원 인사 관계 법령에 따른 징계 등 처분에 관한 사항
2. 「국가인권위원회법」 제30조에 따른 진정에 대한 국가인권위원회의 결정
3. 「노동위원회법」 제2조의2에 따라 노동위원회의 의결을 거쳐 행하는 사항

4. 형사, 행형 및 보안처분 관계 법령에 따라 행하는 사항
5. 외국인의 출입국·난민인정·귀화·국적회복에 관한 사항
6. 과태료 부과 및 징수에 관한 사항

③, ④

행정기본법 제37조 (처분의 재심사)
제1항 당사자는 처분(제재처분 및 행정상 강제는 제외한다. 이하 이 조에서 같다)이 행정심판, 행정소송 및 그 밖의 쟁송을 통하여 다툴 수 없게 된 경우(법원의 확정판결이 있는 경우는 제외한다)라도 다음 각 호의 어느 하나에 해당하는 경우에는 해당 처분을 한 행정청에 처분을 취소·철회하거나 변경하여 줄 것을 신청할 수 있다.
1. 처분의 근거가 된 사실관계 또는 법률관계가 추후에 당사자에게 유리하게 바뀐 경우
2. 당사자에게 유리한 결정을 가져다주었을 새로운 증거가 있는 경우
3. 「민사소송법」 제451조에 따른 재심사유에 준하는 사유가 발생한 경우 등 대통령령으로 정하는 경우

제5항 제4항에 따른 처분의 재심사 결과 중 처분을 유지하는 결과에 대해서는 행정심판, 행정소송 및 그 밖의 쟁송수단을 통하여 불복할 수 없다.

19

행정법의 일반원칙에 대한 설명으로 옳지 않은 것은? (다툼이 있는 경우 판례에 의함)

① 계속 중인 사실이나 그 이후에 발생한 요건사실에 대한 법률적용을 인정하는 부진정 소급입법의 경우 개인의 신뢰보호와 법적 안정성을 내용으로 하는 법치국가 원리에 의하여 허용되지 않는 것이 원칙이다.
② 재건축조합에서 일단 내부 규범이 정립되면 조합원들은 특별한 사정이 없는 한 그것이 존속하리라는 신뢰를 가지게 되므로, 내부 규범을 변경할 경우 내부 규범 변경을 통해 달성하려는 이익이 종전 내부 규범의 존속을 신뢰한 조합원들의 이익보다 우월해야 한다.
③ 신뢰보호의 원칙은 행정청이 공적인 견해를 표명할 당시의 사정이 그대로 유지됨을 전제로 적용되는 것이 원칙이므로, 사후에 그와 같은 사정이 변경된 경우에는 특별한 사정이 없는 한 행정청이 그 견해표명에 반하는 처분을 하더라도 신뢰보호의 원칙에 위반된다고 할 수 없다.
④ 근로복지공단의 요양불승인처분의 적법 여부는 사실상 근로자의 휴업급여청구권 발생의 전제가 된다고 볼 수 있는 점 등에 비추어, 근로자가 요양불승인에 대한 취소소송의 판결확정시까지 근로복지공단에 휴업급여를 청구하지 않았던 것에 대한 근로복지공단의 소멸시효 항변은 신의성실의 원칙에 반하여 허용될 수 없다.

정답 ①

① 과거에 시작하여 아직 종료되지 않은 법률관계에 대하여 새 법령을 적용하는 것(부진정 소급효)은 원칙적으로 소급효가 인정된다.
② 재건축조합에서 일단 내부 규범이 정립되면 조합원들은 특별한 사정이 없는 한 그것이 존속하리라는 신뢰를 가지게 되므로, 내부 규범 변경을 통해 달성하려는 이익이 종전 내부 규범의 존속을 신뢰한 조합원들의 이익보다 우월해야 한다. 조합 내부 규범을 변경하는 총회결의가 신뢰보호의 원칙에 위반되는지를 판단하기 위해서는, 종전 내부 규범의 내용을 변경하여야 할 객관적 사정과 필요가 존재하는지, 그로써 조합이 달성하려는 이익은 어떠한 것인지, 내부 규범의 변경에 따라 조합원들이 침해받는 이익은 어느 정도의 보호가치가 있으며 침해 정도는 어떠한지, 조합이 종전 내부 규범의 존속에 대한 조합원들의 신뢰 침해를 최소화하기 위하여 어떤 노력을 기울였는지 등과 같은 여러 사정을 종합적으로 비교·형량해야 한다(대판 2020.6.25. 2018두34732).
③ 신뢰보호의 원칙은 행정청이 공적인 견해를 표명할 당시의 사정이 그대로 유지됨을 전제로 적용되는 것이 원칙이므로, 사후에 그와 같은 사정이 변경된 경우에는 그 공적 견해가 더 이상 개인에게 신뢰의 대상이 된다고 보기 어려운 만큼, 특별한 사정이 없는 한 행정청이 그 견해표명에 반하는 처분을 하더라도 신뢰보호의 원칙에 위반된다고 할 수 없다(대판 2020.6.25. 2018두34732).
④ 근로복지공단의 요양불승인처분의 적법 여부는 사실상 근로자의 휴업급여청구권 발생의 전제가 된다고 볼 수 있는 점 등에 비추어, 근로자가 요양불승인에 대한 취소소송의 판결확정시까지 근로복지공단에 휴업급여를 청구하지 않았던 것은 이를 행사할 수 없는 사실상의 장애사유가 있었기 때문이라고 보아야 하므로, 근로복지공단의 소멸시효 항변은 신의성실의 원칙에 반하여 허용될 수 없다(대판 2008.9.18. 2007두2173).

20

행정조사에 관한 설명으로 옳은 것은?

① 행정조사는 사실행위의 형식으로만 가능하다.
② 조사대상자의 자발적 협조가 있을지라도 법령 등에서 행정조사를 규정하고 있어야 실시가 가능하다.
③ 조사대상자의 동의가 있는 경우 해가 뜨기 전이나 해가 진 뒤에도 현장조사가 가능하다.
④ 자발적인 협조에 따라 실시하는 행정조사에 대하여 조사대상자가 조사에 응할 것인지에 대한 응답을 하지 아니하는 경우에는 법령 등에 특별한 규정이 없는 한 그 조사에 동의한 것으로 본다.

정답 ③

① 행정조사에는 보고서요구명령, 정부서류제출명령, 출두명령 등 행정행위의 형식을 취하는 것이 있지만, 주로 질문, 출입검사, 실시조사, 진찰, 검진 등 사실행위의 형식을 취한다.

② **행정조사기본법 제5조 (행정조사의 근거)**
행정기관은 법령 등에서 행정조사를 규정하고 있는 경우에 한하여 행정조사를 실시할 수 있다. 다만, 조사대상자의 자발적인 협조를 얻어 실시하는 행정조사의 경우에는 그러하지 아니하다.

- 정리 행정조사 실시는 개별법상 법적 근거 O
- 정리 자발적 협조에 의한 행정조사는 법적 근거 X

③ **행정조사기본법 제11조 (현장조사)**
제2항 제1항에 따른 현장조사는 해가 뜨기 전이나 해가 진 뒤에는 할 수 없다. 다만, 다음 각 호의 어느 하나에 해당하는 경우에는 그러하지 아니하다.
1. 조사대상자(대리인 및 관리책임이 있는 자를 포함한다)가 동의한 경우
2. 사무실 또는 사업장 등의 업무시간에 행정조사를 실시하는 경우
3. 해가 뜬 후부터 해가 지기 전까지 행정조사를 실시하는 경우에는 조사목적의 달성이 불가능하거나 증거인멸로 인하여 조사대상자의 법령 등의 위반 여부를 확인할 수 없는 경우

④ **행정조사기본법 제20조 (자발적인 협조에 따라 실시하는 행정조사)**
제1항 행정기관의 장이 제5조 단서에 따라 조사대상자의 자발적인 협조를 얻어 행정조사를 실시하고자 하는 경우 조사대상자는 문서·전화·구두 등의 방법으로 당해 행정조사를 거부할 수 있다.
제2항 제1항에 따른 행정조사에 대하여 조사대상자가 조사에 응할 것인지에 대한 응답을 하지 아니하는 경우에는 법령 등에 특별한 규정이 없는 한 그 조사를 거부한 것으로 본다.

- 정리 자발적 협조에 의한 행정조사 : (조사대상자의) 미응답은 조사거부로 간주

제04회 적중 동형 모의고사 문제 및 해설

정답 모아보기

01	④	02	②	03	④	04	①	05	③
06	①	07	②	08	③	09	④	10	④
11	④	12	③	13	④	14	②	15	①
16	④	17	②	18	④	19	③	20	③

01

다음 중 옳지 않은 것은? (다툼이 있는 경우 판례에 의함)

① 「개인정보보호법」상 '누설'이란 아직 개인정보를 알지 못하는 타인에게 알려주는 일체의 행위를 의미하며, 정보주체의 동의 없이 법령에 정한 절차를 거치지 않은 채로 고소·고발장에 다른 정보주체의 개인정보를 첨부하여 경찰서에 제출한 것은 누설에 해당한다.

② 제재처분에 대한 행정쟁송절차에서 처분에 대해 집행정지결정이 이루어졌더라도 본안에서 해당 처분이 최종적으로 적법한 것으로 확정되어 집행정지결정이 실효되고 제재처분을 다시 집행할 수 있게 되면, 처분청으로서는 당초 집행정지결정이 없었던 경우와 동등한 수준으로 해당 제재처분이 집행되도록 필요한 조치를 취하여야 한다.

③ 취소소송에서 취소판결이 확정된 경우, 행정청은 해당 판결에서 확인된 위법사유를 배제한 상태에서 다시 처분을 하거나 그 밖의 위법한 결과를 제거하는 조치를 할 의무가 있다.

④ 어떠한 처분에 법령상 근거가 있는지, 「행정절차법」에서 정한 처분절차를 준수하였는지는 본안에서 당해 처분이 적법한가를 판단하는 단계에서 고려할 요소가 아니라, 소송요건 심사단계에서 고려할 요소이다.

정답 ④

① 구 「공공기관의 **개인정보보호**에 관한 법률」 제23조 제2항, 제11조의 '**누설**'이란 아직 개인정보를 알지 못하는 타인에게 알려주는 일체의 행위를 말하고, 고소·고발장에 다른 정보주체의 개인정보를 첨부하여 경찰서에 제출한 것은 그 정보주체의 동의도 받지 아니하고 관련 법령에 정한 절차를 거치지 아니한 이상 부당한 목적 하에 이루어진 개인정보의 '**누설**'에 해당하였다. 개인정보 보호법 제71조 제5호, 제59조 제2호 위반죄는 구 공공기관의 개인정보 보호에 관한 법률 제23조 제2항, 제11조 위반죄와 비교하여 범행주체가 다르고 '누설'에 부당한 목적이 삭제되었다는 것만 다를 뿐 나머지 구성요건은 실질적으로 동일한 점, 개인정보 보호법 제59조 제2호가 금지하는 누설행위의 주체는 '개인정보를 처리하거나 처리하였던 자'이고, 그 대상은 '업무상 알게 된 개인정보'로 제한되므로, 수사기관에 대한 모든 개인정보 제공이 금지되는 것도 아닌 점 및 개인정보 보호법의 제정 취지 등을 감안하면, 구 「공공기관의 **개인정보보호**에 관한 법률」에 따른 '**누설**'에 관한 위의 법리는 **개인정보 보호법**에도 그대로 **적용**된다(대판 2022.11.10. 2018도1966).

② 집행정지결정의 효력은 결정 주문에서 정한 기간까지 존속하다가 그 기간이 만료되면 장래에 향하여 소멸한다. 집행정지결정은 처분의 집행으로 회복하기 어려운 손해를 예방하기 위하여 긴급한 필요가 있고 달리 공공복리에 중대한 영향을 미치지 않을 것을 요건으로 하여 본안판결이 있을 때까지 해당 처분의 집행을 잠정적으로 정지함으로써 위와 같은 손해를 예방하는 데 취지가 있으므로, 항고소송을 제기한 원고가 본안소송에서 패소확정판결을 받았더라도 집행정지결정의 효력이 소급하여 소멸하지 않는다. 그러나 제재처분에 대한 행정쟁송절차에서 처분에 대해 집행정지결정이 이루어졌더라도 본안에서 해당 처분이 최종적으로 적법한 것으로 확정되어 집행정지결정이 실효되고 제재처분을 다시 집행할 수 있게 되면, 처분청으로서는 당초 **집행정지결정이 없었던 경우와 동등한 수준**으로 해당 제재처분이 집행되도록 **필요한 조치를 취하여야 한다**. 집행정지는 행정쟁송절차에서 실효적 권리구제를 확보하기 위한 잠정적 조치일 뿐이므로, 본안 확정판결로 해당 제재처분이 적법하다는 점이 확인되었다면 제재처분의 상대방이 잠정적 집행정지를 통해 집행정지가 이루어지지 않은 경우와 비교하여 제재를 덜 받게 되는 결과가 초래되도록 해서는 안 된다. 반대로, 처분상대방이 집행정지결정을 받지 못했으나 본안소송에서 해당 제재처분이 위법하다는 것이 확인되어 취소하는 판결이 확정되면, 처분청은 그 제재처분으로 처분상대방에게 초래된 불이익한 결과를 제거하기 위하여 필요한 조치를 취하여야 한다(대판 2020.9.3. 2020두34070).

③ 어떤 행정처분을 위법하다고 판단하여 **취소하는 판결이 확정**되면 행정청은 취소판결의 기속력에 따라 그 판결에서 확인된 위법사유를 배제한 상태에서 다시 처분을 하거나 그 밖에 위법한 결과를 제거하는 조치를 할 의무가 있다(대판 2020.4.9. 2019두49953).

④ 어떠한 처분에 법령상 근거가 있는지, 행정절차법에서 정한 처분절차를 준수하였는지는 본안에서 당해 처분이 적법한가를 판단하는 단계에서 고려할 요소이지, 소송요건 심사단계에서 고려할 요소가 아니다(대판 2020.1.16. 2019다264700).

02

공적 견해표명에 대해서 가장 옳지 않은 것은? (단, 다툼이 있는 경우 판례에 따름)

① 신뢰보호의 원칙이 적용되기 위해서는, 행정청의 견해표명이 정당하다고 신뢰한 데에 대하여 그 개인에게 귀책사유가 없어야 하는데 이런 귀책사유의 유무는 상대방과 그로부터 신청행위를 위임받은 수임인 등 관계자 모두를 기준으로 판단하여야 한다.

② 병무청 담당부서의 담당공무원에게 공적 견해의 표명을 구하는 정식의 서면질의 등을 하지 아니하였더라도 총무과 민원팀장인 공무원이 민원봉사로써 상담에 응하여 안내한 것을 신뢰한 경우, 신뢰보호 원칙이 적용된다.

③ 헌법재판소의 위헌결정은 행정청이 개인에 대하여 신뢰의 대상이 되는 공적인 견해를 표명한 것이라고 할 수 없다.

④ 행정청이 상대방에게 장차 어떤 처분을 하겠다고 공적인 의사표명을 하였다고 하더라도, 공적인 의사표명이 있은 후에 사실적·법률적 상태가 변경되었다면, 공적인 의사표명은 행정청의 별다른 의사표시를 기다리지 않고 실효된다.

정답 ②

① 일반적으로 행정상의 법률관계에 있어서 행정청의 행위에 대하여 <mark>신뢰보호의 원칙이 적용되기 위해서는,</mark> 첫째 행정청이 개인에 대하여 신뢰의 대상이 되는 공적인 견해표명을 하여야 하고, 둘째 <mark>행정청의 견해표명이 정당하다고 신뢰한 데에 대하여 그 개인에게 귀책사유가 없어야 하며,</mark> 셋째 그 개인이 그 견해표명을 신뢰하고 이에 상응하는 어떠한 행위를 하였어야 하고, 넷째 행정청이 그 견해표명에 반하는 처분을 함으로써 그 견해표명을 신뢰한 개인의 이익이 침해되는 결과가 초래되어야 하며, 마지막으로 위 견해표명에 따른 행정처분을 할 경우 이로 인하여 공익 또는 제3자의 정당한 이익을 현저히 해할 우려가 있는 경우가 아니어야 하는바, 둘째 요건에서 말하는 귀책사유라 함은 행정청의 견해표명의 하자가 상대방 등 관계자의 사실은폐나 기타 사위의 방법에 의한 신청행위 등 부정행위에 기인한 것이거나 그러한 부정행위가 없다고 하더라도 하자가 있음을 알았거나 중대한 과실로 알지 못한 경우 등을 의미한다고 해석함이 상당하고, <mark>귀책사유의 유무는 상대방과 그로부터 신청행위를 위임받은 수임인 등 관계자 모두를 기준으로 판단하여야 한다</mark>(대판 2002.11.8. 2001두1512).

② 병무청 담당부서의 담당공무원에게 공적 견해의 표명을 구하는 정식의 서면질의 등을 하지 아니한 채 <mark>총무과 민원팀장에 불과한 공무원이 민원봉사차원에서 상담에 응하여 안내한 것을 신뢰한 경우, 신뢰보호 원칙이 적용되지 아니한다</mark>(대판 2003.12.26. 2003두1875).

③ <mark>헌법재판소의 위헌결정은 행정청이 개인에 대하여 신뢰의 대상이 되는 공적인 견해를 표명한 것이라고 할 수 없으므로</mark> 그 결정에 관련한 개인의 행위에 대하여는 <mark>신뢰보호의 원칙이 적용되지 아니한다</mark>(대판 2003.6.27. 2002두6965).

④ <mark>행정청이 상대방에게 장차 어떤 처분을 하겠다고 확약 또는 공적인 의사표명을 하였다고 하더라도,</mark> 그 자체에서 둔 유효기간 내에 상대방의 신청이 없었다거나 확약 또는 <mark>공적인 의사표명이 있은 후에 사실적·법률적 상태가 변경되었다면, 그와 같은 확약 또는 공적인 의사표명은 행정청의 별다른 의사표시를 기다리지 않고 실효된다</mark>(대판 1996.8.20. 95누10877).

03

소의 이익에 대한 설명으로 옳은 것은? (다툼이 있는 경우 판례에 의함)

① 취임승인이 취소된 학교법인의 정식이사들에 대해 원래 정해져 있던 임기가 만료되면 그 임원취임승인취소처분의 취소를 구할 소의 이익이 없다.

② 지방의회 의원의 제명의결 취소소송 계속 중 임기 만료로 지방의원으로서의 지위를 회복할 수 없는 자는 제명의결의 취소를 구할 소의 이익이 없다.

③ 수형자의 영치품에 대한 사용신청 불허처분 후 수형자가 다른 교도소로 이송된 경우 원래 교도소로의 재이송 가능성이 소멸되었으므로 그 불허처분의 취소를 구할 소의 이익이 없다.

④ 법인세 과세표준과 관련하여 과세관청이 법인의 소득처분 상대방에 대한 소득처분을 경정하면서 증액과 감액을 동시에 한 결과 전체로서 소득처분금액이 감소된 경우, 법인이 소득금액변동통지의 취소를 구할 소의 이익이 없다.

정답 ④

① <mark>학교법인 임원취임승인의 취소처분 후 그 임원의 임기가 만료되고 구 사립학교법 제22조 제2호 소정의 임원결격사유기간마저 경과한 경우</mark> 또는 위 취소처분에 대한 취소소송 제기 후 임시이사가 교체되어 새로운 임시이사가 선임된 경우, <mark>위 취임승인취소처분 및 당초의 임시이사선임처분의 취소를 구할 소의 이익이 있다</mark>(대판 2007.7.19. 2006두19297 전합).

② 구 지방자치법 제32조 제1항(현행 지방자치법 제33조 제1항)은 지방의회 의원에게 지급하는 비용으로 의정활동비(제1호)와 여비(제2호) 외에 월정수당(제3호)을 규정하고 있는바, 이 규정의 입법연혁과 함께 특히 월정수당(제3호)은 지방의회 의원의 직무활동에 대하여 매월 지급되는 것으로서, 지방의회 의원이 전문성을 가지고 의정활동에 전념할 수 있도록 하는 기틀을 마련하고자 하는 데에 그 입법 취지가 있다는 점을 고려해 보면, 지방의회 의원에게 지급되는 비용 중 적어도 월정수당(제3호)은 지방의회 의원의 직무활동에 대한 대가로 지급되는 보수의 일종으로 봄이 상당하다. 따라서 <mark>지방의회 의원인 원고가 이 사건 제명의결 취소소송 계속 중 임기가 만료되어 제명의결의 취소로 지방의회 의원으로서의 지위를 회복할 수는 없다 할지라도, 그 취소로 인하여 최소한 제명의결시부터 임기만료일까지의 기간에 대해 월정수당의 지급을 구할 수 있는 등 여전히 그 제명의결의 취소를 구할 법률상 이익은 남아 있다</mark>고 보아야 한다(대판 2009.1.30. 2007두13487).

③ 원고의 긴 팔 티셔츠 2개(앞 단추가 3개 있고 칼라가 달린 것, 이하 '이 사건 영치품'이라 한다)에 대한 사용신청 불허처분(이하 '이 사건 처분'이라 한다) 이후 이루어진 원고의 다른 교도소로의 이송이라는 사정에 의하여 원고의 권리와 이익의 침해 등이 해소되지 아니한 점, 원고의 형기가 만료되기까지는 아직 상당한 기간이 남아 있을 뿐만 아니라, 진주교도소가 전국 교정시설의 결핵 및 정신질환 수형자들을 수용·관리하는 의료교도소인 사정을 감안할 때 원고의 진주교도소로의 재이송 가능성이 소멸하였다고 단정하기 어려운 점 등을 종합하면, 원고로서는 이 사건 처분의 취소를 구할 이익이 있다고 봄이 상당하다(대판 2008.2.14. 2007두13203).

④ 법인이 법인세의 과세표준을 신고하면서 배당, 상여 또는 기타소득으로 소득처분한 금액은 당해 법인이 신고기일에 소득처분의 상대방에게 지급한 것으로 의제되어 그때 원천징수하는 소득세의 납세의무가 성립·확정되며, 그 후 과세관청이 직권으로 상대방에 대한 소득처분을 경정하면서 일부 항목에 대한 증액과 다른 항목에 대한 감액을 동시에 한 결과 전체로서 소득처분금액이 감소된 경우에는 그에 따른 소득금액변동통지가 납세자인 당해 법인에 불이익을 미치는 처분이 아니므로 당해 법인은 그 소득금액변동통지의 취소를 구할 이익이 없다(대판 2012.4.13. 2009두5510).

✎ 정리
소득처분금액이 감소하면 소득세도 감소 ∴ 소득금액변동통지는 불이익을 미치는 처분X

04

항고소송의 대상인 행정처분에 대한 설명으로 옳지 않은 것은? (다툼이 있는 경우 판례에 의함)

① 효력기간이 정해져 있는 제재적 행정처분의 효력이 발생한 후에 별도의 처분으로 효력기간의 시기와 종기를 다시 정했다면, 당초의 제재처분은 실효되고 새로운 처분이 있는 것으로 본다.

② 재단법인 한국연구재단이 갑 대학교 총장에게 연구개발비의 부당집행을 이유로 두뇌한국(BK)21 사업 협약을 해지하고 연구팀장 을에 대한 대학 자체징계를 요구한 것은 항고소송의 대상인 행정처분에 해당하지 않는다.

③ 지방자치단체 등이 건축물을 건축하기 위해 건축물 소재지 관할 허가권자인 지방자치단체의 장과 건축협의를 하였는데 허가권자인 지방자치단체의 장이 그 협의를 취소한 경우, 건축협의 취소는 항고소송의 대상인 행정처분에 해당한다.

④ 갑 시장이 감사원으로부터 소속 공무원 을에 대하여 징계의 종류를 정직으로 정한 징계 요구를 받게 되자 감사원에 징계 요구에 대한 재심의를 청구하였고 감사원이 재심의 청구를 기각한 경우, 감사원의 징계 요구와 재심의결정은 항고소송의 대상이 되는 행정처분에 해당하지 않는다.

정답 ①

① 효력기간이 정해져 있는 제재적 행정처분의 효력이 발생한 이후에도 행정청은 특별한 사정이 없는 한 상대방에 대한 별도의 처분으로써 효력기간의 시기와 종기를 다시 정할 수 있다. 이는 당초의 제재적 행정처분이 유효함을 전제로 그 구체적인 집행시기만을 변경하는 후속 변경처분이다(대판 2022.2.11. 2021두40720).

② 재단법인 한국연구재단이 갑 대학교 총장에게 연구개발비의 부당집행을 이유로 '해양생물유래 고부가식품·향장·한약 기초소재 개발 인력양성사업에 대한 2단계 두뇌한국(BK)21 사업' 협약을 해지하고 연구팀장 을에 대한 대학자체 징계 요구 등을 통보한 사안에서, 재단법인 한국연구재단이 갑 대학교 총장에게 을에 대한 대학 자체징계를 요구한 것은 법률상 구속력이 없는 권유 또는 사실상의 통지로서 을의 권리, 의무 등 법률상 지위에 직접적인 법률적 변동을 일으키지 않는 행위에 해당하므로, 항고소송의 대상인 행정처분에 해당하지 않는다(대판 2014.12.11. 2012두28704).

③ 구 건축법 제29조 제1항, 제2항, 제11조 제1항 등의 규정 내용에 의하면, 건축협의의 실질은 지방자치단체 등에 대한 건축허가와 다르지 않으므로, 지방자치단체 등이 건축물을 건축하려는 경우 등에는 미리 건축물의 소재지를 관할하는 허가권자인 지방자치단체의 장과 건축협의를 하지 않으면, 지방자치단체라 하더라도 건축물을 건축할 수 없다. 그리고 구 지방자치법 등 관련 법령을 살펴보아도 지방자치단체의 장이 다른 지방자치단체를 상대로 한 건축협의 취소에 관하여 다툼이 있는 경우에 법적 분쟁을 실효적으로 해결할 구제수단을 찾기도 어렵다. 따라서 건축협의 취소는 상대방이 다른 지방자치단체 등 행정주체라 하더라도 '행정청이 행하는 구체적 사실에 관한 법집행으로서의 공권력 행사'(행정소송법 제2조 제1항 제1호)로서 처분에 해당한다고 볼 수 있고, 지방자치단체인 원고가 이를 다툴 실효적 해결 수단이 없는 이상, 원고는 건축물 소재지 관할 허가권자인 지방자치단체의 장을 상대로 항고소송을 통해 건축협의 취소의 취소를 구할 수 있다(대판 2014.2.27. 2012두22980).

④ 갑 시장이 감사원으로부터 감사원법 제32조에 따라 을에 대하여 징계의 종류를 정직으로 정한 징계 요구를 받게 되자 감사원법 제36조 제2항에 따라 감사원에 징계 요구에 대한 재심의를 청구하였고, 감사원이 재심의청구를 기각하자 을이 감사원의 징계 요구와 그에 대한 재심의결정의 취소를 구하고 갑 시장이 감사원의 재심의결정 취소를 구하는 소를 제기한 사안에서, 징계 요구는 징계 요구를 받은 기관의 장이 요구받은 내용대로 처분하지 않더라도 불이익을 받는 규정도 없고, 징계 요구 내용대로 효과가 발생하는 것도 아니며, 징계 요구에 의하여 행정청이 일정한 행정처분을 하였을 때 비로소 이해관계인의 권리관계에 영향을 미칠 뿐, 징계 요구 자체만으로는 징계 요구 대상 공무원의 권리·의무에 직접적인 변동을 초래하지도 아니하므로, 행정청 사이의 내부적인 의사결정의 경로로서 '징계 요구, 징계 절차 회부, 징계'로 이어지는 과정에서의 중간처분에 불과하여, 감사원의 징계 요구와 재심의결정이 항고소송의 대상이 되는 행정처분이라고 할 수 없고, 감사원법 제40조 제2항을 갑 시장에게 감사원을 상대로 한 기관소송을 허용하는 규정으로 볼 수는 없고 그 밖에 행정소송법을 비롯한 어떠한 법률에도 갑 시장에게 '감사원의 재심의 판결'에 대하여 기관소송을 허용하는 규정을 두고 있지 않으므로, 갑 시장이 제기한 소송이 기관소송으로서 감사원법 제40조 제2항에 따라 허용된다고 볼 수 없다(대판 2016.12.27. 2014두5637).

05

행정벌에 대한 설명으로 옳지 않은 것은? (다툼이 있는 경우 판례에 의함)

① 지방자치단체 소속 공무원이 지방자치단체 고유의 자치사무를 처리하면서 위반행위를 한 경우 지방자치단체도 양벌규정에 따라 처벌대상이 되는 법인에 해당한다.
② 지방국세청장이 조세범칙행위에 대하여 고발을 한 후에 동일한 조세범칙행위에 대하여 통고처분을 하는 경우, 이러한 통고처분은 법적 권한 소멸 후 이루어진 것으로 특별한 사정이 없는 한 효력이 없고 조세범칙행위자가 이를 이행하였더라도 일사부재리의 원칙이 적용될 수 없다.
③ 경찰서장이 범칙행위에 대하여 통고처분을 하더라도 통고처분에서 정한 납부기간까지는 검사가 공소를 제기할 수 있다.
④ 하나의 행위가 둘 이상의 질서위반행위에 해당하는 경우에는 각 질서위반행위에 대하여 정한 과태료 중 가장 중한 과태료를 부과한다.

정답 ③

① 국가가 본래 그의 사무의 일부를 지방자치단체의 장에게 위임하여 그 사무를 처리하게 하는 기관위임사무의 경우에는 지방자치단체는 국가기관의 일부로 볼 수 있는 것이지만, 지방자치단체가 그 고유의 자치사무를 처리하는 경우에는 지방자치단체는 국가기관의 일부가 아니라 국가기관과는 별도의 독립한 공법인이므로, 지방자치단체 소속 공무원이 지방자치단체 고유의 자치사무를 수행하던 중 도로법 제81조 내지 제85조의 규정에 의한 위반행위를 한 경우에는 지방자치단체는 도로법 제86조의 양벌규정에 따라 처벌대상이 되는 법인에 해당한다 (대판 2005.11.10. 2004도2657).

② 지방국세청장 또는 세무서장이 조세범칙행위에 대하여 고발을 한 후에 동일한 조세범칙행위에 대하여 통고처분을 하였더라도, 이는 법적 권한 소멸 후에 이루어진 것으로서 특별한 사정이 없는 한 효력이 없고, 조세범칙행위자가 이러한 통고처분을 이행하였더라도 조세범 처벌절차법 제15조 제3항에서 정한 일사부재리의 원칙이 적용될 수 없다 (대판 2016.9.28. 2014도10748).

③ 경찰서장이 범칙행위에 대하여 통고처분을 한 이상, 범칙자의 위와 같은 절차적 지위를 보장하기 위하여 통고처분에서 정한 범칙금 납부기간까지는 원칙적으로 경찰서장은 즉결심판을 청구할 수 없고, 검사도 동일한 범칙행위에 대하여 공소를 제기할 수 없다고 보아야 한다 (대판 2020.4.29. 2017도13409).

④ **질서위반행위규제법 제13조 (수개의 질서위반행위의 처리)**
제1항 하나의 행위가 2 이상의 질서위반행위에 해당하는 경우에는 각 질서위반행위에 대하여 정한 과태료 중 가장 중한 과태료를 부과한다.

✏️ 정리
하나의 행위가 2 이상의 질서위반행위에 해당 :
과태료 합산X / 가장 중한 과태료O

06

「행정소송법」상 집행정지에 대한 설명으로 가장 옳지 않은 것은?

① 취소소송이 제기되면 처분의 효력이나 그 집행은 정지되지 않으나 절차의 속행은 정지된다.
② 처분의 효력정지는 처분 등의 집행 또는 절차의 속행을 정지함으로써 목적을 달성할 수 있는 경우에는 허용되지 아니한다.
③ 집행정지는 공공복리에 중대한 영향을 미칠 우려가 있을 때에는 허용되지 아니한다.
④ 집행정지의 결정 또는 기각의 결정에 대하여는 즉시 항고할 수 있다.

정답 ①

① **행정소송법 제23조 (집행정지)**
제1항 취소소송의 제기는 처분 등의 효력이나 그 집행 또는 절차의 속행에 영향을 주지 아니한다.

② **행정소송법 제23조 (집행정지)**
제2항 취소소송이 제기된 경우에 처분 등이나 그 집행 또는 절차의 속행으로 인하여 생길 회복하기 어려운 손해를 예방하기 위하여 긴급한 필요가 있다고 인정할 때에는 본안이 계속되고 있는 법원은 당사자의 신청 또는 직권에 의하여 처분 등의 효력이나 그 집행 또는 절차의 속행의 전부 또는 일부의 정지(이하 "집행정지"라 한다)를 결정할 수 있다. 다만, 처분의 효력정지는 처분 등의 집행 또는 절차의 속행을 정지함으로써 목적을 달성할 수 있는 경우에는 허용되지 아니한다.

③ **행정소송법 제23조 (집행정지)**
제3항 집행정지는 공공복리에 중대한 영향을 미칠 우려가 있을 때에는 허용되지 아니한다.

④ **행정소송법 제23조 (집행정지)**
제5항 제2항의 규정에 의한 집행정지의 결정 또는 기각의 결정에 대하여는 즉시항고할 수 있다. 이 경우 집행정지의 결정에 대한 즉시항고에는 결정의 집행을 정지하는 효력이 없다.

07

A행정청은 甲에게 처분을 하면서 법령에 근거 없이 일정 토지를 기부채납하도록 하는 부담을 붙였다. 이에 대한 설명으로 옳지 않은 것은? (다툼이 있는 경우 판례에 의함)

① 처분이 기속행위라면 甲은 기부채납 부담을 이행할 의무가 없다.
② 처분이 기속행위임에도 甲이 부담의 이행으로 기부채납을 하였다면, 그 기부채납 행위는 당연히 적법한 행위가 된다.
③ 사정변경으로 인하여 당초에 부담을 부과한 목적을 달성할 수 없게 된 경우에는 A 행정청은 甲의 동의가 없더라도 그 목적달성에 필요한 범위 내에서 부담을 변경할 수 있다.
④ 甲은 기부채납을 하도록 하는 부담에 대해서 취소소송을 제기하여 다툴 수 있다.

정답 ②

① 일반적으로 기속행위나 기속적 재량행위에는 부관을 붙일 수 없고 가사 부관을 붙였다 하더라도 무효이다(대판 1995.6.13. 94다56883).

🔧 정리 ∴ 무효인 부담을 이행할 의무X

② 일반적으로 기속행위나 기속적 재량행위에는 부관을 붙일 수 없고 가사 부관을 붙였다 하더라도 무효이다(대판 1995.6.13. 94다56883).
행정처분에 부담인 부관을 붙인 경우 부관의 무효화에 의하여 본체인 행정처분 자체의 효력에도 영향이 있게 될 수는 있지만, 그 처분을 받은 사람이 부담의 이행으로 사법상 매매 등의 법률행위를 한 경우에는 그 부관은 특별한 사정이 없는 한 법률행위를 하게 된 동기 내지 연유로 작용하였을 뿐이므로 이는 법률행위의 취소사유가 될 수 있음은 별론으로 하고 그 법률행위 자체를 당연히 무효화하는 것은 아니다(대판 2009.6.25. 2006다18174).

🔧 정리
부담의 이행(기부채납 행위·법률행위) 자체는 당연히 무효X / 당연히 적법X
∴ 다시 다퉈봐야 됨

③ 행정처분에 이미 부담이 부가되어 있는 상태에서 그 의무의 범위 또는 내용 등을 변경하는 부관의 사후변경은, 법률에 명문의 규정이 있거나 그 변경이 미리 유보되어 있는 경우 또는 상대방의 동의가 있는 경우에 한하여 허용되는 것이 원칙이지만, 사정변경으로 인하여 당초 부담을 부과한 목적을 달성할 수 없게 된 경우에도 그 목적달성에 필요한 범위 내에서 예외적으로 허용된다(대판 1997.5.30. 97누2627).

④ 행정행위의 부관 중에서도 행정행위에 부수하여 그 행정행위의 상대방에게 일정한 의무를 부과하는 행정청의 의사표시인 부담의 경우에는 다른 부관과는 달리 행정행위의 불가분적인 요소가 아니고 그 존속이 본체인 행정행위의 존재를 전제로 하는 것일 뿐이므로 부담 그 자체로서 행정쟁송의 대상이 될 수 있다(대판 1992.1.21. 91누1264).

08

다음 중 가장 옳지 않은 것은? (단, 다툼이 있는 경우 판례에 따름)

① 정보공개청구가 없었던 경우 대한민국과 중화인민공화국이 2000. 7. 31. 체결한 양국 간 마늘교역에 관한 합의서 및 그 부속서 중 '2003. 1. 1.부터 한국의 민간기업이 자유롭게 마늘을 수입할 수 있다'는 부분을 사전에 마늘재배농가들에게 공개할 정부의 의무는 인정되지 않는다.
② 행정기관의 장의 거부처분이 재량행위인 경우에, 사전통지의 흠결로 민원인에게 의견진술의 기회를 주지 아니한 결과 민원조정위원회의 심의과정에서 고려대상에 마땅히 포함시켜야 할 사항을 누락하는 등 재량권의 불행사 또는 해태로 볼 수 있는 구체적 사정이 있다면, 거부처분은 재량권을 일탈·남용한 것으로서 위법하다.
③ 甲이 외교부장관에게 '2015. 12. 28. 일본군위안부 피해자 합의와 관련하여 한일 외교장관 공동 발표문의 문안을 도출하기 위하여 진행한 협의 협상에서 일본군과 관헌에 의한 위안부 강제연행의 존부 및 사실인정 문제에 대해 협의한 협상 관련 외교부장관 생산 문서'에 대한 공개를 청구하였으나, 외교부장관이 비공개 결정을 한 사안에서, 합의를 위한 협상 과정에서 일본군과 관헌에 의한 위안부 '강제연행'의 존부 및 사실인정 문제에 대해 협의한 정보를 공개하지 않은 처분은 위법하다.
④ 교육공무원법의 위임에 따라 제정된 교육공무원승진규정은 정보공개에 관한 사항에 관하여 구체적인 법률의 위임에 따라 제정된 명령이라고 할 수 없고, 따라서 교육공무원승진규정에서 근무성적평정의 결과를 공개하지 아니한다고 규정하고 있다고 하더라도 위 교육공무원승진규정은 공공기관의 정보공개에 관한 법률에서 말하는 법률이 위임한 명령에 해당하지 아니하므로 위 규정을 근거로 정보공개청구를 거부하는 것은 잘못이다.

정답 ③

<행정절차 및 정보공개 관련 판례>

① 알 권리에서 파생되는 정부의 공개의무는 특별한 사정이 없는 한 국민의 적극적인 정보수집행위, 특히 특정의 정보에 대한 공개청구가 있는 경우에야 비로소 존재하므로, 정보공개청구가 없었던 경우 대한민국과 중화인민공화국이 2000. 7. 31. 체결한 양국 간 마늘교역에 관한 합의서 및 그 부속서 중 '2003. 1. 1.부터 한국의 민간기업이 자유롭게 마늘을 수입할 수 있다'는 부분을 사전에 마늘재배농가들에게 공개할 정부의 의무는 인정되지 아니한다(헌재 2004.12.16. 2002헌마579).

② 민원사무를 처리하는 행정기관이 민원 1회 방문 처리제를 시행하는 절차의 일환으로 민원사항의 심의·조정 등을 위한 민원조정위원회를 개최하면서 민원인에게 회의일정 등을 사전에 통지하지 아니하였다 하더라도, 이러한 사정만으로 곧바로 민원사항에 대한 행정기관의 장의 거부처분에 취소사유에 이를 정도의 흠이 존재한다고 보기는 어렵다. 다만 행정기관의 장의 거부처분이 재량행위인 경우에, 위와 같은 사전통지의 흠결로 민원인에게 의견진술의 기회를 주지 아니한 결과 민원조정위원회의 심의과정에서 고려대상에 마땅히 포함시켜야 할 사항을 누락하는 등 재량권의 불행사 또는 해태로 볼 수 있는 구체적 사정이 있다면, 거부처분은 재량권을 일탈·남용한 것으로서 위법하다(대판 2015.8.27. 2013두1560).

③ 甲이 외교부장관에게 '2015. 12. 28. 일본군위안부 피해자 합의와 관련하여 한일 외교장관 공동 발표문의 문안을 도출하기 위하여 진행한 협의 협상에서 일본군과 관헌에 의한 위안부 강제연행의 존부 및 사실인정 문제에 대해 협의한 협상 관련 외교부장관 생산 문서'에 대한 공개를 청구하였으나, 외교부장관이 甲에게 '공개청구정보가 공공기관의 정보공개에 관한 법률 제9조 제1항 제2호에 해당한다.'는 이유로 비공개 결정을 한 사안에서, 12·28 일본군위안부 피해자 합의와 관련된 협의가 비공개로 진행되었고, 대한민국과 일본 모두 그 협의 관련 문서를 비공개문서로 분류하여 취급하고 있는데 우리나라가 그 협의 내용을 일방적으로 공개할 경우 우리나라와 일본 사이에 쌓아온 외교적 신뢰관계에 심각한 타격이 있을 수 있는 점, 이에 따라 향후 일본은 물론 다른 나라와 협상을 진행하는 데에도 큰 어려움이 발생할 수 있는 점, 12·28 일본군위안부 피해자 합의에 사용된 표현이 다소 추상적이고 모호하기는 하나 이는 협상 과정에서 양국이 나름의 숙고와 조율을 거쳐 채택된 표현으로서 그 정확한 의미에 대한 해석이 요구된다기보다 오히려 표현된 대로 이해하는 것이 적절한 점 등을 종합하여, 위 합의를 위한 협상 과정에서 일본군과 관헌에 의한 위안부 '강제연행'의 존부 및 사실인정 문제에 대해 협의한 정보를 공개하지 않은 처분이 적법하다(대판 2023.6.1. 2019두41324).

④ 교육공무원법 제13조, 제14조의 위임에 따라 제정된 교육공무원승진규정은 정보공개에 관한 사항에 관하여 구체적인 법률의 위임에 따라 제정된 명령이라고 할 수 없고, 따라서 교육공무원승진규정 제26조에서 근무성적평정의 결과를 공개하지 아니한다고 규정하고 있다고 하더라도 위 교육공무원승진규정은 공공기관의 정보공개에 관한 법률 제9조 제1항 제1호에서 말하는 법률이 위임한 명령에 해당하지 아니하므로 위 규정을 근거로 정보공개청구를 거부하는 것은 잘못이다(대판 2006.10.26. 2006두11910).

09

통치행위에 대해서 가장 옳지 않은 것은? (단, 다툼이 있는 경우 판례에 따름)

① 사면은 국가원수의 고유한 권한이며, 사법부의 판단을 변경하는 제도로서 권력분립의 원리에 대한 예외이다.

② 비록 고도의 정치적 결단에 의하여 행해지는 국가작용이라고 할지라도 그것이 국민의 기본권 침해와 직접 관련되는 경우에는 당연히 헌법재판소의 심판대상이 된다.

③ 대통령의 긴급재정경제명령은 국가긴급권의 일종으로서 고도의 정치적 결단에 의하여 발동되는 행위이고 그 결단을 존중하여야 할 필요성이 있는 행위라는 의미에서 통치행위에 해당한다.

④ 서훈취소는 대통령이 국가원수로서 행하는 행위이므로 법원이 사법심사를 자제하여야 할 고도의 정치성을 띤 행위라고 볼 수 있다.

정답 ④

① 사면은 국가원수의 고유한 권한이며, 사법부의 판단을 변경하는 제도로서 권력분립의 원리에 대한 예외이다(헌재 2000.6.1. 97헌바74).

② 통치행위를 포함하여 모든 국가작용은 국민의 기본권적 가치를 실현하기 위한 수단이라는 한계를 반드시 지켜야 하는 것이고, 헌법재판소는 헌법의 수호와 국민의 기본권 보장을 사명으로 하는 국가기관이므로 비록 고도의 정치적 결단에 의하여 행해지는 국가작용이라고 할지라도 그것이 국민의 기본권 침해와 직접 관련되는 경우에는 당연히 헌법재판소의 심판대상이 된다(헌재 1996.2.29. 93헌마186).

③ 대통령의 긴급재정경제명령은 국가긴급권의 일종으로서 고도의 정치적 결단에 의하여 발동되는 행위이고 그 결단을 존중하여야 할 필요성이 있는 행위라는 의미에서 이른바 통치행위에 속한다고 할 수 있다(헌재 1996.2.29. 93헌마186).

④ 구 상훈법 제8조는 서훈취소의 요건을 구체적으로 명시하고 있고 절차에 관하여 상세하게 규정하고 있다. 그리고 서훈취소는 서훈수여의 경우와는 달리 이미 발생된 서훈대상자 등의 권리 등에 영향을 미치는 행위로서 관련 당사자에게 미치는 불이익의 내용과 정도 등을 고려하면 사법심사의 필요성이 크다. 따라서 기본권의 보장 및 법치주의의 이념에 비추어 보면, 비록 서훈취소가 대통령이 국가원수로서 행하는 행위라고 하더라도 법원이 사법심사를 자제하여야 할 고도의 정치성을 띤 행위라고 볼 수는 없다(대판 2015.4.23. 2012두26920).

10

다음 중 가장 옳지 않은 것은? (단, 다툼이 있는 경우 판례에 따름)

① 도시계획법상 주민이 도시계획 및 그 변경에 대하여 어떤 신청을 할 수 있다는 규정이 없을 뿐만 아니라 도시계획과 같이 장기성, 종합성이 요구되는 행정계획에 있어서는 그 계획이 일단 확정된 후에 어떤 사정의 변경이 있다 하여 지역주민에게 일일이 그 계획의 변경을 청구할 권리를 인정해 줄 수도 없는 이치이므로 도시계획시설인 공원조성계획 취소신청을 거부한 행위는 항고소송의 대상이 되는 행정처분이라고 볼 수 없다.
② 자동차매매업 허가 신청인들의 공동사업장부지가 기존의 다른 공동사업장에서 300m이내에 위치하고 있다는 이유로 그 자동차매매업 허가 신청을 불허한 처분은 위법하다.
③ 국가균형발전 특별법과 법시행령 및 혁신도시 입지선정지침에 의해서 혁신도시 최종입지로 선정한 행위는 항고소송의 대상이 되는 행정처분으로 볼 수 없다.
④ 제소기간이 이미 도과하여 불가쟁력이 생긴 행정처분에 대해서도 특별한 사정이 없는 한 국민이 당해 행정청에 직접 그 행정처분의 변경을 구할 신청권이 없다고 볼 수는 없다.

정답 ④

① 도시계획법상 주민이 도시계획 및 그 변경에 대하여 어떤 신청을 할 수 있다는 규정이 없을 뿐만 아니라 도시계획과 같이 장기성, 종합성이 요구되는 행정계획에 있어서는 그 계획이 일단 확정된 후에 어떤 사정의 변경이 있다 하여 지역주민에게 일일이 그 계획의 변경을 청구할 권리를 인정해 줄 수도 없는 이치이므로 도시계획시설인 공원조성계획 취소신청을 거부한 행위는 항고소송의 대상이 되는 행정처분이라고 볼 수 없다(대판 1989.10.24. 89누725).

정리 주민에게 (계획이 확정된 후) 계획변경청구권 원칙적으로 인정X

② 자동차매매업 허가 신청인들의 공동사업장부지가 기존의 다른 공동사업장에서 300m이내에 위치하고 있다는 이유로 그 자동차매매업 허가 신청을 불허한 처분은 위법하다(대판 1995.11.21. 95누10952).

③ 국가균형발전 특별법과 법시행령 및 혁신도시 입지선정지침에는 공공기관의 지방이전을 위한 정부 등의 조치와 공공기관이 이전할 혁신도시 입지선정을 위한 사항 등을 규정하고 있을 뿐 혁신도시입지 후보지에 관련된 지역 주민 등의 권리의무에 직접 영향을 미치는 규정을 두고 있지 않으므로, 혁신도시 최종입지로 선정한 행위는 항고소송의 대상이 되는 행정처분으로 볼 수 없다고 판단하였다(대판 2007.11.15. 2007두10198).

④ 제소기간이 이미 도과하여 불가쟁력이 생긴 행정처분에 대하여는 개별 법규에서 그 변경을 요구할 신청권을 규정하고 있거나 관계 법령의 해석상 그러한 신청권이 인정될 수 있는 등 특별한 사정이 없는 한 국민에게 그 행정처분의 변경을 구할 신청권이 있다 할 수 없다(대판 2007.4.26. 2005구11104).

11

판결의 기속력에 대한 설명으로 옳지 않은 것은? (다툼이 있는 경우 판례에 의함)

① 거부처분이 있은 후 법령이 개정되어 시행된 경우에는 개정된 법령과 그에 따른 기준을 새로운 사유로 들어 다시 거부처분을 하더라도 기속력에 반하는 것은 아니다.
② 기속력의 주관적 범위는 그 사건에 관하여 당사자인 행정청과 그 밖의 관계행정청에 미친다.
③ 거부처분취소소송에서 재처분의무의 실효성을 확보하기 위한 간접강제제도는 부작위위법확인소송에도 준용된다.
④ 기속력을 위반한 행정청의 행위는 절차상 하자에 해당하므로 원칙적으로 취소사유이다.

정답 ④

① 행정처분의 적법 여부는 그 행정처분이 행하여 진 때의 법령과 사실을 기준으로 하여 판단하는 것이므로 거부처분 후에 법령이 개정·시행된 경우에는 개정된 법령 및 허가기준을 새로운 사유로 들어 다시 이전의 신청에 대한 거부처분을 할 수 있으며 그러한 처분도 행정소송법 제30조 제2항에 규정된 재처분에 해당된다(대결 1998.1.7. 97두22).

②
> **행정소송법 제30조 (취소판결 등의 기속력)**
> **제1항** 처분 등을 취소하는 확정판결은 그 사건에 관하여 당사자인 행정청과 그 밖의 관계행정청을 기속한다.

③ <「행정소송법」상 취소소송(취소판결)의 기속력 규정 준용여부>

취소소송	무효등확인소송 (제38조 제1항)	부작위 위법확인소송 (제38조 제2항)	당사자소송 (제44조 제1항)
제30조 제1항 (기속력)	준용O	준용O	준용O
제30조 제2항 (재처분의무)	준용O	준용O	준용X
제34조 (간접강제)	준용X	준용O	준용X

정리
∴ 거부처분취소소송에서 (재처분의무의 실효성을 확보하기 위한) 간접강제제도는 부작위위법확인소송에도 준용O

④ 재처분을 하였다 하더라도 그것이 종전 거부처분에 대한 **취소의 확정판결의 기속력에 반하는** 등으로 당연무효라면 이는 아무런 재처분을 하지 아니하는 때와 마찬가지라 할 것이다(대결 2002.12.11. 2002무22).

12

A법률을 시행하기 위하여 B행정청의 C고시가 제정되었다. 이에 관한 설명 중 옳은 것을 모두 고른 것은? (다툼이 있는 경우 판례에 의함)

> ㄱ. A법률이 B행정청에 A법률의 내용을 구체화할 수 있는 권한을 부여하면서 그 권한행사의 절차나 방법을 특정하지 않아 고시의 형식으로 정한 경우, C고시의 규정내용이 A법률의 위임범위를 벗어난 때에는 대외적 구속력을 인정할 수 없다.
> ㄴ. A법률이 입법사항에 대하여 고시의 형식으로 위임하여 C고시가 제정된 경우라면, C고시는 그 자체로 국회입법원칙에 위반된 것으로 무효이다.
> ㄷ. A법률이 시행규칙의 형식으로 세부사항을 정하도록 위임하였으나 고시의 형식으로 제정된 경우라 하더라도, C고시는 위임의 범위 내에서 상위법과 결합하여 대외적 구속력이 있는 법규명령의 효력을 가진다.
> ㄹ. A법률의 위임에 따라 일반·추상적 성질을 가지는 C고시가 제정된 경우, A법률에 대하여 헌법재판소의 위헌결정이 선고되면 C고시도 원칙적으로 효력을 상실한다.

① ㄱ, ㄴ
② ㄱ, ㄷ
③ ㄱ, ㄹ
④ ㄴ, ㄷ

정답 ③

ㄱ. <u>법령의 규정이 특정 행정기관에게 법령 내용의 구체적 사항을 정할 수 있는 권한을 부여하면서 권한행사의 절차나 방법을 특정하지 아니한 경우에는 수임 행정기관은 행정규칙이나 규정 형식으로 법령 내용이 될 사항을 구체적으로 정할 수 있다.</u> 이 경우 행정규칙 등은 당해 법령의 위임한계를 벗어나지 않는 한 대외적 구속력이 있는 법규명령으로서 효력을 가지게 되지만, 이는 행정규칙이 갖는 일반적 효력이 아니라 행정기관에 법령의 구체적 내용을 보충할 권한을 부여한 법령 규정의 효력에 근거하여 예외적으로 인정되는 것이다. 따라서 그 <u>행정규칙이나 규정이 상위법령의 위임범위를 벗어난 경우에는 법규명령으로서 대외적 구속력을 인정할 여지는 없다</u>(대판 2012.7.5. 2010다72076).

ㄴ. 국회가 입법으로 행정기관에게 구체적인 범위를 정하여 위임한 사항에 관하여는 당해 행정기관이 법 정립의 권한을 갖게 되고, 입법자가 그 규율의 형식도 선택할 수 있다고 보아야 하므로, 헌법이 인정하고 있는 위임입법의 형식은 <u>예시적인 것으로 보아야 한다.</u> <u>법률이 일정한 사항을 행정규칙에 위임하더라도 그 행정규칙은 위임된 사항만을 규율할 수 있으므로, 국회입법의 원칙과 상치되지 않는다</u>(헌재 2014.7.24. 2013헌바183).

ㄷ. <u>행정규칙이나 규정이 상위법령의 위임범위를 벗어난 경우에는 법규명령으로서 대외적 구속력을 인정할 여지는 없다. 이는 행정규칙이나 규정 '내용'이 위임범위를 벗어난 경우뿐 아니라 상위법령의 위임규정에서 특정하여 정한 <u>권한행사의 '절차'나 '방식'</u>에 위배되는 경우도 마찬가지이므로, <u>상위법령에서 세부사항 등을 시행규칙으로 정하도록 위임하였음에도 이를 고시 등 행정규칙으로 정하였다면 그 역시 대외적 구속력을 가지는 법규명령으로서 효력이 인정될 수 없다</u>(대판 2012.7.5. 2010다72076).

ㄹ. <u>법규명령의 위임의 근거가 되는 법률에 대하여 위헌결정이 선고되면 그 위임규정에 근거하여 제정된 법규명령도 원칙적으로 효력을 상실한다</u>(대판 1998.4.10. 96다52359).

🔍 **정리**

"A법률을 시행하기 위하여 B행정청의 C고시가 제정되었다."
⇐ ∴ C고시는 법령보충규칙

13

손실보상에 대해서 가장 옳지 않은 것은?

① 잔여 영업시설 손실보상을 포함하는 영업손실보상의 경우, 영업의 단일성·동일성이 인정되는 범위에서 보상금 산정의 세부요소를 추가로 주장하는 것은 하나의 보상항목 내에서 허용되는 공격방법일 뿐이므로 별도로 재결절차를 거쳐야 하는 것은 아니다.

② 재결에서 정한 보상금액이 일부 보상항목의 경우 과소하고 다른 보상항목의 경우 과다한 것으로 판명되었다면, 법원은 보상항목 상호 간의 유용을 허용하여 항목별로 과다 부분과 과소 부분을 합산하여 보상금의 합계액을 정당한 보상금으로 결정할 수 있다.

③ 피보상자가 당초 여러 보상항목들에 관해 불복하여 보상금증액청구소송을 제기하였으나, 그중 일부 보상항목에 관해 법원에서 실시한 감정 결과 그 평가액이 재결에서 정한 보상금액보다 적게 나온 경우에는, 금반언의 원칙상 피보상자는 단순히 불복신청을 철회함으로써 해당 보상항목을 법원의 심판범위에서 제외하여 달라는 소송상 의사표시를 할 수 없다.

④ 어떤 보상항목이 공익사업을 위한 토지 등의 취득 및 보상에 관한 법령상 손실보상대상에 해당함에도 관할 토지수용위원회가 사실을 오인하거나 법리를 오해함으로써 손실보상대상에 해당하지 않는다고 잘못된 내용의 재결을 한 경우에는, 피보상자는 사업시행자를 상대로 보상금증감소송을 제기하여야 한다.

정답 ③

① 구 「공익사업을 위한 토지 등의 취득 및 보상에 관한 법률」 제26조, 제28조, 제30조, 제34조, 제50조, 제61조, 제83조 내지 제85조의 규정 내용과 입법 취지 등을 종합하면, 공익사업에 영업시설 일부가 편입됨으로 인하여 잔여 영업시설에 손실을 입은 자가 사업시행자로부터 구 「공익사업을 위한 토지 등의 취득 및 보상에 관한 법률 시행규칙」 제47조 제3항에 따라 잔여 영업시설의 손실에 대한 보상을 받기 위해서는, 토지보상법 제34조, 제50조 등에 규정된 <u>재결절차를 거친 다음 그 재결에 대하여 불복이 있는 때에 비로소</u> 토지보상법 제83조 내지 제85조에 따라 <u>권리구제를 받을 수 있을 뿐이다. 이러한 재결절차를 거치지 않은 채 곧바로 사업시행자를 상대로 손실보상을 청구하는 것은 허용되지 않는다.</u> 재결절차를 거쳤는지 여부는 보상항목별로 판단하여야 한다. 피보상자별로 어떤 토지, 물건, 권리 또는 영업이 손실보상대상에 해당하는지, 나아가 보상금액이 얼마인지를 심리·판단하는 기초 단위를 보상항목이라고 한다. 편입토지·물건 보상, 지장물 보상, 잔여 토지·건축물 손실보상 또는 수용청구의 경우에는 원칙적으로 개별 물건별로 하나의 보상항목이 되지만, <u>잔여 영업시설 손실보상을 포함하는 영업손실보상의 경우에는 '전체적으로 단일한 시설 일</u>

체로서의 영업' 자체가 보상항목이 되고, 세부 영업시설이나 영업이익, 휴업기간 등은 영업손실보상금 산정에서 고려하는 요소에 불과하다. 그렇다면 영업의 단일성·동일성이 인정되는 범위에서 보상금 산정의 세부요소를 추가로 주장하는 것은 하나의 보상항목 내에서 허용되는 공격방법일 뿐이므로, 별도로 재결절차를 거쳐야 하는 것은 아니다(대판 2018.7.20. 2015두4044).

정리
구 「공익사업을 위한 토지 등의 취득 및 보상에 관한 법률」은 완전보상 즉 재산권의 보상 + 부대손실(잔여지 가격하락, 잔여지 공사비용, 지상물건 이전비, 영업손실 등)의 보상을 하도록 규정 ∴ 영업의 단일성·동일성이 인정된다는 것은 부대손실에 포함된다는 것을 의미

정리
ex) 잔여 영업시설 진출입로가 협소 ← 부대손실에 포함X ∴ 영업의 단일성·동일성X ∴ 재결절차O

②, ③ 가. 하나의 재결에서 피보상자별로 여러 가지의 토지, 물건, 권리 또는 영업(이처럼 손실보상 대상에 해당하는지, 나아가 그 보상금액이 얼마인지를 심리·판단하는 기초 단위를 이하 '보상항목'이라고 한다)의 손실에 관하여 심리·판단이 이루어졌을 때, 피보상자 또는 사업시행자가 반드시 재결 전부에 관하여 불복하여야 하는 것은 아니며, 여러 보상항목들 중 일부에 관해서만 불복하는 경우에는 그 부분에 관해서만 개별적으로 불복의 사유를 주장하여 행정소송을 제기할 수 있다. 이러한 보상금증감소송에서 법원의 심판범위는 하나의 재결 내에서 소송당사자가 구체적으로 불복신청을 한 보상항목들로 제한된다. 법원이 구체적인 불복신청이 있는 보상항목들에 관해서 감정을 실시하는 등 심리한 결과, 재결에서 정한 보상금액이 일부 보상항목의 경우 과소하고 다른 보상항목의 경우 과다한 것으로 판명되었다면, 법원은 보상항목 상호 간의 유용을 허용하여 항목별로 과다 부분과 과소 부분을 합산하여 보상금의 합계액을 정당한 보상금으로 결정할 수 있다.

나. 피보상자가 당초 여러 보상항목들에 관해 불복하여 보상금증액청구소송을 제기하였으나, 그중 일부 보상항목에 관해 법원에서 실시한 감정 결과 그 평가액이 재결에서 정한 보상금액보다 적게 나온 경우에는, 피보상자는 해당 보상항목에 관해 불복신청이 이유 없음을 자인하는 진술을 하거나 단순히 불복신청을 철회함으로써 해당 보상항목을 법원의 심판범위에서 제외하여 달라는 소송상 의사표시를 할 수 있다. … 사업시행자가 위와 같은 사유로 그에 대한 제소기간 내에 별도의 보상금 감액 청구소송을 제기하지 않았는데, 피보상자기 법원에서 실시한 감정평가액이 재결절차의 그것보다 적게 나오자 그 보상항목을 법원의 심판범위에서 제외하여 달라는 소송상 의사표시를 하는 경우에는, 사업시행자는 그에 대응하여 법원이 피보상자에게 불리하게 나온 보상항목들에 관한 법원의 감정 결과가 정당하다고 인정하는 경우 이를 적용하여 과다하게 산정된 금액을 보상금액에서 공제하는 등으로 과다 부분과 과소 부분을 합산하여 당초 불복신청된 보상항목들 전부에 관하여 정당한 보상금액을 산정하여 달라는 소송상 의사표시를 할 수 있다고 봄이 타당하다(대판 2018.5.15. 2017두41221).

④ 어떤 보상항목이 공익사업을 위한 토지 등의 취득 및 보상에 관한 법령상 손실보상대상에 해당함에도 관할 토지수용위원회가 사실을 오인하거나 법리를 오해함으로써 손실보상대상에 해당하지 않는다고 잘못된 내용의 재결을 한 경우에는, 피보상자는 관할 토지수용위원회를 상대로 그 재결에 대한 취소소송을 제기할 것이 아니라, 사업시행자를 상대로 구 「공익사업을 위한 토지 등의 취득 및 보상에 관한 법률」 제85조 제2항에 따른 보상금증감소송을 제기하여야 한다(대판 2018.7.20. 2015두4044).

14

행정행위에 대한 설명으로 옳지 않은 것은? (다툼이 있는 경우 판례에 의함)

① 재량에 의한 행정처분이 그 재량권의 한계를 벗어난 것이어서 위법하다는 점은 그 행정처분의 효력을 다투는 자가 이를 주장·입증하여야 하고, 처분청이 그 재량권의 행사가 정당한 것이었다는 점까지 주장·입증할 필요는 없다.

② 행정청이 제재처분 양정을 하면서 처분 상대방에게 법령에서 정한 임의적 감경사유가 있는 경우, 그 감경사유까지 고려하고도 감경하지 않은 채 개별처분기준에서 정한 상한으로 처분을 한 경우에는 재량권을 일탈·남용하였다고 보아야 한다.

③ 허가신청 후 허가기준이 변경된 경우에는 원칙적으로 처분시의 기준인 변경된 허가기준에 따라서 처분하여야 한다.

④ 학교법인의 임원이 교비회계자금을 법인회계로 부당전출하였고, 업무 집행에 있어서 직무를 태만히 하여 학교법인이 이를 시정하기 위한 노력을 하였으나 결과적으로 대부분의 시정 요구 사항이 이행되지 아니하였던 점 등을 고려하면, 교육부장관의 임원승인취소처분은 재량권을 일탈·남용한 것으로 볼 수 없다.

정답 ②

① 자유재량에 의한 행정처분이 그 재량권의 한계를 벗어난 것이어서 위법하다는 점은 그 행정처분의 효력을 다투는 자가 이를 주장·입증하여야 하고 처분청이 그 재량권의 행사가 정당한 것이었다는 점까지 주장·입증할 필요는 없다(대판 1987.12.8. 87누861).

② 행정청이 제재처분 양정을 하면서 공익과 사익의 형량을 전혀 하지 않았거나 이익형량의 고려대상에 마땅히 포함하여야 할 사항을 누락한 경우 또는 이익형량을 하였으나 정당성·객관성이 결여된 경우에는 제재처분은 재량권을 일탈·남용한 것이라고 보아야 한다. 처분상대방에게 법령에서 정한 임의적 감경사유가 있는 경우에, 행정청이 감경사유까지 고려하고도 감경하지 않은 채 개별처분기준에서 정한 상한으로 처분을 한 경우에는 재량권을 일탈·남용하였다고 단정할 수는 없으나, 행정청이 감경사유를 전혀 고려하지 않았거나 감경사유에 해당하지 않는다고 오인하여 개별처분기준에서 정한 상한으로 처분을 한 경우에는 마땅히 고려대상에 포함하여야 할 사항을 누락하였거나 고려대상에 관한 사실을 오인한 경우에 해당하여 재량권을 일탈·남용한 것이라고 보아야 한다(대판 2020.6.25. 2019두52980).

③ 허가 등의 행정처분은 원칙적으로 처분시의 법령과 허가기준에 의하여 처리되어야 하고 허가신청 당시의 기준에 따라야 하는 것은 아니며, 비록 허가신청 후 허가기준이 변경되었다 하더라도 그 허가관청이 허가신청을 수리하고도 정당한 이유 없이 그 처리를 늦추어 그 사이에 허가기준이 변경된 것이 아닌 이상 변경된 허가기준에 따라서 처분을 하여야 한다(대판 2006.8.25. 2004두2974).

④ 학교법인의 임원취임승인취소처분에 대한 취소소송에서, 교비회계자금을 법인회계로 부당전출한 위법성의 정도와 임원들의 이에 대한 가공의 정도가 가볍지 아니하고, 학교법인이 행정청의 시정 요구에 대하여 이를 시정하기 위한 노력을 하였다고는 하나 결과적으로 대부분의 시정 요구 사항이 이행되지 아니하였던 사정 등을 참작하여, 위 취소처분이 재량권을 일탈·남용하였다고 볼 수 없다(대판 2007.7.19. 2006두19297).

15

「개인정보보호법」에 대한 설명으로 옳은 것은?

① 「개인정보보호법」에 따르면, 개인정보처리자의 고의 또는 중대한 과실로 인하여 개인정보가 분실·도난·유출·위조·변조 또는 훼손된 경우로서 정보주체에게 손해가 발생한 때에는 법원은 그 손해액의 5배를 넘지 아니하는 범위에서 손해배상액을 정할 수 있다.
② 개인정보처리자란 개인정보파일을 운용하기 위하여 스스로에 한하여 개인정보를 처리하는 공공기관, 법인, 단체 및 개인 등을 말한다.
③ 개인정보 분쟁조정위원회는 집단분쟁조정의 당사자인 다수의 정보주체 중 일부의 정보주체가 법원에 소를 제기한 경우에는 그 조정절차를 중지하고, 이를 당사자에게 알려야 한다.
④ 개인정보처리자가 개인정보 보호법상의 허용요건을 충족하여 개인정보를 수집하는 경우에는 그 목적에 필요한 최소한의 개인정보를 수집하여야 한다. 이 경우 개인정보처리자가 최소한의 개인정보 수집이라는 의무를 위반한 경우 그 입증책임은 이의를 제기하는 정보주체가 부담한다.

정답 ①

① **개인정보보호법 제39조 (손해배상책임)**
제3항 개인정보처리자의 **고의 또는 중대한 과실**로 인하여 개인정보가 **분실·도난·유출·위조·변조** 또는 **훼손**된 경우로서 정보주체에게 손해가 발생한 때에는 법원은 그 손해액의 **5배**를 넘지 아니하는 범위에서 손해배상액을 정할 수 있다. 다만, 개인정보처리자가 고의 또는 중대한 과실이 없음을 증명한 경우에는 그러하지 아니하다.

② **개인정보보호법 제2조 (정의)**
이 법에서 사용하는 용어의 뜻은 다음과 같다.
5. "개인정보처리자"란 업무를 목적으로 개인정보파일을 운용하기 위하여 **스스로 또는 다른 사람을 통하여** 개인정보를 처리하는 **공공기관, 법인, 단체 및 개인 등을 말한다**.

③ **개인정보보호법 제49조 (집단분쟁조정)**
제6항 제48조 제2항에도 불구하고 분쟁조정위원회는 집단분쟁조정의 당사자인 다수의 정보주체 중 **일부**의 정보주체가 법원에 **소를 제기**한 경우에는 그 절차를 중지하지 **아니하고**, 소를 제기한 **일부**의 정보주체를 그 절차에서 **제외**한다.

④ **개인정보보호법 제16조 (개인정보의 수집 제한)**
제1항 개인정보처리자는 제15조 제1항 각 호의 어느 하나에 해당하여 개인정보를 수집하는 경우에는 그 목적에 필요한 **최소한의 개인정보를 수집**하여야 한다. 이 경우 최소한의 개인정보 수집이라는 **입증책임은 개인정보처리자가** 부담한다.

16

행정행위의 부관에 대한 설명으로 가장 옳은 것은?

① 기속행위 행정처분에 부담인 부관을 붙인 경우 그 부관은 무효이므로 그 처분을 받은 사람이 그 부담의 이행으로서 하게 된 증여의 의사표시 자체도 당연히 무효가 된다.
② 행정처분과 실제적 관련성이 없어 부관으로 붙일 수 없는 부담을 사법상 계약의 형식으로 행정처분의 상대방에게 부과하였더라도 법치행정의 원리에 반하지 않는다.
③ 부담을 부가한 처분을 한 후에 부담의 전제가 된 주된 행정처분의 근거 법령이 개정됨으로써 행정청이 더 이상 부관을 붙일 수 없게 되었다면 그 부담은 곧바로 효력이 소멸된다.
④ 사정변경으로 인하여 당초에 부담을 부가한 목적을 달성할 수 없는 경우에 그 목적달성에 필요한 범위 내에서 부관의 사후변경은 허용될 수 있다.

정답 ④

① 기속행위 내지 기속적 재량행위 행정처분에 부담인 부관을 붙인 경우 일반적으로 그 부관은 무효라 할 것이고 그 부관의 무효화에 의하여 본체인 행정처분 자체의 효력에도 영향이 있게 될 수는 있지만, 그러한 사유는 그 처분을 받은 사람이 그 부담의 이행으로서의 증여의 의사표시를 하게 된 동기 내지 연유로 작용하였을 뿐이므로 취소사유가 될 수 있음은 별론으로 하여도 그 의사표시 자체를 당연히 무효화하는 것은 아니다(대판 1998.12.22. 98다51305).

② 행정처분과 부관 사이에 실제적 관련성이 있다고 볼 수 없는 경우 공무원이 위와 같은 공법상의 제한을 회피할 목적으로 행정처분의 상대방과 사이에 사법상 계약을 체결하는 형식을 취하였다면 이는 법치행정의 원리에 반하는 것으로서 위법하다(대판 2009.12.10. 2007다63966).

③ 행정청이 수익적 행정처분을 하면서 부가한 부담의 위법 여부는 처분 당시 법령을 기준으로 판단하여야 하고, 부담이 처분 당시 법령을 기준으로 적법하다면 처분 후 부담의 전제가 된 주된 행정처분의 근거 법령이 개정됨으로써 행정청이 더 이상 부관을 붙일 수 없게 되었다 하더라도 곧바로 위법하게 되거나 그 효력이 소멸하게 되는 것은 아니다(대판 2009.2.12. 2005다65500).

④ 행정처분에 이미 부담이 부가되어 있는 상태에서 그 의무의 범위 또는 내용 등을 변경하는 부관의 사후변경은, 법률에 명문의 규정이 있거나 그 변경이 미리 유보되어 있는 경우 또는 상대방의 동의가 있는 경우에 한하여 허용되는 것이 원칙이지만, 사정변경으로 인하여 당초에 부담을 부가한 목적을 달성할 수 없게 된 경우에도 그 목적달성에 필요한 범위 내에서 예외적으로 허용된다(대판 1997.5.30. 97누2627).

17

행정상 손해배상에 대해서 가장 옳지 않은 것은? (단, 다툼이 있는 경우 판례에 따름)

① 국가배상법상 과실은 행정처분의 담당 공무원이 보통 일반의 공무원을 표준으로 하여 볼 때 객관적 주의의무를 결하여 그 행정처분이 객관적 정당성을 상실하였다고 인정될 정도에 이른 경우를 말한다.
② 영조물의 기능상 결함이 존재한다면 그 결함으로 인한 손해발생의 예견가능성과 회피가능성이 없는 경우라도 영조물의 설치·관리상의 하자를 인정할 수 있다.
③ 매향리 사격장에서 발생하는 소음 등으로 지역 주민들이 입은 피해는 사회통념상 참을 수 있는 정도를 넘는 것으로서 사격장의 설치 또는 관리에 하자가 있다.
④ 영조물 설치의 하자에 있어서 그 설치자의 재정사정이나 영조물의 사용목적에 의한 사정은 안전성의 정도에 관하여 참작사유에는 해당할지언정 안전성을 결정지을 절대적 요건에는 해당하지 아니한다.

정답 ②

① 국가배상법상 과실은 행정처분의 담당 공무원이 보통 일반의 공무원을 표준으로 하여 볼 때 객관적 주의의무를 결하여 그 행정처분이 객관적 정당성을 상실하였다고 인정될 정도에 이른 경우를 말한다(대판 2003.11.27. 2001다33789).

② 가. 국가배상법 제5조 제1항에 정해진 영조물의 설치 또는 관리의 하자라 함은 영조물이 그 용도에 따라 통상 갖추어야 할 안전성을 갖추지 못한 상태에 있음을 말하는 것이며, 다만 영조물이 완전무결한 상태에 있지 아니하고 그 기능상 어떠한 결함이 있다는 것만으로 영조물의 설치 또는 관리에 하자가 있다고 할 수 없는 것이고, 위와 같은 안전성의 구비 여부를 판단함에 있어서는 당해 영조물의 용도, 그 설치장소의 현황 및 이용 상황 등 제반 사정을 종합적으로 고려하여 설치·관리자가 그 영조물의 위험성에 비례하여 사회통념상 일반적으로 요구되는 정도의 방호조치의무를 다하였는지 여부를 그 기준으로 삼아야 하며, 만일 객관적으로 보아 시간적·장소적으로 영조물의 기능상 결함으로 인한 손해발생의 예견가능성과 회피가능성이 없는 경우 즉 그 영조물의 결함이 영조물의 설치·관리자의 관리행위가 미칠 수 없는 상황 아래에 있는 경우임이 입증되는 경우라면 영조물의 설치·관리상의 하자를 인정할 수 없다.

나. 가변차로에 설치된 신호등의 용도와 오작동시에 발생하는 사고의 위험성과 심각성을 감안할 때, 만일 가변차로에 설치된 두 개의 신호기에서 서로 모순되는 신호가 들어오는 고장을 예방할 방법이 없음에도 그와 같은 신호기를 설치하여 그와 같은 고장을 발생하게 한 것이라면, 그 고장이 자연재해 등 외부요인에 의한 불가항력에 기인한 것이 아닌 한 그 자체로 설치·관리자의 방호조치의무를 다하지 못한 것으로서 신호등이 그 용도에 따라 통상 갖추어야 할 안전성을 갖추지 못한 상태에 있었다고 할 것이고, 따라서 설령 적정전압보다 낮은 저전압이 원인이 되어 위와 같은 오작동이 발생하였고 그 고장은 현재의 기술수준상 부득이한 것이라고 가정하더라도 그와 같은 사정만으로 손해발생의 예견가능성이나 회피가능성이 없어 영조물의 하자를 인정할 수 없는 경우라고 단정할 수 없다(대판 2001.7.27. 2000다56822).

③ 매향리 사격장에서 발생하는 소음 등으로 지역 주민들이 입은 피해는 사회통념상 참을 수 있는 정도를 넘는 것으로서 사격장의 설치 또는 관리에 하자가 있다(대판 2004.3.12. 2002다14242).

④ 영조물 설치의 하자라 함은 영조물의 축조에 불완전한 점이 있어 이 때문에 영조물 자체가 통상 갖추어야 할 완전성을 갖추지 못한 상태에 있음을 말한다고 할 것인바 그 하자 유무는 객관적 견지에서 본 안전성의 문제이고, 그 설치자의 재정사정이나 영조물의 사용목적에 의한 사정은 안전성을 요구하는데 대한 정도 문제로서 참작사유에는 해당할지언정 안전성을 결정지을 절대적 요건에는 해당하지 아니한다(대판 1967.2.21. 66다1723).

18

행정행위의 하자에 관한 설명으로 옳지 않은 것은? (다툼이 있는 경우 판례에 의함)

① 행정처분의 대상이 되는 법률관계나 사실관계가 있는 것으로 오인할 만한 객관적인 사정이 있고 사실관계를 정확히 조사하여야만 그 대상이 되는지 여부가 밝혀질 수 있는 경우에는 비록 그 하자가 중대하더라도 명백하지 않아 무효로 볼 수 없다.
② 조례 제정권의 범위를 벗어나 국가사무를 대상으로 한 무효인 조례의 규정에 근거하여 지방자치단체의 장이 행정처분을 한 경우 그 행정처분은 하자가 중대하나, 명백하지는 아니하므로 당연무효에 해당하지 아니한다.
③ 보충역편입처분에 하자가 있다고 할지라도 그것이 중대하고 명백하지 않는 한, 그 하자를 이유로 공익근무요원소집처분의 효력을 다툴 수 없다.
④ 부동산에 관한 취득세를 신고하였으나 부동산매매계약이 해제됨에 따라 소유권 취득의 요건을 갖추지 못한 경우에는 그 하자가 중대하지만 외관상 명백하지 않아 무효는 아니며 취소할 수 있는 데 그친다.

정답 ④

① 과세요건을 오인한 과세처분에 있어, 과세대상이 되는 법률관계나 사실관계가 있는 것으로 오인할 만한 객관적인 사정이 있고 사실관계를 정확히 조사하여야만 과세대상이 되는지 여부가 밝혀질 수 있는 경우라면, 그 하자는 외관상 명백하다고 할 수 없으므로 과세대상의 법률관계 내지 사실관계를 오인한 과세처분은 비록 그 하자가 중대하다 하더라도 당연무효로 볼 수 없다(대판 1995.11.21. 94다44248).

② 조례 제정권의 범위를 벗어나 국가사무를 대상으로 한 무효인 서울특별시행정권한위임조례의 규정에 근거하여 구청장이 건설업영업정지처분을 한 경우, 그 처분은 결과적으로 적법한 위임 없이 권한 없는 자에 의하여 행하여진 것과 마찬가지가 되어 그 하자가 중대하나, 지방자치단체의 사무에 관한 조례와 규칙은 조례가 보다 상위규범이라고 할 수 있고, 또한 헌법 제107조 제2항의 "규칙"에는 지방자치단체의 조례와 규칙이 모두 포함되는 등 이른바 규칙의 개념이 경우에 따라 상이하게 해석되는 점 등에 비추어 보면 위 처분의 위임 과정의 하자가 객관적으로 명백한 것이라고 할 수 없으므로 이로 인한 하자는 결국 당연무효사유는 아니라고 봄이 상당하다(대판 1995.7.11. 94누4615).

③ 보충역편입처분에 하자가 있다고 할지라도 그것이 당연무효라고 볼만한 특단의 사정이 없는 한 그 위법을 이유로 공익근무요원소집처분의 효력을 다툴 수 없다(대판 2002.12.10. 2001두5422).
④ 부동산에 관한 취득세를 신고하였으나 부동산매매계약이 해제됨에 따라 소유권 취득의 요건을 갖추지 못한 경우 취득세 신고행위는 납세의무자와 과세관청 사이에 이루어지는 것으로서 취득세 신고행위의 존재를 신뢰하는 제3자의 보호가 특별히 문제되지 않아 그 신고행위를 당연무효로 보더라도 법적 안정성이 크게 저해되지 않는 반면, 과세요건 등에 관한 중대한 하자가 있고 그 법적 구제수단이 국세에 비하여 상대적으로 미비함에도 위법한 결과를 시정하지 않고 납세의무자에게 그 신고행위로 인한 불이익을 감수시키는 것이 과세행정의 안정과 그 원활한 운영의 요청을 참작하더라도 납세의무자의 권익구제 등의 측면에서 현저하게 부당하다고 볼 만한 특별한 사정이 있는 때에는 예외적으로 이와 같은 하자 있는 신고행위가 당연무효라고 함이 타당하다(대판 2009.2.12. 2008두11716).

19

행정소송에 대한 설명으로 옳은 것은? (다툼이 있는 경우 판례에 의함)

① 행정처분의 당연무효를 주장하여 그 무효확인을 구하는 행정소송에 있어서는 피고 행정청이 그 행정처분에 중대·명백한 하자가 없음을 주장·입증할 책임이 있다.
② 재결취소소송에 있어서 재결 자체의 고유한 위법은 재결의 주체, 절차 및 형식상의 위법만을 의미하고, 내용상의 위법은 이에 포함되지 않는다.
③ 무효인 과세처분에 의해 조세를 납부한 자가 부당이득반환청구소송을 제기할 수 있는 경우에도 과세처분에 대한 무효확인소송을 제기할 수 있다.
④ 행정심판을 거친 후 부작위위법확인소송을 제기하는 경우에는 제소기간이 적용되지 않는다.

정답 ③

① 행정처분의 당연무효를 주장하여 그 무효확인을 구하는 행정소송에 있어서는 원고에게 그 행정처분이 무효인 사유를 주장·입증할 책임이 있다(대판 2010.5.13. 2009두3460 ; 대판 1984.2.28. 82누154 ; 대판 1976.1.13. 75누175).

🖋 정리 무효는 예외적인 경우이므로 무효임을 주장하는 원고에게 입증책임○

② 행정소송법 제19조에 의하면 행정심판에 대한 재결에 대하여도 그 재결 자체에 고유한 위법이 있음을 이유로 하는 경우에는 항고소송을 제기하여 그 취소를 구할 수 있고, 여기에서 말하는 '재결 자체에 고유한 위법'이란 그 재결자체에 주체, 절차, 형식 또는 내용상의 위법이 있는 경우를 의미하는데, 행정심판청구가 부적법하지 않음에도 각하한 재결은 심판청구인의 실체심리를 받을 권리를 박탈한 것으로서 원처분에 없는 고유한 하자가 있는 경우에 해당하고, 따라서 위 재결은 취소소송의 대상이 된다(대판 2001.7.27. 99두2970).

🖋 정리 재결 자체의 고유한 위법에 내용상의 위법도 포함○

③ 행정처분의 근거 법률에 의하여 보호되는 직접적이고 구체적인 이익이 있는 경우에는 행정소송법 제35조에 규정된 '무효확인을 구할 법률상 이익'이 있다고 보아야 하고, 이와 별도로 무효확인소송의 보충성이 요구되는 것은 아니므로 무효확인소송을 제기함에 앞서서 행정처분의 무효를 전제로 한 이행소송 등과 같은 직접적인 구제수단이 있는지 여부를 따질 필요가 없다고 해석함이 상당하다(대판 2008.3.20. 2007두6342 전합).
④ 부작위위법확인의 소는 부작위상태가 계속되는 한 그 위법의 확인을 구할 이익이 있다고 보아야 하므로 원칙적으로 제소기간의 제한을 받지 않는다. 그러나 행정소송법 제38조 제2항이 제소기간을 규정한 같은 법 제20조를 부작위위법확인소송에 준용하고 있는 점에 비추어 보면, 행정심판 등 전심절차를 거친 경우에는 행정소송법 제20조가 정한 제소기간 내에 부작위위법확인의 소를 제기하여야 한다(대판 2009.7.23. 2008두10560).

20

「공공기관의 정보공개에 관한 법률」에 대한 설명 중 옳지 않은 것은?

① 공공기관은 해당 법률 제10조에 따라 정보공개의 청구를 받으면 그 청구를 받은 날부터 10일 이내에 공개 여부를 결정하여야 한다.
② 정보공개심의회는 위원장 1명을 포함하여 5명 이상 7명 이하의 위원으로 구성한다.
③ 정보공개심의회의 위원장을 제외한 위원은 소속 공무원, 임직원 또는 외부 전문가로 지명하거나 위촉하되, 그 중 2분의 1은 해당 국가기관 등의 업무 또는 정보공개의 업무에 관한 지식을 가진 외부 전문가로 위촉하여야 하는 것이 원칙이다.
④ 정보의 공개 및 우송 등에 드는 비용은 실비(實費)의 범위에서 청구인이 부담한다.

정답 ③

①
공공기관의 정보공개에 관한 법률 제11조 (정보공개 여부의 결정)
제1항 공공기관은 제10조에 따라 정보공개의 청구를 받으면 그 청구를 받은 날부터 10일 이내에 공개 여부를 결정하여야 한다.

②
공공기관의 정보공개에 관한 법률 제12조 (정보공개심의회)
제2항 심의회는 위원장 1명을 포함하여 5명 이상 7명 이하의 위원으로 구성한다.

③ **공공기관의 정보공개에 관한 법률 제12조 (정보공개심의회)
제3항** 심의회의 위원은 소속 공무원, 임직원 또는 외부 전문가로 지명하거나 위촉하되, 그 중 3분의 2는 해당 국가기관 등의 업무 또는 정보공개의 업무에 관한 지식을 가진 **외부 전문가**로 위촉하여야 한다. 다만, 제9조 제1항 제2호 및 제4호에 해당하는 업무를 주로 하는 국가기관은 그 국가기관의 장이 외부 전문가의 위촉 비율을 따로 정하되, 최소한 **3분의 1 이상**은 **외부 전문가**로 위촉하여야 한다.

④ **공공기관의 정보공개에 관한 법률 제17조 (비용 부담)
제1항** 정보의 공개 및 우송 등에 드는 비용은 실비(實費)의 범위에서 **청구인**이 부담한다.

제05회 적중 동형 모의고사 문제 및 해설

정답 모아보기

01	①	02	④	03	②	04	④	05	③
06	②	07	④	08	④	09	①	10	②
11	③	12	②	13	②	14	③	15	②
16	③	17	②	18	①	19	①	20	④

01

행정행위에 대해서 가장 옳지 않은 것은? (단, 다툼이 있는 경우 판례에 따름)

① 계약상대방이 입찰공고와 계약서에 기재되어 있는 계약조건을 위반한 경우에는 공기업·준정부기관이 입찰공고와 계약서에 미리 계약조건을 위반할 경우 입찰참가자격이 제한될 수 있음을 명시해 두지 않았더라도, 조리상 위 규정들을 근거로 입찰참가자격제한처분을 할 수 있다.

② 관련 인허가 사항에 관한 사전 협의가 이루어지지 않은 채 중소기업창업법 제33조 제3항에서 정한 20일의 처리기간이 지난 날의 다음 날에 사업계획승인처분이 이루어진 것으로 의제된다고 하더라도, 창업자는 중소기업창업법에 따른 사업계획승인처분을 받은 지위를 가지게 될 뿐이고 관련 인허가까지 받은 지위를 가지는 것은 아니므로 창업자는 공장을 설립하기 위해 필요한 관련 인허가를 관계 행정청에 별도로 신청하는 절차를 거쳐야 한다.

③ 도로 외의 곳에서의 음주운전·음주측정거부 등에 대해서는 형사처벌만 가능하고 운전면허의 취소·정지 처분은 부과할 수 없다.

④ 인가처분에는 고유한 하자가 없는데 사업시행계획에 하자가 있다면 사업시행계획의 무효확인이나 취소를 구하여야 할 것이지 사업시행계획의 무효를 주장하면서 곧바로 그에 대한 인가처분의 무효확인이나 취소를 구하여서는 안 된다.

정답 ①

① 가. **침익적 행정처분**은 상대방의 권익을 제한하거나 상대방에게 의무를 부과하는 것이므로 헌법상 요구되는 명확성의 원칙에 따라 그 근거가 되는 행정법규를 더욱 엄격하게 해석·적용해야 하고, 행정처분의 상대방에게 지나치게 불리한 방향으로 확대해석이나 유추해석을 해서는 안 된다.

나. 공기업·준정부기관이 입찰을 거쳐 계약을 체결한 상대방에 대해 위 규정들에 따라 계약조건 위반을 이유로 입찰참가자격제한처분을 하기 위해서는 입찰공고와 계약서에 미리 계약조건과 그 계약조건을 위반할 경우 입찰참가자격 제한을 받을 수 있다는 사실을 모두 명시해야 한다. 계약상대방이 입찰공고와 계약서에 기재되어 있는 계약조건을 위반한 경우에도 공기업·준정부기관이 입찰공고와 계약서에 미리 계약조건을 위반할 경우 입찰참가자격이 제한될 수 있음을 명시해 두지 않았다면, 위 규정들을 근거로 입찰참가자격제한처분을 할 수 없다(대판 2021.11.11. 2021두43491).

② 중소기업창업 지원법(이하 '중소기업창업법'이라 한다) 제35조 제1항, 제4항에 따르면 시장 등이 사업계획을 승인할 때 제1항 각호에서 정한 관련 인허가에 관하여 소관 행정기관의 장과 협의를 한 사항에 대해서는 관련 인허가를 받은 것으로 본다고 정하고 있다. 이러한 인허가 의제 제도는 목적사업의 원활한 수행을 위해 창구를 단일화하여 행정절차를 간소화하는 데 입법 취지가 있고 목적사업이 관계 법령상 인허가의 실체적 요건을 충족하였는지에 관한 심사를 배제하려는 취지는 아니다. 따라서 시장 등이 사업계획을 승인하기 전에 관계 행정청과 미리 협의한 사항에 한하여 사업계획승인처분을 할 때에 관련 인허가가 의제되는 효과가 발생할 뿐이다.

관련 인허가 사항에 관한 사전 협의가 이루어지지 않은 채 중소기업창업법 제33조 제3항에서 정한 20일의 처리기간이 지난 날의 다음 날에 사업계획승인처분이 이루어진 것으로 의제된다고 하더라도, 창업자는 중소기업창업법에 따른 사업계획승인처분을 받은 지위를 가지게 될 뿐이고 관련 인허가까지 받은 지위를 가지는 것은 아니다. 따라서 창업자는 공장을 설립하기 위해 필요한 관련 인허가를 관계 행정청에 별도로 신청하는 절차를 거쳐야 한다. 만일 창업자가 공장을 설립하기 위해 필요한 국토의 계획 및 이용에 관한 법률에 따른 개발행위허가를 신청하였다가 거부처분이 이루어지고 그에 대하여 제소기간이 도과하는 등의 사유로 더 이상 다툴 수 없는 효력이 발생한다면, 시장 등은 공장설립이 객관적으로 불가능함을 이유로 중소기업창업법에 따른 사업계획승인처분을 직권으로 철회하는 것도 가능하다(대판 2021.3.11. 2020두42569).

③ "운전이란 도로(제44조, 제45조, 제54조 제1항, 제148조 및 제148조의2의 경우에는 **도로 외의 곳을 포함**한다)에서 차마를 그 본래의 사용방법에 따라 사용하는 것(조종을 포함한다)을 말한다."라고 그 표현이 다듬어졌다. 위 괄호의 예외 규정에는 음주운전·음주측정거부 등에 관한 형사처벌 규정인 도로교통법 제148조의2가 포함되어 있으나, 행정제재처분인 운전면허 취소·정지의 근거 규정인 도로교통법 제93조는 포함되어 있지 않기 때문에 도로 외의 곳에서의 음주운전·음주측정거부 등에 대해서는 형사처벌만 가능하고 운전면허의 취소·정지 처분은 부과할 수 없다(대판 2021.12.10. 2018두42771).

④ 구 도시 및 주거환경정비법에 기초하여 주택재개발정비사업조합이 수립한 사업시행계획은 관할 행정청의 인가·고시가 이루어지면 이해관계인들에게 구속력이 발생하는 독립된 행정처분에 해당하고, 관할 행정청의 사업시행계획 인가처분은 사업시행계획의 법률상 효력을 완성시키는 보충행위에 해당한다. 따라서 <u>기본행위인 사업시행계획에는 하자가 없는데 보충행위인 인가처분에 고유한 하자가 있다면 그 인가처분의 무효확인이나 취소를 구하여야 할 것이지만, 인가처분에는 고유한 하자가 없는데 사업시행계획에 하자가 있다면 사업시행계획의 무효확인이나 취소를 구하여야 할 것이지 사업시행계획의 무효를 주장하면서 곧바로 그에 대한 인가처분의 무효확인이나 취소를 구하여서는 아니 된다</u>(대판 2021.2.10. 2020두48031).

02

다음 중 가장 옳지 않은 것은?

① 중앙관서의 장은 「보조금의 예산 및 관리에 관한 법률」에 의한 보조금 반환을 구하는 경우, 민사소송의 방법으로 반환청구를 할 수 없다.
② 구 「국가안전과 공공질서의 수호를 위한 대통령긴급조치(긴급조치 제9호)」의 발령·적용·집행으로 강제수사를 받거나 유죄판결을 선고받고 복역함으로써 개별 국민이 입은 손해에 대하여 국가배상책임이 인정될 수 있다.
③ 피재해자에게 이루어진 요양승인처분이 불복기간의 경과로 확정되었다 하더라도 사업주는 피재해자가 재해 발생 당시 자신의 근로자가 아니라는 사정을 들어 보험급여액징수처분의 위법성을 주장할 수 있다.
④ 업무상 재해를 당한 甲의 요양급여 신청에 대하여 근로복지공단이 요양승인 처분을 하면서 사업주를 乙주식회사로 보아 요양승인 사실을 통지하자, 乙주식회사가 甲이 자신의 근로자가 아니라고 주장하면서 근로복지공단에 사업주 변경을 신청하였으나 이를 거부하는 통지를 받은 경우, 이 거부통지는 항고소송의 대상이 된다.

정답 ④

① **보조금의 예산 및 관리에 관한 법률**은 제30조 제1항에서 중앙관서의 장은 보조사업자가 **허위의 신청**이나 기타 부정한 방법으로 보조금의 교부를 받은 때 등의 경우 보조금 교부결정의 전부 또는 일부를 취소할 수 있도록 규정하고, 제31조 제1항에서 중앙관서의 장은 보조금의 교부결정을 취소한 경우에 취소된 부분의 보조사업에 대하여 이미 교부된 보조금의 반환을 **명**하여야 한다고 규정하고 있으며, 제33조 제1항에서 위와 같이 반환하여야 할 보조금에 대하여는 국세징수의 예에 따라 이를 **징수**할 수 있도록 규정하고 있으므로, **중앙관서의 장**으로서는 **반환**하여야 할 보조금을 국세체납처분의 예에 의하여 **강제징수**할 수 있고, 위와 같은 중앙관서의 장이 가지는 반환하여야 할 보조금에 대한 징수권은 공법상 권리로서 사법상 채권과는 성질을 달리하므로, <u>**중앙관서의 장**으로서는 보조금을 반환하여야 할 자에 대하여 **민사소송**의 방법으로는 **반환청구**를 할 수 **없다**고 보아야 한다</u>(대판 2012.3.15. 2011다17328).

② **<다수의견>** 보통 일반의 공무원을 표준으로 공무원이 직무를 집행하면서 객관적 주의의무를 소홀히 하고 그로 말미암아 그 직무행위가 객관적 정당성을 잃었다고 볼 수 있는 때에 국가배상법 제2조가 정한 국가배상책임이 성립할 수 있다. 공무원의 직무행위가 객관적 정당성을 잃었는지는 행위의 양태와 목적, 피해자의 관여 여부와 정도, 침해된 이익의 종류와 손해의 정도 등 여러 사정을 종합하여 판단하되, 손해의 전보책임을 국가가 부담할 만한 실질적 이유가 있는지도 살펴보아야 한다.
구 국가안전과 공공질서의 수호를 위한 대통령긴급조치(1975. 5. 13. 대통령긴급조치 제9호, 이하 '**긴급조치 제9호**'라고 한다)는 위헌·무효임이 명백하고 긴급조치 제9호 발령으로 인한 국민의 기본권 침해는 그에 따른 강제수사와 공소제기, 유죄판결의 선고를 통하여 현실화되었다. 이러한 경우 <u>**긴급조치 제9호의 발령부터 적용·집행에 이르는 일련의 국가작용**은, 전체적으로 보아 **공무원**이 **직무를 집행**하면서 **객관적 주의의무를 소홀히** 하여 그 직무행위가 **객관적 정당성을 상실**한 것으로서 **위법**하다고 평가되고, **긴급조치 제9호의 적용·집행으로 강제수사를 받거나 유죄판결을 선고받고 복역함으로써 개별 국민이 입은 손해에 대해서는 국가배상책임**이 인정</u>될 수 있다(대판 2022.8.30. 2018다212610).

③ <u>피재해자에게 이루어진 요양승인처분이 **불복기간의 경과로** 확정되었다 하더라도 사업주는 피재해자가 재해 발생 당시 자신의 근로자가 아니라는 사정을 들어 **보험급여액징수처분의 위법성**을 **주장**할 수 있다</u>(대판 2008.7.24. 2006두20808).

④ <u>업무상 재해를 당한 甲의 요양급여 신청에 대하여 근로복지공단이 요양승인 처분을 하면서 사업주를 乙 주식회사로 보아 요양승인 사실을 통지하자, 乙 회사가 甲이 자신의 근로자가 아니라고 주장하면서 사업주 변경신청을 하였으나 **근로복지공단이 거부통지를 한** 사안에서</u>, 산업재해보상보험법, 고용보험 및 산업재해보상보험의 보험료징수 등에 관한 법률 등 관련 법령은 사업주가 이미 발생한 업무상 재해와 관련하여 당시 재해근로자의 사용자가 자신이 아니라 제3자임을 근거로 사업주 변경신청을 할 수 있도록 하는 규정을 두고 있지 않으므로 법규상으로 신청권이 인정된다고 볼 수 없고, 산업재해보상보험에서 보험가입자인 사업주와 보험급여를 받을 근로자에 해당하는지는 해당 사실의 실질에 의하여 결정되는 것일 뿐이고 근로복지공단의 결정에 따라 보험가입자(당연가입자) 지위가 발생하는 것은 아닌 점 등을 종합하면, 乙 회사에게 사업주 변경신청과 같은 내용의 조리상 신청권이 인정된다고 볼 수도 없으므로, 근로복지공단이 신청을 거부하였더라도 乙 회사의 권리나 법적 이익에 어떤 영향을 미치는 것은 아니어서, <u>위 **통지**는 항고소송의 대상이 되는 행정**처분**이 되지 **않는다**</u>(대판 2016.7.14. 2014두47426).

🔖 정리 요양승인 처분을 하면, 법령에 의해서 당연히 각종 지위가 발생

🔖 정리 사업주 변경신청 → (근로복지공단의) 거부통지 : 처분X

03

행정상 손해배상에 대해서 가장 옳지 않은 것은? (단, 다툼이 있는 경우 판례에 따름)

① 과도한 시위진압으로 인하여 시위 참가자가 사망한 사안에서, 국가배상책임을 인정하면서 시위 참가자에 대하여 30% 과실 상계를 한 것은 적정하다.

② 어떠한 행정처분이 후에 항고소송에서 취소되었다면 소급해서 무효가 되므로 당해 행정처분은 곧바로 공무원의 고의 또는 과실로 인한 불법행위를 구성하는 것으로 판단된다.

③ 국가배상책임에 있어 공무원의 가해행위는 법령을 위반한 것이어야 하고, 법령을 위반하였다 함은 엄격한 의미의 법령 위반뿐 아니라 인권존중, 권력남용금지, 신의성실과 같이 공무원으로서 마땅히 지켜야 할 준칙이나 규범을 지키지 아니하고 위반한 경우를 포함하여 널리 그 행위가 객관적인 정당성을 결여하고 있음을 뜻한다.

④ 행정기관의 위법한 행정지도로 일정기간 어업권을 행사하지 못하는 손해를 입은 자가 그 어업권을 타인에게 매도하여 매매대금 상당의 이득을 얻었더라도 그 이득을 행정기관이 배상하여야 할 손해액에서 공제할 수 없다.

정답 ②

① 가. 과도한 시위진압으로 인하여 시위 참가자가 사망한 사안에서, 국가배상책임을 인정하되 시위 참가자에 대하여 30% 과실상계를 한 것은 적정하다.
나. 가해공무원이 반드시 개별적으로 특정될 필요는 없다(대판 1995.11.10. 95다23897). <조직과실(김귀정씨) 사건>

② 어떠한 행정처분이 후에 항고소송에서 취소되었다고 할지라도 그 기판력에 의하여 당해 행정처분이 곧바로 공무원의 고의 또는 과실로 인한 것으로서 불법행위를 구성한다고 단정할 수는 없다(대판 2007.5.10. 2005다31828).

③ 국가배상책임에 있어 공무원의 가해행위는 법령을 위반한 것이어야 하고, 법령을 위반하였다 함은 엄격한 의미의 법령 위반뿐 아니라 인권존중, 권력남용금지, 신의성실과 같이 공무원으로서 마땅히 지켜야 할 준칙이나 규범을 지키지 아니하고 위반한 경우를 포함하여 널리 그 행위가 객관적인 정당성을 결여하고 있음을 뜻하는 것이므로, 경찰관이 범죄수사를 함에 있어 경찰관으로서 의당 지켜야 할 법규상 또는 조리상의 한계를 위반하였다면 이는 법령을 위반한 경우에 해당한다(대판 2008.6.12. 2007다64365).

④ 행정기관의 위법한 행정지도로 일정기간 어업권을 행사하지 못하는 손해를 입은 자가 그 어업권을 타인에게 매도하여 매매대금 상당의 이득을 얻었더라도 그 이득은 손해배상책임의 원인이 되는 행위인 위법한 행정지도와 상당인과관계에 있다고 볼 수 없고, 행정기관이 배상하여야 할 손해는 위법한 행정지도로 피해자가 일정기간 어업권을 행사하지 못한 데 대한 것임에 반해 피해자가 얻은 이득은 어업권 자체의 매각대금이므로 위 이득이 위 손해의 범위에 대응하는 것이라고 볼 수도 없어, 피해자가 얻은 매매대금 상당의 이득을 행정기관이 배상하여야 할 손해액에서 공제할 수 없다(대판 2008.9.25. 2006다18228).

04

통치행위에 대해서 가장 옳지 않은 것은? (단, 다툼이 있는 경우 판례에 따름)

① 외국에의 국군의 파견결정과 같이 성격상 외교 및 국방에 관련된 고도의 정치적 결단이 요구되는 사안에 대한 국민의 대의기관의 결정은 존중되어야 한다.

② 대통령의 비상계엄의 선포나 확대가 국헌문란의 목적을 달성하기 위하여 행하여진 경우에는 법원은 그 자체가 범죄행위에 해당하는지의 여부에 관하여 심사할 수 있다.

③ 남북정상회담의 개최과정에서 재정경제부장관에게 신고하지 아니하거나 통일부장관의 협력사업 승인을 얻지 아니한 채 북한 측에 사업권의 대가 명목으로 송금한 행위 자체는 사법심사의 대상이 된다.

④ 신행정수도건설이나 수도이전의 문제가 정치적 성격을 가지고 있으므로 사법심사의 대상으로 하기에는 부적절하다.

정답 ④

① 외국에의 국군의 파견결정은 파견군인의 생명과 신체의 안전뿐만 아니라 국제사회에서의 우리나라의 지위와 역할, 동맹국과의 관계, 국가안보문제 등 궁극적으로 국민 내지 국익에 영향을 미치는 복잡하고도 중요한 문제로서 국내 및 국제정치관계 등 제반 상황을 고려하여 미래를 예측하고 목표를 설정하는 등 고도의 정치적 결단이 요구되는 사안이다. 따라서 그와 같은 결정은 그 문제에 대해 정치적 책임을 질 수 있는 국민의 대의기관이 관계분야의 전문가들과 광범위하고 심도 있는 논의를 거쳐 신중히 결정하는 것이 바람직하며 우리 헌법도 그 권한을 국민으로부터 직접 선출되고 국민에게 직접 책임을 지는 대통령에게 부여하고 그 권한행사에 신중을 기하도록 하기 위해 국회로 하여금 파병에 대한 동의여부를 결정할 수 있도록 하고 있는바, 현행 헌법이 채택하고 있는 대의민주제 통치구조 하에서 대의기관인 대통령과 국회의 그와 같은 고도의 정치적 결단은 가급적 존중되어야 한다(헌재 2004.4.29. 2003헌마814).

② 대통령의 비상계엄의 선포나 확대 행위는 고도의 정치적·군사적 성격을 지니고 있는 행위라 할 것이므로, 그것이 누구에게도 일견하여 헌법이나 법률에 위반되는 것으로서 명백하게 인정될 수 있는 등 특별한 사정이 있는 경우라면 몰라도, 그러하지 아니한 이상 그 계엄선포의 요건 구비 여부나 선포의 당·부당을 판단할 권한이 사법부에는 없다고 할 것이나, 비상계엄의 선포나 확대가 국헌문란의 목적을 달성하기 위하여 행하여진 경우에는 법원은 그 자체가 범죄행위에 해당하는지의 여부에 관하여 심사할 수 있다(대판 1997.4.17. 96도3376).

③ 남북정상회담의 개최는 고도의 정치적 성격을 지니고 있는 행위라 할 것이므로 특별한 사정이 없는 한 그 당부를 심판하는 것은 사법권의 내재적·본질적 한계를 넘어서는 것이 되어 적절하지 못하지만, 남북정상회담의 개최과정에서 재정경제부장관에게 신고하지 아니하거나 통일부장관의 협력사업 승인을 얻지 아니한 채 북한 측에 사업권의 대가 명목으로 송금한 행위 자체는 헌법상 법치국가의 원리와 법 앞에 평등원칙 등에 비추어 볼 때 사법심사의 대상이 된다(대판 2004.3.26. 2003도7878).

④ 신행정수도건설이나 수도이전의 문제가 정치적 성격을 가지고 있는 것은 인정할 수 있지만, 그 자체로 고도의 정치적 결단을 요하여 사법심사의 대상으로 하기에는 부적절한 문제라고까지는 할 수 없다(헌재 2004.10.21. 2004헌마554·566 병합).

05

인허가 의제에 대한 설명으로 가장 옳지 않은 것은? (다툼이 있는 경우 판례에 의함)

① 공항개발사업 실시계획의 승인권자가 관계 행정청과 미리 협의한 사항에 한하여 그 승인처분을 할 때에 인허가 등이 의제된다고 보아야 한다.
② 인허가 의제제도는 목적사업의 원활한 수행을 위해 창구를 단일화하여 행정절차를 간소화하는 데 입법 취지가 있는 것이고 목적사업이 관계 법령상 인허가의 실체적 요건을 충족하였는지에 관한 심사를 배제하려는 취지는 아니다.
③ 구「중소기업창업 지원법」에 따른 사업계획승인의 경우 의제된 인허가만 취소 내지 철회함으로써 사업계획에 대한 승인의 효력은 유지하면서 해당 의제된 인허가의 효력만을 소멸시킬 수는 없다.
④ 甲 회사가 재해방지 조치를 이행하지 않았다는 이유로 산지전용허가 취소를 통보하고, 이어 토지의 형질변경허가 등이 취소되어 공장설립 등이 불가능하게 되었다는 이유로 甲 회사에 사업계획승인을 취소한 사안에서, 산지전용허가 취소는 항고소송의 대상이 되는 처분에 해당한다.

정답 ③

①, ② 구 항공법 제96조 제1항, 제3항은 건설교통부장관이 공항개발사업의 실시계획을 수립하거나 이를 승인하고자 하는 때에는 제1항 각호의 규정에 의한 관계 법령상 적합한지 여부에 관하여 소관행정기관의 장과 미리 협의하여야 하고, 건설교통부장관이 공항개발사업의 실시계획을 수립하거나 이를 승인한 때에는 제1항 각호의 승인 등을 받은 것으로 본다고 규정하면서, 제1항 제9호에서 "농지법 제36조 규정에 의한 농지전용의 허가 또는 협의"를 규정하고 있다. 이러한 규정들의 문언, 내용, 형식에다가 인허가 의제제도는 목적사업의 원활한 수행을 위해 창구를 단일화하여 행정절차를 간소화하는 데 입법 취지가 있고 목적사업이 관계 법령상 인허가의 실체적 요건을 충족하였는지에 관한 심사를 배제하려는 취지는 아닌 점 등을 아울러 고려하면, 공항개발사업 실시계획의 승인권자가 관계 행정청과 미리 협의한 사항에 한하여 그 승인처분을 할 때에 인허가 등이 의제된다고 보아야 한다(대판 2018.10.25. 2018두43095).

✎ 정리 본다 = 간주 = 의제

③, ④ 가. 구「중소기업창업 지원법」의 내용, 체계 및 취지 등에 비추어 보면 다음과 같은 이유로 구「중소기업창업 지원법」에 따른 사업계획승인의 경우 의제된 인허가만 취소 내지 철회함으로써 사업계획에 대한 승인의 효력은 유지하면서 해당 의제된 인허가의 효력만을 소멸시킬 수 있다. 1. 중소기업창업법 제35조 제1항의 인허가의제 조항은 창업자가 신속하게 공장을 설립하여 사업을 개시할 수 있도록 창구를 단일화하여 의제되는 인허가를 일괄 처리하는 데 입법 취지가 있다. 위 규정에 의하면 사업계획승인권자가 관계 행정기관의 장과 미리 협의한 사항에 한하여 승인 시에 그 인허가가 의제될 뿐이고, 해당 사업과 관련된 모든 인허가의제 사항에 관하여 일괄하여 사전 협의를 거쳐야 하는 것은 아니다. 업무처리지침 제15조 제1항은 협의가 이루어지지 않은 인허가사항을 제외하고 일부만을 승인할 수 있다고 규정함으로써 이러한 취지를 명확히 하고 있다. 2. 그리고 사업계획을 승인할 때 의제되는 인허가 사항에 관한 제출서류, 절차 및 기준, 승인조건 부과에 관하여 해당 인허가 근거 법령을 적용하도록 하고 있으므로(업무처리지침 제5조 제1항, 제8조 제5항, 제16조), 인허가의제의 취지가 의제된 인허가 사항에 관한 개별법령상의 절차나 요건 심사를 배제하는 데 있다고 볼 것은 아니다. 3. 사업계획승인으로 의제된 인허가는 통상적인 인허가와 동일한 효력을 가지므로, 그 효력을 제거하기 위한 법적 수단으로 의제된 인허가의 취소나 철회가 허용될 필요가 있다. 특히 업무처리지침 제18조에서는 사업계획승인으로 의제된 인허가 사항의 변경 절차를 두고 있는데, 사업계획승인 후 의제된 인허가 사항을 변경할 수 있다면 의제된 인허가 사항과 관련하여 취소 또는 철회 사유가 발생한 경우 해당 의제된 인허가의 효력만을 소멸시키는 취소 또는 철회도 할 수 있다고 보아야 한다. 4. 이와 같이 사업계획승인으로 의제된 인허가 중 일부를 취소 또는 철회하면, 취소 또는 철회된 인허가를 제외한 나머지 인허가만 의제된 상태가 된다. 이 경우 당초 사업계획승인을 하면서 사업 관련 인허가 사항 중 일부에 대하여만 인허가가 의제되었다가 의제되지 않은 사항에 대한 인허가가 불가한 경우 사업계획승인을 취소할 수 있는 것처럼(업무처리지침 제15조 제2항), 취소 또는 철회된 인허가 사항에 대한 재인허가가 불가한 경우 사업계획승인 자체를 취소할 수 있다.

나. 군수가 甲 주식회사에 구 중소기업창업 지원법 제35조에 따라 산지전용허가 등이 의제되는 사업계획을 승인하면서 산지전용허가와 관련하여 재해방지 등 명령을 이행하지 아니한 경우 산지전용허가를 취소할 수 있다는 조건을 첨부하였는데, 甲 회사가 재해방지 조치를 이행하지 않았다는 이유로 산지전용허가 취소를 통보하고, 이어 토지의 형질변경 허가 등이 취소되어 공장설립 등이 불가능하게 되었다는 이유로 甲 회사에 사업계획승인을 취소한 사안에서, 산지전용허가 취소는 군수가 의제된 산지전용허가의 효력을 소멸시킴으로써 甲 회사의 구체적인 권리·의무에 직접적인 변동을 초래하는 행위로 보이는 점 등을 종합하면 의제된 산지전용허가 취소는 항고소송의 대상이 되는 처분에 해당하고, 산지전용허가 취소에 따라 사업계획승인은 산지전용허가를 제외한 나머지 인허가 사항만 의제하는 것이 되므로 사업계획승인 취소는 산지전용허가를 제외한 나머지 인허가 사항만 의제된 사업계획승인을 취소하는 것이어서 산지전용허가 취소와 사업계획승인 취소가 대상과 범위를 달리하는 이상, 甲 회사로서는 사업계획승인 취소와 별도로 산지전용허가 취소를 다툴 필요가 있는데도, 이와 달리 본 원심판단에 법리를 오해한 위법이 있다(대판 2018.7.12. 2017두48734).

06

행정강제에 대한 설명으로 옳지 않은 것은? (다툼이 있는 경우 판례에 의함)

① 관계 법령상 행정대집행의 절차가 인정되어 행정청이 행정대집행의 방법으로 건물의 철거 등 대체적 작위의무의 이행을 실현할 수 있는 경우에는 따로 민사소송의 방법으로 그 의무의 이행을 구할 수 없다.

② 「국세징수법」상 체납자 등에 대한 공매통지는 체납자 등의 법적 지위나 권리·의무에 직접적인 영향을 주는 행정처분에 해당하지 아니하므로 공매통지가 적법하지 아니한 경우에도 그에 따른 공매처분이 위법하게 되는 것은 아니다.

③ 이행강제금 납부의무는 상속인 기타의 사람에게 승계될 수 없는 일신전속적인 성질의 것이므로 이미 사망한 사람에게 이행강제금을 부과하는 내용의 처분이나 결정은 당연무효이다.

④ 행정청이 행정대집행의 방법으로 건물철거의무의 이행을 실현할 수 있는 경우, 점유자들이 적법한 행정대집행을 위력을 행사하여 방해한다면 「형법」상 공무집행방해죄의 범행방지 차원에서 경찰의 도움을 받을 수도 있다.

정답 ②

① 관계 법령상 행정대집행의 절차가 인정되어 행정청이 행정대집행의 방법으로 건물의 철거 등 대체적 작위의무의 이행을 실현할 수 있는 경우에는 **따로 민사소송의 방법으로** 그 의무의 **이행을 구할 수 없다**(대판 2017.4.28. 2016다213916).

정리: 강제집행의 경우에는 행정청에게 다양한 권한X ∵ 국민의 기본권 침해와 밀접한 관련 ∴ 행정상 강제집행(행정대집행 등)을 할 수 있으면 민사상 강제집행은 인정X

② 체납자 등에 대한 공매통지는 국가의 강제력에 의하여 진행되는 공매에서 체납자 등의 권리 내지 재산상의 이익을 보호하기 위하여 법률로 규정한 절차적 요건이라고 보아야 하며, 공매처분을 하면서 체납자 등에게 공매통지를 하지 않았거나 공매통지를 하였더라도 그것이 적법하지 아니한 경우에는 절차상의 흠이 있어 그 공매처분은 위법하다(대판 2008.11.20. 2007두18154).

③ 이행강제금 납부의무는 상속인 기타의 사람에게 승계될 수 없는 일신전속적인 성질의 것이므로 이미 사망한 사람에게 이행강제금을 부과하는 내용의 처분이나 결정은 당연무효이고, 이행강제금을 부과받은 사람의 이의에 의하여 비송사건절차법에 의한 재판 절차가 개시된 후에 그 이의한 사람이 사망한 때에는 사건 자체가 목적을 잃고 절차가 종료한다(대판 2006.12.8. 2006마470).

④ 행정청이 행정대집행의 방법으로 건물철거의무의 이행을 실현할 수 있는 경우에는 건물철거 대집행 과정에서 부수적으로 건물의 점유자들에 대한 퇴거 조치를 할 수 있고, 점유자들이 적법한 행정대집행을 위력을 행사하여 방해하는 경우 형법상 공무집행방해죄가 성립하므로, 필요한 경우에는 '경찰관 직무집행법'에 근거한 위험발생 방지조치 또는 형법상 공무집행방해죄의 범행방지 내지 현행범체포의 차원에서 경찰의 도움을 받을 수도 있다(대판 2017.4.28. 2016다213916).

07

행정지도에 대한 설명으로 옳은 것은? (다툼이 있는 경우 판례에 의함)

① 「행정절차법」은 행정지도는 반드시 서면으로 하여야 하고 그 서면에는 행정지도의 취지·내용을 기재하도록 규정함으로써 행정지도의 명확성을 요구하고 있다.

② 강제성을 띠지 아니한 행정지도로 인하여 손해가 발생한 경우에 행정청은 손해배상책임이 있다.

③ 행정지도는 비권력적 사실행위이므로 행정지도가 그 한계를 넘어 규제적·구속적 성격을 강하게 갖는 경우라 하여 헌법소원의 대상이 되는 공권력의 행사에 해당한다고 볼 수는 없다.

④ 「행정절차법」에 따르면 행정지도의 상대방은 해당 행정지도의 내용에 관하여서 뿐만 아니라 그 방식에 관하여도 행정기관에 의견을 제출할 수 있다.

정답 ④

①
> **행정절차법 제49조 (행정지도의 방식)**
> **제1항** 행정지도를 하는 자는 그 상대방에게 그 행정지도의 취지 및 내용과 신분을 밝혀야 한다.
> **제2항** 행정지도가 말로 이루어지는 경우에 상대방이 제1항의 사항을 적은 서면의 교부를 요구하면 그 행정지도를 하는 자는 직무 수행에 특별한 지장이 없으면 이를 교부하여야 한다.

정리: 행정지도는 말로도 가능

② 행정지도가 강제성을 띠지 않은 비권력적 작용으로서 행정지도의 한계를 일탈하지 아니하였다면, 그로 인하여 상대방에게 어떤 손해가 발생하였다 하더라도 행정기관은 그에 대한 손해배상책임이 없다(대판 2008.9.25. 2006다18228).

정리: 행정지도는 비권력적 사실행위 ∴ 행정지도의 한계를 일탈하지 않으면 위법X ∴ 국가배상의 요건 충족X

③ 단순한 행정지도로서의 한계를 넘어 규제적·구속적 성격을 상당히 강하게 갖는 경우, 헌법소원의 대상이 되는 공권력의 행사라고 볼 수 있다(헌재 2003.6.26. 2002헌마337).

④
> **행정절차법 제50조 (의견제출)**
> 행정지도의 상대방은 해당 행정지도의 방식·내용 등에 관하여 행정기관에 의견제출을 할 수 있다.

08

행정법의 일반원칙에 대한 설명으로 옳지 않은 것은? (다툼이 있는 경우 판례에 의함)

① 관할관청이 위법한 직업능력개발훈련과정 인정제한처분을 하여 사업주로 하여금 제때 훈련과정 인정신청을 할 수 없도록 하였음에도, 인정제한처분에 대한 취소판결 확정 후 사업주가 인정제한기간 내에 실제로 실시하였던 훈련에 관하여 비용지원신청을 한 경우에, 사전에 훈련과정 인정을 받지 않았다는 이유만을 들어 훈련비용 지원을 거부하는 것은 신의성실의 원칙에 반하여 허용될 수 없다.

② 재건축조합에서 일단 내부 규범이 정립되면 조합원들은 특별한 사정이 없는 한 그것이 존속하리라는 신뢰를 가지게 되므로, 내부 규범을 변경할 경우 내부 규범 변경을 통해 달성하려는 이익이 종전 내부 규범의 존속을 신뢰한 조합원들의 이익보다 우월해야 한다.

③ 신뢰보호의 원칙은 행정청이 공적인 견해를 표명할 당시의 사정이 그대로 유지됨을 전제로 적용되는 것이 원칙이므로, 사후에 그와 같은 사정이 변경된 경우에는 특별한 사정이 없는 한 행정청이 그 견해표명에 반하는 처분을 하더라도 신뢰보호의 원칙에 위반된다고 할 수 없다.

④ 계속 중인 사실이나 그 이후에 발생한 요건사실에 대한 법률적용을 인정하는 부진정 소급입법의 경우 개인의 신뢰보호와 법적 안정성을 내용으로 하는 법치국가 원리에 의하여 허용되지 않는 것이 원칙이다.

정답 ④

① 관할관청이 위법한 직업능력개발훈련과정 인정제한처분을 하여 사업주로 하여금 제때 훈련과정 인정신청을 할 수 없도록 하였음에도, 인정제한처분에 대한 취소판결 확정 후 사업주가 인정제한기간 내에 실제로 실시하였던 훈련에 관하여 비용지원신청을 한 경우에, 관할관청은 단지 해당 훈련과정에 관하여 사전에 훈련과정 인정을 받지 않았다는 이유만을 들어 훈련비용 지원을 거부할 수는 없음이 원칙이다. 이러한 거부행위는 위법한 훈련과정 인정제한처분을 함으로써 사업주로 하여금 제때 훈련과정 인정신청을 할 수 없게 한 장애사유를 만든 행정청이 사업주에 대하여 사전에 훈련과정 인정신청을 하지 않았음을 탓하는 것과 다름없으므로 신의성실의 원칙에 반하여 허용될 수 없다(대판 2019.1.31. 2016두52019).

② 재건축조합에서 일단 내부 규범이 정립되면 조합원들은 특별한 사정이 없는 한 그것이 존속하리라는 신뢰를 가지게 되므로, 내부 규범 변경을 통해 달성하려는 이익이 종전 내부 규범의 존속을 신뢰한 조합원들의 이익보다 우월해야 한다. 조합 내부 규범을 변경하는 총회결의가 신뢰보호의 원칙에 위반되는지를 판단하기 위해서는, 종전 내부 규범의 내용을 변경하여야 할 객관적 사정과 필요가 존재하는지, 그로써 조합이 달성하려는 이익은 어떠한 것인지, 내부 규범의 변경에 따라 조합원들이 침해받은 이익은 어느 정도의 보호가치가 있으며 침해 정도는 어떠한지, 조합이 종전 내부 규범의 존속에 대한 조합원들의 신뢰 침해를 최소화하기 위하여 어떤 노력을 기울였는지 등과 같은 여러 사정을 종합적으로 비교·형량해야 한다(대판 2020.6.25. 2018두34732).

③ 신뢰보호의 원칙은 행정청이 공적인 견해를 표명할 당시의 사정이 그대로 유지됨을 전제로 적용되는 것이 원칙이므로, 사후에 그와 같은 사정이 변경된 경우에는 그 공적 견해가 더 이상 개인에게 신뢰의 대상이 된다고 보기 어려운 만큼, 특별한 사정이 없는 한 행정청이 그 견해표명에 반하는 처분을 하더라도 신뢰보호의 원칙에 위반된다고 할 수 없다(대판 2020.6.25. 2018두34732).

④ 과거에 시작하여 아직 종료되지 않은 법률관계에 대하여 새 법령을 적용하는 것(부진정 소급효)은 원칙적으로 소급효가 인정된다.

09

항고소송의 대상적격에 관한 설명으로 옳지 않은 것은?

① 피해자의 의사와 무관하게 주민등록번호가 유출된 경우라고 하더라도 주민등록번호의 변경을 요구할 신청권은 인정되지 않으므로, 구청장의 주민등록번호 변경신청 거부행위는 항고소송의 대상이 되는 행정 처분에 해당하지 않는다.

② 거부행위의 처분성을 인정하기 위한 전제요건이 되는 신청권의 존부는 구체적 사건에서 신청인이 누구인가를 고려하지 말고 관계 법규에서 일반 국민에게 그러한 신청권을 인정하고 있는가를 살펴 추상적으로 결정하여야 한다.

③ 도시계획시설결정에 이해관계가 있는 주민으로서는 도시시설계획의 입안권자 내지 결정권자에게 도시 시설계획의 입안 내지 변경을 요구할 수 있는 법규상 또는 조리상의 신청권이 있고, 이러한 신청에 대한 거부행위는 항고소송의 대상이 되는 행정처분에 해당한다.

④ 제소기간이 이미 도과하여 불가쟁력이 생긴 행정처분에 대하여는 개별 법규에서 그 변경을 요구할 신청권을 규정하고 있거나 관계법령의 해석상 그러한 신청권이 인정될 수 있는 등 특별한 사정이 없는 한 국민에게 그 행정처분의 변경을 구할 신청권이 있다 할 수 없다.

정답 ①

① 피해자의 의사와 무관하게 주민등록번호가 유출된 경우에는 조리상 주민등록번호의 변경을 요구할 신청권을 인정함이 타당하고, 구청장의 주민등록번호 변경신청 거부행위는 항고소송의 대상이 되는 행정처분에 해당한다(대판 2017.6.15. 2013두2945).

② 거부처분의 처분성을 인정하기 위한 전제요건이 되는 신청권의 존부는 구체적 사건에서 신청인이 누구인가를 고려하지 않고 관계 법규의 해석에 의하여 일반 국민에게 그러한 신청권을 인정하고 있는가를 살펴 추상적으로 결정되는 것이고, 신청인이 그 신청에 따른 단순한 응답을 받을 권리를 넘어서 신청의 인용이라는 만족적 결과를 얻을 권리를 의미하는 것은 아니다(대판 1996.6.11. 95누12460).

③ 도시계획구역 내 토지 등을 소유하고 있는 사람과 같이 당해 도시계획시설결정에 이해관계가 있는 주민으로서는 도시시설계획의 입안권자 내지 결정권자에게 도시시설계획의 입안 내지 변경을 요구할 수 있는 법규상 또는 조리상의 신청권이 있고, 이러한 신청에 대한 거부행위는 항고소송의 대상이 되는 행정처분에 해당한다(대판 2015.3.26. 2014두42742).

④ 제소기간이 이미 도과하여 불가쟁력이 생긴 행정처분에 대하여는 개별 법규에서 그 변경을 요구할 신청권을 규정하고 있거나 관계 법령의 해석상 그러한 신청권이 인정될 수 있는 등 특별한 사정이 없는 한 국민에게 그 행정처분의 변경을 구할 신청권이 있다 할 수 없다(대판 2007.4.26. 2005두11104).

10

「행정조사기본법」에 대한 설명 중 옳지 않은 것은?

① 행정기관의 장은 법령 등에 특별한 규정이 있는 경우를 제외하고는 행정조사의 결과를 확정한 날로부터 7일 이내에 그 결과를 조사대상자에게 통지하여야 한다.
② 정기조사 또는 수시조사를 실시한 행정기관의 장은 조사대상자의 자발적인 협조를 얻어 실시하는 경우가 아닌 한, 동일한 사안에 대하여 동일한 조사대상자를 재조사하여서는 안 된다.
③ 조사대상자의 동의가 있는 경우 해가 뜨기 전이나 해가 진 뒤에도 현장조사가 가능하다.
④ 행정기관의 장이 조사대상자의 자발적인 협조를 얻어 행정조사를 실시하고자 하는 경우 조사대상자는 문서·전화·구두 등의 방법으로 당해 행정조사를 거부할 수 있다.

정답 ②

① 행정조사기본법 제24조 (조사결과의 통지)
행정기관의 장은 법령 등에 특별한 규정이 있는 경우를 제외하고는 행정조사의 결과를 확정한 날부터 7일 이내에 그 결과를 조사대상자에게 통지하여야 한다.

② 행정조사기본법 제15조 (중복조사의 제한)
제1항 제7조에 따라 정기조사 또는 수시조사를 실시한 행정기관의 장은 동일한 사안에 대하여 동일한 조사대상자를 재조사 하여서는 아니 된다. 다만, 당해 행정기관이 이미 조사를 받은 조사대상자에 대하여 위법행위가 의심되는 새로운 증거를 확보한 경우에는 그러하지 아니하다.

③ 행정조사기본법 제11조 (현장조사)
제2항 제1항에 따른 현장조사는 해가 뜨기 전이나 해가 진 뒤에는 할 수 없다. 다만, 다음 각 호의 어느 하나에 해당하는 경우에는 그러하지 아니하다.
1. 조사대상자(대리인 및 관리책임이 있는 자를 포함한다)가 동의한 경우
2. 사무실 또는 사업장 등의 업무시간에 행정조사를 실시하는 경우
3. 해가 뜬 후부터 해가 지기 전까지 행정조사를 실시하는 경우에는 조사목적의 달성이 불가능하거나 증거인멸로 인하여 조사대상자의 법령 등의 위반 여부를 확인할 수 없는 경우

④ 행정조사기본법 제20조 (자발적인 협조에 따라 실시하는 행정조사)
제1항 행정기관의 장이 제5조 단서에 따라 조사대상자의 자발적인 협조를 얻어 행정조사를 실시하고자 하는 경우 조사대상자는 문서·전화·구두 등의 방법으로 당해 행정조사를 거부할 수 있다.

11

행정행위의 공정력과 선결문제에 관한 설명 중 옳은 것을 모두 고른 것은? (단, 다툼이 있는 경우 판례에 따름)

ㄱ. 甲이 국세부과처분이 당연 무효임을 전제로 하여 이미 납부한 세액의 반환을 구하는 부당이득반환청구소송을 제기한 경우, 법원은 부과처분의 하자가 단순한 취소 사유에 그칠 때에도 부당이득반환청구를 인용하는 판결을 할 수 있다.
ㄴ. 乙이「주택법」상 공사중지명령을 위반하였다는 이유로 乙을「주택법」위반죄로 처벌하기 위해서는「주택법」에 의한 공사중지명령이 적법한 것이어야 하므로 그 공사중지명령이 위법하다고 인정되는 한 乙의「주택법」위반죄는 성립하지 않는다.
ㄷ. 연령미달의 결격자인 丙이 타인의 이름으로 운전면허를 발급받아 운전을 한 경우 그러한 운전면허에 의한 丙의 운전행위는 무면허운전죄가 성립한다.
ㄹ. 丁이 자신의 건물에 대한 대집행이 완료된 후 건물철거가 위법임을 이유로 손해배상청구소송을 제기한 경우, 법원은 대집행실행행위에 대한 취소판결이 없어도 손해배상청구를 인용할 수 있다.

① ㄱ, ㄴ   ② ㄱ, ㄷ
③ ㄴ, ㄹ   ④ ㄴ, ㄷ, ㄹ

정답 ③

ㄱ. 과세처분이 당연무효라고 볼 수 없는 한 과세처분에 취소할 수 있는 위법사유가 있다 하더라도 그 과세처분은 행정행위의 공정력 또는 집행력에 의하여 그것이 적법하게 취소되기 전까지는 유효하다 할 것이므로, 민사소송절차에서 그 과세처분의 효력을 부인할 수 없다(대판 1999.8.20. 99다20179).

🔍 정리
행정행위에 대한 취소권이 없는 민사법원이
과세처분을 취소하여 부당이득반환판결을 할 수는 없음

ㄴ. 주택법 제91조에 의하여 행정청으로부터 공사의 중지, 원상복구 그 밖의 필요한 조치명령을 받은 자가 이에 위반한 경우 이로 인하여 주택법 제98조 제11호에 정한 처벌을 하기 위하여는 그 처분이나 조치명령이 적법한 것이라야 하고, 그 조치명령이 당연무효가 아니라 하더라도 그것이 위법한 것으로 인정되는 한 법 제98조 제11호 위반죄가 성립될 수 없다고 할 것이다(대판 2007.7.13. 2007도3918).

🔍 정리 처벌조항이 있는 경우의 문제

ㄷ. 연령미달의 결격자인 피고인이 소외인의 이름으로 운전면허시험에 응시, 합격하여 교부받은 운전면허는 당연무효가 아니고 도로교통법 제152조 제3호의 사유에 해당함에 불과하여 취소되지 않는 한 유효하므로 피고인의 운전행위는 무면허운전에 해당하지 아니한다(대판 1982.6.8. 80도2646).

ㄹ. 위법한 행정대집행이 완료되면 그 처분의 무효확인 또는 취소를 구할 소의 이익은 없다 하더라도, 미리 그 행정처분의 취소판결이 있어야만, 그 행정처분의 위법임을 이유로 한 손해배상청구를 할 수 있는 것은 아니다(대판 1972.4.28. 72다337).

12

다음 중 가장 옳은 것은?

> 건설회사 A는 택지개발사업을 위해 관련 법령에 따른 절차를 거쳐 甲 소유의 토지 등을 취득하고자 甲과 보상에 관한 협의를 하였으나 협의가 성립되지 않았다. 이에 관할 지방토지수용위원회에 재결을 신청하여 토지의 수용 및 보상금에 대한 수용재결을 받았다.

① 甲이 수용재결에 대하여 이의신청을 제기하면 사업의 진행 및 토지의 수용 또는 사용을 정지시키는 효력이 있다.
② 甲이 수용 자체를 다투는 경우 관할 지방토지수용위원회를 상대로 수용재결에 대하여 취소소송을 제기할 수 있다.
③ 甲은 보상금 증액을 위해 A를 상대로 손실보상을 구하는 민사소송을 제기할 수 있다.
④ 甲이 계속 거주하고 있는 건물과 토지의 인도를 거부할 경우 행정대집행의 대상이 될 수 있다.

정답 ②

①
> **토지보상법 제88조 (처분효력의 부정지)**
> 제83조에 따른 이의의 신청이나 제85조에 따른 행정소송의 제기는 사업의 진행 및 토지의 수용 또는 사용을 정지시키지 아니한다.

② 수용재결이 원처분이고 이의재결이 재결에 해당하므로 원칙적으로 수용재결에 대하여 취소소송을 제기할 수 있다. 현행 「토지보상법」 제85조 제1항은 수용재결에 대해서도 행정소송을 제기할 수 있다고 규정하고 있다. 수용재결에 대하여 소송을 제기한 경우에 피고는 해당 토지수용위원회가 된다.

③
> **토지보상법 제85조 (행정소송의 제기)**
> 제2항 제1항에 따라 제기하려는 행정소송이 보상금의 증감에 관한 소송인 경우 그 소송을 제기하는 자가 토지소유자 또는 관계인일 때에는 사업시행자를, 사업시행자일 때에는 토지소유자 또는 관계인을 각각 피고로 한다.
>
> 🔖 **정리** 보상금증감소송은 형식적 당사자소송(행정소송) 해당

④ 피수용자 등이 기업자에 대하여 부담하는 수용대상 토지의 인도의무에 관한 구 토지수용법 제63조, 제64조, 제77조 규정에서의 '인도'에는 명도도 포함되는 것으로 보아야 하고, 이러한 명도의무는 그것을 강제적으로 실현하면서 직접적인 실력행사가 필요한 것이지 대체적 작위의무라고 볼 수 없으므로 특별한 사정이 없는 한 행정대집행법에 의한 대집행의 대상이 될 수 있는 것이 아니다(대판 2005.8.19. 2004다2809).

13

다음 중 옳지 않은 것은? (다툼이 있는 경우 판례에 의함)

① 건축위원회의 위원이 되려는 자에게 정보공개동의서에 서명하도록 하고, 행정사무조사 시 위원 전원의 실명으로 회의록을 제출하도록 한 조례안 규정들은 법률유보원칙에 반한다고 볼 수 없다.
② 흡수합병 전 피합병회사가 대리점에 한 구입강제행위, 경제상 이익 제공 강요행위, 불이익 제공행위를 이유로 합병 후 존속회사에게 시정명령을 받은 날 현재 거래하고 있는 모든 대리점에 시정명령을 받은 사실을 통지하도록 한 것은 재량권을 일탈·남용한 위법이 있다.
③ 근로자가 부당해고 구제신청을 하여 해고의 효력을 다투던 중 정년에 이르거나 근로계약기간이 만료하는 등의 사유로 원직에 복직하는 것이 불가능하게 되었으나 해고기간 중의 임금 상당액을 지급받을 필요가 있는 경우, 구제신청을 기각한 중앙노동위원회의 재심판정을 다툴 소의 이익이 있다.
④ 공정거래위원회의 처분에 대하여 불복의 소를 제기하였다가 청구취지를 추가하는 경우, 추가된 청구취지에 대한 제소기간의 준수 등은 원칙적으로 청구취지의 추가·변경 신청이 있는 때를 기준으로 판단하여야 한다.

정답 ②

① 가. 건축위원회의 위원이 되려는 자로 하여금 정보공개동의서에 서명하도록 하는 것은 위원회의 조직·운영에 관한 사항에 포함된다고 봄이 상당하고, 이는 위원의 임명, 위원회의 운영 등에 관한 사항을 조례로 정하도록 위임하고 있는 건축법 제4조 제5항, 건축법 시행령 제5조의5 제6항에 근거한 것으로 볼 수 있다. 따라서 이 사건 조례안 제9조 제7항이 상위법령의 위임이 없어 법률유보원칙에 반한다고 볼 수 없다.
나. 이 사건 조례안 제9조 제8항은 행정사무조사 시 위원 전원의 실명으로 회의록을 제출하게 하는데, 이는 지방의회가 행정사무조사 시 서류제출 요구를 할 수 있도록 규정한 구 지방자치법 제41조 제4항, 정보주체의 동의를 받거나 공공기관이 법령 등에서 정하는 소관 업무의 수행을 위하여 불가피한 경우 개인정보처리자가 개인정보를 수집하여 그 수집 목적의 범위에서 이용하거나 제3자에게 제공할 수 있도록 한 개인정보 보호법 제15조 제1항 제1호, 제3호와 제17조 제1항이 예정하고 있는 사항을 구체화한 것으로 볼 수 있으므로 법률유보원칙에 반한다고 볼 수 없다(대판 2022.7.28. 2021추5067).

② 합병 후 존속회사가 이 사건 위반행위(흡수합병 전 피합병회사가 대리점에 한 구입강제행위, 경제상 이익 제공 강요행위, 불이익 제공행위)로 인하여 공정거래위원회로부터 시정명령을 받은 사실을 이 사건 시정명령을 받은 날 현재 자신과 거래하고 있는 모든 대리점에 통지함으로써 같은 유형의 위반행위의 재발을 효율적으로 방지하는 효과를 기대할 수 있고, 달리 이로 인하여 원고인 존속회사의 현재 혹은 장래의 정상적인 거래관계에 대해서까지 불필요한 오해와 불신이 초래될 우려가 있다거나 비례의 원칙을 위반하는 등 재량권을 일탈·남용한 위법이 있다고 보기 어렵다(대판 2022.5.12. 2022두31433).

③ 부당해고 구제명령제도에 관한 근로기준법의 규정 내용과 목적 및 취지, 임금 상당액 구제명령의 의의 및 그 법적 효과 등을 종합적으로 고려하면, 근로자가 부당해고 구제신청을 하여 해고의 효력을 다투던 중 정년에 이르거나 근로계약기간이 만료하는 등의 사유로 원직에 복직하는 것이 불가능하게 된 경우에도 해고기간 중의 임금 상당액을 지급받을 필요가 있다면 임금 상당액 지급의 구제명령을 받을 이익이 유지되므로 구제신청을 기각한 중앙노동위원회의 재심판정을 다툴 소의 이익이 있다(대판 2022.5.12. 2020두35592). <아파트 관리소장 판례>

> **참고**
> <뿌리판례> 부당해고 구제명령제도에 관한 근로기준법의 규정 내용과 목적 및 취지, 임금 상당액 구제명령의 의의 및 법적 효과 등을 종합적으로 고려하면, 근로자가 부당해고 구제신청을 하여 해고의 효력을 다투던 중 정년에 이르거나 근로계약기간이 만료하는 등의 사유로 원직에 복직하는 것이 불가능하게 된 경우에도 해고기간 중의 임금 상당액을 지급받을 필요가 있다면 임금 상당액 지급의 구제명령을 받을 이익이 유지되므로 구제신청을 기각한 중앙노동위원회의 재심판정을 다툴 소의 이익이 있다고 보아야 한다(대판 2020.2.20. 2019두52386 전합).

> **참고**
> <비교판례> 근로자가 부당해고 구제신청을 할 당시 이미 정년에 이르거나 근로계약기간 만료, 폐업 등의 사유로 근로계약관계가 종료하여 근로자의 지위에서 벗어난 경우에는 노동위원회의 구제명령을 받을 이익이 소멸하였다고 보는 것이 타당하다(대판 2022.7.14. 2020두54852 : 대판 2022.7.14. 2021두46285).
> <군 간부이발소 미용사 판례 등>
> ⇐ (대판 2020.2.20. 2019두52386 전원합의체 판결은 근로자가 부당해고 구제신청을 기각한 재심판정에 대해 소를 제기하여 해고의 효력을 다투던 중 정년에 이르거나 근로계약기간이 만료하는 등의 사유로 원직에 복직하는 것이 불가능하게 된 경우에도 해고기간 중의 임금 상당액을 지급받을 필요가 있다면 임금 상당액 지급의 구제명령을 받을 소의 이익이 유지된다는 취지이다. 따라서 근로자가 부당해고 등 구제신청을 하기 전에 이미 근로자의 지위에서 벗어난 경우까지 위와 같은 법리가 그대로 적용된다고 할 수 없다.)

④ 독점규제 및 공정거래에 관한 법률 제99조 제1항에 따르면, 이 법에 의한 공정거래위원회의 처분에 대하여 불복의 소를 제기하고자 할 때에는 처분의 통지를 받은 날 또는 이의신청에 대한 재결서의 정본을 송달받은 날부터 30일 이내에 소를 제기하여야 한다.

청구취지를 추가하는 경우, 청구취지가 추가된 때에 새로운 소를 제기한 것으로 보므로, 추가된 청구취지에 대한 제소기간 준수 등은 원칙적으로 청구취지의 추가·변경 신청이 있는 때를 기준으로 판단하여야 한다(대판 2018.11.15. 2016두48737).

14

다음은 「행정절차법」상 기간과 관련된 규정을 정리한 것이다. ㉠~㉣에 들어갈 기간을 바르게 나열한 것은?

> • 행정청은 공청회를 개최하려는 경우에는 공청회 개최 (㉠)일 전까지 제목, 일시 및 장소 등을 당사자 등에게 통지하고 관보, 공보, 인터넷 홈페이지 또는 일간신문 등에 공고하는 등의 방법으로 널리 알려야 한다.
> • 입법예고기간은 예고할 때 정하되, 특별한 사정이 없으면 (㉡)일 (자치법규는 (㉢)일) 이상으로 한다.
> • 행정예고기간은 예고 내용의 성격 등을 고려하여 정하되, 특별한 사정이 없으면 (㉣)일 이상으로 한다.

	㉠	㉡	㉢	㉣
①	10	40	30	30
②	14	30	20	20
③	14	40	20	20
④	15	30	20	30

정답 ③

ㄱ.
> **행정절차법 제38조 (공청회 개최의 알림)**
> 행정청은 공청회를 개최하려는 경우에는 공청회 개최 **14일** 전까지 다음 각 호의 사항을 당사자등에게 통지하고 관보, 공보, 인터넷 홈페이지 또는 일간신문 등에 공고하는 등의 방법으로 널리 알려야 한다.
> 1. 제목
> 2. 일시 및 장소
> 3. 주요 내용
> 4. 발표자에 관한 사항
> 5. 발표신청 방법 및 신청기한
> 6. 정보통신망을 통한 의견제출
> 7. 그 밖에 공청회 개최에 필요한 사항

ㄴ, ㄷ.
> **행정절차법 제43조 (예고기간)**
> 입법예고기간은 예고할 때 정하되, 특별한 사정이 없으면 **40일**(자치법규는 **20일**) 이상으로 한다.

ㄹ.
> **행정절차법 제46조 (행정예고)**
> 제3항 행정예고기간은 예고 내용의 성격 등을 고려하여 정하되, 특별한 사정이 없으면 **20일** 이상으로 한다.

15

행정행위의 부관에 대한 설명으로 옳지 않은 것은? (다툼이 있는 경우 판례에 의함)

① 부관의 사후변경은 사정변경으로 인해 당초에 부담을 부가한 목적을 달성할 수 없는 경우에도 허용될 수 있다.
② 허가의 유효기간이 지난 후에 그 허가의 기간연장이 신청된 경우, 허가권자는 특별한 사정이 없는 한 유효기간을 연장해 주어야 한다.
③ 부담이 아닌 부관만의 취소를 구하는 소송이 제기된 경우에 법원은 각하판결을 하여야 한다.
④ 행정처분에 붙인 부담이 무효가 되더라도 그 부담의 이행으로 한 사법상 법률행위가 항상 무효가 되는 것은 아니다.

정답 ②

① 행정처분에 이미 부담이 부가되어 있는 상태에서 그 의무의 범위 또는 내용 등을 변경하는 부관의 사후변경은 법률에 명문의 규정이 있거나 그 변경이 미리 유보되어 있는 경우 또는 상대방의 동의가 있는 경우에 한하여 허용되는 것이 원칙이지만, 사정변경으로 인하여 당초에 부담을 부가한 목적을 달성할 수 없게 된 경우에도 그 목적달성에 필요한 범위 내에서 예외적으로 허용된다(대판 2007.9.21. 2006두7973 ; 대판 1997.5.30. 97누2627).

② 종전의 허가가 기한의 도래로 실효한 이상, 원고가 종전 허가의 유효기간이 지나서 한 기간연장신청은 그에 대한 종전의 허가처분을 전제로 하여 단순히 그 유효기간을 연장하여 주는 행정처분을 구하는 것이라기보다는 종전의 허가처분과는 별도의 새로운 허가를 내용으로 하는 행정처분을 구하는 것이라고 보아야 할 것이어서, 이러한 경우 허가권자는 이를 새로운 허가신청으로 보아 법의 관계 규정에 의하여 허가요건의 적합 여부를 새로이 판단하여 그 허가 여부를 결정하여야 할 것이다(대판 1995.11.10. 94누11866).

✏ 정리   당사자A가 허가요건을 갖추지 못하면 허가X

③ 부담이 아닌 부관은 원칙적으로 독립하여 쟁송의 대상이 될 수 없으므로, 그 부관만의 취소를 구하는 소송은 대상적격의 결여로 소송요건을 갖추지 못한 것이어서 부적법 각하를 면할 수 없다(대판 2001.6.15. 99두509).

④ 행정처분에 부담인 부관을 붙인 경우 부관의 무효화에 의하여 본체인 행정처분 자체의 효력에도 영향이 있게 될 수는 있지만, 그 처분을 받은 사람이 부담의 이행으로 사법상 매매 등의 법률행위를 한 경우에는 그 부관은 특별한 사정이 없는 한 법률행위를 하게 된 동기 내지 연유로 작용하였을 뿐이므로 이는 법률행위의 취소사유가 될 수 있음은 별론으로 하고 그 법률행위 자체를 당연히 무효화하는 것은 아니다(대판 2009.6.25. 2006다18174).

16

「개인정보보호법」에 대한 설명 중 옳지 않은 것은?

① 정보주체는 개인정보처리자가 이 법을 위반한 행위로 손해를 입으면 개인정보처리자에게 손해배상을 청구할 수 있다. 이 경우 그 개인정보처리자는 고의 또는 과실이 없음을 입증하지 아니하면 책임을 면할 수 없다.
② 개인정보처리자의 고의 또는 중대한 과실로 인하여 개인정보가 분실·도난·유출·위조·변조 또는 훼손된 경우로서 정보주체에게 손해가 발생한 때에는 법원은 원칙적으로 그 손해액의 5배를 넘지 아니하는 범위에서 손해배상액을 정할 수 있다.
③ 보호위원회는 개인정보의 보호와 정보주체의 권익 보장을 위하여 매년 개인정보 보호 기본계획을 관계 중앙행정기관의 장과 협의하여 수립한다.
④ 개인정보 분쟁조정위원회 위원은 자격정지 이상의 형을 선고받거나 심신상의 장애로 직무를 수행할 수 없는 경우를 제외하고는 그의 의사에 반하여 면직되거나 해촉되지 않는다.

정답 ③

①
개인정보보호법 제39조 (손해배상책임)
제1항 정보주체는 개인정보처리자가 이 법을 위반한 행위로 손해를 입으면 개인정보처리자에게 손해배상을 청구할 수 있다. 이 경우 그 개인정보처리자는 고의 또는 과실이 없음을 입증하지 아니하면 책임을 면할 수 없다.

✏ 정리
(손해배상의 경우) 개인정보처리자가 입증책임O / 정보주체가 입증책임X

②
개인정보보호법 제39조 (손해배상책임)
제3항 개인정보처리자의 고의 또는 중대한 과실로 인하여 개인정보가 분실·도난·유출·위조·변조 또는 훼손된 경우로서 정보주체에게 손해가 발생한 때에는 법원은 그 손해액의 5배를 넘지 아니하는 범위에서 손해배상액을 정할 수 있다. 다만, 개인정보처리자가 고의 또는 중대한 과실이 없음을 증명한 경우에는 그러하지 아니하다.

③
개인정보보호법 제9조 (기본계획)
제1항 보호위원회는 개인정보의 보호와 정보주체의 권익 보장을 위하여 3년마다 개인정보 보호 기본계획(이하 "기본계획"이라 한다)을 관계 중앙행정기관의 장과 협의하여 수립한다.

④
개인정보보호법 제41조 (위원의 신분보장)
위원은 자격정지 이상의 형을 선고받거나 심신상의 장애로 직무를 수행할 수 없는 경우를 제외하고는 그의 의사에 반하여 면직되거나 해촉되지 아니한다.

17

「질서위반행위규제법」에 대한 설명 중 옳지 않은 것은?

① 심신(心神)장애로 인하여 행위의 옳고 그름을 판단할 능력이 없거나 그 판단에 따른 행위를 할 능력이 없는 자의 질서위반행위는 과태료를 부과하지 않는다.

② 행정청이 질서위반행위에 대하여 과태료를 부과하고자 하는 때에는 미리 당사자에게 대통령령으로 정하는 사항을 통지하고, 10일 이상의 기간을 정하여 의견을 제출할 기회를 주어야 한다.

③ 행정청은 당사자가 납부기한까지 과태료를 납부하지 아니한 때에는 납부기한을 경과한 날부터 체납된 과태료에 대하여 100분의 3에 상당하는 가산금을 징수한다.

④ 신분에 의하여 성립하는 질서위반행위에 신분이 없는 자가 가담한 때에는 신분이 없는 자에 대하여는 질서위반행위가 성립하지 않는다.

정답 ④

① **질서행위규제법 제10조 (심신장애)**
제1항 심신(心神)장애로 인하여 행위의 옳고 그름을 판단할 능력이 없거나 그 판단에 따른 행위를 할 능력이 없는 자의 질서위반행위는 **과태료를 부과하지 아니한다.**

② **질서행위규제법 제16조 (사전통지 및 의견 제출 등)**
제1항 행정청이 질서위반행위에 대하여 과태료를 부과하고자 하는 때에는 **미리** 당사자(제11조 제2항에 따른 고용주 등을 포함한다. 이하 같다)에게 대통령령으로 정하는 사항을 **통지**하고, 10일 이상의 기간을 정하여 **의견을 제출**할 기회를 주어야 한다. 이 경우 지정된 기일까지 의견 제출이 **없는** 경우에는 의견이 없는 것으로 **본다.**

③ **질서행위규제법 제24조 (가산금 징수 및 체납처분 등)**
제1항 행정청은 당사자가 납부기한까지 과태료를 납부하지 아니한 때에는 납부기한을 경과한 날부터 체납된 과태료에 대하여 **100분의 3**에 상당하는 **가산금**을 징수한다.

🔑 정리 과태료 체납의 경우 3% 가산금 징수

④ **질서행위규제법 제12조 (다수인의 질서위반행위 가담)**
제2항 신분에 의하여 성립하는 질서위반행위에 신분이 없는 자가 가담한 때에는 **신분이 없는 자**에 대하여도 **질서위반행위가 성립한다.**

18

「행정소송법」상 제소기간에 대한 판례의 입장으로 옳은 것은?

① 청구취지를 변경하여 종전의 소가 취하되고 새로운 소가 제기된 것으로 변경되었다면 새로운 소에 대한 제소기간 준수여부는 원칙적으로 소의 변경이 있는 때를 기준으로 한다.

② 납세자의 이의신청에 의한 재조사결정에 따른 행정소송의 제소기간은 이의신청인 등이 재결청으로부터 재조사결정의 통지를 받은 날부터 기산한다.

③ 처분의 불가쟁력이 발생하였고 그 이후에 행정청이 당해 처분에 대해 행정심판청구를 할 수 있다고 잘못 알렸다면, 그 처분의 취소소송의 제소기간은 행정심판의 재결서를 받은 날부터 기산한다.

④ 「산업재해보상보험법」상 보험급여의 부당이득 징수결정의 하자를 이유로 징수금을 감액하는 경우 감액처분으로도 아직 취소되지 않고 남아 있는 부분이 위법하다 하여 다툴 때에는, 제소기간의 준수 여부는 감액처분을 기준으로 판단해야 한다.

정답 ①

① 청구취지를 교환적으로 변경하여 종전의 소가 취하되고 새로운 소가 제기된 것으로 보게 되는 경우에 새로운 소에 대한 제소기간의 준수 등은 원칙적으로 소의 변경이 있는 때를 기준으로 하여 판단된다(대판 2013.7.11. 2011두27544).

② 이의신청 등에 대한 결정의 한 유형으로 실무상 행해지고 있는 **재조사결정**은 처분청으로 하여금 하나의 과세단위의 전부 또는 일부에 관하여 당해 결정에서 지적된 사항을 재조사하여 그 결과에 따라 과세표준과 세액을 경정하거나 당초 처분을 유지하는 등의 후속 처분을 하도록 하는 형식을 취하고 있다. 이에 따라 재조사결정을 통지받은 이의신청인 등은 그에 따른 후속 처분의 통지를 받은 후에야 비로소 다음 단계의 쟁송절차에서 불복할 대상과 범위를 구체적으로 특정할 수 있게 된다. 이와 같은 재조사결정의 형식과 취지, 그리고 행정심판제도의 자율적 행정통제기능 및 복잡하고 전문적·기술적 성격을 갖는 조세법률관계의 특수성 등을 감안하면, 재조사결정은 당해 결정에서 지적된 사항에 관해서는 처분청의 재조사결과를 기다려 그에 따른 후속 처분의 내용을 이의신청 등에 대한 결정의 일부분으로 삼겠다는 의사가 **내포된 변형결정**에 해당한다고 볼 수밖에 없다. 그렇다면 재조사결정은 처분청의 후속 처분에 의하여 그 내용이 보완됨으로써 이의신청 등에 대한 결정으로서의 효력이 발생한다고 할 것이므로, 재조사결정에 따른 심사청구기간이나 심판청구기간 또는 행정소송의 제소기간은 이의신청인 등이 후속 처분의 통지를 받은 날부터 기산된다고 봄이 타당하다(대판 2010.6.25. 2007두12514).

🔑 정리
(납세자의 이의신청에 의한 재조사결정에 있어서)
재조사 하겠다는 결정이 의미가 있는 것이 아니라 후속 처분의 내용이 중요

🔑 정리
납세자의 이의신청에 의한 재조사결정에 따른 행정소송의 제소기간 :
재결청으로부터 재조사결정의 통지를 받은 날부터 기산 ✗ /
처분청으로부터 후속 처분의 통지를 받은 날부터 기산 ○

③ 행정소송법 제20조 제1항은 '취소소송은 처분 등이 있음을 안 날부터 90일 이내에 제기하여야 하나 행정청이 행정심판청구를 할 수 있다고 잘못 알린 경우에 행정심판청구가 있은 때의 기간은 재결서의 정본을 송달받은 날부터 기산한다'고 규정하고 있는데, 위 규정의 취지는 불가쟁력이 발생하지 않아 적법하게 불복청구를 할 수 있었던 처분 상대방에 대하여 행정청이 법령상 행정심판청구가 허용되지 않음에도 행정심판청구를 할 수 있다고 잘못 알린 경우에, 잘못된 안내를 신뢰하여 부적법한 행정심판을 거치느라 본래 제소기간 내에 취소소송을 제기하지 못한 자를 구제하려는 데에 있다. 이와 달리 이미 제소기간이 지남으로써 불가쟁력이 발생하여 불복청구를 할 수 없었던 경우라면 그 이후에 행정청이 행정심판청구를 할 수 있다고 잘못 알렸다고 하더라도 그 때문에 처분 상대방이 적법한 제소기간 내에 취소소송을 제기할 수 있는 기회를 상실하게 된 것은 아니므로 이러한 경우에 잘못된 안내에 따라 청구된 행정심판 재결서 정본을 송달받은 날부터 다시 취소소송의 제소기간이 기산되는 것은 아니다. 불가쟁력이 발생하여 더 이상 불복청구를 할 수 없는 처분에 대하여 행정청의 잘못된 안내가 있었다고 하여 처분 상대방의 불복청구 권리가 새로이 생겨나거나 부활한다고 볼 수는 없기 때문이다(대판 2012.9.27. 2011두27247).

④ 행정청이 산업재해보상보험법에 의한 보험급여 수급자에 대하여 부당이득 징수결정을 한 후 징수결정의 하자를 이유로 징수금 액수를 감액하는 경우에 감액처분은 감액된 징수금 부분에 관해서만 법적 효과가 미치는 것으로서 당초 징수결정과 별개 독립의 징수금 결정처분이 아니라 그 실질은 처음 징수결정의 변경이고, 그에 의하여 징수금의 일부취소라는 징수의무자에게 유리한 결과를 가져오는 처분이므로 징수의무자에게는 그 취소를 구할 소의 이익이 없다. 이에 따라 감액처분으로도 아직 취소되지 않고 남아 있는 부분이 위법하다 하여 다투고자 하는 경우, 감액처분을 항고소송의 대상으로 할 수는 없고, 당초 징수결정 중 감액처분에 의하여 취소되지 않고 남은 부분을 항고소송의 대상으로 할 수 있을 뿐이며, 그 결과 제소기간의 준수 여부도 감액처분이 아닌 당초 처분을 기준으로 판단해야 한다(대판 2012.9.27. 2011두27247).

19

판례의 입장 중 가장 옳지 않은 것은?

① 어떠한 처분에 법령상 근거가 있는지, 행정절차법에서 정한 처분절차를 준수하였는지는 본안에서 당해 처분이 적법한가를 판단하는 단계에서 고려할 요소가 아니라 소송요건 심사에서 고려할 요소이다.

② 행정청이 여러 개의 위반행위에 대하여 하나의 제재처분을 하였으나, 위반행위별로 제재처분의 내용을 구분하는 것이 가능하고 여러 개의 위반행위 중 일부의 위반행위에 대한 제재처분 부분만이 위법하다면, 법원은 제재처분 중 위법성이 인정되는 부분만 취소하여야 하고 제재처분 전부를 취소하여서는 안 된다.

③ 「민원 처리에 관한 법률」상 법정민원에 대한 행정기관의 장의 거부처분에 대해 그 행정기관의 장에게 이의신청을 한 경우에도 행정심판을 제기 할 수 있다.

④ 노동조합의 설립신고가 행정관청에 의하여 형식상 수리되었으나 실질적 요건을 갖추지 못한 경우, 설립이 무효로서 노동조합으로서의 지위를 가지지 않는다.

정답 ①

① 어떠한 처분에 법령상 근거가 있는지, 행정절차법에서 정한 처분절차를 준수하였는지는 본안에서 당해 처분이 적법한가를 판단하는 단계에서 고려할 요소이지, 소송요건 심사에서 고려할 요소가 아니다(대판 2020.1.16. 2019다26470).

② 행정청이 여러 개의 위반행위에 대하여 하나의 제재처분을 하였으나, 위반행위별로 제재처분의 내용을 **구분**하는 것이 가능하고 여러 개의 위반행위 중 **일부**의 위반행위에 대한 제재처분 부분만이 **위법**하다면, 법원은 제재처분 중 위법성이 인정되는 부분만 취소하여야 하고 제재처분 전부를 취소하여서는 아니 된다(대판 2020.5.14. 2019두63515).

> 🔖 **정리** 해당 사항의 경우 일부취소판결O

③ 「민원사무처리법」에서 정한 민원 이의신청의 대상인 거부처분에 대하여는 민원 이의신청과 상관없이 행정심판 또는 행정소송을 제기 할 수 있다(대판 2012.11.15. 2010두8676).

④ 노동조합의 설립신고가 행정관청에 의하여 형식상 수리되었더라도 실질적 요건이 흠결된 하자가 해소되거나 치유되는 등의 특별한 사정이 없는 한 이러한 노동조합은 노동조합법상 설립이 무효로서 노동3권을 향유할 수 있는 주체인 노동조합으로서의 지위를 가지지 않는다고 보아야 한다(대판 2021.2.25. 2017다51610).

20

취소판결의 기속력에 관한 설명 중 옳은 것(○)과 옳지 않은 것(×)을 올바르게 조합한 것은? (다툼이 있는 경우 판례에 의함)

ㄱ. 취소판결이 확정되면 당사자인 행정청과 그 밖의 관계 행정청은 확정판결에 저촉되는 처분을 할 수 없다. 그러나 기본적 사실관계의 동일성이 없는 다른 처분사유를 들어 동일한 내용의 처분을 하는 것은 기속력에 반하지 않는다.

ㄴ. 거부처분에 대하여 취소판결이 확정된 경우, 행정청의 재처분은 신청 내용을 그대로 인정하는 처분이 되어야 한다. 따라서 행정청은 판결의 취지를 존중하여 반드시 신청한 내용대로 처분을 하여야 한다.

ㄷ. 행정처분의 적법여부는 그 행정처분이 행하여진 때의 법령과 사실을 기준으로 하여 판단하는 것이므로 거부처분 후에 법령이 개정·시행된 경우에는 개정된 법령 및 허가기준을 새로운 사유로 들어 다시 이전의 신청에 대한 거부처분을 할 수 있다.

ㄹ. 취소판결의 기속력에 위반하여 행한 행정청의 행위는 위법하나, 이는 무효사유가 아니라 취소사유에 해당한다.

	ㄱ	ㄴ	ㄷ	ㄹ
①	○	×	×	×
②	○	○	×	○
③	×	×	○	○
④	○	×	○	×

정답 ④

ㄱ. 취소 확정판결의 기속력은 판결의 주문 및 전제가 되는 처분 등의 구체적 위법사유에 관한 판단에도 미치나, 종전 처분이 판결에 의하여 취소되었더라도 종전 처분과 다른 사유를 들어서 새로이 처분을 하는 것은 기속력에 저촉되지 않는다. 새로운 처분의 처분사유가 종전 처분의 처분사유와 기본적 사실관계에서 동일하지 않은 다른 사유에 해당하는 이상, 처분사유가 종전 처분 당시 이미 존재하고 있었고 당사자가 이를 알고 있었더라도 이를 내세워 새로이 처분을 하는 것은 확정판결의 기속력에 저촉되지 않는다(대판 2016.3.24. 2015두48235).

ㄴ. **행정소송법 제30조 (취소판결 등의 기속력)**
제2항 판결에 의하여 취소되는 처분이 당사자의 신청을 거부하는 것을 내용으로 하는 경우에는 그 처분을 행한 행정청은 판결의 취지에 따라 다시 이전의 신청에 대한 처분을 하여야 한다.

✘ 정리
∴ 거부처분에 대하여 취소판결이 확정된 경우,
판결의 취지에 따라 재처분을 하면 되는 것이지
반드시 당사자A가 신청한 내용대로 처분(인용처분)을 하여야 하는 것은 아니다.
∴ 다른 사유를 들어 다시 거부처분 가능

ㄷ. 행정소송법 제30조 제2항에 의하면, 행정청의 거부처분을 취소하는 판결이 확정된 경우에는 처분을 행한 행정청이 판결의 취지에 따라 이전 신청에 대하여 재처분을 할 의무가 있다. 행정처분의 적법 여부는 행정처분이 행하여진 때의 법령과 사실을 기준으로 판단하는 것이므로 확정판결의 당사자인 처분 행정청은 종전 처분 후에 발생한 새로운 사유를 내세워 다시 거부처분을 할 수 있고, 그러한 처분도 위 조항에 규정된 재처분에 해당한다(대판 2011.10.27. 2011두14401).

✘ 정리
기존 거부처분 후에 법령이 개정·시행된 경우
개정된 법령 및 허가기준을 새로운 사유로 들 수 있음

ㄹ. 거부처분에 대한 취소의 확정판결이 있음에도 행정청이 아무런 재처분을 하지 아니하거나, 재처분을 하였다 하더라도 그것이 종전 거부처분에 대한 취소의 확정판결의 기속력에 반하는 등으로 당연무효라면 이는 아무런 재처분을 하지 아니한 때와 마찬가지라 할 것이므로 이러한 경우에는 행정소송법 제30조 제2항, 제34조 제1항 등에 의한 간접강제신청에 필요한 요건을 갖춘 것으로 보아야 한다(대결 2002.12.11. 2002무22).

✘ 정리
취소판결의 기속력에 위반하여 행한 행정청의 행위 : 무효사유○ / 취소사유✕

제06회 적중 동형 모의고사 문제 및 해설

정답 모아보기

01	④	02	①	03	②	04	①	05	③
06	④	07	④	08	②	09	③	10	④
11	③	12	②	13	④	14	③	15	②
16	③	17	④	18	①	19	③	20	②

01

다음 중 옳지 않은 것은? (다툼이 있는 경우 판례에 의함)

① 행정처분의 직접 상대방이 아닌 제3자는 특별한 사정이 없는 한 행정심판법 제27조 제3항 본문의 적용을 배제할 정당한 사유가 있는 경우에 해당한다고 보아 제3항의 청구기간이 경과한 뒤에도 심판청구를 제기할 수 있다.

> **행정심판법 제27조 (심판청구의 기간)**
> **제3항** 행정심판은 처분이 있었던 날부터 180일이 지나면 청구하지 못한다. 다만, 정당한 사유가 있는 경우에는 그러하지 아니하다.

② 「민주화운동관련자 명예회복 및 보상 등에 관한 법률」에 따른 보상금 등의 지급을 구하는 소송은 취소소송이다.
③ 「광주민주화운동 관련자 보상 등에 관한 법률」에 의거하여 관련자 및 유족들이 갖게 되는 보상 등에 관한 소송은 당사자소송이다.
④ 국립대학 교수에게 타인을 같은 학과 부교수로 임용한 처분의 취소를 구할 법률상 이익이 있다.

정답 ④

① 행정심판법 제27조 제3항에 의하면 **행정처분의 상대방이 아닌 제3자**라도 처분이 있은 날로부터 180일을 경과하면 행정심판청구를 제기하지 못하는 것이 원칙이지만, 다만 정당한 사유가 있는 경우에는 그러하지 아니하도록 규정되어 있는바, **행정처분의 직접 상대방이 아닌 제3자**는 일반적으로 처분이 있는 것을 바로 알 수 없는 처지에 있으므로, 위와 같은 심판청구기간 내에 심판청구를 제기하지 아니하였다고 하더라도, 그 기간 내에 처분이 있은 것을 알았거나 쉽게 알 수 있었기 때문에 심판청구를 제기할 수 있었다고 볼 만한 **특별한 사정이 없는 한**, 행정심판법 제27조 제3항 본문의 적용을 배제할 "**정당한 사유**"가 있는 경우에 해당한다고 보아 제3항의 심판청구기간이 경과한 뒤에도 심판청구를 제기할 수 있다(대판 1992.7.28. 91누12844).

② 가. 「민주화운동관련자 명예회복 및 보상 등에 관한 법률」 규정들의 취지와 내용에 비추어 보면, 같은 법 제2조 제2호 각 목은 민주화운동과 관련한 피해 유형을 추상적으로 규정한 것에 불과하여 제2조 제1호에서 정의하고 있는 민주화운동의 내용을 함께 고려하더라도 그 규정들만으로는 바로 법상의 보상금 등의 지급 대상자가 확정된다고 볼 수 없고, '**민주화운동관련자 명예회복 및 보상 심의위원회**'에서 심의·결정을 받아야만 비로소 보상금 등의 지급 대상자로 확정될 수 있다. 따라서 그와 같은 **심의위원회의 결정**은 국민의 권리의무에 직접 영향을 미치는 행정**처분**에 해당하므로, 관련자 등으로서 보상금 등을 지급받고자 하는 신청에 대하여 심의위원회가 관련자 해당 요건의 전부 또는 일부를 인정하지 아니하여 보상금 등의 지급을 기각하는 결정을 한 경우에는 신청인은 심의위원회를 상대로 그 결정의 취소를 구하는 소송을 제기하여 보상금 등의 지급대상자가 될 수 있다.

나. 「민주화운동관련자 명예회복 및 보상 등에 관한 법률」 제17조는 보상금 등의 지급에 관한 소송의 형태를 규정하고 있지 않지만, 위 규정 전단에서 말하는 **보상금 등의 지급에 관한 소송**은 '민주화운동관련자 명예회복 및 보상 심의위원회'의 (보상금 등의 지급신청에 관하여) 전부 또는 일부를 기각하는 결정에 대한 불복을 구하는 소송이므로 **취소소송을 의미한다**고 보아야 한다(대판 2008.4.17. 2005두16185).

> **정리**
> '민주화운동관련자 명예회복 및 보상 심의위원회'의
> 보상금 등의 지급 대상자에 관한 결정은 행정처분

> **정리**
> 「민주화운동관련자 명예회복 및 보상 등에 관한 법률」에 따른
> 보상금 등의 지급을 구하는 소송은 취소소송

③ 가. 「광주민주화운동 관련자 보상 등에 관한 법률」 제15조 본문의 규정에서 말하는 광주민주화운동 관련자 보상 심의위원회의 결정을 거치는 것은 보상금 지급에 관한 소송을 제기하기 위한 전치요건에 불과하다고 할 것이므로 위 **보상심의위원회의 결정**은 취소소송의 대상이 되는 행정**처분**이라고 할 수 **없다**.

나. 「광주민주화운동 관련자 보상 등에 관한 법률」에 의거하여 관련자 및 유족들이 갖게 되는 **보상 등에 관한 권리**는 헌법 제23조 제3항에 따른 재산권침해에 대한 손실보상청구나 국가배상법에 따른 손해배상청구와는 그 성질을 달리하는 것으로서 법률이 특별히 인정하고 있는 **공법상의 권리**라고 하여야 할 것이므로 그에 관한 소송은 행정소송법 제3조 제2호 소정의 **당사자소송에 의하여야 할 것**이며 보상금 등의 지급에 관한 법률관계의 주체는 대한민국이다(대판 1992.12.24. 92누3335).

> **정리**
> '광주민주화운동 관련자 보상 심의위원회'의 보상금지급신청에 대한 결정은 행정처분X

> **정리**
> 「광주민주화운동 관련자 보상 등에 관한 법률」에 따른
> 관련자 및 유족들이 갖게 되는 보상 등에 관한 소송은 당사자소송

④ **국립대학 교수**에게 타인을 같은 학과 부교수로 임용한 처분의 취소를 구할 **법률상 이익이 없다**.
행정처분의 직접 상대방이 아닌 **제3자**가 그 행정**처분의 취소, 변경**을 구하기 위하여는 제3자에게 그 처분의 취소, 변경을 구할 구체적인 법률상의 이익이 있어야 하고, 단지 **간접적이거나 사실적, 경제적 이해관계**를 가지는 데 불과한 경우에는 **허용되지 아니한다**고 할 것이다. 원심판결 이유에 의하면, 원심은 소외인을 서울대학교 인문대학 언어학과 부교수로 신규임용한 **피고(교육부 장관)**의 **부교수 임용처분**에 대하여, **원고가 같은 학과 교수로서 교수회의의 구성원이라는 사정만으로는 원고에게** 그 취소를 구할 구체적인 **법률상의 이익**이 있다고 할 수 **없다**는 이유로 이 사건 소를 각하하였는바, 원심의 이러한 조치는 정당하다(대판 1995.12.12. 95누11856).

02

행정법상의 사무관리 및 부당이득에 관한 설명 중 가장 옳지 않은 것은? (단, 다툼이 있는 경우 판례에 따름)

① 국유재산의 무단점유자에 대하여 한 변상금 부과·징수권과 민사상 부당이득반환청구권은 동일한 금액 범위 내에서 경합하여 병존하며, 민사상 부당이득반환청구권이 만족을 얻어 소멸하면 변상금 부과·징수권도 완전히 소멸한다.
② 국가가 잡종재산으로부터 통상 수익할 수 있는 이익은 그에 관하여 대부계약이 체결되는 경우의 대부료이므로, 잡종재산의 무단점유자가 반환하여야 할 부당이득은 특별한 사정이 없는 한 국유재산 관련 법령에서 정한 대부료 상당액이다.
③ 조세부과처분이 당연무효임을 전제로 하여 이미 납부한 세금의 반환을 청구하는 것은 민사상의 부당이득반환청구로서 민사소송절차에 따라야 한다.
④ 재결에 대하여 불복절차를 취하지 아니함으로써 그 재결에 대하여 더 이상 다툴 수 없게 된 경우에는 기업자는 그 재결이 당연무효이거나 취소되지 않는 한, 이미 보상금을 지급받은 자에 대하여 민사소송으로 그 보상금을 부당이득이라 하여 반환을 구할 수 없다.

정답 ①

① 구 국유재산법 제51조 제1항, 제4항, 제5항에 의한 변상금 부과·징수권은 민사상 부당이득반환청구권과 법적 성질을 달리하므로, 국가는 무단점유자를 상대로 변상금 부과·징수권의 행사와 별도로 국유재산의 소유자로서 민사상 부당이득반환청구의 소를 제기할 수 있다. 그리고 이러한 변상금 부과·징수권과 민사상 부당이득반환청구권은 동일한 금액 범위 내에서 경합하여 병존하게 되고, 민사상 부당이득반환청구권이 만족을 얻어 소멸하면 그 **범위 내에서** 변상금 부과·징수권도 소멸하는 관계에 있다(대판 2014.9.4. 2012두5688).
② 부당이득반환의 경우 수익자가 반환하여야 할 이득의 범위는 손실자가 입은 손해의 범위에 한정되고, 손실자의 손해는 사회통념상 손실자가 당해 재산으로부터 통상 수익할 수 있을 것으로 예상되는 이익 상당액이다. 그런데 국가가 잡종재산으로부터 통상 수익할 수 있는 이익은 그에 관하여 대부계약이 체결되는 경우의 대부료이므로, 잡종재산의 무단점유자가 반환하여야 할 부당이득은 특별한 사정이 없는 한 국유재산 관련 법령에서 정한 대부료 상당액이다(대판 2014.7.16. 2011다76402).
③ 조세부과처분이 당연무효임을 전제로 하여 이미 납부한 세금의 반환을 청구하는 것은 민사상의 부당이득반환청구로서 민사소송절차에 따라야 한다는 것이 대법원의 확립된 견해이다(대판 1995.4.28. 94다55019).
④ 재결에 대하여 불복절차를 취하지 아니함으로써 그 재결에 대하여 더 이상 다툴 수 없게 된 경우에는 기업자는 그 재결이 당연무효이거나 취소되지 않는 한, 이미 보상금을 지급받은 자에 대하여 민사소송으로 그 보상금을 부당이득이라 하여 반환을 구할 수 없다(대판 2001.4.27. 2000다50237).

03

다음 중 옳지 않은 것은? (다툼이 있는 경우 판례에 의함)

① 공익신고자 보호법상 불이익조치 금지 신청과 보호조치 신청은 서로 별개의 독립된 신청이고, 신청인이 주장하는 보호조치 신청사유마다 수 개의 보호조치 신청이 있는 것으로 보아야 한다. 이는 하나의 신청서로 불이익조치 금지 신청과 보호조치 신청이 함께 이루어졌고, 보호조치 신청사유가 여러 개인 경우에도 마찬가지이다.
② 행정청이 처리기간을 지나 처분을 한 경우, 처분을 취소할 절차상 하자가 있다.
③ 분할하는 회사의 분할 전 「하도급거래 공정화에 관한 법률」 위반행위를 이유로 신설회사에 대하여 같은 법에 따른 시정조치를 명할 수 없다.
④ 「하도급거래 공정화에 관한 법률」 위반을 이유로 시정명령 등과 그에 따른 벌점을 부과받은 甲 주식회사가 乙 주식회사와 丙 주식회사로 분할되었고, 丁 주식회사가 甲 회사의 사업 부문 대부분이 이전된 乙 회사를 흡수합병하자, 공정거래위원회가 丁 회사에 대하여 甲 회사에 부과된 벌점이 丁 회사에 승계되었음을 이유로 관계 행정기관의 장에게 입찰참가자격제한 및 영업정지를 요청하기로 결정한 사안에서, 해당 처분은 위법하지 않다.

정답 ②

① **공익신고자 보호법**상 불이익조치 금지 신청과 보호조치 신청은 그 신청요건이 다르고, 구체적인 불이익조치의 내용에 따라 피고가 취할 수 있는 보호조치의 내용도 다양하므로, 불이익조치 금지 신청과 보호조치 신청은 서로 별개의 독립된 신청이고, 신청인이 주장하는 보호조치 신청사유마다 수 개의 보호조치 신청이 있는 것으로 보아야 한다. 이는 하나의 신청서로 불이익조치 금지 신청과 보호조치 신청이 함께 이루어졌고, 보호조치 신청사유가 여러 개인 경우에도 마찬가지이다(대판 2023.6.15. 2022두66576).
② 처분이나 민원의 처리기간을 정하는 것은 신청에 따른 사무를 가능한 한 **조속히 처리**하도록 하기 위한 것이다. 처리기간에 관한 규정은 훈시규정에 불과할 뿐 강행규정이라고 볼 수 없다. 행정청이 처리기간이 지나 처분을 하였더라도 이를 처분을 취소할 **절차상 하자**로 볼 수 없다(대판 2023.6.15. 2022두66576).

③ 회사분할 시 특별한 규정이 없는 한 신설회사에 대하여 분할하는 회사의 분할 전 「하도급거래 공정화에 관한 법률」(이하 '하도급법'이라 한다) 위반행위를 이유로 하도급법 제25조 제1항에 따른 시정조치를 명하는 것은 허용되지 않는다. … 공정거래법과 하도급법이 회사분할 전 법 위반행위에 관하여 신설회사에 과징금 부과 또는 시정조치의 제재사유를 승계시킬 수 있는 경우를 따로 규정하고 있는 이상, 그와 같은 규정을 두고 있지 아니하는 사안, 즉 **회사분할** 전 법 위반행위에 관하여 **신설회사에 시정조치의 제재사유가 승계**되는지가 쟁점이 되는 사안에서는 이를 **소극적으로 보는 것이 자연스럽다**(대판 2023.6.15. 2021두55159).

🖊️ 정리
회사분할 관련 원칙적으로 (신설회사에 대하여) 지위승계(제재사유의 승계)X
∴ 신설회사 책임X

④ 「하도급거래 공정화에 관한 법률」 위반을 이유로 시정명령 등과 그에 따른 벌점을 부과받은 甲 주식회사가 乙 주식회사와 丙 주식회사로 분할되었고, 丁 주식회사가 **甲 회사의 사업 부문 대부분이 이전된 乙 회사**를 흡수합병하자, 공정거래위원회가 丁 회사에 대하여 甲 회사에 부과된 벌점이 丁 회사에 승계되었음을 이유로 관계 행정기관의 장에게 입찰참가자격제한 및 영업정지를 요청하기로 결정한 사안에서, 위 **처분이 위법**하다고 본 원심판단에 **법리오해의 잘못**이 있다(대판 2023.4.27. 2020두47892).

04

판례의 입장에 의할 때, 행정소송의 대상인 행정처분에 해당하는 것만을 모두 고른 것은?

> ㄱ. 「공익사업을 위한 토지 등의 취득 및 보상에 관한 법률」상 공익사업시행자가 하는 이주대책대상자 확인·결정
> ㄴ. 공무원연금관리공단이 퇴직연금의 수급자에 대하여 공무원연금법령의 개정으로 퇴직연금 중 일부금액의 지급정지 대상자가 되었음을 통보하는 행위
> ㄷ. 구 「남녀차별금지 및 구제에 관한 법률」상 국가인권위원회가 한 성희롱결정과 이에 따른 시정조치의 권고
> ㄹ. 공무원시험승진후보자명부에 등재된 자에 대하여 이전의 징계처분을 이유로 시험승진후보자명부에서 삭제하는 행위
> ㅁ. 「질서위반행위규제법」에 따라 행정청이 부과한 과태료 처분

① ㄱ, ㄷ ② ㄱ, ㅁ
③ ㄴ, ㄷ, ㄹ ④ ㄴ, ㄹ, ㅁ

정답 ①

ㄱ. 사업시행자가 이주대책에 관한 구체적인 계획을 수립하여 이를 해당자에게 통지 내지 공고한 후, 이주자가 수분양권을 취득하기를 희망하여 이주대책에 정한 절차에 따라 사업시행자에게 이주대책대상자 선정신청을 하고 사업시행자가 이를 받아들여 이주대책대상자로 확인·결정하여야만 비로소 구체적인 수분양권이 발생하게 된다. 사업시행자가 하는 이주대책대상자 확인·결정은 곧 구체적인 이주대책상의 수분양권을 취득하기 위한 요건이 되는 행정작용으로서의 처분인 것이지, 결코 이를 단순히 절차상의 필요에 따른 사실행위에 불과한 것으로 평가할 수는 없다. 따라서 수분양권의 취득을 희망하는 이주자가 소정의 절차에 따라 이주대책대상자 선정신청을 한 데 대하여 사업시행자가 이주대책대상자가 아니라고 하여 위 확인·결정 등의 처분을 하지 않고 이를 제외시키거나 또는 거부조치한 경우에는, 이주자로서는 당연히 사업시행자를 상대로 항고소송에 의하여 그 제외처분 또는 거부처분의 취소를 구할 수 있다고 보아야 한다(대판 1995.10.12. 94누11279 ; 대판 1994.5.24. 92다35783 전합).

ㄴ. 공무원연금관리공단이 법령의 개정사실과 퇴직연금 수급자가 퇴직연금 중 일부 금액의 지급정지대상자가 되었다는 사실을 통보한 것은 단지 위와 같이 법령에서 정한 사유의 발생으로 퇴직연금 중 일부 금액의 지급이 정지된다는 점을 알려주는 관념의 통지에 불과하고, 그로 인하여 비로소 지급이 정지되는 것은 아니므로 항고소송의 대상이 되는 행정처분으로 볼 수 없다(대판 2004.7.8. 2004두244).

ㄷ. 국가인권위원회의 성희롱결정과 이에 따른 시정조치의 권고는 불가분의 일체로 행하여지는 것인데 국가인권위원회의 이러한 결정과 시정조치의 권고는 성희롱 행위자로 결정된 자의 인격권에 영향을 미침과 동시에 공공기관의 장 또는 사용자에게 일정한 법률상의 의무를 부담시키는 것이므로 국가인권위원회의 성희롱결정 및 시정조치권고는 행정소송의 대상이 되는 행정처분에 해당한다고 보지 않을 수 없다(대판 2005.7.8. 2005두487).

ㄹ. 시험승진후보자명부에 등재되어 있던 자가 그 명부에서 삭제됨으로써 승진임용의 대상에서 제외되었다 하더라도, 그와 같은 시험승진후보자명부에서의 삭제행위는 결국 그 명부에 등재된 자에 대한 승진 여부를 결정하기 위한 행정청 내부의 준비과정에 불과하고, 그 자체가 어떠한 권리나 의무를 설정하거나 법률상 이익에 직접적인 변동을 초래하는 별도의 행정처분이 된다고 할 수 없다(대판 1997.11.14. 97누7325).

ㅁ. 질서위반행위규제법이 행정청의 과태료 부과처분에 대하여 당사자가 이의제기를 통해 불복할 수 있고, 이의제기가 있으면 그 효력이 상실되도록 함으로써 행정청의 과태료 부과처분이 그 자체로는 국민의 권리의무 등에 직접적으로 어떠한 영향을 미치지 못하므로 행정소송의 대상이 되는 행정처분이 아니다(대판 2012.10.11. 2011두19369).

05

신뢰보호의 원칙에 대한 설명으로 옳지 않은 것은? (다툼이 있는 경우 판례에 의함)

① 행정청은 공익 또는 제3자의 이익을 현저히 해칠 우려가 있는 경우를 제외하고는 행정에 대한 국민의 정당하고 합리적인 신뢰를 보호하여야 한다.
② 건축주와 그로부터 건축설계를 위임받은 건축사가 관계 법령에서 정하고 있는 건축한계선의 제한이 있다는 사실을 간과한 채 건축설계를 하고 이를 토대로 건축물의 신축 및 증축허가를 받은 경우, 그 신축 및 증축허가가 정당하다고 신뢰한 데에는 귀책사유가 있다.
③ 「개발이익환수에 관한 법률」에 정한 개발사업을 시행하기 전에, 행정청이 민원예비심사에 대하여 관련부서 의견으로 '저촉사항 없음'이라고 기재한 것은 공적인 견해표명에 해당한다.
④ 수강신청 후에 징계요건을 완화하는 학칙개정이 이루어지고 이어 시험이 실시되어 그 개정학칙에 따라 대학이 성적 불량을 이유로 학생에 대하여 징계처분을 한 경우라면 이는 이른바 부진정소급효에 관한 것으로서 특별한 사정이 없는 한 위법이라고 할 수 없다.

정답 ③

①
> **행정기본법 제12조 (신뢰보호의 원칙)**
> **제1항** 행정청은 공익 또는 제3자의 이익을 현저히 해칠 우려가 있는 경우를 제외하고는 행정에 대한 국민의 정당하고 합리적인 신뢰를 보호하여야 한다.

② **귀책사유**라 함은 행정청의 견해표명의 하자가 상대방 등 관계자의 사실은폐나 기타 사위의 방법에 의한 신청행위 등 부정행위에 기인한 것이거나 그러한 부정행위가 없다고 하더라도 하자가 있음을 알았거나 **중대한 과실**로 알지 못한 경우 등을 의미한다고 해석함이 상당하고, 귀책사유의 유무는 상대방과 그로부터 신청행위를 위임받은 수임인 등 관계자 모두를 기준으로 판단하여야 한다. 건축주와 그로부터 건축설계를 위임받은 건축사가 상세계획지침에 의한 건축한계선의 제한이 있다는 사실을 간과한 채 건축설계를 하고 이를 토대로 건축물의 신축 및 증축허가를 받은 경우, 그 신축 및 증축허가가 정당하다고 신뢰한 데에 귀책사유가 있다(대판 2002.11.8, 2001두1512).

③ 개발이익환수에 관한 법률에 정한 개발사업을 시행하기 전에, 행정청이 토지 지상에 예식장 등을 건축하는 것이 관계 법령상 가능한지 여부를 질의하는 민원예비심사에 대하여 관련부서 의견으로 개발이익환수에 관한 법률에 '저촉사항 없음'이라고 기재하였다고 하더라도, 이후의 개발부담금부과처분에 관하여 신뢰보호의 원칙을 적용하기 위한 요건인, 개인에 대하여 신뢰의 대상이 되는 공적인 견해표명을 한 것이라고는 보기 어렵다(대판 2006.6.9. 2004두46).

④ 소급효는 이미 과거에 완성된 사실관계를 규율의 대상으로 하는 이른바 진정소급효와 과거에 시작하였으나 아직 완성되지 아니하고 진행과정에 있는 사실관계를 규율대상으로 하는 이른바 부진정소급효를 상정할 수 있는 바, 대학이 성적불량을 이유로 학생에 대하여 징계처분을 하는 경우에 있어서 수강신청이 있은 후 징계요건을 완화하는 학칙개정이 이루어지고 이어 당해 시험이 실시되어 그 개정학칙에 따라 징계처분을 한 경우라면 이는 이른바 부진정소급효에 관한 것으로서 구 학칙의 존속에 관한 학생의 신뢰보호가 대학당국의 학칙개정의 목적달성보다 더 중요하다고 인정되는 특별한 사정이 없는 한 위법이라고 할 수 없다(대판 1989.7.11. 87누1123).

06

행정소송에 대한 판례의 입장으로 옳은 것은? (단, 다툼이 있는 경우 판례에 따름)

① 사립학교 교원에 대한 학교법인의 해임처분을 취소소송의 대상이 되는 행정청의 처분으로 볼 수 있으므로 학교법인을 상대로 한 불복은 행정소송에 의한다.
② 취소소송에 당해 처분의 취소를 선결문제로 하는 부당이득반환청구가 병합된 경우 그 청구가 인용되려면 소송절차에서 당해 처분의 취소가 확정되어야 한다.
③ 특정 소송사건에서 당사자 일방을 보조하기 위하여 보조참가를 하려면 당해 소송의 결과에 대하여 사실상, 경제상 또는 감정상의 이해관계가 있으면 충분하며 법률상의 이해관계가 요구되는 것은 아니다.
④ 행정처분에 대한 무효확인과 취소청구는 서로 양립할 수 없는 청구로서 주위적·예비적 청구로서만 병합이 가능하고 선택적 청구로서의 병합은 허용되지 않는다.

정답 ④

① 가. 사립학교 교원은 학교법인 또는 사립학교 경영자에 의하여 임면되는 것으로서 사립학교 교원과 학교법인의 관계를 공법상의 권력관계라고는 볼 수 없으므로 사립학교 교원에 대한 학교법인의 해임처분을 취소소송의 대상이 되는 행정청의 처분으로 볼 수 없고, 따라서 학교법인을 상대로 한 불복은 행정소송에 의할 수 없고 민사소송절차에 의할 것이다(대판 1993.2.12. 92누13707).

나. 다만, 사립학교 교원의 해임처분에 대한 구제방법으로 학교법인을 상대로 한 민사소송 이외에 행정소송을 제기하는 방법이 있다. 사립학교 교원에 대한 징계처분 등 그 의사에 반한 불리한 처분에 대하여 교원지위향상을 위한 특별법 제9조·제10조의 규정에 따라 교원징계재심위원회에 재심청구를 하고 이에 불복하여 행정소송을 제기하는 경우, 쟁송의 대상이 되는 행정처분은 학교법인의 징계처분이 아니라 재심위원회의 결정이므로 그 결정이 행정심판으로서의 재결에 해당하는 것은 아니라 할 것이고 이 경우 처분청인 재심위원회가 항고소송의 피고가 되는 것이며, 그러한 법리는 재심위원회의 결정이 있은 후에 당해 사립학교의 설립자가 국가나 지방자치단체로 변경된다고 하여 달라지지 아니하는 것이다(대판 1994.12.9. 94누6666).

② 행정소송법 제10조는 처분의 취소를 구하는 취소소송에 당해 처분과 관련되는 부당이득반환소송을 관련 청구로 병합할 수 있다고 규정하고 있는바, 이 조항을 둔 취지에 비추어 보면, 취소소송에 병합할 수 있는 당해 처분과 관련되는 부당이득반환소송에는 당해 처분의 취소를 선결문제로 하는 부당이득반환청구가 포함되고, 이러한 부당이득반환청구가 인용되기 위해서는 그 소송절차에서 판결에 의해 당해 처분이 취소되면 충분하고 그 처분의 취소가 확정되어야 하는 것은 아니라고 보아야 한다(대판 2009.4.9. 2008두23153).

③ 행정소송법 제16조 소정의 제3자의 소송참가가 허용되기 위하여는 당해 소송의 결과에 따라 제3자의 권리 또는 이익이 침해되어야 하고, 이 때의 이익은 법률상 이익을 말하며 단순한 사실상의 이익이나 경제상의 이익은 포함되지 않는다(대판 2008.5.29. 2007두23873).

④ 행정처분에 대한 무효확인과 취소청구는 서로 양립할 수 없는 청구로서 주위적·예비적 청구로서만 병합이 가능하고 선택적 청구로서의 병합이나 단순 병합은 허용되지 아니한다(대판 1999.8.20. 97누6889).

07

판례의 입장으로 옳지 않은 것은?

① 「건축법」상 이행강제금은 행정상의 간접강제 수단에 해당하므로, 시정명령을 받은 의무자가 이행강제금이 부과되기 전에 그 의무를 이행한 경우에는 비록 시정명령에서 정한 기간을 지나서 이행한 경우라도 이행강제금을 부과할 수 없다.

② 「독점규제 및 공정거래에 관한 법률」상 시정명령을 받은 의무자가 이행강제금이 부과되기 전에 시정조치를 이행한 경우라도 과거의 시정조치 불이행기간에 대하여 이행강제금을 부과할 수 있다.

③ 「교육공무원법」에 따라 승진후보자명부에 포함되어 있던 후보자를 승진심사에 의해 승진임용인사발령에서 제외하는 행위는 항고소송의 대상인 처분으로 보아야 한다.

④ 허가에 타법상의 인·허가가 의제되는 경우, 의제된 인·허가는 통상적인 인·허가와 동일한 효력을 가질 수 없으므로 '부분 인·허가 의제'가 허용되는 경우라도 그에 대한 쟁송취소는 허용될 수 없다.

정답 ④

① 이행강제금의 본질상 시정명령을 받은 의무자가 이행강제금이 부과되기 전에 그 의무를 이행한 경우에는 비록 시정명령에서 정한 기간을 지나서 이행한 경우라도 이행강제금을 부과할 수 없다(대판 2018.1.25. 2015두35116).

② 「독점규제 및 공정거래에 관한 법률」상 시정명령을 받은 의무자가 이행강제금이 부과되기 전에 시정조치를 이행하거나 부작위 의무를 명하는 시정조치 불이행을 중단한 경우 과거의 시정조치 불이행기간에 대하여 이행강제금을 부과할 수 있다고 봄이 타당하다(대판 2019.12.12. 2018두63563).

정리
∵ 「독점규제 및 공정거래에 관한 법률」상 이행강제금은 단순히 장래의 의무이행 확보만을 목적으로 하는 것이 아니라 과거 의무위반에 대한 제재(징벌)적 의미도 있음

③ **교육공무원법**상 승진후보자 명부에 의한 승진심사 방식으로 행해지는 승진임용에서 승진후보자 명부에 포함되어 있던 후보자를 승진임용인사발령에서 제외하는 행위는 불이익처분으로서 항고소송의 대상인 처분에 해당한다고 보아야 한다(대판 2018.3.27. 2015두47492).

참고
<비교판례> 시험승진후보자명부에 등재되어 있던 자가 그 명부에서 삭제됨으로써 승진임용의 대상에서 제외되었다 하더라도, 그와 같은 시험승진후보자명부에서의 삭제행위는 결국 그 명부에 등재된 자에 대한 승진 여부를 결정하기 위한 행정청 내부의 준비과정에 불과하고, 그 자체가 어떠한 권리나 의무를 설정하거나 법률상 이익에 직접적인 변동을 초래하는 별도의 행정처분이 된다고 할 수 없다(대판 1997.11.14. 97누7325).

④ 의제된 인허가는 통상적인 인허가와 동일한 효력을 가지므로, 적어도 '부분 인허가 의제'가 허용되는 경우에는 그 효력을 제거하기 위한 법적 수단으로 의제된 인허가의 취소나 철회가 허용될 수 있고, 이러한 직권 취소·철회가 가능한 이상 그 의제된 인허가에 대한 쟁송취소 역시 허용된다(대판 2018.11.29. 2016두38792).

08

아래 사례에 관한 설명 중 옳지 않은 것은? (다툼이 있는 경우 판례에 의함)

> A대학교에 재학 중인 乙은 2015학년도 2학기에 수강한 B과목에서 F학점을 받았다. 그러나 乙은 해당 과목 시험에서 답안을 성실히 작성하였고 담당 시간강사가 요구하는 과제를 제출하였으며 해당 학기에 결석이 1회에 그쳐 자신이 받은 F학점이 부당하다고 생각하였다. 이에 乙은 해당 과목의 채점기준표와 채점이 완료된 자신의 답안지 그리고 자신과 비슷한 내용으로 답안을 작성하였다고 생각되는 丙의 답안지의 공개(복제물의 교부)를 「공공기관의 정보공개에 관한 법률」(이하, '정보공개법'이라 함)에 따라 A대학교 총장인 甲에게 청구하였다. 그러나 甲은 乙이 요청한 자료는 정보공개법상 비공개 대상 정보이고 시간강사가 채점기준표와 답안지를 보관하고 있어 대학이 보유하고 있지 않다는 이유로 자료의 공개를 거부하였다.

① 甲의 비공개결정은 거부처분에 해당하여 「행정절차법」상 특별한 사정이 없는 한 사전통지의 대상이 되지 아니한다.

② A대학교가 사립대학교라면 乙이 요청한 자료는 정보공개법의 적용대상이 아니다.

③ B과목에 대한 성적통지가 성적통지서(문서) 교부가 아닌 인터넷으로 확인(전자문서)하는 방식으로 이루어진다고 하더라도 이 전자문서는 정보공개법상 '정보'에 해당한다.

④ 만약 사안과는 달리 공개청구대상 답안지 및 채점기준표가 A대학교에 의해 일정기간 동안 관리되었지만 문서보존연한이 지나 폐기되었다면, 이들 답안지 및 채점기준표를 더 이상 보유·관리하고 있지 아니하다는 점에 대한 증명책임은 A대학교에 있다.

정답 ②

① 신청에 따른 처분이 이루어지지 아니한 경우에는 아직 당사자에게 권익이 부과되지 아니하였으므로 특별한 사정이 없는 한 신청에 대한 거부처분이라고 하더라도 직접 당사자의 권익을 제한하는 것은 아니어서 신청에 대한 거부처분을 여기에서 말하는 '당사자의 권익을 제한하는 처분'에 해당한다고 할 수 없는 것이어서 처분의 사전통지대상이 된다고 할 수 없다(대판 2003.11.28. 2003두674).

🔑 **정리** 거부처분(비공개결정)은 「행정절차법」상 사전통지대상X

② 구 공공기관의 정보공개에 관한 법률 **시행령** 제2조 제1호는 대통령령이 정하는 기관에 초·중등교육법 및 고등교육법 기타 다른 법률에 의하여 설치된 **각급 학교**를 포함시키고 있어, **사립대학교는 정보공개 의무기관인 공공기관에 해당하게 되었다**(대판 2006.8.24. 2004두2783).

③
> **공공기관의 정보공개에 관한 법률 제2조 (정의)**
> 이 법에서 사용하는 용어의 뜻은 다음과 같다.
> 1. "**정보**"란 공공기관이 직무상 작성 또는 취득하여 관리하고 있는 문서(**전자문서를 포함**한다. 이하 같다) 및 전자매체를 비롯한 모든 형태의 매체 등에 기록된 사항을 말한다.

④ 공개청구자는 그가 공개를 구하는 정보를 공공기관이 보유·관리하고 있을 상당한 개연성이 있다는 점에 대하여 입증할 책임이 있으나, **공개를 구하는 정보를 공공기관이 한때 보유·관리하였으나 후에 그 정보가 담긴 문서들이 폐기되어 존재하지 않게 된 것이라면 그 정보를 더 이상 보유·관리하고 있지 않다는 점에 대한 증명책임은 공공기관에 있다**(대판 2013.1.24. 2010두18918).

09

「행정대집행법」상 행정대집행에 대한 설명으로 옳은 것은? (다툼이 있는 경우 판례에 의함)

① 의무를 명하는 행정행위가 불가쟁력이 발생하지 않은 경우에는 그 행정행위에 따른 의무의 불이행에 대하여 대집행을 할 수 없다.
② 부작위하명에는 행정행위의 강제력의 효력이 있으므로 당해 하명에 따른 부작위의무의 불이행에 대하여는 별도의 법적 근거 없이 대집행이 가능하다.
③ 원칙적으로 '의무의 불이행을 방치하는 것이 심히 공익을 해하는 것으로 인정되는 경우'의 요건은 계고를 할 때에 충족되어 있어야 한다.
④ 「행정대집행법」 제2조에 따른 대집행의 실시여부는 행정청의 재량에 속하지 않는다.

정답 ③

① 불가쟁력이란 제소기간의 도과 등으로 상대방이 더 이상 행정행위의 효력을 다툴 수 없다는 행정행위의 효력을 말하는데, **불가쟁력의 발생 여부는 대집행의 요건과는 관계가 없다**.

🔑 **정리** 불가쟁력은 상대방과 관련O / (대집행하는) 행정청과는 관련X

② 부작위의무를 위반하여 금지된 건축물·광고물·도로장애물 등을 시설한 경우 그 시설에 대하여 곧바로 대집행을 할 수는 없고, 법령의 근거(예컨대 건축법 제79조, 도로법 제96조, 하천법 제69조, 옥외광고물 등 관리법 제10조 등)에 따라 작위의무를 부과(예컨대 철거명령)하여 그 부작위의무를 작위의무로 전환한 후에 그 작위의무의 불이행에 대해 대집행을 할 수가 있다(대판 1996.6.28. 96누4374).
③ 원칙적으로 대집행의 요건은 계고할 때에 이미 충족되어 있어야 한다.
④ 대집행의 요건이 충족된 경우에도 대집행을 실시할 것인지 여부는 행정청의 **재량**에 속한다(대판 1996.10.11. 96누8086).

10

> X주택재개발사업조합(이하 'X조합'이라 함)은 「도시 및 주거환경정비법」에 따라 관할 A행정청으로부터 조합설립인가를 받았고 甲을 조합장으로 선임하였다. 그 후 X조합은 분양신청을 기초로 관리처분계획을 수립하여 조합총회에 부의하였고, 조합총회에서 조합원들은 관리처분계획을 원안대로 의결하였다. A행정청은 관리처분계획을 인가·고시하였다. 이에 관한 설명 중 옳지 않은 것은? (다툼이 있는 경우 판례에 의함)
>
> ① X조합에 대한 조합설립인가처분이 무효인 경우에는 甲의 행위는 「도시 및 주거환경정비법」에서 정한 조합장의 행위라고 할 수 없다.
> ② 조합설립인가처분이 있은 후 조합설립결의의 하자를 이유로 조합설립의 효력을 부정하려면 항고소송으로 조합설립인가처분의 효력을 다투어야 한다.
> ③ X조합과 甲 사이의 선임·해임을 둘러싼 법률관계는 사법상의 법률관계이므로 조합장의 지위를 다투는 소송은 민사소송에 의하여야 한다.
> ④ 관리처분계획에 대한 인가·고시가 있은 이후 총회의결의 하자를 이유로 관리처분계획의 효력을 다투려면 당사자소송으로 총회의결의 효력 유무의 확인을 구하여야 한다.

정답 ④

① 토지 등 소유자로 구성되는 조합이 그 설립과정에서 조합설립인가처분을 받지 아니하였거나 설령 이를 받았다 하더라도 **처음부터 조합설립인가처분으로서 효력이 없는 경우에는**, 구 도시정비법 제13조에 의하여 정비사업을 시행할 수 있는 권한을 가지는 행정주체인 공법인으로서의 조합이 성립되었다 할 수 없고, 또한 **이러한 조합의 조합장, 이사, 감사로 선임된 자 역시 구 도시정비법에서 정한 조합의 임원이라 할 수 없다**(대판 2014.5.22. 2012도7190).

🔑 **정리**
∴ 조합설립인가처분이 무효라면
(조합장으로 선임된 자(甲) 역시 조합의 임원이 아니므로)
甲의 행위는 조합장의 행위X

② 구「도시정비법」상 재개발조합설립 인가신청에 대하여 행정청의 **조합설립인가처분**이 있은 **이후**에 조합설립결의에 하자가 있음을 이유로 재개발조합 설립의 효력을 부정하기 위해서는 **항고소송으로 조합설립인가처분의 효력을 다투어야** 하고, 특별한 사정이 없는 한 이와는 별도로 민사소송으로 행정청으로부터 조합설립인가처분을 하는 데 필요한 요건 중의 하나에 불과한 **조합설립결의**에 대하여 **무효확인**을 구할 확인의 이익은 **없다**고 보아야 한다(대결 2009.9.24. 2009마168·169).

③ **재개발조합과 조합장 또는 조합임원 사이의 선임·해임 등을 둘러싼 법률관계**는 **사법상**의 **법률관계**로서 **그 조합장 또는 조합임원의 지위를 다투는 소송은 민사소송에 의하여야 할 것이다**(대결 2009.9.24. 2009마168·169).

🔖 **정리**
재개발조합과 조합장 또는 조합임원 사이의 선임·해임 등을 둘러싼 법률관계 :
사법관계 ∴ 조합장 또는 조합임원의 지위를 다투는 소송은 민사소송
  ∴ 급여(금전) 때문에 발생한 다툼
VS 재개발조합과 조합원의 관계 : 공법관계
  ∴ (재개발조합에 대하여) 재개발조합원의 자격확인소송은 당사자소송

④ 도시 및 주거환경정비법상 주택재건축정비사업조합이 같은 법 제48조에 따라 수립한 **관리처분계획에 대하여 관할 행정청의 인가·고시**까지 있게 되면 관리처분계획은 행정처분으로서 효력이 발생하게 되므로, 총회결의 하자를 이유로 하여 행정처분의 효력을 다투는 항고소송의 방법으로 **관리처분계획의 취소 또는 무효확인**을 구하여야 하고, 그와 별도로 행정처분에 이르는 절차적 요건 중 하나에 불과한 **총회결의 부분만을 따로 떼어내어 효력 유무를 다투는 확인의 소를 제기하는 것은 특별한 사정이 없는 한 허용되지 않는다**(대판 2009.9.17. 2007다2428).

🔖 **정리**
관리처분계획 취소소송·무효등확인소송 제기○ / 조합 총회결의 무효등확인소송 제기✗

11

행정소송에 대한 설명으로 옳지 않은 것은? (다툼이 있는 경우 판례에 의함)

① 지방자치단체가 건축물을 건축하기 위하여 구「건축법」에 따라 미리 건축물의 소재지를 관할하는 허가권자인 다른 지방자치단체의 장과 건축협의를 한 경우, 허가권자인 지방자치단체의 장이 건축협의를 취소하는 행위는 항고소송의 대상이 되는 처분에 해당한다.

② 불특정 다수인에 대한 행정처분을 고시 또는 공고에 의하여 하는 경우에는 그 행정처분에 이해관계를 갖는 사람이 고시 또는 공고가 있었다는 사실을 현실적으로 알았는지 여부에 관계없이 고시 또는 공고가 효력을 발생한 날에 행정처분이 있음을 알았다고 보아야 한다.

③ 취소소송이 제기된 후에 피고를 경정하는 경우 제소기간의 준수 여부는 피고를 경정한 때를 기준으로 판단한다.

④ 구「도시 및 주거환경정비법」상 조합설립추진위원회 구성승인처분을 다투는 소송 계속 중 조합설립인가처분이 이루어진 경우 조합설립추진위원회 구성승인처분에 대하여 취소 또는 무효확인을 구할 법률상 이익이 없다.

정답 ③

---

① 허가권자인 지방자치단체의 장이 한 건축협의 거부행위는 비록 그 상대방이 국가 등 행정주체라 하더라도, 행정청이 행하는 구체적 사실에 관한 법집행으로서의 공권력 행사의 거부 내지 이에 준하는 행정작용으로서 행정소송법 제2조 제1항 제1호에서 정한 **처분에 해당한다고 볼 수 있고**, 이에 대한 법적 분쟁을 해결할 실효적인 다른 법적 수단이 없는 이상 국가 등은 허가권자를 상대로 항고소송을 통해 그 거부처분의 취소를 구할 수 있다고 해석된다(대판 2014.3.13. 2013두15934).

② 통상 고시 또는 공고에 의하여 행정처분을 하는 경우에는 그 처분의 상대방이 불특정 다수인이고, 그 처분의 효력이 불특정 다수인에게 일률적으로 적용되는 것이므로, 그 행정처분에 이해관계를 갖는 자는 고시 또는 공고가 있었다는 사실을 현실적으로 알았는지 여부에 관계없이 고시가 효력을 발생하는 날에 행정처분이 있음을 알았다고 보아야 하고, 따라서 그에 대한 취소소송은 그 날로부터 90일 이내에 제기하여야 한다(대판 2006.4.14. 2004두3847).

③
> **행정소송법 제14조 (피고경정)**
> **제1항** 원고가 피고를 잘못 지정한 때에는 법원은 원고의 신청에 의하여 결정으로써 **피고의 경정**을 허가할 수 있다.
> **제4항** 제1항의 규정에 의한 결정이 있은 때에는 **새로운 피고에 대한 소송은 처음에 소를 제기한 때에 제기된 것으로 본다**.

④ 구「도시 및 주거환경정비법」상 조합설립추진위원회 구성승인처분을 다투는 소송 계속 중에 조합설립인가처분이 이루어진 경우에는, 추진위원회 구성승인처분에 위법이 존재하여 조합설립인가 신청행위가 무효라는 점 등을 들어 직접 **조합설립인가처분을 다툼**으로써 정비사업의 진행을 저지하여야 하고, 이와는 별도로 **추진위원회 구성승인처분에 대하여 취소 또는 무효확인을 구할 법률상의 이익은 없다**고 보아야 한다(대판 2013.1.31. 2011두11112).

12

행정상 법률관계에 관한 설명 중 옳은 것(○)과 옳지 않은 것(×)을 올바르게 조합한 것은? (다툼이 있는 경우 판례에 의함)

> ㄱ. 「국유재산법」상 국유재산의 무단점유자에 대한 변상금의 부과는 「민법」상 부당이득반환청구권의 행사로 볼 수 있으므로 사법상의 법률행위에 해당한다.
> ㄴ. 지방자치단체에 근무하는 청원경찰이 뇌물을 받아 직무상 의무를 위반하였다는 이유로 파면을 당한 경우에, 청원경찰은 청원주와 사법상 근로계약을 체결함으로써 임용되는 것이므로 위 파면의 정당성에 대해서는 민사소송으로 다투어야 한다.
> ㄷ. 공익사업을 위한 토지 등의 취득 및 보상에 관한 법령에 의한 협의취득은 사법상의 법률행위이므로 당사자 사이의 자유로운 의사에 따라 채무불이행책임이나 매매대금 과부족금에 대한 지급의무를 약정할 수 있다.
> ㄹ. 중소기업 정보화지원사업에 따른 지원금 출연을 위하여 관계 행정기관의 장이 사인과 체결하는 협약은 공법상 대등한 당사자 사이의 의사표시 합치로 성립하는 공법상 계약에 해당한다.

	ㄱ	ㄴ	ㄷ	ㄹ
①	×	×	×	○
②	×	○	×	○
③	×	×	○	○
④	○	×	○	×

정답 ③

ㄱ. 국유재산법 제51조 제1항은 국유재산의 무단점유자에 대하여는 대부 또는 사용, 수익허가 등을 받은 경우에 납부하여야 할 대부료 또는 사용료 상당액 외에도 그 **징벌적 의미에서 국가측이 일방적으로 그 2할 상당액을 추가하여 변상금을 징수토록 하고 있**으며 동조 제2항은 **변상금의 체납시 국세징수법에 의하여 강제징수토록 하고 있는** 점 등에 비추어 보면 **국유재산의 관리청이 그 무단점유자에 대하여 하는 변상금부과처분은 순전히 사경제 주체로서 행하는 사법상의 법률행위라 할 수 없고 이는 관리청이 공권력을 가진 우월적 지위에서 행한 것으로서 행정소송의 대상이 되는 행정처분이라고 보아야 한다**(대판 1988.2.23. 87누1046·1047).

ㄴ. **국가나 지방자치단체에 근무하는 청원경찰은** 국가공무원법이나 지방공무원법상의 공무원은 아니지만, 다른 청원경찰과는 달리 그 임용권자가 행정기관의 장이고, 국가나 지방자치단체로부터 보수를 받으며, 산업재해보상보험법이나 근로기준법이 아닌 공무원연금법에 따른 재해보상과 퇴직급여를 지급받고, 직무상의 불법행위에 대하여도 민법이 아닌 국가배상법이 적용되는 등의 특질이 있으며 그 임용자격, 직무, 복무의무 내용 등을 종합하여 볼 때, **그 근무관계를 사법상의 고용계약관계로 보기는 어려우므로 그에 대한 징계처분의 시정을 구하는 소는 행정소송의 대상이지 민사소송의 대상이 아니다**(대판 1993.7.13. 92다47564).

ㄷ. **공익사업을 위한 토지 등의 취득 및 보상에 관한 법령(이하 '공익사업법령'이라고 한다)에 의한 협의취득은 사법상의 법률행위이므로 당사자 사이의 자유로운 의사에 따라 채무불이행책임이나 매매대금 과부족금에 대한 지급의무를 약정할 수 있다**(대판 2012.2.23. 2010다91206).

ㄹ. **중소기업 정보화지원사업에 따른 지원금 출연을 위하여 중소기업청장이 사인과 체결하는 협약은 공법상 대등한 당사자 사이의 의사표시의 합치로 성립하는 공법상 계약에 해당하는 점**, 구 중소기업 기술혁신 촉진법 제32조 제1항은 제10조가 정한 기술혁신사업과 제11조가 정한 산학협력 지원사업에 관하여 출연한 사업비의 환수에 적용될 수 있을 뿐 이와 근거 규정을 달리하는 중소기업 정보화지원사업에 관하여 출연한 지원금에 대하여는 적용될 수 없고 달리 지원금 환수에 관한 구체적인 법령상 근거가 없는 점 등을 종합하면, 협약의 해지 및 그에 따른 환수통보는 공법상 계약에 따라 행정청이 대등한 당사자의 지위에서 하는 의사표시로 보아야 하고, 이를 행정청이 우월한 지위에서 행하는 공권력의 행사로서 행정처분에 해당한다고 볼 수는 없다(대판 2015.8.27. 2015두41449).

13

다음 중 가장 옳지 않은 것은?

① 정신건강증진 및 정신질환자 복지서비스 지원에 관한 법률 제19조 제1항 및 의료법이 정신병원 등의 개설에 관하여는 허가제로, 정신과의원 개설에 관하여는 신고제로 각 규정하고 있는 것은 각 의료기관의 개설 목적 및 규모 등 차이를 반영한 합리적 차별로서 평등의 원칙에 반한다고 볼 수 없다.

② 공기업·준정부기관이 법령에 근거를 둔 행정처분으로서의 입찰참가자격 제한 조치를 한 것인지 계약에 근거한 권리행사로서의 입찰참가자격 제한 조치를 한 것인지 불분명한 경우 그 조치 상대방의 인식가능성 내지 예측가능성을 중요하게 고려하여 규범적으로 확정하여야 한다.

③ 징계사유인 성희롱 관련 형사재판에서 성희롱 행위가 있었다는 점을 합리적 의심을 배제할 정도로 확신하기 어렵다는 이유로 공소사실에 관하여 무죄가 선고되었다고 하여 그러한 사정만으로 행정소송에서 징계사유의 존재를 부정할 것은 아니다.

④ 고속형 시외버스운송사업의 면허 및 사업계획변경인가에 관한 권한은 국토해양부장관에게 유보되어 있지만 나머지 시외버스운송사업의 면허 및 사업계획변경인가에 관한 권한은 모두 시·도지사에게 위임되어 있으므로, 시·도지사가 관할 지역의 운송업체에 대하여 직행형 시외버스운송사업의 면허를 부여한 후 사실상 고속형 시외버스운송사업에 해당하는 운송사업을 할 수 있도록 사업계획변경을 인가하는 것은 시·도지사의 권한을 넘은 위법한 처분에 해당하지 않는다.

정답 ④

① **정신건강증진 및 정신질환자 복지서비스 지원에 관한 법률 제19조 제1항 및 의료법이 정신병원 등의 개설에 관하여는 허가제로, 정신과의원 개설에 관하여는 신고제로 각 규정하고 있는 것은 각 의료기관의 개설 목적 및 규모 등 차이를 반영한 합리적 차별로서 평등의 원칙에 반한다고 볼 수 없다**. 또한 신고제 규정으로 사인인 제3자에 의한 개인의 생명이나 신체 훼손의 위험성이 증가한다고 할 수 없어 기본권 보호의무에 위반된다고 볼 수도 없다(대판 2018.10.25. 2018두44302).

② 가. 공기업·준정부기관이 법령 또는 계약에 근거하여 선택적으로 입찰참가자격 제한 조치를 할 수 있는 경우, 계약상대방에 대한 입찰참가자격 제한 조치가 법령에 근거한 행정처분인지 아니면 계약에 근거한 권리행사인지는 원칙적으로 의사표시의 해석 문제이다. 이때에는 공기업·준정부기관이 계약상대방에게 통지한 문서의 내용과 해당 조치에 이르기까지의 과정을 객관적·종합적으로 고찰하여 판단하여야 한다. 그럼에도 불구하고 공기업·준정부기관이 법령에 근거를 둔 행정처분으로서의 입찰참가자격 제한 조치를 한 것인지 아니면 계약에 근거한 권리행사로서의 입찰참가자격 제한 조치를 한 것인지가 여전히 불분명한 경우에는, 그에 대한 불복방법 선택에 중대한 이해관계를 가지는 그 조치 상대방의 인식가능성 내지 예측가능성을 중요하게 고려하여 규범적으로 이를 확정함이 타당하다.

나. 공공기관의 운영에 관한 법률 제39조 제2항은, 공기업·준정부기관이 공정한 경쟁이나 계약의 적정한 이행을 해칠 것이 명백하다고 판단되는 행위를 한 부정당업자를 향후 일정 기간 입찰에서 배제하는 조항으로서, 공적 계약의 보호라는 일반예방적 목적을 달성함과 아울러 해당 부정당업자를 제재하기 위한 규정이다. 따라서 위 조항이 적용되는 부정당행위는 공기업·준정부기관을 상대로 하는 행위에 한정되는 것으로 해석함이 타당하다(대판 2018.10.25. 2016두33537).

③ 성희롱을 사유로 한 징계처분의 당부를 다투는 행정소송에서 징계사유에 대한 증명책임은 그 처분의 적법성을 주장하는 피고에게 있다. 다만 민사소송이나 행정소송에서 사실의 증명은 추호의 의혹도 없어야 한다는 자연과학적 증명이 아니고, 특별한 사정이 없는 한 경험칙에 비추어 모든 증거를 종합적으로 검토하여 볼 때 어떤 사실이 있었다는 점을 시인할 수 있는 고도의 개연성을 증명하는 것이면 충분하다. 민사책임과 형사책임은 지도이념과 증명책임, 증명의 정도 등에서 서로 다른 원리가 적용되므로, 징계사유인 성희롱 관련 형사재판에서 성희롱 행위가 있었다는 점을 합리적 의심을 배제할 정도로 확신하기 어렵다는 이유로 공소사실에 관하여 무죄가 선고되었다고 하여 그러한 사정만으로 행정소송에서 징계사유의 존재를 부정할 것은 아니다(대판 2018.4.12. 2017두74702).

🔖 정리

형사소송 : 확실성의 원칙이 지배 / 민사·행정소송 : 개연성의 원칙이 지배

🔖 정리

∴ (징계사유인) 성희롱 행위 :
  형사소송에서 인정되지 않더라도 행정소송에서 인정될 수 있음

④ 구「여객자동차 운수사업법」등 관계 법령의 규정을 종합하면, 시외버스운송사업은 고속형, 직행형, 일반형 등으로 구분되는데, 고속형 시외버스운송사업과 직행형 시외버스운송사업은 사용버스의 종류, 운행거리, 운행구간, 중간정차 여부 등에 의하여 구분된다. 나아가 고속형 시외버스운송사업의 면허에 관한 권한과 운행시간·영업소·정류소 및 운송부대시설의 변경을 넘는 사업계획변경인가에 관한 권한은 국토해양부장관에게 유보되어 있는 반면, 고속형 시외버스운송사업을 제외한 나머지 시외버스운송사업의 면허 및 사업계획변경인가에 관한 권한은 모두 시·도지사에게 위임되어 있다. 따라서 개별 시·도지사가 관할 지역의 운송업체에 대하여 직행형 시외버스운송사업의 면허를 부여한 후 사실상 고속형 시외버스운송사업에 해당하는 운송사업을 할 수 있도록 사업계획변경을 인가하는 것은 시·도지사의 권한을 넘은 위법한 처분에 해당한다(대판 2018.4.26. 2015두53824).

14

재량행위에 대한 설명 중 가장 옳지 않은 것은? (단, 다툼이 있는 경우 판례에 따름)

① 기속행위와 재량행위는 법원의 심사방식에 있어서 다르다.
② 주유소 영업의 양도인이 등유가 섞인 유사휘발유를 판매한 위법사유를 들어 그 양수인에게 대하여 한 6월의 석유판매업영업정지처분은 재량권 일탈로서 위법하다.
③ 재량행위의 사법심사는 행정청의 재량에 기한 공익판단의 여지를 감안하여 법원은 독자의 결론을 도출한 후 당해 행위에 재량권의 일탈·남용이 있는지 여부도 심사하게 된다.
④ 교과서검정이 고도의 학술상·교육상의 전문적인 판단을 요한다는 특성에 비추어 보면, 현저히 재량권의 범위를 일탈한 것이 아닌 이상 그 검정을 위법하다고 할 수 없다.

정답 ③

① 기속행위와 재량행위는 법원의 심사방식에 있어서 다르다(대판 2001.2.9. 98두17593).

② 주유소 영업의 양도인이 등유가 섞인 유사휘발유를 판매한 바를 모르고 이를 양수한 석유판매영업자에게 전 운영자인 양도인의 위법사유를 들어 사업정지기간 중 최장기인 6월의 사업정지에 처한 영업정지처분이 석유사업법에 의하여 실현시키고자 하는 공익목적의 실현보다는 양수인이 입게 될 손실이 훨씬 커서 재량권을 일탈한 것으로서 위법하다(대판 1992.2.25. 91누13106).

③ 재량행위의 사법심사는 행정청의 재량에 기한 공익판단의 여지를 감안하여 법원은 독자의 결론을 도출함이 없이 당해 행위에 재량권의 일탈·남용이 있는지 여부만을 심사하게 되고, 이러한 재량권의 일탈·남용 여부에 대한 심사는 사실오인, 비례·평등의 원칙 위배, 당해 행위의 목적 위반이나 동기의 부정 유무 등을 그 판단 대상으로 한다(대판 2001.2.9. 98두17593).

④ 교과서검정이 고도의 학술상·교육상의 전문적인 판단을 요한다는 특성에 비추어 보면, 교과용 도서를 검정함에 있어서 법령과 심사기준에 따라서 심사위원회의 심사를 거치고, 또 검정상 판단이 사실적 기초가 없다거나 사회통념상 현저히 부당하다는 등 현저히 재량권의 범위를 일탈한 것이 아닌 이상 그 검정을 위법하다고 할 수 없다(대판 1992.4.24. 91누6634).

15

행정상 강제집행에 대한 설명으로 옳은 것은? (다툼이 있는 경우 판례에 의함)

① 법령에 의해 행정대집행의 절차가 인정되는 경우에도 행정청은 따로 민사소송의 방법으로 시설물의 철거를 구할 수 있다.
② 행정대집행을 함에 있어 비상시 또는 위험이 절박한 경우에 당해 행위의 급속한 실시를 요하여 절차를 취할 여유가 없을 때에는 계고 및 대집행영장 통지 절차를 생략할 수 있다.
③ 체납자에 대한 공매통지는 체납자의 법적 지위나 권리·의무에 직접적인 영향을 주는 행정처분에 해당한다.
④ 「개발제한구역의 지정 및 관리에 관한 특별조치법」상 이행강제금을 부과·징수할 때마다 그에 앞서 시정명령 절차를 다시 거쳐야 한다.

정답 ②

① 행정상 강제집행이 가능한 경우에는 민사상 강제집행은 허용되지 않는다. 행정대집행의 절차가 인정되는 경우에는 따로 민사소송의 방법으로 시설물의 철거·수거 등 공법상 의무의 이행을 구하는 것은 허용되지 않는다(대판 2009.6.11. 2009다1122 ; 대판2000.5.12. 99다18909).

②
> **행정대집행법 제3조 (대집행의 절차)**
> 제3항 비상시 또는 위험이 절박한 경우에 있어서 당해 행위의 급속한 실시를 요하여 전2항에 규정한 수속(**계고 및 대집행영장 통지**)을 취할 여유가 없을 때에는 **그 수속을 거치지 아니하고** 대집행을 할 수 있다.

③ 체납자 등에 대한 공매통지자체가 그 상대방인 체납자 등의 법적 지위나 권리·의무에 직접적인 영향을 주는 행정처분에 해당한다고 할 것은 아니므로 다른 특별한 사정이 없는 한 체납자 등은 공매통지의 결여나 위법을 들어 공매처분의 취소 등을 구할 수 있는 것이지 공매통지 자체를 항고소송의 대상으로 삼아 그 취소 등을 구할 수는 없다(대판 2011.3.24. 2010두25527).

🔍 **정리**
공매통지 = 공매하겠다는 통지
∴ 아직 국민의 권리·의무가 확정적으로 변동X ∴ 처분성X

④ 「개발제한구역의 지정 및 관리에 관한 특별조치법」에 의하면 시정명령을 받은 후 그 시정명령의 이행을 하지 아니한 자에 대하여 이행강제금을 부과할 수 있고, 이행강제금을 부과하기 전에 상당한 기간을 정하여 그 기한까지 이행되지 아니할 때에 이행강제금을 부과·징수한다는 뜻을 문서로 계고하여야 하므로, 이행강제금의 부과·징수를 위한 계고는 시정명령을 불이행한 경우에 취할 수 있는 절차라 할 것이고, 따라서 이행강제금을 부과·징수할 때마다 그에 앞서 시정명령 절차를 다시 거쳐야 할 필요는 없다(대판 2013.12.12. 2012두20397).

16

무효등확인소송 및 부작위위법확인소송에 대한 설명 중 가장 옳지 않은 것은? (단, 다툼이 있는 경우 판례에 따름)

① 무효확인소송의 제기에 있어서 무효확인을 구할 법률상 이익은 있어야 하지만 무효확인소송의 보충성이 요구되는 것은 아니다.
② 부작위위법확인소송은 부작위의 직접상대방이 아닌 제3자라 하더라도 부작위위법확인을 받을 법률상의 이익이 있는 경우에는 원고적격이 인정된다.
③ 행정청이 당사자의 신청에 대하여 거부처분을 한 경우 항고소송의 대상인 위법한 부작위가 있다고 볼 수 있어 부작위위법확인의 소를 제기할 수 있다.
④ 일반적으로 행정처분의 무효확인을 구하는 소에는 원고가 그 처분의 취소를 구하지 아니한다고 밝히지 아니한 이상 그 처분이 만약 당연무효가 아니라면 그 취소를 구하는 취지도 포함되어 있는 것으로 보아야 한다.

정답 ③

① 행정처분의 근거 법률에 의하여 보호되는 직접적이고 구체적인 이익이 있는 경우에는 행정소송법 제35조에 규정된 '무효확인을 구할 법률상 이익'이 있다고 보아야 하고, 이와 별도로 무효확인소송의 보충성이 요구되는 것은 아니므로 행정처분의 무효를 전제로 한 이행소송 등과 같은 직접적인 구제수단이 있는지 여부를 따질 필요가 없다고 해석함이 상당하다(대판 2008.3.20. 2007두6342).

② 행정소송법상 취소소송이나 부작위위법확인소송에 있어서는 당해 행정처분 또는 부작위의 직접상대방이 아닌 제3자라 하더라도 그 처분의 취소 또는 부작위위법확인을 받을 법률상의 이익이 있는 경우에는 원고적격이 인정되나 여기서 말하는 법률상의 이익은 그 처분 또는 부작위의 근거법률에 의하여 보호되는 직접적이고 구체적인 이익을 말하고, 간접적이거나 사실적, 경제적 관계를 가지는데 불과한 경우는 포함되지 않는다(대판 1989.5.23. 88누8135).

③ 행정청이 당사자의 신청에 대하여 거부처분을 한 경우에는 항고소송의 대상인 위법한 부작위가 있다고 볼 수 없어 그 부작위위법확인의 소는 부적법하다(대판 1998.1.23. 96누12641).

④ 일반적으로 행정처분의 무효확인을 구하는 소에는 원고가 그 처분의 취소를 구하지 아니한다고 밝히지 아니한 이상 그 처분이 만약 당연무효가 아니라면 그 취소를 구하는 취지도 포함되어 있는 것으로 보아야 한다(대판 1994.12.23. 94누477).

17

甲은 주유소를 운영하던 중 가짜 석유제품을 저장·판매하여 「석유사업법」을 위반한 사실이 2차 적발되었고, 「석유사업법 시행규칙」[별표1]로 정한 처분기준에 따라 행정청으로부터 6개월의 사업정지처분(이하 '이 사건 처분'이라 함)을 받았다. 이에 관한 설명 중 옳은 것은? (다툼이 있는 경우 판례에 의함)

< 참고 >

「석유사업법 시행규칙」[별표1] 행정처분기준
1. 위반행위 : 가짜 석유제품을 제조·수입·저장·운송·보관 또는 판매한 경우
2. 근거 법조문 : 법 ○○조
3. 행정처분기준 : 1회 위반 – 사업정지 3개월
        2회 위반 – 사업정지 6개월
        3회 위반 – 등록취소 또는 영업장 폐쇄

① 이 사건 처분에서 정한 사업정지기간이 경과하여 그 효력이 소멸한 이후에는 甲은 이 사건 처분에 대한 취소소송을 제기할 법률상 이익이 없다.
② 甲이 청구한 행정심판에서 이 사건 처분을 3개월의 사업정지처분에 갈음하는 과징금으로 변경하는 재결이 있었으나, 여전히 甲이 처분사유가 부존재함을 주장하여 다투고자 한다면 甲은 재결을 대상으로 하여 취소소송을 제기하여야 한다.
③ 甲의 위반사실이 명백하다면 이 사건 처분을 하면서 甲에게 법령상 사업정지기간의 감경에 관한 참작 사유가 있음에도 이를 전혀 고려하지 않았다고 하여 그 자체로 재량권을 일탈·남용한 위법한 처분이 되는 것은 아니다.
④ 행정법규 위반에 대한 제재조치는 행정목적의 달성을 위하여 행정법규 위반이라는 객관적 사실에 착안하여 가하는 제재이므로, 甲이 고용한 직원이 위반행위를 한 경우라도 법령상 책임자인 甲에게 이 사건 처분을 할 수 있다.

정답 ④

① 제재적 행정처분이 그 처분에서 정한 제재기간의 경과로 인하여 그 효과가 소멸되었으나, 부령인 시행규칙 또는 지방자치단체의 규칙의 형식으로 정한 처분기준에서 제재적 행정처분을 받은 것을 가중사유나 전제요건으로 삼아 장래의 제재적 행정처분을 하도록 정하고 있는 경우, 그러한 규칙이 정한 바에 따라 <u>선행처분을 가중사유</u> 또는 전제요건으로 하는 후행처분을 받을 우려가 현실적으로 존재하는 경우에는, 선행처분을 받은 상대방은 비록 그 처분에서 정한 제재기간이 경과하였다 하더라도 그 처분의 취소소송을 통하여 그러한 불이익을 제거할 권리보호의 필요성이 충분히 인정된다고 할 것이므로, <u>선행처분의 취소를 구할 법률상 이익이 있다</u>고 보아야 한다(대판 2006.6.22. 2003두1684).
② <u>행정심판에서 적극적 변경재결이 있은 후 상대방이 이에 불복하여 소송을 제기하는 경우 원처분주의에 따라 재결은 소송의 대상이 아니고 (적극적 변경재결로 인하여 감경되고) 남은 원처분 즉 수정된 원처분을 대상으로 (처분청으로 피고로 하여) 소송을 제기</u>하여야 한다.

③ 영업정지기간의 감경에 관한 참작 사유가 존재하는 경우, 행정청이 그 사유까지 고려하고도 영업정지기간을 감경하지 아니한 채 시행령이 정한 영업정지기간대로 영업정지처분을 한 때에는 이를 위법하다고 단정할 수 없으나, <u>위와 같은 사유가 있음에도 이를 전혀 고려하지 않거나 감경 사유에 해당하지 않는다고 오인한 나머지 영업정지기간을 감경하지 아니하였다면 영업정지처분은 재량권을 일탈·남용한 위법한 처분이다</u>(대판 2016.8.29. 2014두45956).
④ <u>과징금부과처분</u>은 제재적 행정처분으로서 행정목적의 달성을 위하여 <u>행정법규 위반</u>이라는 객관적 사실에 착안하여 가하는 <u>제재</u>이므로 반드시 현실적인 행위자가 아니라도 <u>법령상 책임자</u>로 규정된 자에게 <u>부과</u>되고 원칙적으로 위반자의 <u>고의·과실</u>을 요하지 <u>아니</u>하나, 위반자의 의무 해태를 탓할 수 없는 정당한 사유가 있는 등의 특별한 사정이 있는 경우에는 이를 부과할 수 없다고 보아야 한다(대판 2014.10.15. 2013두5005).

18

금전상의 제재에 대해서 가장 옳지 않은 것은? (단, 다툼이 있는 경우 판례에 따름)

① 부동산 실권리자명의 등기에 관한 법률 및 시행령상 명의신탁자에 대하여 과징금을 부과할 것인지 여부는 재량행위에 해당한다.
② 부동산 실권리자명의 등기에 관한 법률에 의하여 부과된 과징금 채무는 대체적 급부가 가능한 의무이므로 위 과징금을 부과 받은 자가 사망한 경우 그 상속인에게 포괄승계된다.
③ 행정청이 과징금 부과처분을 한 후 감액처분을 한 경우에 항고소송의 대상은 처음의 부과처분 중 감액처분에 의하여 취소되지 않고 남은 부분이고 감액처분이 항고소송의 대상이 되는 것은 아니다.
④ 독점규제 및 공정거래에 관한 법률에 의한 부당내부거래에 대한 과징금은 헌법 제13조 제1항에서 금지하는 국가형벌권 행사로서의 '처벌'에 해당한다고는 할 수 없다.

정답 ①

① 부동산 실권리자명의 등기에 관한 법률 및 시행령상 <u>명의신탁자에 대하여 과징금을 부과할 것인지 여부는 기속행위에 해당하므로</u>, 명의신탁이 조세를 포탈하거나 법령에 의한 제한을 회피할 목적이 아닌 경우에 한하여 그 과징금을 일정한 범위 내에서 감경할 수 있을 뿐이지 그에 대하여 과징금 부과처분을 하지 않거나 과징금을 전액 감면할 수 있는 것은 아니다(대판 2007.7.12. 2005두17287).
② 부동산 실권리자명의 등기에 관한 법률에 의하여 부과된 <u>과징금 채무는 대체적 급부가 가능한 의무이므로 위 과징금을 부과 받은 자가 사망한 경우 그 상속인에게 포괄승계된다</u>(대판 1999.5.14. 99두35).

> **참고**
> <비교판례> 구 건축법상의 이행강제금은 구 건축법의 위반행위에 대하여 시정명령을 받은 후 시정기간 내에 당해 시정명령을 이행하지 아니한 건축주 등에 대하여 부과되는 간접강제의 일종으로서 그 이행강제금 납부의무는 상속인 기타의 사람에게 승계될 수 없는 일신전속적인 성질의 것이므로 이미 사망한 사람에게 이행강제금을 부과하는 내용의 처분이나 결정은 당연무효이다(대판 2006.12.8. 2006마470).

③ 과징금 부과처분에서 행정청이 납부의무자에 대하여 부과처분을 한 후 그 부과처분의 하자를 이유로 과징금의 액수를 감액하는 경우에 그 감액처분은 감액된 과징금 부분에 관하여만 법적 효과가 미치는 것으로서 처음의 부과처분과 별개 독립의 과징금 부과처분이 아니라 그 실질은 당초 부과처분의 변경이고, 그에 의하여 과징금의 일부취소라는 납부의무자에게 유리한 결과를 가져오는 처분이므로 처음의 부과처분이 전부 실효되는 것은 아니며, 그 감액처분으로도 아직 취소되지 않고 남아 있는 부분이 위법하다고 하여 다투는 경우 항고소송의 대상은 처음의 부과처분 중 감액처분에 의하여 취소되지 않고 남은 부분이고 감액처분이 항고소송의 대상이 되는 것은 아니다(대판 2008.2.15. 2006두3957).

④ 독점규제 및 공정거래에 관한 법률에 의한 부당내부거래에 대한 과징금은 그 취지와 기능, 부과의 주체와 절차 등을 종합할 때 부당내부거래 억지라는 행정목적을 실현하기 위하여 그 위반행위에 대하여 제재를 가하는 행정상의 제재금으로서의 기본적 성격에 부당이득환수적 요소도 부가되어 있는 것이라 할 것이고, 이를 두고 헌법 제13조 제1항에서 금지하는 국가형벌권 행사로서의 '처벌'에 해당한다고는 할 수 없으므로, 공정거래법에서 형사처벌과 아울러 과징금의 병과를 예정하고 있더라도 이중처벌금지원칙에 위반된다고 볼 수 없으며, 이 과징금 부과처분에 대하여 공정력과 집행력을 인정한다고 하여 이를 확정판결 전의 형벌집행과 같은 것으로 보아 무죄추정의 원칙에 위반된다고도 할 수 없다(헌재 2003.7.24. 2001헌가25).

19

행정행위의 하자의 치유에 대한 설명으로 옳은 것은? (다툼이 있는 경우 판례에 의함)

① 처분에 하자가 있더라도 처분청이 처분 이후에 새로운 사유를 추가하였다면, 처분 당시의 하자는 치유된다.
② 징계처분이 중대하고 명백한 하자로 인해 당연무효의 것이라도 징계처분을 받은 원고가 이를 용인하였다면 그 하자는 치유된다.
③ 행정청이 청문서 도달기간을 다소 어겼다 하더라도 당사자가 이에 대하여 이의하지 아니한 채 스스로 청문일에 출석하여 방어의 기회를 충분히 가졌다면 청문서 도달기간을 준수하지 아니한 하자는 치유된다.
④ 토지소유자 등의 동의율을 충족하지 못했다는 주택재건축정비사업 조합설립인가처분 당시의 하자는 후에 토지소유자등의 추가동의서가 제출되었다면 치유된다.

정답 ③

① 행정처분의 적법 여부는 처분 당시의 사유와 사정을 기준으로 판단하여야 하고, 처분청이 처분 이후에 추가한 새로운 사유를 보태어 당초 처분의 흠을 치유시킬 수는 없다(대판 1987.8.18. 87누49).
② 징계처분이 중대하고 명백한 흠 때문에 당연무효의 것이라면 징계처분을 받은 자가 이를 용인하였다 하여 그 흠이 치유되는 것은 아니다(대판 1989.12.12. 88누8869).
③ 행정청이 「식품위생법」상의 청문절차를 이행함에 있어 청문서 도달기간을 다소 어겼다 하더라도 영업자가 이에 대하여 이의하지 아니한 채 스스로 청문일에 출석하여 그 의견을 진술하고 변명하는 등 방어의 기회를 충분히 가졌다면 청문서 도달기간을 준수하지 아니한 하자는 치유되었다고 봄이 상당하다(대판 1992.10.23. 92누2844).
④ 주택재건축정비사업 설립인가처분 당시 동의율을 충족하지 못한 하자는 후에 추가 동의서가 제출되었다는 사정만으로 치유될 수 없다(대판 2013.7.11. 2011두27544).

20

甲은 2013. 11. 6. 乙로부터 A시 소재 B 유흥주점의 영업시설 일체를 양도받아, 2013. 12. 2. A시장에게 영업자 지위를 승계하였음을 신고하고 위 주점을 운영하여 왔다. 그런데 甲이 인수하기 전인 2013. 10. 초순, 乙은 청소년인 丙, 丁(당시 각 18세)을 유흥접객원으로 고용하여 유흥행위를 하게 하였다. 이에 A시장은 2014. 2. 3. 甲에 대하여 「식품위생법」 위반을 이유로 영업허가를 취소하였다. 이에 관한 설명 중 옳지 않은 것은? (단, 다툼이 있는 경우 판례에 따름)

① A시장이 甲의 지위승계신고를 수리하는 행위는 실질적으로 乙의 영업허가를 취소함과 아울러 甲에게 적법하게 영업을 할 수 있는 권리를 설정하여 주는 행위이다.
② A시장의 乙에 대한 영업허가는 대물적 허가이지만, 만일 乙에 대한 영업정지처분이 내려졌다면 그 효과는 甲에게 승계되지 않음이 원칙이다.
③ 만일 A시장이 2013. 11. 27. 乙에 대한 허가취소처분을 하였다면, 甲은 지위승계신고 수리 이전이라도 사실상 양수인으로서 이를 소송상 다툴 법률상 이익이 있다.
④ 영업양도가 무효이면 지위승계신고 수리가 있었더라도 그 수리는 무효이므로 乙은 민사쟁송으로 양도·양수행위의 무효를 구함이 없이 막바로 허가관청을 상대로 신고수리처분의 무효확인을 구할 법률상 이익이 있다.

정답 ②

① 구 식품위생법상 영업양도에 따른 지위승계신고를 수리하는 허가관청의 행위는 단순히 양도인과 양수인 사이에 이미 발생한 사법상 사업양도의 법률효과에 의하여 양수인이 영업을 승계하였다는 사실의 신고를 접수하는 행위에 그치는 것이 아니라, 실질적으로 양도자의 사업허가 등을 취소함과 아울러 양수자에게 적법하게 사업을 할 수 있는 권리를 설정하여 주는 행위로서 사업허가자 등의 변경이라는 법률효과를 발생시키는 행위라고 할 것이다(대판 2012.1.12. 2011도6561).

② 소위 대물적 허가의 성질을 갖는 영업허가에 있어서는 그 사업의 양도도 가능하고, 이 경우 양수인은 양도인의 지위를 승계하게 됨에 따라 양도인의 위 허가에 따른 권리의무가 양수인에게 이전되는 것이다(대판 1986.7.22. 86누203).

③ 수허가자의 지위를 양수받아 명의변경신고를 할 수 있는 양수인의 지위는 단순한 반사적 이익이나 사실상의 이익이 아니라 법령에 의하여 보호되는 직접적이고 구체적인 이익으로서 법률상 이익이라고 할 것이고, 허가가 유효하게 존속하고 있다는 것이 양수인의 명의변경신고의 전제가 된다는 의미에서 관할 행정청이 양도인에 대하여 허가를 취소하는 처분을 하였다면 이는 양수인의 지위에 대한 직접적 침해가 된다고 할 것이므로 양수인은 허가를 취소하는 처분의 취소를 구할 법률상 이익을 가진다(대판 2003.7.11. 2001두6289).

④ 사업양도·양수에 따른 허가관청의 지위승계신고의 수리는 적법한 사업의 양도·양수가 있었음을 전제로 하는 것이므로 그 수리대상인 사업양도·양수가 존재하지 아니하거나 무효인 때에는 수리를 하였다 하더라도 그 수리는 유효한 대상이 없는 것으로서 당연히 무효라 할 것이고, 사업의 양도행위가 무효라고 주장하는 양도자는 민사쟁송으로 양도·양수행위의 무효를 구함이 없이 막바로 허가관청을 상대로 하여 행정소송으로 위 신고수리처분의 무효확인을 구할 법률상 이익이 있다(대판 2005.12.23. 2005두3554).

제07회 적중 동형 모의고사 문제 및 해설

정답 모아보기

01	③	02	④	03	③	04	③	05	②
06	③	07	④	08	④	09	①	10	①
11	③	12	②	13	①	14	②	15	③
16	④	17	③	18	③	19	④	20	②

01

다음 중 옳지 않은 것은? (다툼이 있는 경우 판례에 의함)

① 사업시행자가 지장물에 관하여 토지보상법 제75조 제1항 단서 제1호 또는 제2호에 따라 지장물의 가격으로 보상한 경우 특별한 사정이 없는 한 지장물의 소유자는 사업시행자에게 지장물을 인도할 의무가 있다.

② '도시 및 주거환경정비법' 제81조 제1항 단서 제2호에서 정한 '공익사업을 위한 토지 등의 취득 및 보상에 관한 법률'에 따른 손실보상이 완료되기 위해서는 협의나 수용재결 등에 따른 주거이전비 등의 지급이 이루어져야 한다.

③ 주거이전비 등의 지급이 이루어지지 않더라도, 관리처분계획의 인가·고시가 있었다면 종전 토지 또는 건축물의 소유자·임차권자 등 권리자가 종전 토지나 건축물을 사용·수익할 수는 없다.

④ 주거이전비 등의 지급이 이루어지지 않은 경우, 주거이전비 등을 지급할 의무가 있는 사업시행자가 종전 토지나 건축물을 사용·수익하고 있는 현금청산대상자를 상대로 불법점유로 인한 손해배상을 청구할 수는 없다.

정답 ③

①, ②, ③, ④ 가. 사업시행자가 지장물에 관하여 토지보상법 제75조 제1항 단서 제1호 또는 제2호에 따라 지장물의 가격으로 보상한 경우 특별한 사정이 없는 한 지장물의 소유자는 사업시행자에게 지장물을 인도할 의무가 있다.
나. '도시 및 주거환경정비법' 제81조 제1항 단서 제2호에서 정한 '공익사업을 위한 토지 등의 취득 및 보상에 관한 법률'에 따른 **손실보상이 완료**되려면 협의나 수용재결에서 정해진 토지나 건축물 등에 대한 보상금의 지급 또는 공탁뿐만 아니라 **주거이전비 등에 대한 지급절차**까지 이루어져야 한다. 만일 협의나 재결절차 등에 따라 주거이전비 등의 지급절차가 이루어지지 않았다면, 관리처분계획의 인가·고시가 있더라도 종전의 토지 또는 건축물의 소유자·임차권자 등 권리자는 종전의 토지나 건축물을 사용·수익할 수 있다. 위와 같이 주거이전비 등을 지급할 의무가 있는 사업시행자가 종전 토지나 건축물을 사용·수익하고 있는 현금청산대상자를 상대로 불법점유로 인한 손해배상을 청구하는 것은 허용되지 않는다(대판 2023.8.18. 2021다249810).

정리
손실보상은 사전보상이 원칙
∴ 주거이전비 등의 지급X →
(관리처분계획의 인가·고시가 있더라도) 공익사업 착수X

02

다음 중 가장 옳지 않은 것은? (다툼이 있는 경우 판례에 의함)

① 공무원연금법령상 급여를 받으려고 하는 자는 우선 급여지급을 신청하여 공무원연금공단이 이를 거부하거나 일부 금액만 인정하는 급여지급결정을 하는 경우 그 결정을 대상으로 항고소송을 제기하는 등으로 구체적 권리를 인정받아야 한다.

② 법무사가 사무원을 채용할 때 소속 지방법무사회로부터 승인을 받아야 할 의무는 공법상 의무이다.

③ 사무처리의 긴급성으로 인하여 해양경찰의 직접적인 지휘를 받아 보조로 방제작업을 한 경우, 사인은 그 사무를 처리하며 지출한 필요비 내지 유익비의 상환을 국가에 대하여 민사소송으로 청구할 수 있다.

④ 군인연금법령상 급여를 받으려고 하는 사람이 국방부장관에게 급여지급을 청구하였으나 거부된 경우, 곧바로 국가를 상대로 한 당사자소송으로 급여의 지급을 청구할 수 있다.

정답 ④

① 공무원연금법령상 급여를 받으려고 하는 자는 우선 관계 법령에 따라 공무원연금공단에 급여지급을 신청하여 공무원연금공단이 이를 거부하거나 일부 금액만 인정하는 급여지급결정을 하는 경우 그 결정을 대상으로 항고소송을 제기하는 등으로 구체적 권리를 인정받아야 하고, 구체적인 권리가 발생하지 않은 상태에서 곧바로 공무원연금공단을 상대로 한 당사자소송으로 권리의 확인이나 급여의 지급을 소구하는 것은 허용되지 아니한다(대판 2017.2.9. 2014두43264).

② 법무사 사무원 채용승인은 본래 법무사에 대한 감독권한을 가지는 소관 지방법원장에 의한 국가사무였다가 지방법무사회로 이관되었으나, 이후에도 소관 지방법원장은 지방법무사회로부터 채용승인 사실의 보고를 받고 이의신청을 직접 처리하는 등 지방법무사회의 업무수행 적정성에 대한 감독을 하고 있다. 또한 법무사가 사무원 채용에 관하여 법무사법이나 법무사규칙을 위반하는 경우에는 소관 지방법원장으로부터 징계를 받을 수 있으므로, **법무사에 대하여 지방법무사회로부터 채용승인을 얻어 사무원을 채용할 의무**는 법무사법에 의하여 강제되는 **공법적 의무이다**(대판 2020.4.9. 2015다34444).

③ 甲 주식회사 소유의 유조선에서 원유가 유출되는 사고가 발생하자 해상 방제업 등을 영위하는 乙 주식회사가 피해 방지를 위해 **해양경찰의 직접적인 지휘**를 받아 방제작업을 보조한 사안에서, 甲회사의 조치만으로는 원유 유출사고에 따른 해양오염을 방지하기 곤란할 정도로 긴급방제조치가 필요한 상황이었고, 위 방제작업은 乙 회사가 국가를 위해 처리할 수 있는 국가의 의무 영역과 이익 영역에 속하는 사무이며, 乙 회사가 방제작업을 하면서 해양경찰의 지시·통제를 받았던 점 등에 비추어 乙 회사는 국가의 사무를 처리한다는 의사로 방제작업을 한 것으로 볼 수 있으므로, **乙 회사는 사무관리에 근거하여 국가에 방제비용을 청구할 수 있다** (대판 2014.12.11. 2012다15602).

🖊 정리
공법상 사무관리는 특별한 규정이 없는 한 민법이 유추적용O
∴ (공법상 사무관리에 근거한) 비용상환청구소송은 민사소송

④ 국방부장관 등이 하는 급여지급결정은 단순히 급여수급 대상자를 확인·결정하는 것에 그치는 것이 아니라 구체적인 급여수급액을 확인·결정하는 것까지 포함한다. **구 군인연금법령상 급여를 받으려고 하는 사람은 우선 관계 법령에 따라 국방부장관 등에게 급여지급을 청구하여 국방부장관 등이 이를 거부하거나 일부 금액만 인정하는 급여지급결정을 하는 경우 그 결정을 대상으로 항고소송을 제기하는 등으로 구체적 권리를 인정받은 다음 비로소 당사자소송으로 그 급여의 지급을 구해야 한다.** 이러한 구체적인 권리가 발생하지 않은 상태에서 곧바로 국가를 상대로 한 당사자소송으로 급여의 지급을 소구하는 것은 허용되지 않는다(대판 2021.12.16. 2019두45944).

03

행정계획에 대해서 가장 옳지 않은 것은? (단, 다툼이 있는 경우 판례에 따름)

① 도시계획법 등 관계 법령에는 추상적인 행정목표와 절차만이 규정되어 있을 뿐 행정계획의 내용에 대하여는 별다른 규정을 두고 있지 아니하므로 행정주체는 구체적인 행정계획을 입안·결정함에 있어서 비교적 광범위한 형성의 자유를 가진다.
② 택지개발촉진법상의 건설교통부장관(현 국토교통부장관)의 택지개발예정지구의 지정 및 택지개발계획의 승인은 각각 별개의 법률효과를 발생하는 독립한 행정처분이다.
③ 장기미집행 도시계획시설결정의 실효제도는 도시계획시설부지로 하여금 도시계획시설결정으로 인한 사회적 제약으로부터 벗어나게 하는 것으로서 헌법상 재산권으로부터 도출되는 권리라고 보는 것이 타당하다.
④ 국토해양부, 환경부, 문화체육관광부, 농림수산부, 식품부가 합동으로 발표한 '4대강 살리기 마스터플랜' 등은 행정기관 내부에서 사업의 기본방향을 제시하는 것일 뿐, 국민의 권리·의무에 직접 영향을 미치는 것이 아니어서 행정처분에 해당하지 않는다.

정답 ③

① 행정계획이라 함은 행정에 관한 전문적·기술적 판단을 기초로 하여 도시의 건설·정비·개량 등과 같은 특정한 행정목표를 달성하기 위하여 서로 관련되는 행정수단을 종합·조정함으로써 장래의 일정한 시점에 있어서 일정한 질서를 실현하기 위한 활동기준으로 설정된 것으로서, 도시계획법 등 관계 법령에는 추상적인 행정목표와 절차만이 규정되어 있을 뿐 행정계획의 내용에 대하여는 별다른 규정을 두고 있지 아니하므로 행정주체는 구체적인 행정계획을 입안·결정함에 있어서 비교적 광범위한 형성의 자유를 가진다고 할 것이지만, 행정주체가 가지는 이와 같은 형성의 자유는 무제한적인 것이 아니라 그 행정계획에 관련되는 자들의 이익을 공익과 사익 사이에서는 물론이고 공익 상호간과 사익 상호간에도 정당하게 비교교량하여야 한다는 제한이 있는 것이고, 따라서 행정주체가 행정계획을 입안·결정함에 있어서 이익형량을 전혀 행하지 아니하거나 이익형량의 고려 대상에 마땅히 포함시켜야 할 사항을 누락한 경우 또는 이익형량을 하였으나 정당성·객관성이 결여된 경우에는 그 행정계획결정은 재량권을 일탈·남용한 것으로서 위법하다(대판 1996.11.29. 96누8567).

② **택지개발촉진법상의 건설교통부장관(현 국토교통부장관)의 택지개발예정지구의 지정**은 그 처분의 고시에 의하여 개발할 토지의 위치, 면적과 그 행사가 제한되는 권리내용 등이 특정되는 처분인 반면에, 같은 **법상의 건설교통부장관(현 국토교통부장관)의 택지개발계획 시행자에 대한 택지개발계획의 승인**은 당해 사업이 택지개발촉진법상의 택지개발사업에 해당함을 인정하여 시행자가 그 후 일정한 절차를 거칠 것을 조건으로 하여 일정한 내용의 수용권을 설정하여 주는 처분으로서 그 승인고시에 의하여 수용할 목적물의 범위가 확정되는 것이므로, 그 두 처분은 후자가 전자의 처분을 전제로 하는 것이기는 하나 **각각 단계적으로 별개의 법률효과를 발생하는 독립한 행정처분이다**(대판 1996.12.6. 95누8409).

③ **장기미집행 도시계획시설결정의 실효제도는 도시계획시설부지로 하여금 도시계획시설결정으로 인한 사회적 제약으로부터 벗어나게 하는 것으로서** 결과적으로 개인의 재산권이 보다 보호되는 측면이 있는 것은 사실이나, 이와 같은 보호는 입법자가 새로운 제도를 마련함에 따라 얻게 되는 법률에 기한 권리일 뿐 **헌법상 재산권으로부터 당연히 도출되는 권리는 아니다**(헌재 2005.9.29. 2002헌바84).

④ **국토해양부, 환경부, 문화체육관광부, 농림수산부, 식품부가 합동으로 2009. 6. 8. 발표한 '4대강 살리기 마스터플랜' 등은** 4대강 정비사업과 주변 지역의 관련 사업을 체계적으로 추진하기 위하여 수립한 종합계획이자 '4대강 살리기 사업'의 기본방향을 제시하는 계획으로서, **행정기관 내부에서 사업의 기본방향을 제시하는 것일 뿐, 국민의 권리·의무에 직접 영향을 미치는 것이 아니어서 행정처분에 해당하지 않는다**(대판 2011.4.21. 2010무111).

04

행정지도에 대한 판례의 입장으로 옳은 것(O)과 옳지 않은 것(×)을 바르게 조합한 것은?

ㄱ. 행정관청이 구 「국토이용관리법」 소정의 토지거래계약 신고에 관하여 공시된 기준시가를 기준으로 매매가격을 신고하도록 행정지도를 하여 그에 따라 허위신고를 한 것이라 하더라도 이와 같은 행정지도는 법에 어긋나는 것으로서 그 범법행위가 정당화될 수 없다.

ㄴ. 교육인적자원부장관의 국·공립대학총장들에 대한 학칙시정요구는 대학총장의 임의적인 협력을 통하여 사실상의 효과를 발생시키는 행정지도의 일종으로 헌법소원의 대상이 되는 공권력행사라고 볼 수 없다.

ㄷ. 노동부장관이 공공기관 단체협약내용을 분석하여 불합리한 요소를 개선하라고 요구한 행위는 행정지도로서의 한계를 넘어 규제적·구속적 성격을 강하게 갖는다고 할 수 없어 헌법소원의 대상이 되는 공권력의 행사에 해당한다고 볼 수 없다.

ㄹ. 행정기관의 위법한 행정지도로 일정기간 어업권을 행사하지 못하는 손해를 입은 자가 그 어업권을 타인에게 매도하여 매매대금 상당의 이득을 얻은 경우, 손해배상액의 산정에서 그 이득을 손익상계 할 수 있다.

	ㄱ	ㄴ	ㄷ	ㄹ
①	O	O	O	O
②	O	×	×	×
③	O	×	O	×
④	×	×	O	O

정답 ③

① 행정관청이 국토이용관리법 소정의 토지거래계약신고에 관하여 공시된 기준시가를 기준으로 매매가격을 신고하도록 행정지도를 하여 그에 따라 허위신고를 한 것이라 하더라도 이와 같은 행정지도는 법에 어긋나는 것으로서 그와 같은 행정지도나 관행에 따라 허위신고행위에 이르렀다고 하여도 이것만 가지고서는 그 범법행위가 정당화될 수 없다(대판 1994.06.14. 93도3247).

② 교육인적자원부장관의 대학총장들에 대한 이 사건 학칙시정요구는 고등교육법 제6조 제2항, 동법시행령 제4조 제3항에 따른 것으로 그 법적 성격은 대학총장의 임의적인 협력을 통하여 사실상의 효과를 발생시키는 행정지도의 일종이지만, 그에 따르지 않을 경우 일정한 불이익조치를 예정하고 있어 사실상 상대방에게 그에 따를 의무를 부과하는 것과 다를 바 없으므로 단순한 행정지도로서의 한계를 넘어 규제적·구속적 성격을 상당히 강하게 갖는 것으로서 헌법소원의 대상이 되는 공권력의 행사라고 볼 수 있다(헌재 2003.6.26. 2002헌마337).

③ 노동부장관이 2009. 4. 노동부 산하 7개 공공기관의 단체협약내용을 분석하여 2009. 5.1.경 불합리한 요소를 개선하라고 요구한 행위 … 그 법적 성질은 행정지도에 해당한다고 할 것이다. … 단체협약의 분석기준 등을 공공기관 경영실적 평가 및 기관장 평가 기준으로 활용한다고 기재한 부분이 있으나, 그와 같이 평가 기준으로 활용한다는 것만으로 이 사건 개선요구를 따르지 않을 경우의 불이익을 명시적으로 예정하고 있다고는 보기 어렵고, 달리 단체교섭에 직접 개입하거나 이를 강제하는 내용은 없으며, 그 개선요구의 시행문에서도 '법과 원칙의 테두리 내에서' 개선하라는 일반적, 추상적 표현을 하고 있을 뿐이다. … 이 사건 개선요구는 이를 따르지 않을 경우의 불이익을 명시적으로 예정하고 있다고 보기 어렵고, 행정지도로서의 한계를 넘어 규제적·구속적 성격을 강하게 갖는다고 할 수 없어 헌법소원의 대상이 되는 공권력의 행사에 해당한다고 볼 수 없다(헌재 2011.12.29. 2009헌마330,344).

④ 행정기관의 위법한 행정지도로 일정기간 어업권을 행사하지 못하는 손해를 입은 자가 그 어업권을 타인에게 매도하여 매매대금 상당의 이득을 얻었더라도 그 이득은 손해배상책임의 원인이 되는 행위인 위법한 행정지도와 상당인과관계에 있다고 볼 수 없고, 행정기관이 배상하여야 할 손해는 위법한 행정지도로 피해자가 일정기간 어업권을 행사하지 못한 데 대한 것임에 반해 피해자가 얻은 이득은 어업권 자체의 매각대금이므로 위 이득이 위 손해의 범위에 대응하는 것이라고 볼 수도 없어, 피해자가 얻은 매매대금 상당의 이득을 행정기관이 배상하여야 할 손해액에서 공제할 수 없다(대판 2008.9.25. 2006다18228).

05

항고소송 및 당사자소송에 대해서 가장 옳지 않은 것은?

① 원고가 고의 또는 중대한 과실 없이 행정소송으로 제기하여야 할 사건을 민사소송으로 잘못 제기한 경우, 수소법원으로서는 만약 행정소송에 대한 관할도 동시에 가지고 있다면 이를 행정소송으로 심리·판단하여야 하고, 행정소송에 대한 관할을 가지고 있지 아니하다면 행정소송으로 제기되었더라도 어차피 부적법하게 되는 경우가 아닌 이상 이를 바로 각하할 것이 아니라 관할법원에 이송하여야 한다.

② 항고소송에서 행정처분의 위법 여부는 행정처분이 있을 때의 법령과 사실 상태를 기준으로 판단하여야 한다. 이는 처분 후에 생긴 법령의 개폐나 사실 상태의 변동에 영향을 받지 않는다는 뜻이며, 처분 당시 존재하였던 자료나 행정청에 제출되었던 자료만으로 위법 여부를 판단하여야 한다는 의미이다.

③ 징계사유인 성희롱 관련 형사재판에서 성희롱 행위가 있었다는 점을 합리적 의심을 배제할 정도로 확신하기 어렵다는 이유로 공소사실에 관하여 무죄가 선고되었다고 하여 그러한 사정만으로 행정소송에서 징계사유의 존재를 부정할 것은 아니다.

④ 구 도시 및 주거환경정비법 제65조 제2항은, "시장·군수 또는 주택공사 등이 아닌 사업시행자가 정비사업의 시행으로 새로이 설치한 정비기반시설은 그 시설을 관리할 국가 또는 지방자치단체에 무상으로 귀속되고, 정비사업의 시행으로 인하여 용도가 폐지되는 국가 또는 지방자치단체 소유의 정비기반시설은 그가 새로이 설치한 정비기반시설의 설치비용에 상당하는 범위 안에서 사업시행자에게 무상으로 양도된다."라고 규정하고 있다. 이러한 규정의 입법 취지 등을 고려하면, 위 후단 규정에 따른 정비기반시설의 소유권 귀속에 관한 소송은 공법상의 법률관계에 관한 소송으로서 당사자소송에 해당한다.

정답 ②

① 원고가 고의 또는 중대한 과실 없이 행정소송으로 제기하여야 할 사건을 민사소송으로 잘못 제기한 경우, 수소법원으로서는 만약 행정소송에 대한 관할도 동시에 가지고 있다면 이를 행정소송으로 심리·판단하여야 하고, 행정소송에 대한 관할을 가지고 있지 아니하다면 당해 소송이 이미 행정소송으로서의 전심절차 및 제소기간을 도과하였거나 행정소송의 대상이 되는 처분 등이 존재하지도 아니한 상태에 있는 등 행정소송으로서의 소송요건을 결하고 있음이 명백하여 행정소송으로 제기되었더라도 어차피 부적법하게 되는 경우가 아닌 이상 이를 부적법한 소라고 하여 각하할 것이 아니라 관할법원에 이송하여야 한다(대판 2018.7.26. 2015다221569 ; 대판 2017.11.9. 2015다215526).

② 항고소송에서 행정처분의 위법 여부는 행정처분이 있을 때의 법령과 사실 상태를 기준으로 판단하여야 한다. 이는 처분 후에 생긴 법령의 개폐나 사실 상태의 변동에 영향을 받지 않는다는 뜻이지, 처분 당시 존재하였던 자료나 행정청에 제출되었던 자료만으로 위법 여부를 판단한다는 의미는 아니다. 따라서 법원은 행정처분 당시 행정청이 알고 있었던 자료뿐만 아니라 사실심 변론종결 당시까지 제출된 모든 자료를 종합하여 처분 당시 존재하였던 객관적 사실을 확정하고 그 사실에 기초하여 처분의 위법 여부를 판단할 수 있다(대판 2018.6.28. 2015두58195 ; 대판 2017.4.7. 2014두37122).

③ 성희롱을 사유로 한 징계처분의 당부를 다투는 행정소송에서 징계사유에 대한 증명책임은 그 처분의 적법성을 주장하는 피고에게 있다. 다만 민사소송이나 행정소송에서 사실의 증명은 추호의 의혹도 없어야 한다는 자연과학적 증명이 아니고, 특별한 사정이 없는 한 경험칙에 비추어 모든 증거를 종합적으로 검토하여 볼 때 어떤 사실이 있었다는 점을 시인할 수 있는 고도의 개연성을 증명하는 것이면 충분하다. 민사책임과 형사책임은 지도이념과 증명책임, 증명의 정도 등에서 서로 다른 원리가 적용되므로, 징계사유인 성희롱 관련 형사재판에서 성희롱 행위가 있었다는 점을 합리적 의심을 배제할 정도로 확신하기 어렵다는 이유로 공소사실에 관하여 무죄가 선고되었다고 하여 그러한 사정만으로 행정소송에서 징계사유의 존재를 부정할 것은 아니다(대판 2018.4.12. 2017두74702).

🔖 **정리**

형사소송 : 확실성의 원칙이 지배 / 민사·행정소송 : 개연성의 원칙이 지배

🔖 **정리**

∴ (징계사유인) 성희롱 행위 :
형사소송에서 인정되지 않더라도 행정소송에서 인정될 수 있음

④ 구 도시 및 주거환경정비법 제65조 제2항은, "시장·군수 또는 주택공사 등이 아닌 사업시행자가 정비사업의 시행으로 새로이 설치한 정비기반시설은 그 시설을 관리할 국가 또는 지방자치단체에 무상으로 귀속되고, 정비사업의 시행으로 인하여 용도가 폐지되는 국가 또는 지방자치단체 소유의 정비기반시설은 그가 새로이 설치한 정비기반시설의 설치비용에 상당하는 범위 안에서 사업시행자에게 무상으로 양도된다."라고 규정하고 있다. 위 전단 규정은, '정비사업의 시행으로 새로이 설치한 정비기반시설'을 국가 또는 지방자치단체에 무상으로 귀속되게 함으로써 정비사업 과정에서 필수적으로 요구되는 정비기반시설을 원활하게 확보하고 그 시설을 효율적으로 유지·관리한다는 공법상 목적을 달성하는 데 입법 취지가 있다. 위 후단 규정은, 위 전단 규정에 따라 정비기반시설이 국가 또는 지방자치단체에 무상으로 귀속됨으로 인하여 발생하는 사업시행자의 재산상 손실을 고려하여, 그 사업시행자가 새로이 설치한 정비기반시설의 설치비용에 상당하는 범위 안에서 '정비사업의 시행으로 인하여 용도가 폐지되는 국가 또는 지방자치단체 소유의 정비기반시설'을 그 사업시행자에게 무상으로 양도되도록 하여 위와 같은 재산상의 손실을 합리적인 범위 안에서 보전해 주는 데 입법 취지가 있다. 위와 같은 구 도시정비법 제65조 제2항의 입법 취지와 구 도시정비법(제1조)의 입법 목적을 고려하면, 위 후단 규정에 따른 정비기반시설의 소유권 귀속에 관한 국가 또는 지방자치단체와 정비사업시행자 사이의 법률관계는 공법상의 법률관계로 보아야 한다. 따라서 위 후단 규정에 따른 정비기반시설의 소유권 귀속에 관한 소송은 공법상의 법률관계에 관한 소송으로서 행정소송법 제3조 제2호에서 규정하는 당사자소송에 해당한다(대판 2018.7.26. 2015다221569).

06

사인의 공법행위에 대한 다음 설명 중 바르지 않은 것은?

① 사인의 신청행위에 요건이 불비된 경우 즉시 보류하거나 거부하여서는 안 된다.
② 사인의 공법행위에는 부관을 붙일 수 없다.
③ 사인의 공법행위는 공법적 효과를 목적으로 하여 공정력 등의 효과를 갖는다.
④ 사인의 공법행위의 효력발생시기는 원칙적으로 도달주의에 따른다.

정답 ③

① 사인의 신청행위에 요건이 충족되지 않으면 행정청은 **보완을 요구하여야 한다**.
② 사인의 공법행위는 **당사자A**가 하는 것이고, 부관을 붙이는 것은 **행정청**이 하는 것이다.
  🔖 **정리** 행위의 주체가 다름 ∴ 사인의 공법행위에 부관을 붙일 수 없음
③ 공정력은 행정행위의 효력이고, 사인의 공법행위의 효력이 아니다.
④ 사인의 공법행위는 원칙적으로 자기완결적이며, 따라서 행정청에 도달만 하면 되므로 **도달주의**에 따른다.

07

행정의 실효성 확보수단에 대해서 가장 옳지 않은 것은?

① 시정명령을 받은 의무자가 그 시정명령의 취지에 부합하는 의무를 이행하기 위한 정당한 방법으로 행정청에 신청 또는 신고를 하였으나 행정청이 위법하게 이를 거부 또는 반려함으로써 결국 그 처분이 취소되기에 이르렀다면, 그 시정명령의 불이행을 이유로 이행강제금을 부과할 수는 없다.

② 특별한 근거규정이 없는 한 법인이 설립되기 이전에 자연인이 한 행위에 대하여 양벌규정을 적용하여 법인을 처벌할 수는 없다.

③ 이행강제금의 본질상 시정명령을 받은 의무자가 이행강제금이 부과되기 전에 그 의무를 이행한 경우에는 비록 시정명령에서 정한 기간을 지나서 이행한 경우라도 이행강제금을 부과할 수 없다.

④ 구 국세기본법 제81조의4 제2항에 따라 금지되는 재조사에 기하여 과세처분을 하는 것은 그 자체로 위법하지만, 과세관청이 그러한 재조사로 얻은 과세자료를 과세처분의 근거로 삼지 않았다거나 이를 배제하고서도 동일한 과세처분이 가능한 경우에 한해서는 인정될 수 있다.

정답 ④

①, ③ 건축법상의 이행강제금은 시정명령의 불이행이라는 과거의 위반행위에 대한 제재가 아니라, 의무자에게 시정명령을 받은 의무의 이행을 명하고 그 이행기간 안에 의무를 이행하지 않으면 이행강제금이 부과된다는 사실을 고지함으로써 의무자에게 심리적 압박을 주어 의무의 이행을 간접적으로 강제하는 행정상의 간접강제 수단에 해당한다. 이러한 이행강제금의 본질상 시정명령을 받은 의무자가 이행강제금이 부과되기 전에 그 의무를 이행한 경우에는 비록 시정명령에서 정한 기간을 지나서 이행한 경우라도 이행강제금을 부과할 수 없다. 나아가 시정명령을 받은 의무자가 그 시정명령의 취지에 부합하는 의무를 이행하기 위한 정당한 방법으로 행정청에 신청 또는 신고를 하였으나 행정청이 위법하게 이를 거부 또는 반려함으로써 결국 그 처분이 취소되기에 이르렀다면, 특별한 사정이 없는 한 그 시정명령의 불이행을 이유로 이행강제금을 부과할 수는 없다고 보는 것이 위와 같은 이행강제금 제도의 취지에 부합한다(대판 2018.1.25. 2015두35116).

② 일반적으로 자연인이 법인의 기관으로서 범죄행위를 한 경우에도 행위자인 자연인이 그 범죄행위에 대한 형사책임을 지는 것이고, 다만 법률이 그 목적을 달성하기 위하여 특별히 규정하고 있는 경우에만 행위자를 벌하는 외에 법률효과가 귀속되는 법인에 대하여도 벌금형을 과할 수 있는 것인 만큼, 법인이 설립되기 이전에 어떤 자연인이 한 행위의 효과가 설립 후의 법인에게 당연히 귀속된다고 보기 어려울 뿐만 아니라, 양벌규정에 의하여 사용자인 법인을 처벌하는 것은 형벌의 자기책임원칙에 비추어 위반행위가 발생한 그 업무와 관련하여 사용자인 법인이 상당한 주의 또는 관리감독 의무를 게을리한 선임감독상의 과실을 이유로 하는 것인데, 법인이 설립되기 이전의 행위에 대하여는 법인에게 어떠한 선임감독상의 과실이 있다고 할 수 없으므로, 특별한 근거규정이 없는 한 법인이 설립되기 이전에 자연인이 한 행위에 대하여 양벌규정을 적용하여 법인을 처벌할 수는 없다고 봄이 타당하다(대판 2018.8.1. 2015도10388).

④ 구 국세기본법 제81조의4 제2항에 따라 금지되는 재조사에 기하여 과세처분을 하는 것은 단순히 당초 과세처분의 오류를 경정하는 경우에 불과하다는 등의 특별한 사정이 없는 한 그 자체로 위법하고, 이는 과세관청이 그러한 재조사로 얻은 과세자료를 과세처분의 근거로 삼지 않았다거나 이를 배제하고서도 동일한 과세처분이 가능한 경우라고 하여 달리 볼 것은 아니다(대판 2017.12.13. 2016두55421).

> **정리** 금지되는 재조사를 했다는 것 자체로 해당 과세처분은 위법

08

甲은 한옥 여관건물을 신축하기 위하여 관할 A시장에게 건축허가를 신청하였다. 한편 「건축법」 제11조 제4항은 허가권자는 위락시설이나 숙박시설에 해당하는 건축물의 건축을 허가하는 경우 해당 대지에 건축하려는 건축물의 용도·규모 또는 형태가 주거환경이나 교육환경 등 주변 환경을 고려할 때 부적합하다고 인정되는 경우에는 건축위원회의 심의를 거쳐 건축허가를 하지 아니할 수 있다는 취지로 규정하고 있다. 그런데 A시장은 위 여관건물이 한옥이 아닌 일반 빌딩의 형태인 것으로 오인하여 위 제4항에 따라 "甲이 건축하고자 하는 여관건물이 주변 한옥마을 사이에 위치하게 되면 그 외관이 주변과 조화되지 않는다."는 이유로 건축허가를 거부하였다. 이에 관한 설명 중 옳지 않은 것은? (단, 다툼이 있는 경우 판례에 따름)

① A시장의 건축허가거부처분은 사전통지의 대상이 아니므로, 허가거부에 앞서 미리 甲에게 그 내용을 통지하지 않았다고 하더라도 이로써 위 거부처분이 위법하게 되는 것은 아니다.

② 甲의 건축허가신청 후 건축허가기준에 관한 관계 법령의 규정이 개정된 경우, A시장은 새로이 개정된 법령의 경과규정에서 달리 정하는 경우 등을 제외하고는 처분 당시에 시행되는 개정 법령과 그에서 정한 기준에 의하여 허가 여부를 결정하는 것이 원칙이다.

③ 甲이 A시장의 건축허가거부처분에 대해 취소소송을 제기하여 인용판결을 받아 확정된 경우에도, A시장은 위 소송의 계속 중에 개정된 관계법령에 따라 강화된 건축허가기준의 미비를 이유로 甲에게 재차 건축허가거부처분을 할 수 있다.

④ 주변 환경에 대한 고려는 비대체적 결정영역 또는 예측결정으로서 판단여지가 인정되는 영역이므로, 주변 환경과 조화되지 않는다는 A시장의 판단에 대해서 법원은 사법심사를 할 수 없다.

정답 ④

① 행정절차법 제21조 제1항은 행정청은 당사자에게 의무를 과하거나 권익을 제한하는 처분을 하는 경우에는 미리 처분의 제목, 당사자의 성명 또는 명칭과 주소, 처분하고자 하는 원인이 되는 사실과 처분의 내용 및 법적 근거, 그에 대하여 의견을 제출할 수 있다는 뜻과 의견을 제출하지 아니하는 경우의 처리방법, 의견제출기관의 명칭과 주소, 의견제출기한 등을 당사자 등에게 통지하도록 하고 있는바, 신청에 따른 처분이 이루어지지 아니한 경우에는 아직 당사자에게 권익이 부과되지 아니하였으므로 특별한 사정이 없는 한 신청에 대한 거부처분이라고 하더라도 직접 당사자의 권익을 제한하는 것은 아니어서 신청에 대한 거부처분을 여기에서 말하는 '당사자의 권익을 제한하는 처분'에 해당한다고 할 수 없는 것이어서 처분의 사전통지대상이 된다고 할 수 없다(대판 2003.11.2. 2003두674).

② 행정행위는 처분 당시에 시행중인 법령과 허가기준에 의하여 하는 것이 원칙이고, 인·허가신청 후 처분 전에 관계 법령이 개정 시행된 경우 신법령 부칙에 신법령 시행 전에 이미 허가신청이 있는 때에는 종전의 규정에 의한다는 취지의 경과규정을 두지 아니한 이상 당연히 허가신청 당시의 법령에 의하여 허가 여부를 판단하여야 하는 것은 아니며, 소관 행정청이 허가신청을 수리하고도 정당한 이유 없이 처리를 늦추어 그 사이에 법령 및 허가기준이 변경된 것이 아닌 한 변경된 법령 및 허가기준에 따라서 한 불허가처분은 위법하다고 할 수 없다(대판 2005.7.29. 2003두3550).

> **정리**
> 행정청이 고의·과실로 처리(처분)을 늦추어 그 사이에 관계 법령이 변경된 것이 아니면, 원칙적으로 처분시 법령에 따라야 함

③ 행정처분의 적법 여부는 그 행정처분이 행하여 진 때의 법령과 사실을 기준으로 하여 판단하는 것이므로 거부처분 후에 법령이 개정·시행된 경우에는 개정된 법령 및 허가기준을 새로운 사유로 들어 다시 이전의 신청에 대한 거부처분을 할 수 있으며 그러한 처분도 행정소송법 제30조 제2항에 규정된 재처분에 해당된다(대결 1998.1.7. 97두22).

> **행정소송법 제30조 (취소판결 등의 기속력)**
> **제2항** 판결에 의하여 취소되는 처분이 당사자의 신청을 거부하는 것을 내용으로 하는 경우에는 그 처분을 행한 행정청은 판결의 취지에 따라 다시 이전의 신청에 대한 처분을 하여야 한다.

④ 판례는 재량행위와 판단여지를 구별하지 않으면서 판단여지가 인정되는 것 역시 재량행위로 보고 있다. 따라서 행정소송법 제27조에 의해서 판단여지인 경우에도 법원이 사법심사를 할 수 있다.

> **행정소송법 제27조 (재량처분의 취소)**
> 행정청의 재량에 속하는 처분이라도 재량권의 한계를 넘거나 그 남용이 있는 때에는 법원은 이를 취소할 수 있다.

> **정리** 판례는 판단여지를 재량행위로 이해하고 있다. (판단여지⊂재량행위)

> **참고**
> 해당 사례는 A시장이 오인(착각)을 한 경우여서
> 재량권의 일탈/남용이 있습니다.
> 즉 재량권의 일탈/남용이 있다는 것을 전제로
> 선택지를 검토해야 합니다.
> 재량권의 일탈/남용이 있는데도 법원은 판단여지(재량)라는
> 이유로 사법심사를 하지 않는다? 이게 틀렸다는 것입니다.
> 해당 사례에서 분명히 A시장이 오인(착각)한 것이 있으므로
> (A시장의 재량이라도) 법원은 예외적이지만
> 재량권의 일탈/남용에 대한 사법심사가 가능한 것입니다.

09

다음 중 가장 옳지 않은 것은?

① 고등학교에서 퇴학처분을 받은 자가 고등학교졸업학력검정고시에 합격하였더라도 퇴학처분의 취소를 구할 소의 이익이 없다.
② 전심절차를 밟지 아니한 채 증여세부과처분취소소송을 제기하였다면 제소당시로 보면 전치요건을 구비하지 못한 위법이 있다 할 것이지만, 소송계속 중 심사청구 및 심판청구를 하여 각 기각결정을 받았다면 원심변론종결일 당시에는 위와 같은 전치요건흠결의 하자는 치유되었다고 보아야 한다.
③ 변상금 부과처분에 대한 취소소송이 진행중이라도 변상금부과권의 권리행사에 법률상의 장애사유가 있는 경우에 해당한다고 할 수 없으므로 그 부과권의 소멸시효가 진행된다.
④ 정부 간 항공노선의 개설에 관한 잠정협정 및 비밀양해각서와 건설교통부 내부지침에 의한 항공노선에 대한 운수권배분처분은 항고소송의 대상이 되는 행정처분에 해당한다.

정답 ①

① 고등학교졸업이 대학입학자격이나 학력인정으로서의 의미밖에 없다고 할 수 없으므로 고등학교졸업학력검정고시에 합격하였다 하여 고등학교 학생으로서의 신분과 명예가 회복될 수 없는 것이니 퇴학처분을 받은 자로서는 퇴학처분의 위법을 주장하여 그 취소를 구할 소송상의 이익이 있다(대판 1992.7.14. 91누4737).
② 전심절차를 밟지 아니한 채 증여세부과처분취소소송을 제기하였다면 제소당시로 보면 전치요건을 구비하지 못한 위법이 있다 할 것이지만, 소송계속 중 심사청구 및 심판청구를 하여 각 기각결정을 받았다면 원심변론종결일 당시에는 위와 같은 전치요건흠결의 하자는 치유되었다고 볼 것이다(대판 1987.4.28. 86누29).

> **정리**
> ∵ 전치요건 등 소송요건은 (원칙적으로) 사실심변론종결시(원심변론종결시)까지 갖추면 됨

③ 소멸시효는 객관적으로 권리가 발생하여 그 권리를 행사할 수 있는 때로부터 진행하고 그 권리를 행사할 수 없는 동안만은 진행하지 아니하는데, 여기서 권리를 행사할 수 없는 경우라 함은 그 권리행사에 법률상의 장애사유가 있는 경우를 말하는데, 변상금 부과처분에 대한 취소소송이 진행중이라도 그 부과권자로서는 위법한 처분을 스스로 취소하고 그 하자를 보완하여 다시 적법한 부과처분을 할 수도 있는 것이어서 그 권리행사에 법률상의 장애사유가 있는 경우에 해당한다고 할 수 없으므로, 그 처분에 대한 취소소송이 진행되는 동안에도 그 부과권의 소멸시효가 진행된다(대판 2006.2.10. 2003두5686).
④ 정부 간 항공노선의 개설에 관한 잠정협정 및 비밀양해각서와 건설교통부 내부지침에 의한 항공노선에 대한 운수권배분처분은 항고소송의 대상이 되는 행정처분에 해당한다(대판 2004.11.26. 2003두10251).

10

행정청의 처분이 여러 단계의 행정결정을 통하여 이루어지는 경우에 관한 설명 중 옳은 것은? (다툼이 있는 경우 판례에 의함)

① 공정거래위원회가 부당한 공동행위를 한 사업자에게 과징금 부과처분을 한 뒤 다시 자진신고 등을 이유로 과징금 감면처분을 하였다면, 선행 과징금 부과처분은 일종의 잠정적 처분으로서 후행 과징금 감면처분에 흡수되어 소멸한다.
② A시장이 감사원으로부터 「감사원법」에 따라 A시 소속 공무원에 대한 징계 요구를 받게 된 경우, 감사원의 징계 요구는 '징계 요구, 징계절차 회부, 징계'의 단계로 이어지는 독립된 처분의 일종으로서 항고소송의 대상이 된다.
③ 어업권면허에 선행하는 우선순위결정은 강학상 확약에 해당하는 행정처분이므로, 이에 대해서 공정력이나 불가쟁력이 인정된다.
④ 폐기물처리업의 허가를 받기 위하여 먼저 허가권자로부터 사업계획에 대한 적정통보를 받아야 하고 그 적정통보를 받은 자만이 허가신청을 할 수 있다 하더라도, 그 적정여부 통보절차는 중간단계에 지나지 아니하므로 사업계획 부적정통보는 항고소송의 대상이 될 수 없다.

정답 ①

① 공정거래위원회가 부당한 공동행위를 행한 사업자로서 구 독점규제 및 공정거래에 관한 법률 제22조의2에서 정한 자진신고자나 조사협조자에 대하여 과징금 부과처분(이하 '선행처분'이라 한다)을 한 뒤, 독점규제 및 공정거래에 관한 법률 시행령 제35조 제3항에 따라 다시 자진신고자 등에 대한 사건을 분리하여 자진신고 등을 이유로 한 과징금 감면처분(이하 '후행처분'이라 한다)을 하였다면, 후행처분은 자진신고 감면까지 포함하여 처분 상대방이 실제로 납부하여야 할 최종적인 과징금액을 결정하는 종국적 처분이고, 선행처분은 이러한 종국적 처분을 예정하고 있는 일종의 잠정적 처분으로서 후행처분이 있을 경우 선행처분은 후행처분에 흡수되어 소멸한다. 따라서 위와 같은 경우에 선행처분의 취소를 구하는 소는 이미 효력을 잃은 처분의 취소를 구하는 것으로 부적법하다(대판 2015.2.12. 2013두987).
② 징계 요구는 징계 요구를 받은 기관의 장이 요구받은 내용대로 처분하지 않더라도 불이익을 받는 규정도 없고, 징계 요구 내용대로 효과가 발생하는 것도 아니며, 징계 요구에 의하여 행정청이 일정한 행정처분을 하였을 때 비로소 이해관계인의 권리관계에 영향을 미칠 뿐, 징계 요구 자체만으로는 징계 요구 대상 공무원의 권리·의무에 직접적인 변동을 초래하지도 아니하므로, 행정청 사이의 내부적인 의사결정의 경로로서 '징계 요구, 징계 절차 회부, 징계'로 이어지는 과정에서의 중간처분에 불과하여, 감사원의 징계 요구와 재심의결정이 항고소송의 대상이 되는 행정처분이라고 할 수 없다(대판 2016.12.27. 2014두5637).
③ 어업권면허에 선행하는 우선순위결정은 행정청이 우선권자로 결정된 자의 신청이 있으면 어업권면허처분을 하겠다는 것을 약속하는 행위로서 강학상 확약에 불과하고 행정처분은 아니므로, 우선순위결정에 공정력이나 불가쟁력과 같은 효력은 인정되지 아니하며, 따라서 우선순위결정이 잘못되었다는 이유로 종전의 어업권면허처분이 취소되면 행정청은 종전의 우선순위결정을 무시하고 다시 우선순위를 결정한 다음 새로운 우선순위결정에 기하여 새로운 어업권면허를 할 수 있다(대판 1995.1.20. 94누6529).
④ 폐기물관리법 관계 법령의 규정에 의하면 폐기물처리업의 허가를 받기 위하여는 먼저 사업계획서를 제출하여 허가권자로부터 사업계획에 대한 적정통보를 받아야 하고, 그 적정통보를 받은 자만이 일정기간 내에 시설, 장비, 기술능력, 자본금을 갖추어 허가신청을 할 수 있으므로, 결국 부적정통보는 허가신청 자체를 제한하는 등 개인의 권리 내지 법률상의 이익을 개별적이고 구체적으로 규제하고 있어 행정처분에 해당한다(대판 1998.4.28. 97누21086).

11

재결 자체에 고유한 위법이 있는 경우와 관련된 내용으로 옳지 않은 것은? (다툼이 있는 경우 판례에 의함)

① 권한이 없는 행정심판위원회에 의한 재결의 경우가 그 예이다.
② 재결 자체의 내용상 위법도 재결에 고유한 위법이 있는 경우에 포함된다.
③ 제3자효를 수반하는 행정행위에 대한 행정심판청구의 인용재결은 원처분과 내용을 달리 하는 것이므로 그 인용재결의 취소를 구하는 것은 원처분에는 없는 재결에 고유한 하자를 주장하는 것이라고 하더라도 당연히 항고소송의 대상이 되는 것은 아니다.
④ 행정처분에 대한 행정심판의 재결에 이유모순의 위법이 있다는 사유는 재결처분 자체에 고유한 하자로서 재결처분의 취소를 구하는 소송에서는 그 위법사유로서 주장할 수 있으나, 원처분의 취소를 구하는 소송에서는 그 취소를 구할 위법사유로서 주장할 수 없다.

정답 ③

①, ② <재결 자체에 고유한 위법이 있는 경우>

주체의 위법	1. (해당사항에 대해서) 권한 없는 행정심판위원회가 재결을 하는 경우 2. 행정심판위원회의 구성상에 하자가 있는 경우 3. 행정심판위원회의 의사정족수 및 의결정족수가 흠결된 경우 등
절차의 위법	행정심판위원회가 행정심판법상의 심판절차를 준수하지 않은 경우
형식의 위법	1. 문서에 의하지 않은 재결의 경우 2. 재결에 주문만 기재되고 이유가 기재되지 않거나 불충분한 경우 3. 재결서에 기명날인을 하지 않은 경우 등
내용의 위법	1. 행정심판 청구가 부적법한 것인데도 인용된 재결 2. 제3자효를 수반하는 행정행위에 대한 인용재결 3. 행정심판 청구가 적법한 것임에도 부적법 각하한 재결 4. 심판청구의 대상이 아닌 사항에 대한 재결 5. 원처분보다 불리하게 변경된 재결 등

③ 이른바 복효적 행정행위, 특히 제3자효를 수반하는 행정행위에 대한 행정심판청구에 있어서 그 청구를 인용하는 내용의 재결로 인하여 비로소 권리이익을 침해받게 되는 자는 그 인용재결에 대하여 다툴 필요가 있고, 그 인용재결은 원처분과 내용을 달리하는 것이므로 그 인용재결의 취소를 구하는 것은 원처분에는 없는 재결에 고유한 하자를 주장하는 셈이어서 당연히 항고소송의 대상이 된다(대판 1997.12.23. 96누10911).

④ 행정처분에 대한 행정심판의 재결에 이유모순의 위법이 있다는 사유는 재결처분 자체에 고유한 하자로서 재결처분의 취소를 구하는 소송에서는 그 위법사유로서 주장할 수 있으나, 원처분의 취소를 구하는 소송에서는 그 취소를 구할 위법사유로서 주장할 수 없다(대판 1996.2.13. 95누8027).

12

법률상 이익에 대해서 가장 옳지 않은 것은?

① 항고소송은 처분 등의 취소 또는 무효확인을 구할 법률상 이익이 있는 자가 제기할 수 있고, 불이익처분의 상대방은 직접 개인적 이익의 침해를 받은 자로서 원고적격이 인정된다.

② 행정처분의 직접 상대방이 아닌 자로서 처분에 의하여 자신의 환경상 이익을 침해받거나 침해받을 우려가 있다는 이유로 취소소송을 제기하는 제3자는, 자신의 환경상 이익이 법률상 보호되는 이익임을 증명하여야 원고적격이 인정된다.

③ 처분이 유효하게 존속하는 경우에는 특별한 사정이 없는 한 그 처분의 존재로 인하여 실제로 침해되고 있거나 침해될 수 있는 현실적인 위험을 제거하기 위해 취소소송을 제기할 권리보호의 필요성이 인정된다고 보아야 한다.

④ 개발제한구역 안에서의 공장설립을 승인한 처분이 위법하다는 이유로 쟁송취소 되었다면, 그 승인처분에 기초한 공장건축허가처분에 대해서 인근 주민들은 별도로 취소를 구할 법률상 이익이 없다.

정답 ④

① 항고소송은 처분 등의 취소 또는 무효확인을 구할 법률상 이익이 있는 자가 제기할 수 있고(행정소송법 제12조, 제35조), 불이익처분의 상대방은 직접 개인적 이익의 침해를 받은 자로서 원고적격이 인정된다(대판 2018.3.27. 2015두47492).

②, ③, ④ 가. 행정처분의 직접 상대방이 아닌 자로서 처분에 의하여 자신의 환경상 이익을 침해받거나 침해받을 우려가 있다는 이유로 취소소송을 제기하는 제3자는, 자신의 환경상 이익이 처분의 근거 법규 또는 관련 법규에 의하여 개별적·직접적·구체적으로 보호되는 이익, 즉 법률상 보호되는 이익임을 증명하여야 원고적격이 인정된다.

나. 행정소송법 제12조 후문은 '처분 등의 효과가 기간의 경과, 처분 등의 집행 그 밖의 사유로 인하여 소멸된 뒤에도 그 처분 등의 취소로 인하여 회복되는 법률상 이익이 있는 자의 경우에는' 취소소송을 제기할 수 있다고 규정하여, 이미 효과가 소멸된 행정처분에 대해서도 권리보호의 필요성이 인정되는 경우에는 취소소송의 제기를 허용하고 있다. 구체적인 사안에서 권리보호의 필요성 유무를 판단할 때에는 국민의 재판청구권을 보장한 헌법 제27조 제1항의 취지와 행정처분으로 인한 권익침해를 효과적으로 구제하려는 행정소송법의 목적 등에 비추어 행정처분의 존재로 인하여 국민의 권익이 실제로 침해되고 있는 경우는 물론이고 권익침해의 구체적·현실적 위험이 있는 경우에도 이를 구제하는 소송이 허용되어야 한다는 요청을 고려하여야 한다. 따라서 처분이 유효하게 존속하는 경우에는 특별한 사정이 없는 한 그 처분의 존재로 인하여 실제로 침해되고 있거나 침해될 수 있는 현실적인 위험을 제거하기 위해 취소소송을 제기할 권리보호의 필요성이 인정된다고 보아야 한다.

🔍 **정리**

처분이 유효하게 존속 →
(해당 처분을 대상으로) 취소소송을 제기하여 권리를 보호할 필요성 인정

다. 구 산업집적활성화 및 공장설립에 관한 법률 제13조 제1항, 제13조의2 제1항 제16호, 제14조, 제50조, 제13조의5 제4호의 규정을 종합하면, 공장설립승인처분이 있고 난 뒤에 또는 그와 동시에 공장건축허가처분을 하는 것이 허용되므로, 공장설립승인처분이 취소된 경우에는 그 승인처분을 기초로 한 공장건축허가처분 역시 취소되어야 하고, 공장설립승인처분에 근거하여 토지의 형질변경이 이루어진 경우에는 원상회복을 해야 함이 원칙이다. 따라서 개발제한구역 안에서의 공장설립을 승인한 처분이 위법하다는 이유로 쟁송취소되었다고 하더라도 그 승인처분에 기초한 공장건축허가처분이 잔존하는 이상, 공장설립승인처분이 취소되었다는 사정만으로 인근 주민들의 환경상 이익이 침해되는 상태나 침해될 위험이 종료되었다거나 이를 시정할 수 있는 단계가 지나버렸다고 단정할 수는 없고, 인근 주민들은 여전히 공장건축허가처분의 취소를 구할 법률상 이익이 있다고 보아야 한다(대판 2018.7.12. 2015두3485).

13

다음 중 가장 옳지 않은 것은? (단, 다툼이 있는 경우 판례에 따름)

① 대법원에 의하면, 행정상 즉시강제는 원칙적으로 영장주의가 적용되지 않으므로, 급박한 상황에 대처하기 위한 것으로서 그 불가피성과 정당성이 충분히 인정되는 경우 영장 없는 수거를 인정한다고 하더라도 이를 두고 헌법상 영장주의에 위배되는 것으로는 볼 수 없다.

② 행정강제는 행정상 강제집행을 원칙으로 하며, 법치국가적 요청인 예측가능성과 법적 안정성에 반하고, 기본권 침해의 소지가 큰 권력작용인 행정상 즉시강제는 어디까지나 예외적인 강제수단이라고 할 것이다.

③ 납세자에 대한 부가가치세부과처분이, 종전의 부가가치세 경정조사와 같은 세목 및 같은 과세기간에 대하여 중복하여 실시된 위법한 세무조사에 기초하여 이루어진 것이라면 위법하다.

④ 우편물 통관검사절차에서 이루어지는 우편물의 개봉, 시료채취, 성분분석 등의 검사는 수출입물품에 대한 적정한 통관 등을 목적으로 한 행정조사의 성격을 가지는 것으로서 수사기관의 강제처분이라고 할 수 없으므로, 압수·수색영장 없이 우편물의 개봉, 시료채취, 성분분석 등 검사가 진행되었다 하더라도 특별한 사정이 없는 한 위법하다고 볼 수 없다.

정답 ①

① 가. 행정상 즉시강제는 상대방의 임의이행을 기다릴 시간적 여유가 없을 때 하명 없이 바로 실력을 행사하는 것으로서, 그 본질상 급박성을 요건으로 하고 있어 법관의 영장을 기다려서는 그 목적을 달성할 수 없다고 할 것이므로, 원칙적으로 영장주의가 적용되지 않는다고 보아야 할 것이다.

나. 행정상 즉시강제는 원칙적으로 영장주의가 적용되지 않으므로, 급박한 상황에 대처하기 위한 것으로서 그 불가피성과 정당성이 충분히 인정되는 경우 영장 없는 수거를 인정한다고 하더라도 이를 두고 헌법상 영장주의에 위배되는 것으로는 볼 수 없다(헌재 2002.10.31. 2000헌가12).

<헌법재판소의 입장과 대법원의 입장이 다름>

② 행정강제는 행정상 강제집행을 원칙으로 하며, 법치국가적 요청인 예측가능성과 법적 안정성에 반하고, 기본권 침해의 소지가 큰 권력작용인 행정상 즉시강제는 어디까지나 예외적인 강제수단이라고 할 것이다. 이러한 행정상 즉시강제는 엄격한 실정법상의 근거를 필요로 할 뿐만 아니라, 그 발동에 있어서는 법규의 범위 안에서도 다시 행정상의 장해가 목전에 급박하고, 다른 수단으로는 행정목적을 달성할 수 없는 경우이어야 하며, 이러한 경우에도 그 행사는 필요 최소한도에 그쳐야 함을 내용으로 하는 조리상의 한계에 기속된다.

③ 납세자에 대한 부가가치세부과처분이, 종전의 부가가치세 경정조사와 같은 세목 및 같은 과세기간에 대하여 중복하여 실시된 위법한 세무조사에 기초하여 이루어진 것이라면 위법하다(대판 2006.6.2. 2004두12070).

④ 관세법 제246조 제1항, 제2항, 제257조, '국제우편물 수입통관 사무처리'(2011. 9. 30. 관세청고시 제2011-40호) 제1-2조 제2항, 제1-3조, 제3-6조, 구 '수출입물품 등의 분석사무 처리에 관한 시행세칙' 등과 관세법이 관세의 부과·징수와 아울러 수출입물품의 통관을 적정하게 함을 목적으로 한다는 점(관세법 제1조)에 비추어 보면, 우편물 통관검사절차에서 이루어지는 우편물의 개봉, 시료채취, 성분분석 등의 검사는 수출입물품에 대한 적정한 통관 등을 목적으로 한 행정조사의 성격을 가지는 것으로서 수사기관의 강제처분이라고 할 수 없으므로, 압수·수색영장 없이 우편물의 개봉, 시료채취, 성분분석 등 검사가 진행되었다 하더라도 특별한 사정이 없는 한 위법하다고 볼 수 없다(대판 2013.9.26. 2013도7718).

14

「질서위반행위규제법」의 내용에 대한 설명으로 옳은 것은?

① 과태료는 당사자가 과태료 부과처분에 대하여 이의를 제기하지 아니한 채 제20조 제1항에 따른 기한이 종료한 후 사망한 경우에는 그 상속재산에 대하여 집행하여야 한다.
② 자동차 관련 과태료를 납부하지 아니한 자가 체납된 자동차 관련 과태료를 납부한 경우 행정청은 영치한 자동차 등록번호판을 즉시 내주어야 한다.
③ 과태료는 행정청의 과태료 부과처분이 있은 후 3년간 징수하지 아니하면 시효로 인하여 소멸한다.
④ 행정청의 과태료 부과에 대한 이의제기는 과태료 부과처분의 효력에 영향을 주지 아니한다.

정답 ②

① 질서위반행위규제법 제24조의2 (상속재산 등에 대한 집행) 제1항 과태료는 당사자가 과태료 부과처분에 대하여 이의를 제기하지 아니한 채 제20조 제1항에 따른 기한이 종료한 후 사망한 경우에는 그 상속재산에 대하여 집행할 수 있다.

② 질서위반행위규제법 제55조 (자동차 관련 과태료 체납자에 대한 자동차 등록번호판의 영치) 제3항 자동차 관련 과태료를 납부하지 아니한 자가 체납된 자동차 관련 과태료를 납부한 경우 행정청은 영치한 자동차 등록번호판을 즉시 내주어야 한다.

③ 질서위반행위규제법 제15조 (과태료의 시효) 제1항 과태료는 행정청의 과태료 부과처분이나 법원의 과태료 재판이 확정된 후 5년간 징수하지 아니하거나 집행하지 아니하면 시효로 인하여 소멸한다.

④ 질서위반행위규제법 제20조 (이의제기) 제2항 제1항에 따른 이의제기가 있는 경우에는 행정청의 과태료 부과처분은 그 효력을 상실한다.

15

행정심판에 대한 설명으로 옳지 않은 것은? (다툼이 있는 경우 판례에 의함)

① 「공익사업을 위한 토지 등의 취득 및 보상에 관한 법률」상 토지수용위원회의 수용재결에 이의가 있어 중앙토지수용위원회에 이의를 신청한 경우 「행정심판법」에 따른 행정심판을 제기할 수 없다.
② 제3자효를 수반하는 행정행위에 대한 행정심판청구에 있어서 그 청구를 인용하는 내용의 재결로 인하여 비로소 권리이익을 침해받게 되는 자는 그 인용재결에 대하여 다툴 필요가 있고, 그 인용재결은 원처분과 내용을 달리하는 것이므로 그 인용재결의 취소를 구하는 것은 원처분에는 없는 재결에 고유한 하자를 주장하는 셈이어서 당연히 항고소송의 대상이 된다.
③ 행정심판의 재결에 대해서는 재결 자체에 고유한 위법이 있음을 이유로 하는 경우에 한하여 다시 행정심판을 청구할 수 있다.
④ 행정심판위원회는 당사자의 신청에 의한 경우는 물론 직권으로도 임시처분을 결정할 수 있다.

정답 ③

① 「공익사업을 위한 토지 등의 취득 및 보상에 관한 법률」상 토지수용위원회의 수용재결에 이의가 있어 중앙토지수용위원회에 이의를 신청한 경우 해당 이의신청이 행정심판을 청구한 것에 해당하므로 다시 「행정심판법」에 따른 행정심판을 제기할 수 없다.

② 이른바 복효적 행정행위, 특히 **제3자효를 수반하는 행정행위에 대한 행정심판청구에 있어서 그 청구를 인용하는 내용의 재결로 인하여 비로소 권리이익을 침해받게 되는 자는 그 인용재결에 대하여 다툴 필요가 있고, 그 인용재결은 원처분과 내용을 달리하는 것이므로** 인용재결의 취소를 구하는 것은 원처분에는 없는 재결에 고유한 하자를 주장하는 셈이어서 당연히 항고소송의 대상이 된다(대판 1997.12.23. 96누10911).

③
> **행정심판법 제51조 (행정심판 재청구의 금지)**
> 심판청구에 대한 재결이 있으면 그 재결 및 같은 처분 또는 부작위에 대하여 다시 행정심판을 청구할 수 없다.

④
> **행정심판법 제31조 (임시처분)**
> **제1항** 위원회는 처분 또는 부작위가 위법·부당하다고 상당히 의심되는 경우로서 처분 또는 부작위 때문에 당사자가 받을 우려가 있는 중대한 불이익이나 당사자에게 생길 급박한 위험을 막기 위하여 임시지위를 정하여야 할 필요가 있는 경우에는 **직권으로** 또는 당사자의 신청에 의하여 임시처분을 결정할 수 있다.

16

재량행위 및 기속행위에 대해서 가장 옳지 않은 것은? (단, 다툼이 있는 경우 판례에 따름)

① 실권리자명의 등기의무를 위반한 명의신탁자에 대하여 부과하는 과징금의 감경에 관한 '부동산 실권리자명의 등기에 관한 법률 시행령' 제3조의2 단서는 임의적 감경규정이지만 감경사유가 있음에도 이를 전혀 고려하지 않았거나 감경사유에 해당하지 않는다고 오인한 나머지 과징금을 감경하지 않았다면 그 과징금 부과처분은 재량권을 일탈·남용한 위법한 처분이다.
② 명의신탁이 조세를 포탈하거나 법령에 의한 제한을 회피할 목적이 아닌 경우 그 과징금을 일정한 범위 내에서 감경할 수 있을 뿐이므로 명의신탁자에 대하여 과징금을 부과할 것인지 여부는 기속행위에 해당한다.
③ 개인택시운송사업면허는 특정인에게 권리나 이익을 부여하는 행정행위로서 법령에 특별한 규정이 없는 한 재량행위이다.
④ 단원에게 지급될 급량비를 바로 지급하지 않고 모아두었다가 지급한 서울특별시립무용단원인 원고를 징계하기 위하여 한 해촉은 여러 사정 등을 종합하여 볼 때 징계권을 남용한 것이라고 보기는 어렵다.

정답 ④

① 실권리자명의 등기의무를 위반한 명의신탁자에 대하여 부과하는 과징금의 감경에 관한 '부동산 실권리자명의 등기에 관한 법률 시행령' 제3조의2 단서는 임의적 감경규정임이 명백하므로, 그 감경사유가 존재하더라도 과징금 부과관청이 감경사유까지 고려하고도 과징금을 감경하지 않은 채 과징금 전액을 부과하는 처분을 한 경우에는 이를 위법하다고 단정할 수는 없으나, 위 감경사유가 있음에도 이를 전혀 고려하지 않았거나 감경사유에 해당하지 않는다고 오인한 나머지 과징금을 감경하지 않았다면 그 과징금 부과처

분은 재량권을 일탈·남용한 위법한 처분이다(대판 2010.7.15. 2010두7031).
② 부동산 실권리자명의 등기에 관한 법률 및 같은 법 시행령의 규정 등을 종합하면, 명의신탁자에 대하여 과징금을 부과할 것인지 여부는 기속행위에 해당하므로, 명의신탁이 조세를 포탈하거나 법령에 의한 제한을 회피할 목적이 아닌 경우에 한하여 그 과징금을 일정한 범위 내에서 감경할 수 있을 뿐이지 그에 대하여 과징금 부과처분을 하지 않거나 과징금을 전액 감면할 수 있는 것은 아니다(대판 2007.7.12. 2005두17287).
③ 개인택시운송사업면허는 특정인에게 권리나 이익을 부여하는 행정행위로서 법령에 특별한 규정이 없는 한 재량행위이고, 그 면허에 필요한 기준을 정하는 것 역시 행정청의 재량에 속하는 것이므로 그 기준이 객관적으로 보아 합리적이 아니라든가 타당하지 아니하여 재량권을 남용한 것이라고 인정되지 아니하는 이상 행정청의 의사는 가능한 한 존중되어야 한다.
④ 단원에게 지급될 급량비를 바로 지급하지 않고 모아두었다가 지급한 서울특별시립무용단원인 원고를 징계하기 위하여 한 해촉은 여러 사정 등을 종합하여 볼 때 **너무 가혹하여 징계권을 남용한 것이므로 무효이다**(대판 1995.12.22. 95누4636).

17

甲은 부산광역시 금정구청장으로부터 영업허가를 받아 영업을 하던 중 미성년자 2명에게 술과 안주를 팔았다는 이유로 1개월의 영업정지처분을 받았다. 그러나 甲은 영업정지처분을 받고도 영업을 계속하였다는 이유로 영업허가취소처분을 받았다. 이 사례에서 언급될 수 있는 내용으로서 옳지 않은 것은? (단, 다툼이 있는 경우 판례에 따름)

① 1개월의 영업정지처분을 받은 甲은 영업정지처분에 대하여 행정소송을 제기할 수 있으나 영업정지처분은 집행부정지 되므로 甲은 영업을 할 수 없으면서 소송제기가 가능하다.
② 甲이 행정소송을 제기하면서 영업정지처분에 대하여 집행정지를 신청할 수 있으며 법원의 집행정지결정이 있는 경우에도 이러한 집행정지결정은 소급하지 않으므로 甲은 집행정지결정이 난 때부터 영업을 할 수 있게 된다.
③ 甲의 영업정지처분에 대한 집행정지가 받아들여지고 본안소송에서 영업정지처분에 대한 취소판결이 선고된 경우 甲이 영업정지처분 이후 집행정지결정 이전에 영업하였음을 사유로 한 영업허가취소처분은 당연무효이다.
④ 영업정지처분에 대하여 집행정지결정이 있기 이전에 영업을 한 경우 이러한 영업은 무허가영업이 된다.

정답 ③

③ 영업정지처분을 받고도 법원의 집행정지 결정이 있기 전에 영업을 한 이상 그 후 법원에서 집행정지 결정이 내려지고 본안소송에서 그 처분이 위법함을 이유로 취소되었다 하더라도 원래의 영업정지처분이 당연무효의 하자를 가지고 있는 처분이 아닌 한 그 **영업정지기간 중에 영업하였음을 사유로 한 영업허가취소처분은 당연무효가 아니다**(대판 1995.11.24. 95누9402).

18

행정법관계에서 민법의 적용에 대한 설명으로 옳지 않은 것은?

① 민법상의 일반법 원리적인 규정은 행정법상 권력관계에 대해서도 적용될 수 있다.
② 행정법관계에서 기간의 계산에 관하여 특별한 규정이 없으면 민법의 기간 계산에 관한 규정이 적용된다.
③ 현행법상 국가에 대한 금전채권의 소멸시효에 대하여는 민법의 규정이 그대로 적용된다.
④ 현행법상 행정목적을 위하여 제공된 행정재산에 대해서는 공용폐지가 되지 않는 한 민법상 취득시효규정이 적용되지 않는다.

정답 ③

① 실권(실효)의 법리와 같은 민법의 일반법 원리적인 규정은 공법관계 가운데 관리관계는 물론이고 권력관계에도 적용된다(대판 1988.4.27. 87누915).
② 「민법」 제155조에 의하면 「민법」의 기간 계산에 관한 규정은 법령에 특별한 규정이 없는 한 공법상의 기간 계산에도 적용된다.
③ 「민법」상 금전채권의 소멸시효기간은 원칙적으로 10년이나, 「국가재정법」상 국가에 대한 금전채권의 소멸시효기간은 원칙적으로 5년이다.

정리
∴ 「민법」의 규정이 국가에 대한 금전채권의 소멸시효에 대하여 그대로 적용X

④ 행정목적을 위하여 공용되는 행정재산은 공용폐지가 되지 않는 한 사법상 거래의 대상이 될 수 없으므로 민법상 취득시효의 대상도 되지 않는 것이고, 공물의 용도폐지 의사표시는 명시적이든, 묵시적이든 불문하나 적법한 의사표시여야 하고 단지 사실상 공물로서의 용도에 사용되지 아니하고 있다는 사실만으로 용도폐지의 의사표시가 있다고 볼 수는 없다(대판 1995.12.22. 95다19478).

19

「행정절차법」상 옳지 않은 것은?

① 행정응원을 위하여 파견된 직원은 당해 직원의 복무에 관하여 다른 법령 등에 특별한 규정이 없는 한, 응원을 요청한 행정청의 지휘·감독을 받는다.
② 처분의 전제가 되는 사실이 법원의 재판 등에 의하여 객관적으로 증명된 경우에는 행정청이 당사자에게 의무를 부과하거나 권익을 제한하는 처분을 하는 경우에도 사전통지를 하지 아니할 수 있다.
③ 행정청은 처분을 할 때에 공청회, 온라인공청회 및 정보통신망 등을 통하여 제시된 사실 및 의견이 상당한 이유가 있다고 인정하는 경우에는 이를 반영하여야 한다.
④ 행정청은 공청회를 마친 후 처분을 할 때까지 새로운 사정이 발견되어 공청회를 다시 개최할 필요가 있다고 인정할 때에는 공청회를 다시 개최하여야 한다.

정답 ④

①
행정절차법 제8조 (행정응원)
제5항 행정응원을 위하여 파견된 직원은 응원을 요청한 행정청의 지휘·감독을 받는다. 다만, 해당 직원의 복무에 관하여 다른 법령 등에 특별한 규정이 있는 경우에는 그에 따른다.

②
행정절차법 제21조 (처분의 사전 통지)
제4항 다음 각 호의 어느 하나에 해당하는 경우에는 제1항에 따른 통지를 하지 아니할 수 있다.
1. 공공의 안전 또는 복리를 위하여 긴급히 처분을 할 필요가 있는 경우
2. 법령 등에서 요구된 자격이 없거나 없어지게 되면 반드시 일정한 처분을 하여야 하는 경우에 그 자격이 없거나 없어지게 된 사실이 법원의 재판 등에 의하여 객관적으로 증명된 경우
3. 해당 처분의 성질상 의견청취가 현저히 곤란하거나 명백히 불필요하다고 인정될 만한 상당한 이유가 있는 경우

③
행정절차법 제39조의2 (공청회 및 온라인공청회 결과의 반영)
행정청은 처분을 할 때에 공청회, 온라인공청회 및 정보통신망 등을 통하여 제시된 사실 및 의견이 상당한 이유가 있다고 인정하는 경우에는 이를 반영하여야 한다.

④
행정절차법 제39조의3 (공청회의 재개최)
행정청은 공청회를 마친 후 처분을 할 때까지 새로운 사정이 발견되어 공청회를 다시 개최할 필요가 있다고 인정할 때에는 공청회를 다시 개최할 수 있다.

20

행정행위의 부관에 관한 설명 중 옳은 것(○)과 옳지 않은 것(×)을 올바르게 조합한 것은? (다툼이 있는 경우 판례에 의함)

> ㄱ. 기속행위 내지 기속적 재량행위인 건축허가를 하면서 법령상 아무런 근거 없이 일정 토지를 기부채납하도록 하는 내용의 허가조건을 붙인 경우, 이는 부관을 붙일 수 없는 건축허가에 붙인 부담이어서 무효이다.
> ㄴ. 종기인 기한에 관하여는 일률적으로 기한이 왔다고 하여 당연히 그 행정행위의 효력이 상실된다고 할 것은 아니다.
> ㄷ. 행정행위의 부관은 부담인 경우를 제외하고는 독립하여 행정소송의 대상이 될 수 없는바, 기부채납 받은 행정재산에 대한 사용·수익허가에서 공유재산의 관리청이 정한 사용·수익허가의 기간에 대하여 독립하여 행정소송을 제기할 수 없다.
> ㄹ. 부담은 행정청이 행정처분을 하면서 일방적으로 부가할 수 있을 뿐 상대방과 협의하여 부담의 내용을 협약의 형식으로 미리 정한 다음 행정처분을 하면서 이를 부가할 수는 없다.

	ㄱ	ㄴ	ㄷ	ㄹ
①	○	×	○	○
②	○	○	○	×
③	×	○	×	○
④	○	×	○	×

정답 ②

ㄱ. 가. 일반적으로 기속행위나 기속적 재량행위에는 부관을 붙일 수 없고 가사 부관을 붙였다 하더라도 무효이다.
나. 건축법 소정의 건축허가권자는 건축허가신청이 건축법, 도시계획법등 관계 법규에서 정하는 어떠한 제한에 배치되지 않는 이상 당연히 같은 법조 소정의 건축허가를 하여야 하므로, 법률상의 근거 없이 그 신청이 관계 법규에서 정한 제한에 배치되는지의 여부에 대한 심사를 거부할 수 없고, 심사 결과 그 신청이 법정요건에 합치하는 경우에는 특별한 사정이 없는 한 이를 허가하여야 하며, 공익상 필요가 없음에도 불구하고 요건을 갖춘 자에 대한 허가를 관계 법령에서 정하는 제한사유 이외의 사유를 들어 거부할 수 없다.
다. 건축허가를 하면서 일정 토지를 기부채납하도록 하는 내용의 허가조건은 부관을 붙일 수 없는 기속행위 내지 기속적 재량행위인 건축허가에 붙인 부담이거나 또는 법령상 아무런 근거가 없는 부관이어서 무효이다(대판 1995.6.13. 94다56883).

ㄴ. 가. 행정행위인 허가 또는 특허에 붙인 조항으로서 종료의 기한을 정한 경우 종기인 기한에 관하여는 일률적으로 기한이 왔다고 하여 당연히 그 행정행위의 효력이 상실된다고 할 것이 아니고 그 기한이 그 허가 또는 특허된 사업의 성질상 부당하게 짧은 기한을 정한 경우에 있어서는 그 기한은 그 허가 또는 특허의 조건의 존속기간을 정한 것이며 그 기한이 도래함으로써 그 조건의 개정을 고려한다는 뜻으로 해석하여야 할 것이다.
나. 종전의 허가가 기한의 도래로 실효한 이상 원고가 종전 허가의 유효기간이 지나서 신청한 기간연장신청은 그에 대한 종전의 허가처분을 전제로 하여 단순히 그 유효기간을 연장하여 주는 행정처분을 구하는 것이라기 보다는 종전의 허가처분과는 별도의 새로운 허가를 내용으로 하는 행정처분을 구하는 것이라고 보아야 할 것이어서, 이러한 경우 허가권자는 이를 새로운 허가신청으로 보아 법의 관계 규정에 의하여 허가요건의 적합 여부를 새로이 판단하여 그 허가 여부를 결정하여야 할 것이다(대판 1995.11.10. 94누11866).

ㄷ. 행정행위의 부관은 부담인 경우를 제외하고는 독립하여 행정소송의 대상이 될 수 없는바, 기부채납 받은 행정재산에 대한 사용·수익허가에서 공유재산의 관리청이 정한 사용·수익허가의 기간은 그 허가의 효력을 제한하기 위한 행정행위의 부관으로서 이러한 사용·수익허가의 기간에 대해서는 독립하여 행정소송을 제기할 수 없다(대판 2001.6.15. 99두509).

ㄹ. 수익적 행정처분에 있어서는 법령에 특별한 근거규정이 없다고 하더라도 그 부관으로서 부담을 붙일 수 있고, 그와 같은 부담은 행정청이 행정처분을 하면서 일방적으로 부가할 수도 있지만 부담을 부가하기 이전에 상대방과 협의하여 부담의 내용을 협약의 형식으로 미리 정한 다음 행정처분을 하면서 이를 부가할 수도 있다(대판 2009.2.12. 2005다65500).

제08회 적중 동형 모의고사 문제 및 해설

정답 모아보기

01	④	02	①	03	②	04	④	05	②
06	④	07	③	08	④	09	②	10	③
11	①	12	④	13	①	14	③	15	④
16	②	17	②	18	④	19	②	20	④

01

실효성 확보수단과 관련하여 다음 중 옳지 않은 것은? (다툼이 있는 경우 판례에 의함)

① 개발제한구역 내에서 개발제한구역의 지정 및 관리에 관한 특별조치법 제12조 제1항 단서에 따른 허가를 받지 않고 토지의 형질변경 등 개발행위를 한 경우, 같은 법 제30조 제1항에 따른 위반행위자 등에 대한 행정청의 시정명령은 재량행위에 해당한다.

② 질서위반행위에 대하여 과태료 부과의 근거 법률이 개정되어 행위 시의 법률에 의하면 과태료 부과대상이었지만 재판 시의 법률에 의하면 과태료 부과대상이 아니게 된 때에는 개정 법률의 부칙에서 종전 법률 시행 당시에 행해진 질서위반행위에 대해서는 행위 시의 법률을 적용하도록 특별한 규정을 두지 않은 이상 재판 시의 법률을 적용하여야 하므로 과태료를 부과할 수 없다.

③ 시정조치에 대한 취소판결의 확정으로 해당 위반행위가 위반 횟수 가중을 위한 횟수 산정에서 제외되더라도 그 사유가 과징금부과처분에 영향을 미치지 아니하여 처분의 정당성이 인정되는 경우에는 그 처분을 위법하다고 할 수 없다.

④ 입찰담합에 관한 과징금의 기본 산정기준이 되는 '계약금액'은 공정거래위원회가 재량에 따라 결정할 수 있다.

정답 ④

① 「개발제한구역의 지정 및 관리에 관한 특별조치법」(이하 '개발제한구역법'이라 한다) **제30조 제1항**은 "시장·군수·구청장은 다음 각 호의 어느 하나에 해당하는 행위를 적발한 경우에는 그 허가를 취소할 수 있으며, 해당 행위자(위반행위에 이용된 건축물·공작물·토지의 소유자·관리자 또는 점유자를 포함한다. 이하 '위반행위자 등'이라 한다)에 대하여 공사의 중지 또는 상당한 기간을 정하여 건축물·공작물 등의 철거·폐쇄·개축 또는 이전, 그 밖에 필요한 조치를 명(이하 '**시정명령**'이라 한다)**할 수 있다.**"라고 규정하고 있고, 그 중 제1호는 "제12조 제1항 단서에 따른 허가를 받지 아니하거나 허가의 내용을 위반하여 건축물의 건축 또는 용도변경, 공작물의 설치, 토지의 형질변경, 토지분할, 물건을 쌓아놓는 행위, 죽목(竹木) 벌채 또는 도시·군계획사업의 시행(이하 통틀어 '개발행위'라 한다)을 한 경우"를 규정하고 있다. 이러한 규정의 형식이나 체재 또는 문언에 비추어 보면, 개발제한구역 내에서 제12조 제1항 단서에 따른 허가를 받지 아니하고 토지의 형질변경 등 개발행위를 한 경우 그 위반행위자 등에 대한 행정청의 시정명령은 재량행위에 해당한다(대판 2022.8.31. 2021두46971).

② 과태료 부과에 관한 일반법인 질서위반행위규제법에 의하면, 질서위반행위의 성립과 과태료 처분은 원칙적으로 행위 시의 법률에 따르지만(질서위반행위규제법 제3조 제1항), 질서위반행위 후 법률이 변경되어 그 행위가 질서위반행위에 해당하지 아니하게 되거나 과태료가 변경되기 전의 법률보다 가볍게 된 때에는 법률에 특별한 규정이 없는 한 변경된 법률을 적용하여야 한다(질서위반행위규제법 제3조 제2항).

따라서 질서위반행위에 대하여 과태료 부과의 근거 법률이 개정되어 행위 시의 법률에 의하면 과태료 부과대상이었지만 재판 시의 법률에 의하면 과태료 부과대상이 아니게 된 때에는 개정 법률의 부칙에서 종전 법률 시행 당시에 행해진 질서위반행위에 대해서는 행위 시의 법률을 적용하도록 특별한 규정을 두지 않은 이상 재판 시의 법률을 적용하여야 하므로 과태료를 부과할 수 없다(대판 2020.11.3. 2020마5594).

③ 법 위반행위 자체가 존재하지 않아 위반행위에 대한 시정조치에 대하여 취소판결이 확정된 경우에 위반 횟수 가중을 위한 횟수 산정에서 제외하더라도, 그 사유가 과징금 부과처분에 영향을 미치지 아니하여 처분의 정당성이 인정되는 경우에는 그 처분을 위법하다고 할 수 없다(대판 2019.7.25. 2017두55077).

④ **공정거래위원회**는 독점규제 및 공정거래에 관한 법률(이하 '공정거래법'이라 한다)상 과징금 상한의 범위 내에서 **과징금 부과 여부 및 과징금 액수**를 정할 **재량**을 가지고 있다. 그러나 공정거래법 제22조는 공정거래위원회가 부당한 공동행위를 행한 사업자에 대하여 '대통령령이 정하는 매출액'에 100분의 10을 곱한 금액(매출액이 없는 경우 등에는 20억 원)을 초과하지 아니하는 한도 내에서 과징금을 부과할 수 있도록 정하고 있고, 그 위임에 따라 구 독점규제 및 공정거래에 관한 법률 시행령 제9조 제1항은 본문에서 "공정거래법 제22조에서 '대통령령이 정하는 매출액'이란 위반사업자가 위반기간 동안 일정한 거래분야에서 판매한 관련 상품이나 용역의 매출액 또는 이에 준하는 금액을 말한다."라고 정하면서, 그 단서에서 "다만, 입찰담합 및 이와 유사한 행위인 경우에는 계약금액을 말한다."라고 정하고 있다. 따라서 입찰담합에 관한 과징금의 기본 산정기준이 되는 '계약금액'은 위와 같은 법령의 해석을 통하여 산정되는 것이지 공정거래위원회가 재량에 따라 결정할 수 있는 것이 아니다(대판 2020.10.29. 2019두37233).

정리

과징금 부과 여부 및 액수 : 재량○ / (과징금의 기본 산정기준이 되는) 계약금액 : 재량✕

02

다음 중 가장 옳지 않은 것은? (단, 다툼이 있는 경우 판례에 따름)

① 검찰총장이 검사에 대하여 하는 '경고조치'는 항고소송의 대상이 되는 처분에 해당하지 않는다.
② 관할 행정청이 여객자동차운송사업자가 범한 여러 가지 위반행위 중 일부만 인지하여 과징금 부과처분을 하였는데 그 후 과징금 부과처분 시점 이전에 이루어진 다른 위반행위를 인지하여 이에 대하여 별도의 과징금 부과처분을 하게 되는 경우에도 종전 과징금 부과처분의 대상이 된 위반행위와 추가 과징금 부과처분의 대상이 된 위반행위에 대하여 일괄하여 하나의 과징금 부과처분을 하는 경우와의 형평을 고려하여 추가 과징금 부과처분의 처분양정이 이루어져야 한다.
③ 원래 확인의 소는 현재의 권리 또는 법률상 지위에 관한 위험이나 불안을 제거하기 위하여 허용되는 것이고, 다만 과거의 법률관계라 할지라도 현재의 권리 또는 법률상 지위에 영향을 미치고 있고 현재의 권리 또는 법률상 지위에 대한 위험이나 불안을 제거하기 위하여 그 법률관계에 관한 확인판결을 받는 것이 유효적절한 수단이라고 인정될 때에는 확인의 이익이 있다.
④ 판결서의 이유에는 주문이 정당하다는 것을 인정할 수 있을 정도로 당사자의 주장, 그 밖의 공격·방어방법에 관한 판단을 표시하면 되고 당사자의 모든 주장이나 공격·방어방법에 관하여 판단할 필요가 없다.

정답 ①

① 검사에 대한 경고조치 관련 규정을 위 법리에 비추어 살펴보면, **검찰총장이** 사무검사 및 사건평정을 기초로 대검찰청 자체감사규정 제23조 제3항, 검찰공무원의 범죄 및 비위 처리지침 제4조 제2항 제2호 등에 근거하여 **검사에 대하여 하는 '경고조치'는** 일정한 서식에 따라 검사에게 개별 통지를 하고 이의신청을 할 수 있으며, 검사가 검찰총장의 경고를 받으면 1년 이상 감찰관리 대상자로 선정되어 특별관리를 받을 수 있고, 경고를 받은 사실이 인사자료로 활용되어 복무평정, 직무성과금 지급, 승진·전보인사에서도 불이익을 받게 될 가능성이 높아지며, 향후 다른 징계사유로 징계처분을 받게 될 경우에 징계양정에서 불이익을 받게 될 가능성이 높아지므로, **검사의 권리 의무에 영향을 미치는 행위로서 항고소송의 대상이 되는 처분이라고 보아야 한다**(대판 2021.2.10. 2020두47564).
② **관할 행정청이 여객자동차운송사업자가 범한 여러 가지 위반행위 중 일부만 인지하여 과징금 부과처분을 하였는데 그 후 과징금 부과처분 시점 이전에 이루어진 다른 위반행위를 인지하여 이에 대하여 별도의 과징금 부과처분을 하게 되는 경우에도 종전 과징금 부과처분의 대상이 된 위반행위와 추가 과징금 부과처분의 대상이 된 위반행위에 대하여 일괄하여 하나의 과징금 부과처분을 하는 경우와의 형평을 고려하여 추가 과징금 부과처분의 처분양정이 이루어져야 한다.** 다시 말해, 행정청이 전체 위반행위에 대하여 하나의 과징금 부과처분을 할 경우에 산정되었을 정당한 과징금액에서 이미 부과된 과징금액을 뺀 나머지 금액을 한도로 하여서만 추가 과징금 부과처분을 할 수 있다. 행정청이 여러 가지 위반행위를 언제 인지하였느냐는 우연한 사정에 따라 처분상대방에게 부과되는 과징금의 총액이 달라지는 것은 그 자체로 불합리하기 때문이다(대판 2021.2.4. 2020두48390).
③ 원래 확인의 소는 현재의 권리 또는 법률상 지위에 관한 위험이나 불안을 제거하기 위하여 허용되는 것이고, 다만 과거의 법률관계라 할지라도 현재의 권리 또는 법률상 지위에 영향을 미치고 있고 현재의 권리 또는 법률상 지위에 대한 위험이나 불안을 제거하기 위하여 그 법률관계에 관한 확인판결을 받는 것이 유효적절한 수단이라고 인정될 때에는 확인의 이익이 있다(대판 2021.4.29. 2016두39856).
④ 판결서의 이유에는 주문이 정당하다는 것을 인정할 수 있을 정도로 당사자의 주장, 그 밖의 공격·방어방법에 관한 판단을 표시하면 되고 당사자의 모든 주장이나 공격·방어방법에 관하여 판단할 필요가 없다(행정소송법 제8조 제2항, 민사소송법 제208조). 따라서 법원의 판결에 당사자가 주장한 사항에 대한 구체적·직접적인 판단이 표시되어 있지 아니하더라도 판결 이유의 전반적인 취지에 비추어 그 주장을 인용하거나 배척하였음을 알 수 있는 정도라면 판단누락이라고 할 수 없고, 설령 실제로 판단을 하지 아니하였더라도 그 주장이 배척될 경우임이 분명한 때에는 판결 결과에 영향이 없어 판단누락의 위법이 있다고 할 수 없다(대판 2020.6.11. 2017두36953).

03

행정소송의 피고에 관한 설명 중 옳은 것은?

① 합의제행정기관이 한 처분에 대하여는 그 기관 자체가 피고가 되는 것이 원칙이므로 중앙노동위원회의 처분에 대한 소는 중앙노동위원회를 피고로 하여야 한다.
② 당사자소송의 원고가 피고를 잘못 지정하여 피고경정신청을 한 경우 법원은 결정으로써 피고의 경정을 허가할 수 있다.
③ 「행정소송법」은 취소소송에서 원고가 피고를 잘못 지정한 경우 피고가 본안에서 변론을 한 이후에는 피고의 동의를 얻어야 피고경정이 가능하다고 규정하고 있다.
④ 피고경정으로 인한 피고의 변경은 당사자의 동일성을 바꾸는 것이므로 피고를 경정하는 경우 제소기간의 준수 여부는 피고를 경정한 때를 기준으로 한다.

정답 ②

① **토지수용위원회, 국민권익위원회, 교원소청심사위원회, 공정거래위원회, 저작권심의위원회 등 합의제 행정기관의 처분에 대한 소는** 그 합의제 행정기관의 장이 아니라 **합의제 행정기관을 피고로 한다. 그러나 중앙노동위원회의 처분에 대한 소는 중앙노동위원회 위원장을 피고로 하여 제기하여야 한다**.

> **노동위원회법 제27조 (중앙노동위원회의 처분에 대한 소송)**
> 제1항 중앙노동위원회의 처분에 대한 소송은 중앙노동위원회 위원장을 피고(被告)로 하여 처분의 송달을 받은 날부터 15일 이내에 제기하여야 한다.

②
> **행정소송법 제14조 (피고경정)**
> 제1항 (취소소송에서) 원고가 피고를 잘못 지정한 때에는 법원은 원고의 신청에 의하여 결정으로써 피고의 경정을 허가할 수 있다.

행정소송법 제44조 (준용규정)
제1항 제14조 내지 제17조, 제22조, 제25조, 제26조, 제30조 제1항, 제32조 및 제33조의 규정은 당사자소송의 경우에 준용한다.

③ **행정소송법**에는 취소소송에서 원고가 피고를 잘못 지정한 경우 피고가 본안에서 변론을 한 이후에는 피고의 동의를 얻어야 피고경정이 가능하다는 규정은 없다. 이와 달리 **민사소송법**에서는 피고경정에 관한 해당 규정이 있다.

> **참고**
> **민사소송법 제260조 (피고의 경정)**
> 제1항 원고가 피고를 잘못 지정한 것이 분명한 경우에는 제1심 법원은 변론을 종결할 때까지 원고의 신청에 따라 결정으로 피고를 경정하도록 허가할 수 있다. 다만, 피고가 본안에 관하여 준비서면을 제출하거나, 변론준비기일에서 진술하거나 변론을 한 뒤에는 그의 동의를 받아야 한다.

④ **행정소송법 제14조 (피고경정)**
제1항 원고가 피고를 잘못 지정한 때에는 법원은 원고의 신청에 의하여 결정으로써 피고의 경정을 허가할 수 있다.
제4항 제1항의 규정에 의한 결정이 있은 때에는 새로운 피고에 대한 소송은 처음에 소를 제기한 때에 제기된 것으로 본다.
제5항 제1항의 규정에 의한 결정이 있은 때에는 종전의 피고에 대한 소송은 취하된 것으로 본다.

04

행정소송상 주장책임과 증명책임(입증책임)에 관한 설명 중 옳은 것을 모두 고른 것은? (다툼이 있는 경우 판례에 의함)

ㄱ. 취소소송에서 당사자의 명백한 주장이 없는 경우에도 법원은 기록에 나타난 여러 사정을 기초로 직권으로 사정판결을 할 수 있다.
ㄴ. 정보공개거부처분 취소소송에서 비공개사유의 주장·입증책임은 피고인 공공기관에 있다.
ㄷ. 행정처분의 당연무효를 주장하여 그 무효확인을 구하는 행정소송에서 그 행정처분이 무효인 사유를 주장·입증할 책임은 원고에게 있다.
ㄹ. 국가유공자 인정과 관련하여, 공무수행으로 상이(傷痍)를 입었다는 점이나 그로 인한 신체장애의 정도가 법령에 정한 등급 이상에 해당한다는 점에 관한 증명책임은 국가유공자 등록신청인에게 있지만, 그 상이가 '불가피한 사유 없이 본인의 과실이나 본인의 과실이 경합된 사유로 입은 것'이라는 사정에 관한 증명책임은 피고인 처분청에게 있다.

① ㄱ, ㄴ, ㄷ
② ㄱ, ㄴ, ㄹ
③ ㄱ, ㄷ, ㄹ
④ ㄱ, ㄴ, ㄷ, ㄹ

정답 ④

ㄱ. 행정처분이 위법한 경우에는 이를 취소하는 것이 원칙이나, 예외적으로 그 위법한 처분을 취소·변경하는 것이 도리어 현저히 공공복리에 적합하지 아니하는 경우에는 그 취소를 허용하지 아니하는 사정판결을 할 수 있다. 이러한 사정판결은 당사자의 명백한 주장이 없는 경우에도 기록에 나타난 여러 사정을 기초로 직권으로 할 수 있는 것이나, 그 요건인 현저히 공공복리에 적합하지 아니한지 여부는 위법한 행정처분을 취소·변경하여야 할 필요와 그 취소·변경으로 인하여 발생할 수 있는 공공복리에 반하는 사태 등을 비교·교량하여 판단하여야 한다(대판 2006.9.22. 2005두2506).

ㄴ. 구 「공공기관의 정보공개에 관한 법률」 제1조, 제3조, 제6조는 국민의 알권리를 보장하고 국정에 대한 국민의 참여와 국정운영의 투명성을 확보하기 위하여 공공기관이 보유·관리하는 정보를 모든 국민에게 원칙적으로 공개하도록 하고 있으므로, 국민으로부터 보유·관리하는 정보에 대한 공개를 요구받은 공공기관으로서는 법 제7조 제1항 각 호에서 정하고 있는 비공개사유에 해당하지 않는 한 이를 공개하여야 하고, 공개를 거부하는 경우라 할지라도 대상이 된 정보의 내용을 구체적으로 확인·검토하여 어느 부분이 어떠한 법익 또는 기본권과 충돌되어 법 제7조 제1항 몇 호에서 정하고 있는 비공개사유에 해당하는지를 주장·입증하여야만 하며, 그에 이르지 아니한 채 개괄적인 사유만을 들어 공개를 거부하는 것은 허용되지 아니한다(대판 2007.2.8. 2006두4899).

ㄷ. 행정처분의 당연무효를 주장하여 그 무효확인을 구하는 행정소송에 있어서는 원고에게 그 행정처분이 무효인 사유를 주장·입증할 책임이 있다(대판 1992.3.10. 91누6030).

ㄹ. 국가유공자 인정 요건, 즉 공무수행으로 상이를 입었다는 점이나 그로 인한 신체장애의 정도가 법령에 정한 등급 이상에 해당한다는 점은 국가유공자 등록신청인이 증명할 책임이 있지만, 그 상이가 '불가피한 사유 없이 본인의 과실이나 본인의 과실이 경합된 사유로 입은 것'이라는 사정, 즉 지원대상자 요건에 해당한다는 사정은 국가유공자 등록신청에 대하여 지원대상자로 등록하는 처분을 하는 처분청이 증명책임을 진다고 보아야 한다(대판 2013.8.22. 2011두26589).

> **정리** 당사자A에게 고의·과실이 있었다는 것은 행정청이 주장·입증O

05

공법과 사법의 관계에 대한 설명으로 옳은 것만을 <보기>에서 모두 고르면? (다툼이 있는 경우 판례에 의함)

<보기>

ㄱ. 「국가를 당사자로 하는 계약에 관한 법률」상 국가가 당사자가 되는 공공계약은 국가가 사경제의 주체로서 상대방과 대등한 위치에서 체결하는 사법상의 계약에 해당한다.
ㄴ. 「국가를 당사자로 하는 계약에 관한 법률」상 국가기관에 의한 입찰참가자격제한행위는 사법상 관념의 통지에 해당한다.
ㄷ. 공기업이나 준정부기관의 입찰참가자격제한은 계약에 근거할 수도 있고, 행정처분에 해당할 수도 있다.
ㄹ. 사립학교 교원의 징계는 사립학교의 공적 성격을 고려할 때 행정처분에 해당한다.
ㅁ. 행정재산의 사용·수익 허가는 강학상 특허로서 공법관계의 일종에 해당한다.

① ㄱ, ㄴ, ㄷ
② ㄱ, ㄷ, ㅁ
③ ㄴ, ㄷ, ㄹ
④ ㄴ, ㄹ, ㅁ

정답 ②

ㄱ. 「국가를 당사자로 하는 계약에 관한 법률」에 따라 국가가 당사자가 되는 이른바 공공계약은 사경제 주체로서 상대방과 대등한 위치에서 체결하는 사법상 계약으로서 본질적인 내용은 사인 간의 계약과 다를 바가 없으므로, 그에 관한 법령에 특별한 정함이 있는 경우를 제외하고는 사적 자치와 계약자유의 원칙 등 사법의 원리가 그대로 적용된다(대판 2020.5.14. 2018다298409).

ㄴ. 피고(관악구청장)가 「국가를 당사자로 하는 계약에 관한 법률」에 의하여 원고의 입찰참가자격을 제한시킨 것은 처분에 해당한다(대판 1999.3.9. 98두18565).

ㄷ. 공기업·준정부기관이 법령 또는 계약에 근거하여 선택적으로 입찰참가자격 제한 조치를 할 수 있는 경우, 계약상대방에 대한 입찰참가자격 제한 조치가 법령에 근거한 행정처분인지 아니면 계약에 근거한 권리행사인지는 원칙적으로 의사표시의 해석 문제이다. 이때에는 공기업·준정부기관이 계약상대방에게 통지한 문서의 내용과 해당 조치에 이르기까지의 과정을 객관적·종합적으로 고찰하여 판단하여야 한다. 그럼에도 불구하고 공기업·준정부기관이 법령에 근거를 둔 행정처분으로서의 입찰참가자격 제한 조치를 한 것인지 아니면 계약에 근거한 권리행사로서의 입찰참가자격 제한 조치를 한 것인지가 여전히 불분명한 경우에는, 그에 대한 불복방법 선택에 중대한 이해관계를 가지는 그 조치 상대방의 인식가능성 내지 예측가능성을 중요하게 고려하여 규범적으로 이를 확정함이 타당하다(대판 2018.10.25. 2016두33537).

ㄹ. 사립학교 교원에 대한 징계처분의 경우에는 학교법인 등의 징계처분은 행정처분성이 없는 것이고 그에 대한 소청심사청구에 따라 위원회가 한 결정이 행정처분이다(대판 2013.7.25. 2012두12297).

ㅁ. 국유재산 등의 관리청이 하는 행정재산의 사용·수익에 대한 허가는 순전히 사경제주체로서 행하는 사법상의 행위가 아니라 관리청이 공권력을 가진 우월적 지위에서 행하는 행정처분으로서 특정인에게 행정재산을 사용할 수 있는 권리를 설정하여 주는 강학상 특허에 해당한다(대판 2006.3.9. 2004다31074).

06

「행정기본법」과 관련하여 옳지 않은 것은? (다툼이 있는 경우 판례에 의함)

① 처분의 이의신청에 대한 결과를 통지받은 후 행정심판 또는 행정소송을 제기하려는 자는 그 결과를 통지받은 날(통지기간 내에 결과를 통지받지 못한 경우에는 통지기간이 만료되는 날의 다음 날)부터 90일 이내에 행정심판 또는 행정소송을 제기할 수 있다.
② 외국인의 출입국에 관한 사항에 관하여는 「행정기본법」상 행정상 강제에 관한 규정을 적용하지 아니한다.
③ 과태료 부과 및 징수에 관한 사항은 「행정기본법」에 따른 이의신청이 인정되지 아니한다.
④ 행정상 강제 조치에 관하여 「행정기본법」에서 정한 사항 외에 필요한 사항은 따로 시행령으로 정한다.

정답 ④

①
행정기본법 제36조 (처분에 대한 이의신청)
제4항 이의신청에 대한 결과를 통지받은 후 행정심판 또는 행정소송을 제기하려는 자는 그 결과를 통지받은 날(제2항에 따른 통지기간 내에 결과를 통지받지 못한 경우에는 같은 항에 따른 통지기간이 만료되는 날의 다음 날을 말한다)부터 90일 이내에 행정심판 또는 행정소송을 제기할 수 있다.

②
행정기본법 제30조 (행정상 강제)
제3항 형사(刑事), 행형(行刑) 및 보안처분 관계 법령에 따라 행하는 사항이나 외국인의 출입국·난민인정·귀화·국적회복에 관한 사항에 관하여는 이 절(제5절 행정상 강제)을 적용하지 아니한다.

정리
외국인의 강제퇴거, 강제출국조치 등에 대해서는 출입국관리법 규정이 적용O

③
행정기본법 제36조 (처분에 대한 이의신청)
제7항 다음 각 호의 어느 하나에 해당하는 사항에 관하여는 이 조를 적용하지 아니한다.
1. 공무원 인사 관계 법령에 따른 징계 등 처분에 관한 사항
2. 「국가인권위원회법」 제30조에 따른 진정에 대한 국가인권위원회의 결정
3. 「노동위원회법」 제2조의2에 따라 노동위원회의 의결을 거쳐 행하는 사항
4. 형사, 행형 및 보안처분 관계 법령에 따라 행하는 사항
5. 외국인의 출입국·난민인정·귀화·국적회복에 관한 사항
6. 과태료 부과 및 징수에 관한 사항

④
행정기본법 제30조 (행정상 강제)
제2항 행정상 강제 조치에 관하여 이 법에서 정한 사항 외에 필요한 사항은 따로 법률로 정한다.

07

영조물의 설치·관리상 하자책임에 대한 설명으로 옳지 않은 것은? (다툼이 있는 경우 판례에 의함)

① 일반 공중이 사용하는 공공용물 외에 행정주체가 직접 사용하는 공용물이나 하천과 같은 자연공물도 「국가배상법」 제5조의 '공공의 영조물'에 포함된다.
② 영조물의 하자 유무는 객관적 견지에서 본 안전성의 문제이며, 국가의 예산 부족으로 인해 영조물의 설치·관리에 하자가 생긴 경우에도 국가는 면책될 수 없다.
③ 고속도로의 관리상 하자가 인정되더라도 고속도로의 관리상 하자를 판단할 때 고속도로의 점유관리자가 손해의 방지에 필요한 주의의무를 해태하였다는 주장·입증책임은 피해자에게 있다.
④ 소음 등의 공해로 인한 법적 쟁송이 제기되거나 그 피해에 대한 보상이 실시되는 등 피해 지역임이 구체적으로 드러나고 이러한 사실이 그 지역에 널리 알려진 이후에 이주하여 오는 경우에는 위와 같은 위험에의 접근에 따른 가해자의 면책 여부를 보다 적극적으로 인정할 여지가 있다.

정답 ③

① 국가배상법 제5조의 '영조물'에는 자연공물도 포함되므로 민법 제758조의 공작물 보다 범위가 넓다. 관리청이 「하천법」등 관련 규정에 의해 책정한 하천정비기본계획 등에 따라 개수를 완료한 하천 또는 아직 개수중이라 하더라도 개수를 완료한 부분에 있어서는, 위 하천정비기본계획 등에서 정한 계획홍수량 및 계획홍수위를 충족하여 하천이 관리되고 있다면 당초부터 계획홍수량 또는 계획홍수위를 잘못 책정하였다거나 그 후 이를 시급히 변경해야 할 사정이 생겼음에도 불구하고 이를 해태하였다는 등의 특별한 사정이 없는 한, 그 하천은 용도에 따라 통상 갖추어야 할 안전성을 갖추고 있다고 보아야 한다(대판 2007.9.21. 2005다65678).
② 영조물 설치의 하자라 함은 영조물의 축조에 불완전한 점이 있어 이 때문에 영조물 자체가 통상 갖추어야 할 완전성을 갖추지 못한 상태에 있음을 말한다고 할 것인바, 그 하자 유무는 객관적 견지에서 본 안전성의 문제이고 그 설치자의 재정사정이나 영조물의 사용목적에 의한 사정은 안전성을 요구하는데 대한 정도 문제로서 참작사유에는 해당할지언정 안전성을 결정지을 절대적 요건에는 해당하지 아니한다 할 것이다(대판 1967.2.21. 66다1723).
③ 고속도로의 관리상 하자가 인정되는 이상 고속도로의 점유관리자는 그 하자가 불가항력에 의한 것이거나 손해의 방지에 필요한 주의를 해태하지 아니하였다는 점을 주장·입증하여야 비로소 그 책임을 면할 수 있다(대판 2008.3.13. 2007다29287).

🔍 정리   면책사유(소극적 요건)는 피고에게 주장·입증책임O

④ 소음 등을 포함한 공해 등의 위험지역으로 이주하여 들어가서 거주하는 경우와 같이 위험의 존재를 인식하면서 그로 인한 피해를 용인하며 접근한 것으로 볼 수 있는 경우에, 그 피해가 직접 생명이나 신체에 관련된 것이 아니라 정신적 고통이나 생활방해의 정도에 그치고 그 침해행위에 고도의 공공성이 인정되는 때에는, 위험에 접근한 후 실제로 입은 피해 정도가 위험에 접근할 당시에 인식하고 있었던 위험의 정도를 초과하는 것이거나 위험에 접근한 후에 그 위험이 특별히 증대하였다는 등의 특별한 사정이 없는 한 가해자의 면책을 인정하여야 하는 경우도 있다. 특히 소음 등의 공해로 인한 법적 쟁송이 제기되거나 그 피해에 대한 보상이 실시되는 등 피해지역임이 구체적으로 드러나고 또한 이러한 사실이 그 지역에 널리 알려진 이후에 이주하여 오는 경우에는 위와 같은 위험에의 접근에 따른 가해자의 면책 여부를 보다 적극적으로 인정할 여지가 있다. 다만 일반인이 공해 등의 위험지역으로 이주하여 거주하는 경우라고 하더라도 위험에 접근할 당시에 그러한 위험이 존재하는 사실을 정확하게 알 수 없는 경우가 많고, 그 밖에 위험에 접근하게 된 경위와 동기 등의 여러 가지 사정을 종합하여 그와 같은 위험의 존재를 인식하면서도 위험으로 인한 피해를 용인하면서 접근하였다고 볼 수 없는 경우에는 손해배상액의 산정에 있어 형평의 원칙상 과실상계에 준하여 감액사유로 고려하여야 한다(대판 2010.11.25. 2007다74560).

08

행정상 손실보상제도에 대한 설명으로 옳지 않은 것은?

① 헌법 제23조 제1항의 규정이 재산권의 존속을 보호하는 것이라면 제23조 제3항의 수용제도를 통해 존속보장은 가치보장으로 변하게 된다.
② 평등의 원칙으로부터 파생된 '공적 부담 앞의 평등'은 손실보상의 이론적 근거가 될 수 있다.
③ 헌법 제23조 제3항을 불가분조항으로 볼 경우, 보상규정을 두지 아니한 수용법률은 헌법위반이 된다.
④ 구 토지수용법 제51조가 규정하고 있는 '영업상의 손실'이란 수용의 대상이 된 토지·건물 등을 이용하여 영업을 하다가 그 토지·건물 등이 수용됨으로 인하여 영업을 할 수 없거나 제한을 받게 됨으로 인하여 생기는 손실을 말하는 것이므로, 영업을 하기 위하여 투자한 비용이나 그 영업을 통하여 얻을 것으로 기대되는 이익도 손실보상의 대상이 된다.

정답 ④

헌법 제23조
제1항 모든 국민의 재산권은 보장된다. 그 내용과 한계는 법률로 정한다.
제2항 재산권의 행사는 공공복리에 적합하도록 하여야 한다.
제3항 공공필요에 의한 재산권의 수용·사용 또는 제한 및 그에 대한 보상은 법률로써 하되, 정당한 보상을 지급하여야 한다.

① 공공필요를 위해 공용침해가 행해지고 보상금이 지급되는 경우 재산권의 존속보장은 가치보장으로 전환된다.

🔍 정리   제1항은 존속보장 / 제3항은 가치보장

② 손실보상제도란 국가나 지방자치단체가 공공의 필요에 의한 적법한 권력행사를 통하여 사인의 재산권에 특별한 희생을 가한 경우에 재산권의 보장과 공적 부담 앞의 평등이라는 견지에서 사인에게 조절적인 보상을 해주는 제도를 말한다.

🔍 정리   손실보상의 이론적 근거 : 재산권 보장 + 공적 부담 앞의 평등

③ 헌법 제23조 제3항을 불가분조항으로 보는 견해는 위헌무효설의 입장으로, 이 견해는 헌법 제23조 제3항의 규정은 입법자에 대하여 국민의 재산권을 침해하는 입법을 할 때에는 반드시 보상규정을 두도록 구속력을 가진다고 보는 견해이다. 따라서 보상규정을 두지 아니한 수용법률은 헌법위반이 되어 당연무효가 되고 그 법률에 근거한 행정처분은 위법하게 된다. 그리고 당사자A는 위법한 행정처분을 대상으로 취소소송을 제기할 수 있고, 당해 처분으로 인해 재산상 손해를 입은 경우에는 '손해배상'을 청구할 수 있다.

④ 구 토지수용법 제51조가 규정하고 있는 '영업상의 손실'이란 수용의 대상이 된 토지·건물 등을 이용하여 영업을 하다가 그 토지·건물 등이 수용됨으로 인하여 영업을 할 수 없거나 제한을 받게 됨으로 인하여 생기는 직접적인 손실을 말하는 것이므로 위 규정은 영업을 하기 위하여 투자한 비용이나 그 영업을 통하여 얻을 것으로 기대되는 이익에 대한 손실보상의 근거규정이 될 수 없고, 그 외 구 토지수용법이나 구 '공공용지의 취득 및 손실보상에 관한 특례법', 그 시행령 및 시행규칙 등 관계 법령에도 영업을 하기 위하여 투자한 비용이나 그 영업을 통하여 얻을 것으로 기대되는 이익에 대한 손실보상의 근거규정이나 그 보상의 기준과 방법 등에 관한 규정이 없으므로, 이러한 손실은 그 보상의 대상이 된다고 할 수 없다(대판 2006.1.27. 2003두13106).

09

「행정심판법」상 임시처분에 대한 설명으로 옳지 않은 것은? (다툼이 있는 경우 판례에 의함)

① 임시처분이란 행정청의 처분이나 부작위 때문에 발생할 수 있는 당사자의 중대한 불이익이나 급박한 위험을 막기 위해 당사자에게 임시지위를 부여하는 행정심판위원회의 결정을 말한다.
② 당사자의 임시지위를 정하여야 할 필요성이 인정된다면, 집행정지로 목적을 달성할 수 있는 경우에도 임시처분은 선택적으로 사용될 수 있다.
③ 행정심판위원회는 적극적 가구제 수단인 임시처분을 직권으로 결정할 수 있다.
④ 행정심판위원회가 임시처분결정을 하기 위해서 행정심판청구의 계속이 요구된다.

정답 ②

①, ③

> 행정심판법 제31조 (임시처분)
> 제1항 위원회는 처분 또는 부작위가 위법·부당하다고 상당히 의심되는 경우로서 처분 또는 부작위 때문에 당사자가 받을 우려가 있는 중대한 불이익이나 당사자에게 생길 급박한 위험을 막기 위하여 임시지위를 정하여야 할 필요가 있는 경우에는 직권으로 또는 당사자의 신청에 의하여 임시처분을 결정할 수 있다.

②

> 행정심판법 제31조 (임시처분)
> 제3항 제1항에 따른 임시처분은 제30조 제2항에 따른 집행정지로 목적을 달성할 수 있는 경우에는 허용되지 아니한다.

④ 임시적인 권리구제인 임시처분은 (집행정지와 마찬가지로) 적법한 행정심판의 계속이 요구된다. 따라서 임시처분신청은 행정심판청구 후 또는 (행정심판 청구와) 동시에 제기되어야 하며, 임시처분결정을 하기 위해서는 행정심판 청구가 계속되어 있어야 한다.

10

신뢰보호원칙에 관한 설명으로 옳지 않은 것은? (다툼이 있는 경우 판례에 의함)

① 신뢰보호원칙은 판례뿐만 아니라 실정법상의 근거를 가지고 있다.
② 수익적 행정행위가 수익자의 귀책사유가 있는 신청에 의해 행하여졌다면 그 신뢰의 보호가치성은 인정되지 않는다.
③ 행정기관의 선행조치로서의 공적인 견해 표명은 반드시 명시적인 언동이어야 한다.
④ 처분청 자신의 공적 견해 표명이 있어야만 하는 것은 아니며, 경우에 따라서는 보조기관인 담당 공무원의 공적인 견해 표명도 신뢰의 대상이 될 수 있다.

정답 ③

① 신뢰보호원칙은 행정기본법 및 행정절차법 그리고 국세기본법에 해당 근거 조항이 있다.
② 일반적으로 행정상의 법률관계에 있어서 행정청의 행위에 대하여 신뢰보호의 원칙이 적용되기 위하여는, 첫째 행정청이 개인에 대하여 신뢰의 대상이 되는 공적인 견해표명을 하여야 하고, 둘째 행정청의 견해표명이 정당하다고 신뢰한 데에 대하여 그 개인에게 귀책사유가 없어야 하며, 셋째 그 개인이 그 견해표명을 신뢰하고 이에 상응하는 어떠한 행위를 하였어야 하고, 넷째 행정청이 위 견해표명에 반하는 처분을 함으로써 그 견해표명을 신뢰한 개인의 이익이 침해되는 결과가 초래되어야 하며, 마지막으로 위 견해표명에 따른 행정처분을 할 경우 이로 인하여 공익 또는 제3자의 정당한 이익을 현저히 해할 우려가 있는 경우가 아니어야 한다(대판 2001.9.28. 2000두8684).
③ 공적 견해나 의사는 명시적 또는 묵시적으로 표시되어야 하지만, 묵시적 표시가 있다고 하기 위하여는 단순한 과세 누락과는 달리 과세관청이 상당기간 불과세 상태에 대하여 과세하지 않겠다는 의사표시를 한 것으로 볼 수 있는 사정이 있어야 하다(대판 2001.4.24. 2000두5203).
④ 행정청의 공적 견해표명이 있었는지의 여부를 판단하는 데 있어 반드시 행정조직상의 형식적인 권한분장에 구애될 것은 아니고 담당자의 조직상의 지위와 임무, 당해 언동을 하게 된 구체적인 경위 및 그에 대한 상대방의 신뢰가능성에 비추어 실질에 의하여 판단하여야 한다(대판 1997.9.12. 96누18380).

11

행정강제에 대해서 가장 옳지 않은 것은? (단, 다툼이 있는 경우 판례에 따름)

① 동일한 행위에 대하여 과징금 조항들과 공정거래법 규정을 중첩적으로 적용하는 것은 이중부과 금지의 원칙을 위반하는 것이므로 과징금을 각각 부과할 수는 없다.

② 사용자가 이행하여야 할 행정법상 의무의 내용을 초과하는 것을 '불이행 내용'으로 기재한 이행강제금 부과 예고서에 의하여 이행강제금 부과 예고를 한 다음 이를 이행하지 않았다는 이유로 이행강제금을 부과하였다면, 초과한 정도가 근소하다는 등의 특별한 사정이 없는 한 이행강제금 부과 예고는 이행강제금 제도의 취지에 반하는 것으로서 위법하다.

③ 비록 건축주 등이 장기간 시정명령을 이행하지 아니하였더라도, 그 기간 중에는 시정명령의 이행 기회가 제공되지 아니하였다가 뒤늦게 시정명령의 이행 기회가 제공된 경우라면, 시정명령의 이행 기회 제공을 전제로 한 1회분의 이행강제금만을 부과할 수 있고, 시정명령의 이행 기회가 제공되지 아니한 과거의 기간에 대한 이행강제금까지 한꺼번에 부과할 수는 없다.

④ 이행강제금 납부의무는 상속인 기타의 사람에게 승계될 수 없는 일신전속적인 성질의 것이므로 이미 사망한 사람에게 이행강제금을 부과하는 내용의 처분이나 결정은 당연무효이다.

정답 ①

① 구「보험업법」제111조 제1항 제2호, 제196조 제1항 제5호, 구「독점규제 및 공정거래에 관한 법률」제23조 제1항 제7호, 제24조의2의 체계와 내용, 위 법률들의 입법 취지와 목적, 대주주에 대한 일정한 자산거래 또는 신용공여를 금지하는 보험업법 규정과 특수관계인에 대한 부당지원행위를 금지하는 공정거래법 규정의 각 보호법익 등을 종합하면, 어느 동일한 행위에 대하여 과징금 조항들과 공정거래법 규정을 중첩적으로 적용하여 과징금을 각각 부과할 수 있다(대판 2015.10.29. 2013두23935).

② 사용자가 이행하여야 할 행정법상 의무의 내용을 초과하는 것을 '불이행 내용'으로 기재한 이행강제금 부과 예고서에 의하여 이행강제금 부과 예고를 한 다음 이를 이행하지 않았다는 이유로 이행강제금을 부과하였다면, 초과한 정도가 근소하다는 등의 특별한 사정이 없는 한 이행강제금 부과 예고는 이행강제금 제도의 취지에 반하는 것으로서 위법하고, 이에 터 잡은 이행강제금 부과처분 역시 위법하다(대판 2015.6.24. 2011두2170).

③ 비록 건축주 등이 장기간 시정명령을 이행하지 아니하였더라도, 그 기간 중에는 시정명령의 이행 기회가 제공되지 아니하였다가 뒤늦게 시정명령의 이행 기회가 제공된 경우라면, 시정명령의 이행 기회 제공을 전제로 한 1회분의 이행강제금만을 부과할 수 있고, 시정명령의 이행 기회가 제공되지 아니한 과거의 기간에 대한 이행강제금까지 한꺼번에 부과할 수는 없다. 그리고 이를 위반하여 이루어진 이행강제금 부과처분은 과거의 건축주 등의 위반행위에 대한 제재가 아니라, 행정상의 간접강제 수단이라는 이행강제금의 본질에 반하여 구 건축법 제80조 제1항, 제4항 등 법규의 중요한 부분을 위반한 것으로서, 그러한 하자는 중대할 뿐만 아니라 객관적으로도 명백하여 무효라고 할 것이다(대판 2016.7.14. 2015두46598).

④ 구 건축법상의 이행강제금은 구 건축법의 위반행위에 대하여 시정명령을 받은 후 시정기간 내에 당해 시정명령을 이행하지 아니한 건축주 등에 대하여 부과되는 간접강제의 일종으로서 그 이행강제금 납부의무는 상속인 기타의 사람에게 승계될 수 없는 일신전속적인 성질의 것이므로 이미 사망한 사람에게 이행강제금을 부과하는 내용의 처분이나 결정은 당연무효이다(대판 2006.12.8. 2006마470).

12

「공공기관의 정보공개에 관한 법률」과 정보공개에 대한 설명 중 옳은 것은?

① 공공기관이 보유·관리하는 정보는 국민의 사생활 보호 등을 위하여 이 법에서 정하는 바에 따라 소극적으로 공개하여야 한다.

② 정보공개에 관한 정책 수립 및 제도 개선에 관한 사항 등을 심의·조정하기 위하여 국무총리 소속으로 정보공개위원회를 둔다.

③ 외국인의 정보공개 청구에 관하여는 대통령령으로 정할 수 있다.

④ 의사결정과정에 제공된 회의관련자료나 의사결정과정이 기록된 회의록은 의사가 결정되거나 의사가 집행된 경우에는 더 이상 의사결정과정에 있는 사항 그 자체라고는 할 수 없으나, 비공개대상정보에 포함될 수 있다.

정답 ④

①
> **공공기관의 정보공개에 관한 법률 제3조 (정보공개의 원칙)**
> 공공기관이 보유·관리하는 정보는 국민의 알권리 보장 등을 위하여 이 법에서 정하는 바에 따라 적극적으로 공개하여야 한다.

②
> **공공기관의 정보공개에 관한 법률 제22조 (정보공개위원회의 설치)**
> 다음 각 호의 사항을 심의·조정하기 위하여 행정안전부장관 소속으로 정보공개위원회(이하 "위원회"라 한다)를 둔다.
> 1. 정보공개에 관한 정책 수립 및 제도 개선에 관한 사항
> 2. 정보공개에 관한 기준 수립에 관한 사항
> 3. 제12조에 따른 심의회 심의결과의 조사·분석 및 심의기준 개선 관련 의견제시에 관한 사항
> 4. 제24조 제2항 및 제3항에 따른 공공기관의 정보공개 운영 실태 평가 및 그 결과 처리에 관한 사항
> 5. 정보공개와 관련된 불합리한 제도·법령 및 그 운영에 대한 조사 및 개선권고에 관한 사항
> 6. 그 밖에 정보공개에 관하여 대통령령으로 정하는 사항

③
> **공공기관의 정보공개에 관한 법률 제5조 (정보공개 청구권자)**
> 제2항 외국인의 정보공개 청구에 관하여는 대통령령으로 정한다.

④ 의사결정과정에 제공된 회의관련자료나 의사결정과정이 기록된 **회의록** 등은 의사가 결정되거나 의사가 집행된 경우에는 더 이상 의사결정과정에 있는 사항 그 자체라고는 할 수 없으나, 의사결정과정에 있는 사항에 준하는 사항으로서 **비공개대상정보**에 포함될 수 있다(대판 2003.8.22. 2002두12946).

13

행정입법에 대한 설명으로 옳지 않은 것은? (다툼이 있는 경우 판례에 의함)

① 법률의 시행령이나 시행규칙은 법률의 위임이 없으면 개인의 권리·의무에 관한 내용을 변경·보충하거나 법률이 규정하지 아니한 새로운 내용을 정할 수는 없으므로, 모법에 이에 관하여 직접 위임하는 규정을 두지 아니하였다면 당연히 이를 무효라고 보아야 한다.

② 법률에서 군법무관의 보수의 구체적 내용을 시행령에 위임했음에도 불구하고 행정부가 정당한 이유 없이 시행령을 제정하지 않은 것은 불법행위이므로 이에 대하여 국가배상청구를 할 수 있다.

③ 시행령이 헌법이나 법률에 위반된다는 사정은 그 시행령의 규정을 위헌 또는 위법하여 무효라고 선언한 대법원의 판결이 선고되지 아니한 상태에서는 객관적으로 명백한 것이라 할 수 없으므로, 이러한 시행령에 근거한 행정처분의 하자는 취소사유에 해당할 뿐 무효사유가 되지 않는다.

④ 행정처분이 법규성이 없는 내부지침 등의 규정에 위배된다고 하더라도 그 이유만으로 처분이 위법하게 되는 것은 아니며, 내부지침 등에서 정한 요건에 부합한다고 하여 반드시 그 처분이 적법한 것이라고 할 수도 없다.

정답 ①

① **법률의 시행령이나 시행규칙은 법률에 의한 위임이 없으면 개인의 권리·의무에 관한 내용을 변경·보충하거나 법률이 규정하지 아니한 새로운 내용을 정할 수는 없지만**, 법률의 시행령이나 시행규칙의 내용이 모법의 입법 취지와 관련 조항 전체를 유기적·체계적으로 살펴보아 모법의 해석상 가능한 것을 명시한 것에 지나지 아니하거나 모법 조항의 취지에 근거하여 이를 구체화하기 위한 것인 때에는 모법의 규율 범위를 벗어난 것으로 볼 수 없으므로, **모법에 이에 관하여 직접 위임하는 규정을 두지 아니하였다고 하더라도 이를 무효라고 볼 수는 없다**(대판 2014.8.20. 2012두19526).

🔍 정리
모법에 직접 위임하는 규정이 없더라도 (시행령이나 시행규칙이) 당연히 무효가 되는 것X

② 입법부가 법률로써 행정부에게 특정한 사항을 위임했음에도 불구하고 행정부가 정당한 이유 없이 이를 이행하지 않는다면 권력분립의 원칙과 법치국가 내지 법치행정의 원칙에 위배되는 것으로서 위법함과 동시에 위헌적인 것이 되는바, **구 군법무관임용법 제5조 제3항과 군법무관임용 등에 관한 법률 제6조가 군법무관의 보수를 법관 및 검사의 예에 준하도록 규정하면서 그 구체적 내용을 시행령에 위임하고 있는 이상**, 위 법률의 규정들은 군법무관의 보수의 내용을 법률로써 일차적으로 형성한 것이고, 위 법률들에 의해 상당한 수준의 보수청구권이 인정되는 것이므로, 위 보수청구권은 단순한 기대이익을 넘어서는 것으로서 법률의 규정에 의해 인정된 재산권의 한 내용이 되는 것으로 봄이 상당하고, 따라서 **행정부가 정당한 이유 없이 시행령을 제정하지 않은 것은 위 보수청구권을 침해하는 불법행위에 해당한다**(대판 2007.11.29. 2006다3561).

③ 하자 있는 행정처분이 당연무효로 되려면 그 하자가 법규의 중요한 부분을 위반한 중대한 것이어야 할 뿐 아니라 객관적으로 명백한 것이어야 하고, 행정청이 위헌이거나 위법하여 무효인 시행령을 적용하여 한 행정처분이 당연무효로 되려면 그 규정이 행정처분의 중요한 부분에 관한 것이어서 결과적으로 그에 따른 행정처분의 중요한 부분에 하자가 있는 것으로 귀착되고, 또한 그 규정의 위헌성 또는 위법성이 객관적으로 명백하여 그에 따른 행정처분의 하자가 객관적으로 명백한 것으로 귀착되어야 하는바, 일반적으로 **시행령이 헌법이나 법률에 위반된다는 사정**은 그 시행령의 규정을 위헌 또는 위법하여 무효라고 선언한 대법원의 판결이 선고되지 아니한 상태에서는 그 시행령 규정의 위헌 내지 위법 여부가 해석상 다툼의 여지가 없을 정도로 명백하였다고 인정되지 아니하는 이상 **객관적으로 명백**한 것이라 할 수 **없으므로**, 이러한 **시행령에 근거한 행정처분의 하자는 취소사유에 해당할 뿐 무효사유가 되지 아니한다**(대판 2007.6.14. 2004두619).

④ **행정처분이 법규성이 없는 내부지침 등의 규정에 위배된다고 하더라도 그 이유만으로 처분이 위법하게 되는 것은 아니고, 또 내부지침 등에서 정한 요건에 부합한다고 하여 반드시 그 처분이 적법한 것이라고 할 수도 없다**. 처분의 적법 여부는 그러한 내부지침 등에서 정한 요건에 합치하는지 여부가 아니라 일반 국민에 대하여 구속력을 가지는 법률 등 법규성이 있는 관계 법령의 규정을 기준으로 판단하여야 한다(대판 2018.6.15. 2015두40248).

14

판례의 입장으로 옳지 않은 것은?

① 과세처분 이후 조세 부과의 근거가 되었던 법률규정에 대하여 위헌결정이 내려진 경우, 그 조세채권이 확정되었다 하더라도 위헌결정이 내려진 후 행하여진 체납처분은 당연무효이다.

② 토지수용위원회의 수용재결에 불복하여 취소소송을 제기하는 때에는 이의신청을 거친 경우에도 원칙적으로 수용재결을 한 지방토지수용위원회 또는 중앙토지수용위원회를 피고로 하여 수용재결의 취소를 구하여야 한다.

③ 정보통신매체를 이용하여 원격평생교육을 불특정 다수인에게 학습비를 받고 실시하기 위해 인터넷 침·뜸학습센터를 평생교육시설로 신고한 경우, 관할 행정청은 신고서 기재사항에 흠결이 없고 형식적 요건을 모두 갖추었더라도 신고대상이 된 교육이나 학습이 공익적 기준에 적합하지 않다는 등의 실체적 사유를 들어 신고수리를 거부할 수 있다.

④ 하나의 납세고지서에 의하여 복수의 과세처분을 함께하는 경우에는 과세처분별로 그 세액과 산출근거 등을 구분하여 기재함으로써 납세의무자가 각 과세처분의 내용을 알 수 있도록 해야 한다.

정답 ③

① 조세 부과의 근거가 되었던 법률규정이 위헌으로 선언된 경우, 비록 그에 기한 과세처분이 위헌결정 전에 이루어졌고, 과세처분에 대한 제소기간이 이미 경과하여 조세채권이 확정되었으며, 조세채권의 집행을 위한 체납처분의 근거규정 자체에 대하여는 따로 위헌결정이 내려진 바 없다고 하더라도, 위와 같은 위헌결정 이후에 조세채권의 집행을 위한 새로운 체납처분에 착수하거나 이를 속행하는 것은 더 이상 허용되지 않고, 나아가 이러한 위헌결정의 효력에 위배하여 이루어진 체납처분은 그 사유만으로 하자가 중대하고 객관적으로 명백하여 당연무효라고 보아야 한다(대판 2012.2.16. 2010두10907 전합).

② 수용재결에 불복하여 취소소송을 제기하는 때에는 이의신청을 거친 경우에도 수용재결을 한 중앙토지수용위원회 또는 지방토지수용위원회를 피고로 하여 수용재결의 취소를 구하여야 하고, 다만 이의신청에 대한 재결 자체에 고유한 위법이 있음을 이유로 하는 경우에는 그 이의재결을 한 중앙토지수용위원회를 피고로 하여 이의재결의 취소를 구할 수 있다고 보아야 한다(대판 2010.1.28. 2008두1504).

③ 구 평생교육법 제22조 제1항, 제2항, 제3항, 구 평생교육법 시행령 제27조 제1항, 제2항, 제3항에 의하면, 정보통신매체를 이용하여 학습비를 받지 아니하고 원격평생교육을 실시하고자 하는 경우에는 누구든지 아무런 신고 없이 자유롭게 이를 할 수 있고, 다만 위와 같은 교육을 불특정 다수인에게 학습비를 받고 실시하는 경우에는 이를 신고하여야 하나, 법 제22조가 신고를 요하는 제2항과 신고를 요하지 않는 제1항에서 '학습비' 수수 외에 교육대상이나 방법 등 다른 요건을 달리 규정하고 있지 않을 뿐 아니라 제2항에서도 학습비 금액이나 수령 등에 관하여 아무런 제한을 하고 있지 않은 점에 비추어 볼 때, 행정청으로서는 신고서 기재사항에 흠결이 없고 정해진 서류가 구비된 때에는 이를 수리하여야 하고, 이러한 형식적 요건을 모두 갖추었음에도 신고대상이 된 교육이나 학습이 공익적 기준에 적합하지 않는다는 등 실체적 사유를 들어 신고 수리를 거부할 수는 없다(대판 2011.7.28. 2005두11784).

④ 하나의 납세고지서에 의하여 복수의 과세처분을 함께 하는 경우에는 과세처분별로 그 세액과 산출근거 등을 구분하여 기재함으로써 납세의무자가 각 과세처분의 내용을 알 수 있도록 해야 한다(대판 2012.10.18. 2010두12347 전합).

15

다음 사례에 대한 설명으로 옳지 않은 것은? (다툼이 있는 경우 판례에 의함)

> 「식품위생법」에 따르면 식품접객업자가 청소년에게 주류를 제공하는 행위는 금지되고, 이를 위반할 경우 관할 행정청이 영업허가 또는 등록을 취소하거나 6개월 이내의 기간을 정하여 그 영업의 전부 또는 일부를 정지할 수 있으며, 관할 행정청이 영업허가 또는 등록의 취소를 하는 경우에는 청문을 실시하여야 한다. 식품접객업자인 甲은 영업장에서 청소년에게 술을 팔다 적발되었고, 관할 행정청인 乙은 청문절차를 거쳐 甲에게 영업허가취소처분을 하였다.

① 부령인 「식품위생법 시행규칙」에 위반행위의 종류 및 위반 횟수에 따른 행정처분의 기준을 구체적으로 정하고 있는 경우에 이 행정처분기준은 행정기관 내부의 사무처리준칙을 규정한 것에 불과하여 법적 구속력이 인정되지 않는다.

② 甲이 청소년에게 주류를 제공한 것이 인정되더라도 영업허가취소처분으로 인하여 甲이 입게 되는 불이익이 공익상 필요보다 막대한 경우에는 영업허가취소처분이 위법하다고 인정될 수 있다.

③ 乙이 청문을 실시할 때 청문서 도달기간을 준수하지 않았는데 甲이 이에 대하여 이의를 제기하지 않고 청문일에 출석하여 그 의견을 진술하고 변명함으로써 방어의 기회를 충분히 가졌다면 청문서 도달기간을 준수하지 아니한 영업허가취소처분의 하자는 치유되었다고 볼 수 있다.

④ 甲이 영업허가취소처분 취소소송을 제기하여 인용판결이 확정되어도 영업허가취소처분의 효력이 바로 소멸하는 것은 아니고 그 판결의 기속력에 따라 영업허가취소처분이 乙에 의해 취소되면 비로소 영업허가취소처분의 효력이 소멸한다.

정답 ④

① 식품위생법시행규칙 제53조에서 별표 15로 같은 법 제58조에 따른 행정처분의 기준을 정하였다 하더라도, 이는 형식은 부령으로 되어 있으나 성질은 행정기관 내부의 사무처리준칙을 규정한 것에 불과한 것으로서 보건사회부장관이 관계행정기관 및 직원에 대하여 직무권한행사의 지침을 정하여 주기 위하여 발한 행정명령의 성질을 가지는 것이지 같은 법 제58조 제1항의 규정에 의하여 보장된 재량권을 기속하는 것이라고 할 수 없고, 대외적으로 국민이나 법원을 기속하는 힘이 있는 것은 아니다(대판 1993.6.29. 93누5635).

② 행정청이 수익적 행정처분을 취소하거나 중지시키는 경우에는 이미 부여된 국민의 기득권을 침해하는 것이 되므로 비록 취소 등의 사유가 있더라도 취소권 등의 행사는 기득권의 침해를 정당화할 만한 중대한 공익상 필요 또는 제3자의 이익보호의 필요가 있는 때에 한하여 상대방이 받는 불이익과 비교교량하여 결정하여야 하고 그 처분으로 인하여 공익상 필요보다 상대방이 받게 되는 불이익 등이 막대한 경우에는 재량권의 한계를 일탈한 것으로서 그 자체가 위법임을 면치 못한다(대판 1993.6.29. 93누5635).

③ 행정청이 「식품위생법」상의 청문절차를 이행함에 있어 청문서 도달기간을 다소 어겼다하더라도 영업자가 이에 대하여 이의하지 아니한 채 스스로 청문일에 출석하여 그 의견을 진술하고 변명하는 등 방어의 기회를 충분히 가졌다면 청문서 도달기간을 준수하지 아니한 하자는 치유되었다고 봄이 상당하다(대판 1992.10.23. 92누2844).

④ 인용판결은 별도의 절차나 의사표시 없이 행정상 법률관계의 발생·변경·소멸시키는 효과를 발생하는데 이를 형성력이라 한다. 따라서 행정처분을 취소한다는 확정판결이 있으면 그 취소판결의 형성력에 의하여 당해 행정처분의 취소나 취소통지 등의 별도의 절차를 요하지 아니하고 당연히 취소의 효과가 발생한다(대판 1991.10.11. 90누5443).

16

행정행위의 효력에 대한 설명으로 옳지 않은 것은? (다툼이 있는 경우 판례에 의함)

① 선행처분과 후행처분이 서로 독립하여 별개의 법률효과를 목적으로 하는 때에도 선행처분이 당연무효이면 선행처분의 하자를 이유로 후행처분의 효력을 다툴 수 있다.
② 도시·군계획시설결정과 실시계획인가는 서로 결합하여 도시·군계획시설사업의 실시라는 하나의 법적 효과를 완성하므로, 도시·군계획시설결정의 하자는 실시계획인가에 승계된다.
③ 도지사의 인사교류안 작성과 그에 따른 인사교류의 권고가 전혀 이루어지지 않은 상태에서, 관할구역 내 A시의 시장이 인사교류로서 소속 지방공무원인 甲에게 B시 지방공무원으로 전출을 명한 처분은 당연무효이다.
④ 물품세 과세대상이 아닌 것을 세무공무원이 직무상 과실로 과세대상으로 오인하여 과세처분을 행함으로 인하여 손해가 발생된 경우에는, 동 과세처분이 취소되지 아니하였다 하더라도, 국가는 이로 인한 손해를 배상할 책임이 있다.

정답 ②

① 선행처분과 후행처분이 서로 독립하여 별개의 법률효과를 목적으로 하는 때에도 선행처분이 당연무효이면 선행처분의 하자를 이유로 후행처분의 효력을 다툴 수 있다(대판 2017.7.11. 2016두35120).
② 도시·군계획시설결정과 실시계획인가는 도시·군계획시설사업을 위하여 이루어지는 단계적 행정절차에서 별도의 요건과 절차에 따라 별개의 법률효과를 발생시키는 독립적인 행정처분이다. 그러므로 선행처분인 도시·군계획시설결정에 하자가 있더라도 그것이 당연무효가 아닌 한 원칙적으로 후행처분인 실시계획인가에 승계되지 않는다(대판 2017.7.18. 2016두49938).
③ 도지사의 인사교류안 작성과 그에 따른 인사교류의 권고가 전혀 이루어지지 않은 상태에서 행하여진 관할구역 내 시장의 인사교류에 관한 처분은 지방공무원법 제30조의2 제2항의 입법 취지에 비추어 그 하자가 중대하고 객관적으로 명백하여 당연무효이다(대판 2005.6.24. 2004두10968).
④ 물품세 과세대상이 아닌 것을 세무공무원이 직무상 과실로 과세대상으로 오인하여 과세처분을 행함으로 인하여 손해가 발생된 경우에는, 동 과세처분이 취소되지 아니하였다 하더라도, 국가는 이로 인한 손해를 배상할 책임이 있다(대판 1979.4.10. 79다262).

17

행정행위의 직권취소에 대한 설명으로 옳은 것은? (다툼이 있는 경우 판례에 의함)

① 수익적 행정처분의 쟁송취소는 취소를 통한 기득권의 침해를 정당화할 만한 중대한 공익상의 필요 또는 제3자 이익보호의 필요가 있는 때에 한하여 허용된다.
② 수익적 행정처분을 직권으로 취소하는 경우, 행정청이 종전 처분과 양립할 수 없는 처분을 함으로써 묵시적으로 종전의 수익적 행정처분을 취소할 수 있다.
③ 출생연월일 정정으로 특례노령연금 수급요건을 충족하지 못하게 된 자에 대하여 지급결정을 소급적으로 직권취소하고, 이미 지급된 급여를 환수하는 처분은 적법하다.
④ 행정행위의 위법 여부에 대하여 취소소송이 이미 진행 중인 경우 처분청은 위법을 이유로 그 행정행위를 직권취소할 수 없다.

정답 ②

① 수익적 행정처분에 대한 취소권 등의 행사는 기득권의 침해를 정당화할 만한 중대한 공익상의 필요 또는 제3자의 이익보호의 필요가 있는 때에 한하여 허용될 수 있다는 법리는, 처분청이 수익적 행정처분을 직권으로 취소·철회하는 경우에 적용되는 법리일 뿐 쟁송취소의 경우에는 적용되지 않는다(대판 2019.10.17. 2018두104).

🔍 정리 해당 법리는 신뢰보호의 원칙 ∴ 법원의 취소판결(쟁송취소)과는 관련X

② 행정행위의 취소라 함은 일단 유효하게 성립한 행정처분이 위법 또는 부당함을 이유로 소급하여 그 효력을 소멸시키는 별도의 행정처분을 말하고, 행정청은 종전 처분과 양립할 수 없는 처분을 함으로써 묵시적으로 종전 처분을 취소할 수도 있다(대판 1999.12.28. 98두1895).
③ 「국민연금법」상 연금 지급결정을 취소하는 처분과 그 처분에 기초하여 잘못 지급된 급여액에 해당하는 금액을 환수하는 처분이 적법한지를 판단하는 경우 비교·교량할 각 사정이 동일하다고는 할 수 없으므로, 연금 지급결정을 취소하는 처분이 적법하다고 하여 환수처분도 반드시 적법하다고 판단하여야 하는 것은 아니다(대판 2017.3.30. 2015두43971).

🔍 정리 ∴ 각각 비교·교량해야 하므로 적법하다 또는 위법하다고 단언할 수 없다.

④ 변상금 부과처분에 대한 취소소송이 진행 중이라도 그 부과권자로서는 위법한 처분을 스스로 취소하고 그 하자를 보완하여 다시 적법한 부과처분을 할 수도 있다(대판 2006.2.10. 2003두5686).

18

행정심판제도에 대한 설명으로 가장 옳지 않은 것은?

① 행정심판청구는 엄격한 형식을 요하지 않는 서면행위로 해석된다.
② 행정처분이 있은 날이라 함은 그 행정처분의 효력이 발생한 날을 의미한다.
③ 행정심판의 가구제 제도에는 집행정지제도와 임시처분제도가 있다.
④ 행정심판 재결의 기속력은 인용재결뿐만 아니라 각하재결과 기각재결에도 인정되는 효력이다.

정답 ④

① 행정심판법 제19조, 제23조의 규정 취지와 행정심판제도의 목적에 비추어 보면, 행정심판청구는 엄격한 형식을 요하지 않는 서면행위로 해석되므로, 위법·부당한 행정처분으로 인하여 권리나 이익을 침해당한 자로부터 그 처분의 취소나 변경을 구하는 서면이 제출되었을 때에는 그 표제와 제출기관의 여하를 불문하고 이를 행정소송법 제18조 소정의 행정심판청구로 보아야 하며, 심판청구인은 일반적으로 전문적 법률지식을 갖지 못하여 제출된 서면의 취지가 불명확한 경우가 적지 않을 것이나, 이러한 경우 행정청으로서는 그 서면을 가능한 한 제출자에게 이익이 되도록 해석하고 처리하여야 한다(대판 2007.6.1. 2005두11500).

② 건축허가처분과 같이 상대방이 있는 행정처분에 있어서는 달리 특별한 규정이 없는 한 그 처분을 하였음을 상대방에게 고지하여야 그 효력이 발생한다고 할 것이어서 위의 행정처분이 있은 날이라 함은 위와 같이 그 행정처분의 효력이 발생한 날을 말한다(대판 1977.11.22. 77누195).

③
행정심판법 제30조 (집행정지)
제2항 위원회는 처분, 처분의 집행 또는 절차의 속행 때문에 중대한 손해가 생기는 것을 예방할 필요성이 긴급하다고 인정할 때에는 직권으로 또는 당사자의 신청에 의하여 처분의 효력, 처분의 집행 또는 절차의 속행의 전부 또는 일부의 정지(이하 "집행정지"라 한다)를 결정할 수 있다. 다만, 처분의 효력정지는 처분의 집행 또는 절차의 속행을 정지함으로써 그 목적을 달성할 수 있을 때에는 허용되지 아니한다.

행정심판법 제31조 (임시처분)
제1항 위원회는 처분 또는 부작위가 위법·부당하다고 상당히 의심되는 경우로서 처분 또는 부작위 때문에 당사자가 받을 우려가 있는 중대한 불이익이나 당사자에게 생길 급박한 위험을 막기 위하여 임시지위를 정하여야 할 필요가 있는 경우에는 직권으로 또는 당사자의 신청에 의하여 임시처분을 결정할 수 있다.

④
행정심판법 제49조 (재결의 기속력 등)
제1항 심판청구를 인용하는 재결은 피청구인과 그 밖의 관계 행정청을 기속(羈束)한다.

✎ 정리
재결의 기속력은 인용재결의 효력O / 각하재결·기각재결의 효력X

19

당사자소송에 대한 설명으로 옳은 것은? (다툼이 있는 경우 판례에 의함)

① 조세채권존재확인의 소는 항고소송으로 제기해야 하고, 도시재개발조합의 조합원 자격인정 여부에 관한 소는 당사자소송으로 제기해야 한다.
② 취소소송의 규정 중 피고경정, 공동소송, 제3자의 소송참가, 행정청의 소송참가에 관한 규정은 당사자소송에 준용된다.
③ 부가가치세법령에 의하여 환급세액이 정해진 부가가치세 환급세액의 지급청구는 당사자소송이 아니라 민사소송의 대상이다.
④ 당사자소송에는 집행정지 및 「민사집행법」상 가처분 규정이 준용되지 않는다.

정답 ②

① 국가 등 과세주체가 당해 확정된 조세채권의 소멸시효 중단을 위하여 납세의무자를 상대로 제기한 조세채권존재확인의 소는 공법상 당사자소송에 해당한다(대판 2020.3.2. 2017두41771). 구 도시재개발법에 의한 재개발조합은 조합원에 대한 법률관계에서 적어도 특수한 존립목적을 부여받은 특수한 행정주체로서 국가의 감독하에 그 존립 목적인 특정한 공공사무를 행하고 있다고 볼 수 있는 범위 내에서는 공법상의 권리의무 관계에 서 있다. 따라서 조합을 상대로 한 쟁송에 있어서 강제가입제를 특색으로 한 조합원의 자격 인정 여부에 관하여 다툼이 있는 경우에는 그 단계에서는 아직 조합의 어떠한 처분 등이 개입될 여지는 없으므로 공법상의 당사자소송에 의하여 그 조합원 자격의 확인을 구할 수 있다(대판 1996.2.15. 94다31235).

②
행정소송법 제44조 (준용규정)
제1항 제14조 내지 제17조(피고경정, 공동소송, 제3자의 소송참가, 행정청의 소송참가), 제22조(처분변경으로 인한 소의 변경), 제25조(행정심판기록의 제출명령), 제26조(직권심리), 제30조 제1항(취소판결 등의 기속력), 제32조(소송비용의 부담) 및 제33조(소송비용에 관한 재판의 효력)의 규정은 당사자소송의 경우에 준용한다.
제2항 제10조(관련청구소송의 이송 및 병합)의 규정은 당사자소송과 관련청구소송이 각각 다른 법원에 계속되고 있는 경우의 이송과 이들 소송의 병합의 경우에 준용한다.

③ 납세의무자에 대한 국가의 부가가치세 환급세액 지급의무는 그 납세의무자로부터 어느 과세기간에 과다하게 거래징수된 세액 상당을 국가가 실제로 납부받았는지와 관계없이 부가가치세법령의 규정에 의하여 직접 발생하는 것으로서, 그 법적 성질은 정의와 공평의 관념에서 수익자와 손실자 사이의 재산상태 조정을 위해 인정되는 부당이득 반환의무가 아니라 부가가치세법령에 의하여 그 존부나 범위가 구체적으로 확정되고 조세 정책적 관점에서 특별히 인정되는 공법상 의무라고 봄이 타당하다. 그렇다면 납세의무자에 대한 국가의 부가가치세 환급세액 지급의무에 대응하는 국가에 대한 납세의무자의 **부가가치세 환급세액 지급청구**는 민사소송이 아니라 행정소송법 제3조 제2호에 규정된 **당사자소송의 절차에 따라야 한다**(대판 2013.3.21. 2011다95564).

④ 도시 및 주거환경정비법(이하 '도시정비법'이라 한다)상 행정주체인 주택재건축정비사업조합을 상대로 관리처분계획안에 대한 조합 총회결의의 효력을 다투는 소송은 행정처분에 이르는 절차적 요건의 존부나 효력 유무에 관한 소송으로서 소송결과에 따라 행정처분의 위법 여부에 직접 영향을 미치는 공법상 법률관계에 관한 것이므로, 이는 행정소송법상 당사자소송에 해당한다. 그리고 이러한 **당사자소송**에 대하여는 행정소송법 제23조 제2항의 **집행정지**에 관한 규정이 **준용**되지 **아니**하므로(행정소송법 제44조 제1항 참조), 이를 본안으로 하는 가처분에 대하여는 **행정소송법 제8조 제2항**에 따라 **민사집행법상 가처분**에 관한 규정이 **준용되어야 한다**(대결 2015.8.21. 2015무26).

20

항고소송의 처분 등에 대한 설명으로 옳지 않은 것은? (다툼이 있는 경우 판례에 의함)

① 어떠한 처분에 법령상 근거가 있는지, 「행정절차법」에서 정한 처분절차를 준수하였는지는 본안에서 당해 처분이 적법한가를 판단하는 단계에서 고려할 요소이지, 소송요건 심사단계에서 고려할 요소가 아니다.

② 방위사업법령 및 '국방전력발전업무훈령'에 따른 연구개발확인서 발급은 사업관리기관이 개발업체에게 해당 품목의 양산과 관련하여 수의계약의 방식으로 국방조달계약을 체결할 수 있는 지위가 있음을 인정해 주는 확인적 행정행위로서 처분에 해당한다.

③ 근로복지공단이 사업주에 대하여 하는 개별 사업장의 사업종류변경결정은 사업종류 결정의 주체, 내용과 결정기준을 고려할 때 확인적 행정행위로서 처분에 해당한다.

④ 甲 시장이 감사원으로부터 「감사원법」에 따라 乙에 대하여 징계의 종류를 정직으로 정한 징계 요구를 받게 되자 감사원에 징계 요구에 대한 재심의를 청구하였는데 감사원이 재심의청구를 기각한 사안에서, 감사원의 징계 요구와 재심의청구 기각결정은 항고소송의 대상이 되는 행정처분이다.

정답 ④

① **어떠한 처분에 법령상 근거가 있는지, 행정절차법에서 정한 처분절차를 준수하였는지는 본안에서 당해 처분이 적법한가를 판단하는 단계에서 고려할 요소이지, 소송요건 심사단계에서 고려할 요소가 아니다**(대판 2020.1.16. 2019다264700).

② **방위사업법령 및 '국방전력발전업무훈령'에 의한 연구개발확인서 발급**은 개발업체가 '업체투자연구개발' 방식 또는 '정부·업체 공동투자연구개발' 방식으로 전력지원체계 연구개발사업을 성공적으로 수행하여 군사용 적합판정을 받고 국방규격이 제·개정된 경우에 사업관리기관이 개발업체에게 해당 품목의 양산과 관련하여 경쟁입찰에 부치지 않고 수의계약의 방식으로 국방조달계약을 체결할 수 있는 지위(경쟁입찰의 예외사유)가 있음을 인정해 주는 '**확인적 행정행위**'로서 공권력의 행사인 '**처분**'에 해당하고, 연구개발확인서 발급 거부는 신청에 따른 처분 발급을 거부하는 '거부처분'에 해당한다(대판 2020.1.16. 2019다264700).

③ 사업종류 결정의 주체, 내용과 결정기준을 고려하면, 근로복지공단이 사업주에 대하여 하는 '개별 사업장의 사업종류 변경결정'은 구체적 사실에 관한 법집행으로서 공권력을 행사하는 '**확인적 행정행위**'라고 보아야 한다(대판 2020.4.9. 2019두61137).

④ 甲 시장이 감사원으로부터 감사원법 제32조에 따라 乙에 대하여 징계의 종류를 정직으로 정한 징계 요구를 받게 되자 감사원에 징계 요구에 대한 재심의를 청구하였고, 감사원이 재심의청구를 기각하자 乙이 감사원의 징계 요구와 그에 대한 재심의결정의 취소를 구하고 甲 시장이 감사원의 재심의결정 취소를 구하는 소를 제기한 사안에서, 감사원의 징계 요구와 재심의결정이 항고소송의 대상이 되는 행정처분이라고 할 수 없다(대판 2016.12.27. 2014두5637).

2025년도 9급 공무원 공개경쟁채용시험 필기시험 답안지

2025년도 9급 공무원 공개경쟁채용시험 필기시험 답안지

2025년도 9급 공무원 공개경쟁채용시험 필기시험 답안지

2025년도 9급 공무원 공개경쟁채용시험 필기시험 답안지

2025년도 9급 공무원 공개경쟁채용시험 필기시험 답안지

2025년도 9급 공무원 공개경쟁채용시험 필기시험 답안지

2025년도 9급 공무원 공개경쟁채용시험 필기시험 답안지